살아 있는 것은 모두 게임을 한다

살아 있는 것은 모두 게임을 한다

1판 1쇄 발행 2023. 6. 7.
1판 2쇄 발행 2023. 7. 20.

지은이 모시 호프먼·에레즈 요엘리
옮긴이 김태훈

발행인 고세규
편집 고정용   디자인 윤석진   마케팅 백선미   홍보 이한솔
발행처 김영사
등록 1979년 5월 17일(제406-2003-036호)
주소 경기도 파주시 문발로 197(문발동) 우편번호 10881
전화 마케팅부 031)955-3100, 편집부 031)955-3200 | 팩스 031)955-3111

값은 뒤표지에 있습니다.
ISBN 978-89-349-8242-5 03320

홈페이지 www.gimmyoung.com   블로그 blog.naver.com/gybook
인스타그램 instagram.com/gimmyoung   이메일 bestbook@gimmyoung.com

좋은 독자가 좋은 책을 만듭니다.
김영사는 독자 여러분의 의견에 항상 귀 기울이고 있습니다.

HIDDEN GAMES

게임이론이 알려주는 인간 행동 설명서

살아 있는 것은
모두 게임을 한다

모시 호프먼 · 에레즈 요엘리

김태훈 옮김

김영사

HIDDEN GAMES

살아 있는 것은 모두
게임을 한다

HIDDEN GAMES

1장

왜 그렇게 행동할까

미국의 스포츠 잡지 〈스포츠 일러스트레이티드〉는 대개 헬멧을 쓰고 배트나 공을 든 운동선수 또는 비키니를 입은 모델로 표지를 장식한다. 그래서 사각턱인 바비 피셔가 웃는 얼굴로 거기에 실린 적 있다는 사실은 쉽게 상상하기 어렵다. 지금은 이베이 같은 경매 사이트에서 수집 대상인 이 1972년 8월호 표지는 피셔가 야구나 농구, 축구가 아니라 체스에서 유례없는 20연승을 기록한 것을 축하했다. 피셔는 엄청난 실력을 선보이며 소련의 라이벌들을 물리쳤다. 덕분에 그는 체스 플레이어로는 전무후무하게도 대중적 인지도를 얻었다. 많은 체스 명인이 그를 역대 최고, 즉 고트GOAT로 여겼고 이는 지금도 그렇다. 고트는 보통 마이클 조던, 르브론 제임스, 시몬 바일스, 케이티 러데키, 톰 브래디 같은 사람에게 붙이는 명칭이다.

브루클린의 가난한 한부모 가정에서 자란 피셔는 어떻게 그토록 위대한 인물이 되었을까? 그 답은 조던, 제임스, 바일스, 러데키, 브래디 같은 사람이 제시할 법한 답과 다르지 않다. 바로 집착에 가까운 열정에 따른 수많은 연습과 약간의 운 덕분이다. 오랫동안 피셔의 전기를 쓴 프랭크 브래디는 아홉 살 무렵 그가 체스를 두지 않을

살아 있는 것은 모두 게임을 한다

때는 체스 공부를 했는데, 방이 어두워져도 불을 켜려고 일어서지 않을 만큼 체스판과 책에 몰두했다고 전한다. 그의 엄마는 그가 목욕하도록 꼬드기려고 욕조에 수납장 문을 걸쳐놓고 그 위에 체스판을 두었다(욕조에서 나오게 만드는 것이 또 다른 고역이긴 했지만 말이다). 그는 학교에 다니는 데는 전혀 관심이 없었다. 그래서 합법적인 나이가 되자마자 바로 학교를 그만두었다.

실로 집착에 가까운 열정은 아주 많은 위인이 성공하는 데 핵심 요소였다.

바이올린 거장 이츠하크 펄먼은 세 살 때 라디오에서 클래식 음악을 듣고 지역 음악 학교에 바이올린을 연주하게 해달라고 처음 요청했다. 학교 측은 바이올린을 들기에는 몸집이 너무 작다는 이유로 입학을 거절했다. 허약한 소년이던 그는 곧 소아마비에 걸렸고 지금까지 목발과 휠체어에 의지한다. 그는 장난감 바이올린으로 혼자 연주법을 익혔다. 결국 그는 열 살 때 연주회를 열어 호평받았으며 열아홉 살 때는 롤링 스톤스와 함께 〈에드 설리번 쇼〉에 (두 번째로) 출연했다.[1]

수학자 스리니바사 라마누잔은 33년이라는 짧은 생을 살았다. 하지만 지금도 그가 주장하고 증명한 결과에서 도출하거나 그와 관련된 결과만 싣는 동료심사peer-reviewed 저널이 있을 만큼 왕성하게 활동했다. 라마누잔은 피셔와 펄먼처럼 어린 나이에 열정을 싹 틔웠다. 그는 엄마의 집에서 하숙하던 대학생들에게 배울 수 있는 모든 것을 흡수했고 수학 교과서를 처음부터 끝까지 읽었다. 특히 그의 천재성에 도움을 주었다고 평가받는 한 수학 교과서는 정리定理 5,000개를 모아놓은 것으로, 수학 올림피아드에 참가하는 가장 열정적인 고등학생조차 읽기 힘들 정도로 지루했다. 성인이 되어서도 그는 수학에 깊이 빠진 나머지 아내뿐 아니라 이질 합병증으로 점점 나빠지던 자신의 건강까지 소홀히 했다. 의사들은 그가 연구를 중단하고 치료받았다면 괜찮았을 것이라고 여긴다.

마리 퀴리는 또 어떤가? 그녀는 지금까지 과학 부문에서 노벨상을 두 번 받은 유일한 인물이다. 파리에서 학교에 다닐 때 그녀는 어찌나 공부에 몰두했던지 자주 식사를 걸렀다. 그러한 몰두는 죽는 날까지 이어졌다. 그녀는 연구할 시간을 빼앗는다는 이유로 상까지 거부했다. 심지어 그녀의 표현에 따르면 "순전히 게으름 때문"에 두 번째 노벨상 상금을 수령하지 못했을 정도였다(결국 1차 대전 동안 상금을 수령해 전쟁자금으로 기부했다).

피카소의 경우엔 체스나 바이올린, 수학 또는 과학이 아니라 미술에 몰두했다. 그는 평생에 걸쳐 집착하듯 끊임없이 그림을 그렸다. 그가 남긴 작품은 5만 점(!)이 넘는 것으로 추정한다.[2] 그는 다른 성공한 미술가라면 안주했을 시기에도 거듭 새로운 면모를 선보였다.

우리 같은 평범한 사람은 집착에 가까운 이런 열정에 감탄한다. 우리도 르브론 제임스만큼 자유투를 쏘는 데 빠져들거나, 피셔만큼 끈질기게 종반전에 파고들거나, 라마누잔만큼 많은 정리를 훑었다면 훨씬 크게 성공했을지도 모른다! 우리는 연초마다 각오를 다진다. 그럴 때면 일을 고역에서 애정으로 바꿔줄 신기루 같은 열정이

마술처럼 생겨나길 바란다. 안됐지만 2월 초에 이르러도 그런 불씨는 피어나지 않고 아무 생각 없이 넷플릭스와 인스타그램을 보는 일이 우리의 바람을 압도한다. 왜 우리는 피셔나 펄먼처럼 되지 못할까? 라마누잔은 대체 어떻게 정리 5,000개를 모은 수학 교과서에 푹 빠질 수 있었을까? 내게 그 리모컨을 달라. 왜 그들은 아인슈타인, 피카소처럼 열정이라는 마법의 불길이 생기도록 선택받았을까? 운 좋은 소수가 큐피드에게 사랑의 화살을 맞는 것처럼 말이다.

왜 그들은 농구나 체스, 수학, 물리학, 그 밖에 여러 것에 **특정한** 열정을 보이는 걸까? 카탈루냐 반군과 반파시스트에게 공감하던 피카소는 왜 미술이 아니라 전쟁에 비상한 에너지를 쏟지 않았을까? 아인슈타인은 왜 체스에 빠지지 않았을까? 몇 시간 동안 가만히 앉아 체스 서적을 들여다보았고 분명 IQ가 걸림돌이지 않았을 피셔는 왜 어떤 것이든 숙제가 앞에 놓일 때마다 안절부절못했을까?(또 항상 숙제를 끝내지 못해 엄마를 놀라게 했을까?)

요컨대 위대성의 신기루 같은 표지인 열정은 어떻게 작동하는 걸까?

판단, 의사결정, 긍정 심리학을 다루는 분야는 전적으로 따로 존재하고 서점은 자기계발서에 코너를 따로 할애한다. 그래서 지금은 비교적 근본적인 이 문제에 누군가가 바로 답할 수 있을 거라고 여기기 쉽다. 무엇이 열정을 불러일으키고 우리 삶에 의미를 부여하는지 이해하지 못한다면, 우리가 내리는 결정이나 우리를 행복하게 만드는 것이 무엇인지 어떻게 이해할 수 있겠는가? 실제로 우리가 아는 몇 가지가 있다. 예를 들면 우리는 열정이 의미, 목적, 만족을 인식하는 것과 궤를 같이한다는 사실을 안다. 또한 열정은 칭찬받으면 강해지지만 누군가가 노력에 보수를 지급하겠다고 제안하면 오히려 줄어든다는 것도 안다. 왜 그럴까? 열정은 왜 이런 방식으로 작동할까? 열정은 애초에 설명할 수 없는 걸까?

그렇지 않다.

■

마찬가지로 혼란스러운 대상이 있다. 바로 미의식美意識이다.

물론 미의식의 일부 측면에는 즉각적이고도 이해가 잘 가는 설명이 있다. 우리는 부유한 권력자가 자신의 초상화에 돈을 치르는 이유를 안다. 교회가 그 신화와 역사를 가르치는 미술에 오랫동안 돈을 써온 이유도 안다. 그러한 미술은 대다수 교구 주민이 문맹이던 과거에는 특히 유용했다. 우리는 때로 미술이 보기 좋은 것, 가령 대칭적 얼굴이나 다산성을 지닌 여성, 푸르른 호숫가 풍경 같은 것을 취해 과장한다는 사실도 안다. 음악의 경우 어떤 음악은 물 같은 소리를 내거나 다른 소리로 마음을 안정시킨다. 또 어떤 음악은 군인이 행진하거나 사람들이 춤을 추도록 일정한 박자를 지킨다. 음식의 경우 우리는 영양가 높은 음식일수록 더 맛있다는 사실을 안다. 베이컨은 그래서 맛있다. 음식이 질병을 전파할 위험이 상존하는 지역에서는 박테리아 증식을 막는 데 도움을 주는 매운 요리에 맛을 들인다.

그러나 이것만으로는 설명할 수 없는 현상이 너무 많다. 셰익스피어 같은 르네상스 시대 음유시인이나 엠에프 둠MF Doom, 챈스 더 래퍼Chance the Rapper, 에미넴 같은 현대 음유시인이 쓰는 복잡한 각운은 어떤가? 보르도의 유명한 좌안Left Bank(지롱드강과 가론강 왼쪽 지역을 가리킴-옮긴이) 와인처럼 탄닌 성분이 높은 와인은 어떤가? 이런 것은 본질적으로 더 많은 쾌락을 제공하지 않는다. 우리가 이미 기분 좋게 여기는 것을 그냥 과장한 것도 아니다. 이는 초보자들은 셰익스피어 작품을 이해할 수 없고 탄닌 성분이 높은 와인은 너무 쓰고 떫다는(싸구려 와인은 벌컥벌컥 마실 수 있지만) 사실로 명확해진다. 그렇다고 예술과 문화의 이 위대한 산물을 폄하하려는 게 아니다. 이들은 대단하다. 다만 본질적으로 쾌락을 안기기 때문에 대단한 것은 아니다. 과연 이들을 대단하게 만드는 것은 무엇일까?

모든 장르의 예술가들 작품에 이스터 에그Easter egg(작품 속에 숨겨 놓은 재밌거나 놀라운 것-옮긴이)를 심어놓는 보편적 현상도 이유가 밝혀지지 않았다. 비평가와 애호가는 수십 년 혹은 때로 수 세기 동안 작품을 들여다보다가 이스터 에그를 발견한다. 한편 우리는 클리프 노트(학생들의 학습을 돕는 가이드-옮긴이)를 보거나 아주 끈질긴 사람의 경우 비평가들이 쓴 장황한 비평을 읽고 그 숨은 의미를 모으려 애쓴다.

이스터 에그를 찾고, 최고의 빈티지 와인을 알고, 셰익스피어를 이해하기 위해 우리는 미술사가와 비평가에게 의지할 수 있다. 하지만 이유를 알려면, 그러니까 우리가 애당초 이런 것에 흥분하는 이유를 알려면 이 책에서 개발한 도구들이 필요하다.

■

이타심은 우리가 혼란스러워하는 또 다른 영역이다. 애초에 사람들이 이타적 행위를 하는 이유뿐 아니라 이타심이 취하는 이상한 형태도 혼란스럽다.

우선 우리가 타인을 아끼고 베풀려는 마음이 강한 것은 분명하다. 그러나 우리는 그런 행위가 미치는 파급력에 이끌리지 않으며 가장 효과적인 방식으로 베풀지도 않는다. 우리는 어려운 상황에 놓인 반려동물을 돕는 고펀드미GoFundMe 캠페인에 기부한다. 그 돈으로 인류가 처한 가장 시급한 문제에 효율적으로 대처하면 **5,000달러 미만으로** 사람의 생명을 구할 수도 있는데 말이다.[3] 우리는 기부액만큼 추가로 기금을 조성하는 조건을 제시해도 거의 호응하지 않는다. 기부 금액의 2배를 좋은 일에 쓸 수 있어도 그렇다. 우리는 철새들이 풍력발전기에 부딪혀 죽지 않도록 막아주는 안전망을 위해 얼마를 기부하겠느냐는 질문을 받으면 2,000마리를 구하는지, 20만 마리를 구하는지에 관계없이 같은 답변을 한다.[4] 우리는 항공료로 현지 기술자를 채용하는 편이 더 나은데도 군이 해비타트 자원봉사 활동을 하러 간다. 그들이 기술도 더 좋고 일자리도 간절히 바라는데 말이다. 우리는 방에서 나갈 때 불은 신경 써서 끄면서도 에어컨은 아무 생각 없이 그냥 켜둔다. 그래서 조명을 꺼서 절약하는 전기보다 더 많은 전기를 낭비한다.

우리는 단순히 비효과적인 것을 넘어 아예 무지하다. 대다수는 자신이 기부한 돈을 어디에 사용하는지 잘 모른다. 자선단체를 식당이나 휴가지를 고를 때처럼 신중하게 고르는 사람은 거의 없다. 마찬가지로 우리는 에너지 절약과 재활용에서도 형편없다. 예를 들면 금속 재활용이 종이나 플라스틱 재활용보다 약 9배 높은 효과를 낸다는 사실을 아는가? 또 종이나 플라스틱 재활용은 유리 재활용보다 훨씬 효과가 크다는 사실을 아는가? 믿기지 않는다고? 구글로 검색해보라. 다만 이 사실을 굳이 구글로 검색해본 건 이번이 처음일 거라는 사실을 인식하라.

우리는 그냥 무지한 게 아니라 **전략적으로** 무지하다. 우리는 절대 일부러 섹스 파트너에게 성병을 옮기지 않는다. 그렇다고 굳이 성병 검사를 하지도 않는다. 성병에 걸릴 위험이 크고 가까운 병원에서 무료로 검사받을 수 있어도 그렇다.

우리는 정보만 피하는 게 아니라 요청도 피한다. 우리는 요청을 받으면 플랜드 패런트후드Planned Parenthood(대표적인 낙태권 옹호 단체-옮긴이)에 기부한다. 반면 비영리단체 자원봉사자들이 인도 보수를 위한 기부금을 요청하면 휴대전화를 꺼내 들고 바쁜 척한다. 우리는 당연히 친구의 부탁을 들어준다. 그렇지만 친구에게 도움이 필요할 것 같으면 연락을 피한다.

그 밖에도 사례는 많다. 대다수는 빈곤층을 위한 기금에 4달러를 기부하기보다 커피값을 내는 데 더 거리낌이 없다. 물론 가난한 사람에게 4달러를 빼앗아 커피값으로 낼 생각은 절대 하지 않는다. 어차피 효과는 같은데 이렇게 행위action와 무행위inaction를 구분하는 이유는 무엇일까? 왜 이타심은 이런 방식으로 작동할까?

■

지금부터 이러한 문제를 하나씩 살펴보고자 한다. 케이블 뉴스 방송국들은 잘못된 정보를 퍼트리기 위해 어떤 꼼수를 쓸까? 동기화 추론motivated reasoning(의도적인 합리화 - 옮긴이)은 왜 그런 식으로 작동할까? 내재화한 인종차별은 왜 그럴까? 겸손은 왜 미덕일까? 올바름이라는 의식은 어디서 나올까? 햇필드 가문과 맥코이 가문(1800년대 후반 웨스트버지니아와 켄터키 지역에서 대립하던 앙숙 가문 - 옮긴이)은 왜 화해하지 못했을까?

요컨대 우리는 이렇게 질문을 던진다. 인간의 선호와 이념이 특정 양상을 띠는 이유는 무엇일까? 왜 그러한 방식으로 작동할까?

사람들은 이런 질문에 직접적인 답을 제시하는 경향이 있다. 이에 따르면 우리가 탄닌 성분이 높은 와인을 좋아하는 이유는 그것이 더 흥미롭기 때문이다. 우리가 공예를 좋아하는 이유는 한정된 기한에 개별 작업을 해서 최종 결과물을 빨리 보는 게 만족스러워서다. 우리가 연구에 열정을 보이는 이유는 특정 주제를 자유롭게 오랫동안 자세히 탐구해 전문가가 될 수 있어서다. 우리가 도움을 받아야 할 사람에게 연민을 품으면서도 비효과적으로 기부하는 이유는 연민 자체가 효과에 그리 민감하지 않은 둔감한 도구이기 때문이다.

이 답은 흔히 흥미롭고 유용하며 타당하다. 그러나 진정한 답은 아니다. 적어도 우리가 이 책에서 추구하는 의미에 따르면 그렇다. 물론 탄닌 성분이 높은 와인은 더 흥미롭다. 과연 무엇이 흥미롭다는 걸까? 우리가 흥미롭다는 것에 신경 쓰는 이유는 무얼까? 개중에는 수작업 결과물을 빨리 볼 수 있을 때 열의를 보이는 사람도 있고, 보다 오랫동안 깊이 파고드는 프로젝트에만 흥분하는 사람도 있다. 그래도 왜 한 방향으로 이끌리는 사람도 있고 다른 방향으로 이끌리는 사람도 있는지, 애초에 열정은 왜 생기는지 같은 의문은 여전히 남는다. 연민은 둔감한 도구이긴 하다. 그럼 그 이유는 무엇일까? 그 각각의 답은 적어도 우리가 처음에 품은 의문만큼 많은 의문을 제기한다!

대신 우리는 어떤 의미에서 더 궁극적인 답을 제시하려 시도한다. 그 과정에서 우리가 활용할 핵심 도구는 당연히 게임이론이다.

게임이론은 사람·기업·국가 등이 상호작용 환경, 즉 자신의 행위뿐 아니라 상대의 행위도 중요한 환경에서 어떻게 행동할 것인지 파악하기 위한 수학적 도구함이다. 기업들은 이 도구함을 경매(각 입찰자가 다른 입찰자의 입찰에 따라 입찰해야 하는 환경) 설계와 거기에 참여하는 데 성공적으로 활용한다. 또한 게임이론은 연방 반독점 규제의 초석이기도 하다. 연방거래위원회와 미 법무부에서는 일군의 경제학자가 인수합병 제안을 평가하는 작업을 한다. 이때 그들은 쿠르노 경쟁Cournot competition이라는 게임이론 모형의 도움을 받는다(쿠르노 경쟁은 합병 기업의 행동에 따라 시장의 다른 기업들이 대응하는 경우나 그 역의 경우를 고려해 가격 변동을 예측하는 데 도움을 준다). 몇 구역 떨어진 곳에 있는 국무부에서도 게임이론은 수 세대에 걸쳐 외교관들의 사고에 영향을 미쳤다. 예를 들면 핵무기와 관련해 상호파괴나 벼랑 끝 전술 같은 미국의 냉전 전략은 게임이론에 기반한 토머스 셸링의 분석(소련이 보유한 핵무기 수에 맞춰 미국이 핵무기를 제조하거나 그 역의 경우를 고려함)으로 강화했다.

이는 앞서 말한 행위 유형과 전혀 관련이 없다고 생각할 수도 있다. 사람들은 체스에 열정을 품거나, 새로운 미술사조를 개발하거나, 기부할 때 최적화를 시도하지 않는다. 단지 직관이나 느낌에 이끌려 그런 일을 할 뿐이다. 아예 깨닫지도 못하는 사이 그냥 그렇게 행하기도 한다. 이는 중역 회의실이나 상황실에서 이뤄지는 의사결정과 관련된 냉철한 계산과 무관해 보인다.

더구나 전통 게임이론은 의문의 여지가 있는 핵심 가정에 의존한다고 볼 수도 있다. 사람들이 최적 행위를 한다는 가정, 우리가 합리적이라는 가정, 우리가 모든 관련 정보를 확보하고 편익을 극대화하기 위해 그 정보를 컴퓨터처럼 활용한다는(그 과정에서 복잡한 계산을 한다는) 가정 말이다. 어쩌면 이 가정은 중역 회의실에 모여 무선 주파수대 입찰 전략을 짜는 경영진에게는 타당할지 모른다. 그럼 일상을 살아가는 우리 같은 사람에게도 타당할까? 이 가정을 맹렬히 공격해 노벨경제학상을 받은 사람은 한 명도 아니고 두 명에 이른다

(2002년 수상자 대니얼 카너먼과 2017년 수상자 리처드 탈러).[5] 심지어 대니얼과 리처드는 대의를 위해 기꺼이 죽거나 효과적인 기부 수단을 마련해도 비효과적으로 기부하는 것 같은 일부 혼란스러운 동기도 유리한 강력한 증거로 본다.

우리는 이 두 주장을 활용해 서로를 반박할 것이다. 맞다. 사람들은 **의식적 사고에 의존해 최적화할 때** 꽤 자주 몹시 형편없다. 하지만 의식적 최적화가 아니라 학습과 진화가 최적화할 때는(앞으로 우리는 취향과 신념의 경우 흔히 그렇다고 주장한다) 상황이 훨씬 더 유망하게 보이기 시작한다.

진화 관련 논리에는 이미 익숙하리라고 본다. 우리의 취향은 행동 동기가 이로운 방향으로 작용하도록 진화했다. 가령 우리는 기름지고, 짜고, 달콤한 음식을 좋아하도록 진화했다. 왜냐하면 그 취향이 지방, 염분, 칼로리가 귀한 환경에서 그런 음식을 찾도록 동기를 부여하기 때문이다. 또한 우리가 대칭적 얼굴, 각진 턱, 넓은 골반에 이끌리도록 진화한 이유는 그 취향이 더 건강하고 성공적이며 자손을 잘 낳는 파트너를 찾도록 동기를 부여해서다.[6]

그렇다고 랩 팬들이 모닥불 주위에 둘러앉아 라임rhymes을 주고받은 원시인 조상에게서 진화하지는 않았을 터다. 현대 미술 팬들의 조상이 한가한 시간을 추상적인 동굴벽화에 할애하지도 않았을 것이다('이것은 털 매머드가 아니다Ceci n'est pas une mammouth laineux'/르네 마그리트의 그림 〈이것은 파이프가 아니다〉를 비튼 표현 – 옮긴이). 우리가 관심을 보이는 취향과 신념은 대부분 생리적으로 타고난 게 아니다.

학습한 것이다. 다음 장에서 우리는 학습과 관련해 방금 생리적 진화에서 한 것과 같은 주장을 한다. 학습(또는 **문화적 진화**)이 생리적 진화만큼 잘(훨씬 더 빠르게) 기능한다는 사실도 보여준다. 우리는 문화적 관행이 결국 환경과 필요에 고도로 맞춰지는 양상 역시 보여준다. 예를 들어 이누이트족은 얼어붙은 툰드라에서도 온기를 유지할 수 있을 때까지 이글루를 수 세대에 걸쳐 수정하고 개선했다. 옥수수를 처리하는 전통 방식은 영양가가 부족한 옥수수에서 추가로 영양분을 뽑아내기 위한 것이었다. 이 과정은 누군가가 열역학이나 화학을 의식적으로 생각하는 일 없이 이뤄졌다. 또한 우리는 사람들이 맛있게 먹는 종種이 음식으로 전파되는 질병과 싸워야 하는 문화적 필요를 반영한다는 점, 음식을 둘러싼 미신과 금기가 임신기에 위험한 질병에 걸릴 위험을 줄여준다는 점을 보여준다.

학습을 다룬 장 다음에는 숨겨진 게임이론의 영향을 해석하는 데 도움을 주는 몇 가지 구분을 살펴본다(1차 보상 또는 2차 보상, 근사적 또는 궁극적, 에믹 또는 에틱). 게임이론은 이면에서 진화와 학습 과정의 도움을 받아 우리의 신념이나 선호에 마법적 힘을 발휘한다.

그다음에는 마침내 약간의 게임이론을 다룬다. 다만 아직은 인간에게 초점을 맞추지 않는다. 대신 동물의 성비(어떤 종의 수컷 대 암컷 비율)에 한 장章을 할애한다. 이는 생물학에서 게임이론을 적용하는 잘 알려진 대상이다. 이 장에서는 게임이론의 몇 가지 핵심 개념을 소개하고 그것이 얼마나 강력할 수 있는지 보여준다. 또한 이 장은 진화가 최적화할 때 게임을 어떻게 해석하고 적용할 수 있는지 파악하는 데 도움을 준다.

뒤이어 우리는 본격적인 논의에 나선다. 이 부분부터 각 장은 비합리적으로 보이는 몇몇 인간 행동과 그 이면의 논리를 드러내는 데 도움을 주는 한두 가지 숨겨진 게임을 다룬다.

이것이 우리의 계획이다. 그러면 시작해보자.

2장

무엇이 우리를 움직이나

이 장에서는 학습 과정이 우리를 최적화된 행동으로 이끄는 데 얼마나 강력한 역할을 하는지 설명한다. 우리는 학습의 힘이 최적화한 것을 인식하는 경우로 한정되지 않는다는 사실을 알게 될 것이다. 학습의 힘은 우리 행동에 한정되지도 않는다. 흔히 학습의 힘은 우리의 신념과 선호도 형성한다.

이런 이야기를 하는 이유는 무엇일까? 사람들이 합리적이지 않을 때, 우리가 사람들의 혼란스러운 선호와 신념을 설명하려 할 때, 게임이론을 활용하기 위한 토대를 놓아주기 때문이다.

강화 학습: 보상을 주고 반복하기

여전히 유튜브에 떠도는 1950년대 영상[1]에서 B. F. 스키너는 어두운 색깔의 넥타이를 매고 소매를 팔목까지 내린 흰 버튼다운 셔츠를 입은 채 녹색과 흰색으로 칠한 실험장비 앞에 서 있다. 그는 듣기 좋은 동부 억양으로 마이크에 대고 설명한다. 그 내용은 비둘기를 시계 반대 방향으로 돌도록 훈련하는 일이다. 그의 전략은 단순하다. 비둘기가 왼쪽으로 돌 때마다 사료통을 열어 곡식 몇 알을 간식으로 주는 것이다. 반면 비둘기가 가만히 서 있거나 오른쪽으로 돌면 사료통을 계속 닫아둔다.

카메라는 비둘기에게 초점을 맞춘다. 처음에 비둘기는 그냥 앞뒤로 머리를 끄덕인다. 그러다가 우연히 몸을 왼쪽으로 살짝 돌린다. 그때 '딸깍' 사료통이 열린다. 비둘기는 잽싸게 간식을 먹는다. 사료통이 닫히자 비둘기는 주위를 둘러본다. 그리고 다시 약간 머리를 끄덕이면서 다소 정처 없이 서성거린다.

이때 스키너가 건조한 목소리로 말한다.

"시계 반대 방향으로 돌 때까지 기다릴 겁니다. 그다음 그 행동을 강화할 겁니다."

곧 비둘기는 몸을 왼쪽으로 돌린다. 스키너는 '딸깍' 사료통을 연다. 이제 비둘기는 감을 잡는다. 사료통이 닫히자마자 기대에 차서 왼쪽으로 몸을 돌린다.

스키너는 약간의 자부심을 담아 "보다시피 즉각 효과가 나타납니다"라고 말한다. 비둘기가 멈춰 선다. 스키너는 "아까보다 확실한 움직임을 보일 때까지 기다릴 겁니다. 그보다 확실해야 해요"라고 말을 보탠다. 비둘기가 약간 더 몸을 돌린다. 딸깍. 비둘기는 서둘러 돌아가 상을 받는다.

사료통이 닫힌다. 비둘기는 즉시 왼쪽으로 몸을 돌리더니 거의 멈추지 않고 완전히 한 바퀴를 돈다.

스키너는 담담하게 말한다. "보세요. 한 바퀴를 돌았어요." 전체 훈련은 1분이 채 걸리지 않는다.

이 영상은 강화 학습Reinforcement Learning이 무엇인지 확실하게 보여준다. 강화 학습은 동물과 인간 행동을 형성하는 핵심 과정 중 하나다. 강화 학습의 본질은 단순하다. (시계 반대 방향으로 도는 것 같은) 어떤 행동에 (소량의 음식 등) 보상이 주어지면 해당 행동은 강화되며 반복할 가능성이 커진다.

강화 학습은 어디서나 이뤄진다. 반려동물을 키우는 사람은 누구나 강화 학습을 활용한다. 개가 '앉아'와 '가만히 있어'를 배우는 이유는 그 말대로 할 때마다 우리가 간식을 주기 때문이다. 고양이가 소파를 긁으면 안 된다는 것을 배우는 이유는 그때마다 우리가 분무기로 물을 뿌려서다. 반려동물 없이도 강화 학습이 이뤄지는 모습을 볼 수 있는 사랑스러운 방법이 있다. 바로 유튜브에서 '돼지 훈련하는 법'이나 '돼지에게 앉기를 가르치는 법' 같은 영상을 검색하는 것이다.

사실 당신은 이미 강화 학습이 이뤄지는 양상을 목격했다. 당신 (주위의 모든 사람도) 역시 강화로 배웠기 때문이다. 아이들은 곰돌이 젤리를 먹기 위해 변기 쓰는 법을 배운다. 또한 선생님에게 황금별을 받고 싶어서 더하기와 빼기를 배운다. 아이와 어른은 모두 큰 웃음이 터지는지 아니면 어색한 침묵이 흐르는지를 보고 좋은 농담이 무엇인지 배운다. 사람들이 칭찬하는지를 보고 어떤 옷을 다시 입어야 할지 아니면 중고 가게로 가져가야 할지도 배운다.

강화 학습은 강력하다. 아이들은 강화로 단순한 계산뿐 아니라 긴 나눗셈, 대수학, 기하학, 미적분 기초까지 배운다. 유튜브 영상에 나오는 돼지들은 강화로 장애물 코스를 일주하거나, 골을 넣거나, 배설하러 나가야 할 때 종을 울리는 법을 훈련받는다. 스키너는 비둘기에게 탁구 치는 법을 가르친 것으로 유명하다. 1990년대 중반 일본 연구팀은 한발 더 나아가 비둘기가 피카소의 그림과 모네의 그림을 정확히 구분하도록 훈련했다.

강화 학습은 동물이 유튜브 영상에 출연할 수 있게 도와준다. 하지만 그것은 명백히 강화 학습의 목적이 아니다. 그 목적은 변화하는 환경에서 생존하는 데 필요한 기능적 행동을 배우게 하는 것이다. 동물은 강화로 음식과 주거지 찾기를 비롯해 짝을 어디에서 찾을지, 포식자를 어떻게 피할지, 어떤 음식에 독 혹은 영양분이 있는지 배운다.[2]

사회 학습: 다른 구성원을 보고 배우기

야사와군도Yasawa Islands는 태평양에 있는 아름답고 외진 화산섬들이다. 이 군도는 엄밀히 따지면 피지Fiji의 일부다. 그러나 20세기 많은 기간 동안 자율 통치했다. 야사와의 왕은 관광을 허용하지 않는다. 인류학자 조 헨리히와 그의 박사과정 학생 제임스 브로시는 2000년대 중반 야사와를 방문했을 때 이런 사실을 알게 되

었다.[3]

야사와 사람들은 경제 측면에서 주로 원예, 낚시, 연안 채집에 의존한
다. 낚시는 가장 중요한 단백질 공급원으로 작살 낚시 기술이 뛰어난
사람에게는 가장 생산적인 형태의 일이다. 낚싯줄과 그물을 이용한
낚시도 한다. 얌과 카사바는 칼로리를 제공하는 주식이다. 다만 더 선
호하는 전통 음식은 얌이며 의식 생활에 필요하다. 사람들은 얌을 가
장 크게 키우기 위해 비공식적으로 경쟁을 벌인다.

이곳 정치 단위는 서로 밀접한 야부사Yavusa라는 씨족으로 이뤄져 있
다. 각 야부사는 장로들과 세습 족장으로 구성한 협의체가 다스린다.
사회적 삶은 복잡하게 얽힌 혈연관계와 의무로 체계를 갖췄다. 우리
가 그곳에서 연구할 당시 마을에는 자동차나 TV, 시장, 공공시설이
없었다.

헨리히와 브로시는 야사와 사람들이 물고기를 잡고, 얌과 카사
바를 키우고, 약초를 활용하는 등 생존에 필요한 기술을 어떻게 학
습하는지 알아내는 일에 나섰다. 그들은 주민에게 여러 가지 질문을
했다.

물고기나 낚시와 관련해 궁금한 게 있을 때 누구에게 물어보나
요? 얌을 심거나 키우는 일은 누구에게 물어보나요? 어떤 풀을 약
으로 쓸지 누구에게 물어보나요? 이런 질문도 했다. 누가 낚시를 가
장 잘하나요? 누가 얌을 가장 잘 키우나요? 누가 약초를 가장 잘 아

나요?

그들은 주민이 언급한 이름을 적은 다음 그 사람들의 데이터를 수집했다. 나이와 성별을 비롯해 같은 마을에 사는지, 같은 집에 사는지 등의 데이터였다. 그들이 확인한 사실은 명확했다. 야사와 사람들은 확연하게 낚시, 얌 재배, 약초 사용을 가장 잘하는 사람에게 조언을 구하는 경향을 보였다.

헨리히와 브로시의 질문과 야사와 사람들의 답변에서 두 가지 중요한 점을 알 수 있다. 첫째, 우리는 단지 자기 경험을 강화하는 것만으로 학습하지 않는다. 우리는 다른 사람을 모방하는 방식으로도 (때론 명시적 지도로) 학습한다. 낚시나 재배, 약초를 배우고 싶을 때 굳이 굶주리고 병에 걸릴 위험을 감수하지 않아도 된다. 그런 일을 잘 아는 듯한 사람에게 물어보거나 그들을 따라 하면 충분하다. 특정한 옷을 입어도 괜찮은지 알고 싶은 경우 직접 입어서 칭찬을 구하고, 그 강도에 따라 스타일을 조정하는 게 유일한 선택지는 아니다. 주위를 둘러보고 다른 사람들이 뭘 입는지 보면 된다.

둘째, 우리는 다른 사람을 보고 배울 때 학습 대상을 무작위로 정하지 않는다. 우리의 학습은 그 일을 잘 아는 사람에게 배우도록 여러 방식으로 편향적이다. 우리는 성공적이고, 명성이 높고, (학습 대상이 나이와 관계 있을 경우 연령 집단에서) 나이가 많고, 합리적인 사람을 더 많이 모방한다. 야사와 사람들은 낚시, 재배, 약초 활용을 가장 잘하는 사람에게 조언을 구했다. 우리는 패션과 관련해 미셸 오바마나 조지 클루니 같은 '스타일 아이콘'을 가장 많이 참고한다.

한 실험에서 밝혀진 바에 따르면 14개월 아기는 어른이 앞서 무능하게 행동한 경우(혼란스러운 척하며 신발을 팔에 걸침)보다 유능하게 행동한 경우(신발을 제대로 신음) 비전통적 방식으로 불을 켜는 행동(이마로 스위치를 누름)까지 모방할 가능성이 컸다.[4] 다른 연구에서도 취학 전 아동이 모방으로 새로운 단어를 학습한다는 사실이 밝혀졌다. 다만 그들은 다른 아동보다 어른을 모방할 가능성이 컸다. 그렇다고 그들이 새로운 단어를 학습할 때 나이만 고려한 건 아니었다. 신뢰성도 우선시했다. 다시 말해 아이든 어른이든 상관없이 자신이 아는 단어를 부정확하게 사용하는 사람보다 신뢰성 있게 사용하는 사람을 모방할 가능성이 더 컸다. 나이는 신뢰성이 비슷한 경우에만 선택 기준으로 활용했다. 즉, 아이에게 신뢰성이 있고 어른에게 신뢰성이 없으면 아이를 모방했다. 만약 둘 다 신뢰성이 없으면 어른을 모방했다.[5]

또한 아이들은 어른이 더 잘 아는 일(어떤 음식이 영양가가 높은지 등)이 있고, 아이가 더 잘 아는 일(어떤 장난감이 더 재미있는지 등)이 있다는 사실을 안다.[6] 나아가 어른을 비롯해 다른 사람을 모방하지 않는 것이 더 타당한 상황도 있음을 안다. 앞서 말한 이마로 불 켜기 실험에서 연구진은 어른의 손을 묶어 행동을 제약하고 아기의 손은 묶지 않는 버전도 포함했다. 그러자 아기들은 손이 묶인 상태로 행동하는 어른을 모방하지 않았다. 마치 어른이 손을 쓰지 못해 이마로 불을 켜고 있고 손을 쓸 수 있는 자신은 이마를 쓰는 데 따른 이득이 없다는 결론을 내린 것처럼 말이다.[7]

이 책에서 분석 토대로 삼은 전제 중 하나는 자기 경험에 따른 것이든, 모방과 지시에 기반한 타인 경험에 따른 것이든 강화로 이뤄진 학습은 대개 평균적으로 우리에게 도움을 주는 일을 하도록 이끈다는 것이다. 학습이 대단히 정교한 양상을 띤다는 사실은 이 전제가 맞는다고 확신하는 데 도움을 준다.[8]

다음에 이어질 두 가지 사례는 우리가 어떤 행동을 하는 이유나 학습이 맡은 역할을 전혀 인식하지 못하는 경우가 많다는 사실을 조명한다.

■

이글루는 인간의 창의성이 이룬 탁월한 성취다. 이글루는 오로지 주위에서 구할 수 있는 자재(다진 눈과 가끔 물개 가죽을 쓴다. 북극에는 나무, 벽돌, 돌, 진흙이 없다)로만 만든다. 그런데 바깥에서 북극 강풍이 몰아치는 와중에도 작은 석유램프만 있으면 내부 온도를 15도까지 높일 수 있다.

이는 대단한 일이다. 실제로는 눈만으로 무너지지 않는 구조물을 만드는 일도 상당히 어렵다. 어릴 때 이글루를 만들기 위해 애써본 독자는 이 사실을 경험으로 알 것이다. 이누이트족은 이글루가 무너지지 않고 거센 북극 바람을 견뎌낼 만큼 강하게 만들어야 했다. 그들은 눈을 뭉친 블록을 쌓아 뒤집힌 현수선inverted catenary(현수선은 두 손가락으로 줄이나 목걸이를 들었을 때 나오는 형태다)이라는 강력한 아치를 만들었다. 뒤집힌 현수선은 고대에 발견한 이래 기념물, 건물, 다리를 건설하는 데 활용해왔다.

이글루를 따뜻하게 만드는 데는 도움을 주는 여러 핵심 요소가 있다. 이글루를 만드는 다진 눈 내부에는 공기 방울 수백만 개가 갇혀 있다. 이는 통념과 약간 다르게 탁월한 단열재 역할을 한다. 얼음은 그만큼 단열 기능이 뛰어나지 않아 많이 쓰이지 않는다. 얼음은 주로 빛이 들어오게 해주는 창을 만드는 데 쓰인다. 이글루의 바닥은 층지어 있다. 이누이트족은 가장 높은 층에서 잔다. 요리나 다른 활동은 중간층에서 이뤄진다. 가장 낮은 층은 출입구로 주변을 둘러싼 설원보다 아래쪽을 파서 만든다. 그러면 램프나 요리용 불이 발산하는 열과 체열이 출입구보다 높이 올라가 내부에 머문다. 출입구는 바람이 불어오는 방향과 90도 각도로 설치하며 흔히 직각 형태로 만들어 살을 에는 바람을 막는 데 추가로 도움을 받는다. 이 모든 것과 다른 추가적 세부 요소는 수 세대에 걸쳐 완벽하게 다듬어졌다.

이누이트족이 이 모든 것을 알아냈다는 사실이 그저 놀라울 따름이다. 무엇보다 중요한 점은 그들이 뒤집힌 현수선의 구조적 강도나 다진 눈의 단열성, 다른 출입구의 압력차를 계산하지 않았다는 사실이다. 한 개인이 도중에 죽지 않고 시행착오를 거쳐 이런 설계에 도달할 수 있는 것도 아니다. 아마 어느 해에 한 이누이트 가족이 출입구를 깊이 팠을 것이다. 그들의 이글루는 지난번 이글루나 이웃의 이글루보다 따뜻했을 터다. 이듬해 그 가족은 같은 방식으로 이글루를 만들었을 테고(강화 학습) 이웃들도 이글루의 출입구를 깊이 팠으리라(모방과 지시). 그렇게 모두가 같은 방식으로 출입구를 파고 벽, 창, 환기구도 같은 과정을 거쳐 완벽하게 다듬었을 가능성이 크다. 이누이트족은 여러 세대에 걸쳐 이글루를 완벽하게 다듬는 법을 배웠다. 그들은 자신이 학습하고 있다는 사실이나 이글루를 왜 그런 방식으로 만들어야 하는지 인식할 필요가 없었다.[9]

이제 얼음투성이 북극을 떠나 따뜻한 중남미로 가보자. 거기에는 마야와 잉카 시대까지 거슬러 올라가야 하는 관습이 있다. 바로 옥수수를 먹기 전에 알칼리성 용액에 불리는 일이다. 전통 방식으로는 대개 태운 조개껍질이나 나무재를 넣어둔 물로 옥수수를 끓이고 불린다. 이렇게 처리한 옥수수 알(호미니hominy라 부름)은 연한 노란색으로 바뀌면서 부드럽고 끈끈한 질감을 보인다. 이것은 통째로 요리에 넣거나 쉽게 가루로 갈 수 있다.

이처럼 옥수수를 알칼리성 용액으로 처리하는 것을 '닉스타말화nixtamalization'라고 부른다. 닉스타말화는 처음엔 이상하게 보일 수 있지만 옥수수 함유 성분으로 소화할 수 없는 비타민 B$_3$(나이아신nia-cin)를 뽑아내는 데 필수적이다. 닉스타말화 과정이 없으면 옥수수를 주식으로 하는 사람들은 결국 치매, 설사, 피부염을 일으키는 펠라그라pellagra 같은 영양결핍증에 걸린다. 닉스타말화는 수 세기 동안 이뤄졌고 비타민 발견보다 훨씬 오래되었다.

이 경우에도 문화가 현대 과학의 도움 없이 유용한 관행을 받아들였음을 확인할 수 있다. 어쩌면 어느 날 음식을 만들던 사람이 실수로 단지에 재를 쏟았을지도 모른다. 그렇게 요리한 옥수수를 먹은 사람들은 분명 기분과 안색이 더 좋았을 것이다. 단순히 그렇게 하면 더 쉽게 갈린다는 사실을 먼저 알고 그것이 건강에 미치는 효과는 조금 나중에 알았을 수도 있다. 건강에 미치는 효과를 아예 몰랐어도 어쨌든 사람들이 이전보다 덜 아팠을지 모른다. 이런 방식으로 옥수수를 먹은 사람은 대체로 더 성공했고 따라서 모방하거나 조언을 구하는 대상이 되었을 가능성이 크다. 어느 경우든 강화 학습과 모방, 지시는 각각 마법을 발휘할 풍부한 기회를 누렸다. 누군가가 그 마법이 작용하는 방식을 인식하거나 그 성과를 이해할 필요도 없었다.

어떤 기능을 아무도 모른다고 해서 기능이 존재하지 않는 것은 아니다. 이는 유럽인이 처음 옥수수를 접했을 때 힘들게 얻은 교훈이다. 그들은 원주민이 옥수수를 닉스타말화하는 이유를 만족스럽게 알아내지 못했다("그냥 늘 그렇게 했어요"). 그래서 옥수수를 주식으로 기꺼이 받아들이긴 했지만 쓸데없어 보이는 닉스타말화를 건너뛰었다. 어차피 그들에게는 옥수수를 먼저 부드럽게 만들지 않아도 가루로 갈아주는 강력한 분쇄기가 있었다. 결국 북이탈리아, 프랑스, 미국 남부에서 펠라그라가 대규모로 발생했다. 20세기 전반기에 미국인 약 300만 명이 펠라그라에 걸렸고 10만 명이 사망했다.

인간은 기능을 알아내기 어려운 복잡한 행동을 학습하고 모방하는 고유한 적응력을 지니고 있다. 그렇게 하는 방식 중 하나가 '과모방overimitating'이다. 이는 전적으로 필요 없어 **보이는** 행동을 모방하는 일이다(당신이 과신에 빠져 있고 유럽의 민족중심적 제국주의자가 아니라면 말이다). 과모방을 보여주는 전형적 연구는 다음 방식으로 진행한다. 아동과 침팬지에게 성인 인간이 간식이 든 상자를 여는 모습을 보여준다. 이때 성인 인간은 상자 윗부분을 세 번 두드리거나 코를 만지는 것처럼 불필요한 몇 가지 단계를 추가하도록 지시받는다. 아동은 불필요한 것까지 어른이 한 모든 동작을 모방한다. 반면 침팬지는 더 영리해서 쓸데없는 단계를 생략한다. 이것만 고려하면 침팬지가 더 영리해 보일지 모른다. 그러나 유럽인이 닉스타말화를 건너뛴 것 같은 실수를 저지를 위험이 더 크다.

■

우리의 여행을 계속해 다시 피지로 돌아가자. 여기서 우리는 학습이 행동뿐 아니라 신념까지 형성하는 양상을 보여주는 좋은 사례를 확인할 수 있다.

피지 여성은 임신기와 수유기 때 음식 금기를 철저히 지킨다. 가령 우럭, 상어, 바라쿠다, 곰치 등 평소에 자주 먹던 특정 물고기를 먹지 않는다(피지인은 대개 육류뿐 아니라 갑각류, 문어, 가시복에서 단백질을 얻는다).

피지인은 모르고 있지만 그들이 피하라고 배운 음식은 위험한 독성 시구아테라ciguatera를 함유하고 있다. 시구아테라를 너무 많이 섭취하면 병에 걸려 손발 통증이나 심한 설사에 시달린다. 이 증상은 때로 몇 달간 지속된다. 시구아테라 중독은 임신기와 수유기에 특히 위험하다. 이 시기 여성이 독성물질에 더 취약하고 태아와 젖먹이에 게 해를 끼칠 수 있어서다.

시구아테라는 조류藻類가 생성하는 화학물질로서, 조류를 먹는 물고기의 체내에 축적된다. 이 물고기를 먹는 물고기의 체내에는 더 많이 축적되고, 다시 이 물고기를 먹는 물고기의 체내에는 훨씬 많이 축적된다. 우럭, 상어, 바라쿠다, 곰치는 모두 먹이사슬에서 비교적 높은 곳에 자리하고 있다(심지어 곰치는 상어까지 공격하는 것으로 알려져 있다). 그래서 시구아테라 중독을 일으킬 위험이 가장 크다. 문어와 가시복은 먹이사슬에서 그보다 아래에 있고, 갑각류는 그보다 더 아래에 있다. 이들은 시구아테라 중독 위험이 크지 않다. 육류와 채소를 먹는 데 따른 위험은 사실상 없다. 결국 피지인의 음식 금기는 고위험 음식에서 저위험 음식으로 유도해 태아와 아기의 건강을 도모하는 효과적인 수단이다.

피지인 역시 그 기능을 인식하지 않고 학습으로 기능적인 음식 금기에 도달했다. 이는 매우 놀라운 사실이다. 이러한 금기를 누구에게 배웠는지 물으면 대부분 엄마, 할머니, 시어머니, 장로, 현명한 여성, 고모라는 답변이 돌아왔다. 의사에게 배웠다는 답변은 10% 미만이었고 시구아테라라는 용어를 들어본 적 있다는 답변은 없었다.

또 다른 놀라운 사실도 있다. 피지인의 행동만 학습과 모방으로 형성된 것이 아니었다. 그들의 신념도 그렇게 형성되었다. 음식 금기를 따르는 이유를 물었을 때 대다수 여성이 '거친 피부'나 '냄새나는 관절부' 등 아이에게 건강과 관련된 부정적인 결과가 생기는 것을 피하기 위해서라고 대답했다. 이 신념이 틀렸다는 점은 중요치 않다. 어쨌든 효과가 있으니 말이다(우리가 당신이 품은 일부 신념을 두고 같은 사실을 지적해도 놀라지 마시라).

앞서 이 책의 한 가지 전제는 학습이 기능적 행동으로 이어진다는(혹은 평균적으로 그런 경향이 있다는) 것이라고 밝혔다. 피지인의 틀린 기능적 신념은 이와 긴밀히 관련이 있는 두 번째 전제를 드러낸다. 그것은 기능적 행동이 흔히 그에 상응하는 신념을 수반한다는 점이다. 학습은 뛰어난 방식으로 우리가 특정 행위를 하게(가령 특정 음식을 피하게) 만든다. 그리고 이것은 행동을 자극하는 방향으로 우리의 신념을 형성한다. 다시 말해 해당 음식을 먹으면 아이의 피부가 거칠어질 것이라고 믿게 만든다.

■

학습이나 모방이 신념만 형성하는 것은 아니다. 취향도 형성할 수 있다.

맨해튼의 로워 이스트 사이드에서 100년 넘게 영업한 상징적인 유대계 식당 러스 앤 도터스를 방문해보라. 그곳에 들어서면 곧바로 윤기 나는 훈제연어와 뱅어 그리고 맛을 첨가한 크림치즈 통이 넘쳐나는 냉장고에 둘러싸인다. 벽에는 베이글이 가득한 바구니와 호밀흑빵, 호밀, 수입 캐비어가 담긴 화려한 캔을 높이 쌓아둔 선반이 있다. 여기는 1800년대 말과 1900년대 초 엘리스섬을 지나 로워 이스트 사이드로 온 가난한 동유럽 유대인 수십만 명이 사랑하던 음식의 사원이다. 또한 소금의 사원이기도 하다. 소금은 러스 앤 도터스에서 보게 되는 핵심 양념이다. 잘 살펴보면 여기저기서 약간의 후추도 볼 수 있다. 당연히 바구니에 놓인 일부 베이글에는 필수적인 '에브리싱' 시즈닝이 올려져 있다. 약간의 딜dill도 있다. 딜도 양념으로 친다면 말이다. 가끔은 약간의 양파도 올라간다. 그러나 러스 앤 도터스의 음식은 주로 소금으로만 간을 맞춘다.

거기서 두어 구역을 걸어 이스트 6번가에 있는 커리 로Curry Row에 가면 분위기가 확 달라진다. 주얼 오브 인디아(거리를 걸어갈 때 호객꾼이 당신을 불러대는 많은 식당 중 하나)에 가면 향기 좋은 발티balti 커리와 펄펄 끓는 빈달루vindaloo를 볼 수 있다. 이 각각의 요리에는 10여 가지 향신료가 듬뿍 들어간다. 웨이터에게 베이글, 훈제연어, 크림치즈, 캐비어를 어떻게 생각하냐고 물어보면 그들은 고개를 옆으로 저으며 "그런대로 괜찮아요"라고 말한다. 그런데 다시 물어보면 "좀 밍밍해요. 많이 밍밍해요"라고 인정한다.

인도인은 어떻게 아주 매운 요리 취향을 지니게 되었을까? 왜 동유럽의 아슈케나지 유대인은 같은 취향을 지니지 않았을까? 1998년 제니퍼 빌링과 폴 셔먼은 그 답이 음식을 상하게 만드는 박테리아를 억제하고 죽이는 향신료의 효능에 있을지 모른다고 주장했다. 그들은 이 효능이 더운 기후에서 가장 유용하기에 해당 지역에 사는 사람들은 향신료를 좋아하도록 학습했을 것이라고 본다.[10]

빌링과 셔먼은 이 이론을 검증하기 위해 실제로 향신료에 박테리아를 억제하고 죽이는 효능이 있는지 확인했다. 그들은 식중독을 가장 많이 일으키는 박테리아 30종을 검토한 다음 향신료나 그 유효성분이 박테리아 증식을 억제하는지(또는 아예 죽이는지) 실험한 연구 결과 수십 건을 종합했다. 올스파이스와 오레가노 같은 일부 향신료나 마늘, 양파 등의 뿌리식물은 30종 모두 증식을 억제한다. 월계수잎, 민트, 고수, 육두구 등의 향신료는 절반이나 4분의 3 정도를 억제한다. 후추, 레몬, 라임 같은 감귤류는 그 자체로는 소수의 박테리아만 억제하나 다른 향신료의 효과를 돕는다(후추는 다른 향신료에 함유된 유효성분의 생체이용률을 높인다. 그래서 박테리아가 유효성분을 더 많이 흡수하게 해준다. 레몬과 라임은 박테리아의 세포벽을 무너뜨린다. 이는 박테리아가 향신료의 유효성분에 더 취약하게 만든다).

뒤이어 빌링과 셔면은 전 세계 10여 개 문화권의 요리법을 취합해 어떤 향신료를 얼마만큼 사용하는지 분석했다. 그 결과 예상대로 "연평균 기온이 높을수록 향신료를 넣는 요리법 비중, 요리법마다 들어가는 향신료 수, 사용하는 향신료 총수, 가장 강력한 항박테리아 향신료 활용도가 모두 증가했다." 두 사람은 여러 반론을 하나씩 배제해갔다. 더운 지방에서 향신료를 사용하는 이유는 단지 그것들이 거기서 자라기 때문은 아닌지 자연스럽게 의문을 가질 수 있다. 그런데 아주 오래전부터 향신료 교역이 활발하게 이뤄졌다. 즉, 향신료는 재배 지역보다 더 많은 지역에서 사용하고 있다.

올스파이스가 그 좋은 예다. 올스파이스는 재배 국가보다 10배 많은 국가에서 사용한다. 더구나 평균적으로 향신료가 더운 지방에서 더 흔하게 자라는 것도 아니다. 많은 열대지방에서 향신료가 거의 자라지 않지만 여전히 폭넓게 사용한다. 잠깐, 그렇다면 향신료는 땀을 내게 만들어 체온을 낮추는 데 도움을 주는 게 아닐까? 실제로 고추에 든 캡사이신은 그런 효과를 낸다. 그러나 오레가노, 민트, 계피 같은 대다수 향신료는 그렇지 않다. 혹시 향신료는 더운 지방에서 더 유용한 미량영양소micronutrient를 함유한 게 아닐까? 아니다. 현지에서 나오는 채소와 육류가 필수 미량영양소를 훨씬 많이 함유하고 있다.

이들의 모국을 살펴보자. 인도 엄마들은 아이가 매운 음식을 견디고 나중에는 좋아하도록 점차 훈련하는(어른의 음식에 요구르트를 섞어서 주다가 점차 요구르트의 양을 줄임) 반면, 아슈케나지 엄마들은 소금을 고수한다. 그들은 미국으로 이민 올 때 음식 문화도 같이 가져왔다.

인도 엄마와 아슈케나지 엄마는 피지인과 이누이트족처럼 관습의 이유를 알 필요가 없다. 대다수는 아마 "그냥 늘 그렇게 먹었어요"라거나 "이렇게 먹으면 맛이 좋아요"라고 대답할 것이다. 그들은 학습 과정이 수 세대에 걸쳐 취향을 형성하면서 행동까지 형성하는 마법을 부렸다는 사실을 인식하지 못한다.

왜 학습은 원하는 행동을 직접 형성하지 않고 먼저 신념과 취향을 형성할까? 한 가지 가능성은 우리가 앞서 제기한 대로 그것이 우리를 행동으로 이끄는 효과적인 방법이기 때문이다. 매운 음식을 좋아하면 매운 음식을 먹게 된다. 물론 또 다른 가능성도 있다. 그것은 내면화가 이뤄지면 그 기능을 이해하지 못해도 반드시 기능적 행동을 한다는 점이다. 과모방의 경우처럼 말이다. 인도인이 카레에 들어가는 흑후추 맛을 좋아하면 그것을 빼려는 생각은 하지 않는다. 흑후추가 쿠민, 고수, 강황, 고추의 효능을 강화하므로 카레에 들어간다는 사실을 깨닫지 못해도 그렇다. 유럽인에게 닉스타말화한 옥수수를 먹는 취향을 얻을 기회가 있었다면 펠라그라를 피할 수 있었을 것이다.

지체와 파급

  주얼 오브 인디아에서 일하는 웨이터의 말을 기억하는가? 그는 베이글과 연어가 좀 밍밍하다고 수줍게 인정했다. 그만 그런 게 아니다. 예를 들어 추수감사절 때 인도계 미국인 가정을 방문해보라. 그러면 그들이 칠면조를 통째로 굽기 전에 카레를 살짝 묻히거나 요구르트와 탄두리 향신료에 밤새 절인다는 사실을 알게 될 것이다. 크랜베리 소스도 언뜻 다른 소스와 비슷해 보이지만 먹어 보면 고추의 매운맛이 좀 느껴지고, 흙냄새가 나는 구운 쿠민씨가 눈에 띨지도 모른다. 황금색 윤기가 흐르는 그레이비는 사프란과 약간 더 많이 들어간 후추의 분명한 향내를 풍기리라. 인도계 미국인만 그러는 것이 아니다. 멕시코계 미국인 가정을 방문해보라. 그들은 칠면조를 포솔레나 멕시코의 다른 전통 음식과 함께 내준다. 한 멕시코계 미국인 친구는 고모가 껍질콩 캐서롤 요리를 맡았던 이야기를 들려주었다. 그녀는 요리법을 훑어보더니 말이 안 된다고 판단했는지 껍질콩과 고추 요리를 만들었다. 온 가족은 그 요리에 열광했다.

물론 러스 앤 도터스의 연어나 추수감사절 칠면조와 껍질콩이 심각할 정도로 변질 위험이 큰 것은 아니다. 미국의 식품 유통 시스템은 냉장 설비의 혜택을 충분히 누린다. 식품산업의 안전 관행과 규제도 변질 위험을 최소화한다. 사실 더운 지방 출신 이민자가 연어를 먹지 않거나 칠면조와 반찬에 향신료를 넣는 이유는 매운맛을 좋아하기 때문이다. 비유하자면 그리고 말 그대로 그들은 매운 입맛을 들였다. 이 입맛은 음식에 따른 질병을 막아야 하는 문화권에서 형성된 것으로 지금은 그럴 필요가 없는 문화권에 살아도 여전히 유지하고 있다.

우리는 이런 효과를 지체lag라고 부를 것이다. 지체는 인간의 꼬리나 고래의 앞발처럼 흔적만 남은 속성을 말한다. 지체는 과거에 목적이 있었지만 그 목적은 더 이상 의미가 없다. 지체가 발생하는 이유는 진화처럼 학습이 즉각 이뤄지지 않기 때문이다. 개인이 매운맛을 좋아하고 한 문화권의 요리가 매워지는 데는 시간이 걸린다. 마찬가지로 그런 학습에서 벗어나는 데도, 동물행동학자들의 표현으로는 소거extinction가 발생하는 데도 시간이 걸린다.[11]

때로 우리는 신념이나 취향이 어떤 맥락에서 여전히 의미 있는 목적을 지니는 것은 물론, 해당 맥락을 벗어난 경우에도 유지되는 상황을 접한다. 우리는 이를 파급spillover이라고 부른다. 개가 당신의 다리에 대고 붕가질하는 것도 파급에 따른 것이다. 어떤 대상에 대고 붕가질하는 것은 아주 유용한 목적을 지닌다. 하지만 다리에 대고 하는 건 어떤가? 그다지 유용하지 않다. 파급은 학습이 진화처럼 일반화를 수반하는 까닭에 일어난다. 즉, 한 맥락에서 학습한 것을 다른 비슷한 맥락에 적용하는 것이다. 우리는 일반화에 아주 능하다. 그러나 완벽하지는 않다. 때로 우리는 과도하게 일반화한다. 특히 학습이 내면화된 신념과 취향을 형성할 때는 더욱 그렇다.

파급은 심리학과 경제학 분야에서 이뤄지는 실험실 실험(본질상 엄격히 통제하는 실험실 환경에서 실시함) 결과를 이해하는 데 특히 도움을 준다. 실험실 실험은 극히 유용하다. 취향과 신념이 일상생활에서 실험실 환경으로 파급되도록 유도하면 여러 흥미로운 특성을 확인할 수 있다(요즘 '실험실'은 사실 약간 부적절한 명칭이다. 많은 연구에서 '실험실'은 아마존의 미캐니컬 터크Mechanical Turk를 말한다. 전 세계 사람들은 잠옷 차림으로 이 사이트에 접속해 익명으로 설문조사에 응하고 몇 푼의 추가소득을 올린다).

전형적인 다음 사례를 살펴보자. 실험 참가자들이 두 명씩 한 조를 이뤄 최후통첩 게임을 한다. 이때 한 사람은 몇 달러(가령 10달러)를 받고 파트너에게 얼마를 줄지 선택한다. 뒤이어 파트너는 그 제안을 받아들일지 선택한다. 파트너가 수락하면 두 사람은 각자의 몫을 갖는다. 반대로 파트너가 거절하면 두 사람 다 한 푼도 갖지 못한다. 두 사람은 각자의 길을 가며 다시는 만나지 않는다(말 그대로 그렇다. 실험 참가자는 인터넷으로 만난 모르는 사람들이라는 사실을 기억하라. 그들은 서로 누구인지 알지 못하고 소통할 수단도 없다).

　최후통첩 게임에서는 50 대 50으로 나누는 일이 아주 흔하다. 이는 매우 직관적이다. 또한 첫 번째 실험 참가자가 너무 적은 금액, 이를테면 1달러나 2달러를 제시하면 파트너가 거절하는 일도 흔하다. 이 역시 직관적이다. 타당하기도 하다. 어쨌든 우리의 정의감은 사람들이 우리를 함부로 대하지 못하도록 설계되어 있으며 그런 일이 생기면 반격해야 한다(14장 참고). 이 실험은 멋지게 통한다. 우리의 정의감은 이 실없고 사소한 게임으로 파급이 잘 일어난다.

　그렇지만 잠시 생각해보라. 실험 진행자는 익명성을 유지하기 위해 실험을 세심하게 설계했다. 심지어 자신도 참가자가 누구인지 알 수 없도록 만들었다. 누구도(실험 진행자조차) 특정 참가자가 호구라서 낮은 금액을 받아들였는지 알 수 없다. 이럴 때 화를 내서 무슨 소용이 있을까? 합리적으로 행동하려면 이를 악물고 낮은 금액을 받아들여야 한다. 그 편이 한 푼도 생기지 않는 것보다는 낫다. 그렇다면 이는 정의감이 우리가 주장한 기능, 즉 사람들이 우리를 함부로 대하지 못하도록 막는 기능을 하지 않는다는 뜻일까? 우리는 그렇다고 생각하지 않는다. 이는 개가 때때로 사람 다리에 대고 붕가질한다는 이유로 그들의 성적 욕구가 생식을 위해 진화하지 않았다고 결론짓는 것과 같다. 우리가 볼 때 정확한 해석은 정의감이 모든 상황의 구체적 여건에 완벽하게 들어맞지 않았다는 것이다. 이 점은 익명성을 완벽하게 유지하는 실험실 환경이 대단히 드물며 학습 과정이 지체와 파급을 일으킨다는 사실을 고려하면 놀라운 일이 아니다.

—

다음으로 우리는 한 장章을 더 할애해 우회적인 논의를 이어간다. 그 주제는 게임이론을 활용하고 해석하는 방법을 더 잘 이해하는 데 도움을 주는 핵심 개념이다.

3장
행동을 설명하는 세 가지 구분

이 장에서는 세 가지 유용한 구분을 설명한다. 이러한 구분은 우리가 대체로 어떤 경향의 설명을 제공하는지 명확히 밝혀준다. 이렇게 구분하는 이유는 학습(과 진화)이 우리 분석에서 중요한 역할을 맡기 때문이다.

1차 보상 또는 2차 보상

사람들은 동물의 학습을 이야기할 때 대개 1차 보상과 2차 보상을 구분한다. 음식은 1차 보상이다. 모든 동물은 음식을 좋아하도록 진화했다. 동물이 음식을 좋아하지 않게 만드는 것은 거의 불가능하다(그 일이 쉬우면 굶어 죽을 위험이 있어서 이는 타당하다). 스키너가 우리에게 보여준 대로 음식 같은 1차 보상은 조련사가 활용하는 핵심 도구다.

물론 조련사는 말(잘했어!), 쓰다듬기와 배 문지르기, 클리커clicker와 호루라기 같은 다른 도구도 활용한다. 문제는 많은 동물이 처음엔 이런 것에 반응하지 않는다는 것이다. 조련사는 먼저 명령, 배 문지르기, 호루라기와 음식을 연계해야 한다. 연계가 충분히 이뤄지면 마침내 동물은 '잘했어!'라는 말이나 배 문지르기를 간식과 별개로 좋아하게 된다. 그러면 이러한 도구도 원하는 행동을 강화하는 데 활용할 수 있다. 명령, 배 문지르기, 호루라기는 2차 보상이다. 이것은 동물이 좋아하도록 진화한 대상이 아니다. 그래도 좋아하는 법을 학습시킬 수 있다. 2차 보상이 1차 보상과 충분히 오래 연계되지 않을 때 더 이상 좋아하지 않도록(이를 소거라 한다) 학습시킬 수도 있다. 조련사는 신중하게 1차 보상과 2차 보상을 개별로 생각하는 한편, 2차 보상과 1차 보상을 연계해 소거를 피해야 한다.

1차 보상과 2차 보상 구분은 인간에게도 적용할 수 있다. 인간이 이미 좋아하도록 진화해 더 이상 좋아하지 않도록 학습할 수 없는 것들이 있다. 당연히 음식은 그중 하나다. 좋은 건강, 편안함과 안전함, 시간과 노력, 신뢰 그리고 적어도 그에 따르는 자원과 관계도 여기에 속한다. 위신, 권력, 섹스도 그 경쟁 상대다.

한편 인간이 진정 좋아하고 열성을 다해 추구하는 다른 대상도 많다. 우표 수집, 추상 미술, 직위, 어린 시절에 맛본 특정 향신료 조합의 맛 등이 그런 예다. 하지만 어떤 인간도 이런 것을 좋아하도록 진화하지 않았다. 그보다는 이것이 1차 보상과 연계되어 좋아하도록 학습한다. 이는 배 문지르기와 호루라기 같은 2차 보상이다. 즉, 우리가 진정 좋아하지만 시간이 지나면서 더 이상 좋아하지 않을 수 있는 것들이다.

이 내용을 분석할 때 다음과 같은 점을 염두에 두고 신중하게 접근해야 한다. 우리는 사람들의 취향을 이해하려 한다. 예를 들면 우표에 집착하는 것도 여기에 속한다. 방법은 그 취향을 형성한 1차 보상을 드러내는 것이다. 게임이론은 이 작업에 도움을 준다. 다만 이 게임의 보수payoff는 우리가 얻는 선호(2차 보상)가 아니라 처음에 얻은 1차 보상이라는 사실을 깊이 염두에 둬야 한다. 우리가 1차 보상과 2차 보상 구분을 강조하는 이유가 여기에 있다.

이야기를 진행하기에 앞서 1차 보상을 파악하는 몇 가지 특성을 살펴보자. 우리는 어떤 것이 1차 보상인지 확인하기 위해 다음 질문을 던진다.

- **보편적으로 좋아하는가?** 음식과 섹스는 대단히 보편적으로 좋아한다. 향신료, 고함량 다크 초콜릿, 피카소의 〈게르니카〉는 덜 그렇다. 모두가 좋아하지 않는다면 좋아하는 사람은 그것을 좋아하도록 학습했을 것이다. 따라서 1차 보상이 아니다.
- **좋아하도록 학습해야 하는가?** 유아는 매운 요리를 좋아하도록 (서서히!) 훈련받는다.[1] 이는 우리의 매운 음식 취향이 1차 보상이 아니라는 하나의 힌트다. 누구도 먹는 것을 즐기거나 좋은 건강을 누리도록 학습할 필요는 없다. 그래서 이런 것은 1차 보상이 되기에 더 나은 후보다.
- **학습을 되돌릴 수 있는가?** 일단 매운 음식을 좋아하면 그 취향을 버리기가 어려울 수 있다. 그러나 매운 음식 애호가라 해도 오래 해

외에 나가 있다가 집에 돌아오면 음식이 기억하는 것보다 맵다고 느낀다. 체스나 바둑에 보이는 열정은 어떤가? 사람들에게 별로 잘 하지 못한다거나 시간 낭비라는 말을 들으면 더 이상 좋아하기가 어렵지 않을까? 반면 섹스나 기름진 음식, 좋은 평판을 더 이상 좋아하지 않기는 매우 어렵다. 이는 이런 것이 1차 보상이라는 또 다른 힌트다.

- **진화적 측면에서 타당한가?** 진화는 생존과 생식에 대단히 일관성 있게 연계되는 1차 보상만 우리에게 주입한다. 음식, 주거지, 사회적 유대는 언제나 생존과 생식에 필수였다. 따라서 그런 것을 좋아하는 취향을 타고나는 것은 타당하다. 그럼 세상에 기쁨을 퍼트리거나 인종 평등에서 진전을 이루려는 욕구는 어떤가? 진화가 우리에게 먼 곳에 사는 사람들을 돕기 위해 자원을 할애하려는 욕구를 심어줄 이유가 있을까? 아마 없을 것이다. 우리에게 크게 도움을 주지 않는 경우가 많기 때문이다. 다만 올바른 여건에서는 분명 그것을 학습할 능력을 심어줄 수도 있다.

- **지나치게 유연한가?** 어려운 사람을 도우려는 욕구는 지켜보는 눈이 있는지, 그 일이 일반적인지, 돕지 않을 때 '그럴듯한 부인 가능성plausible deniability'이 있는지 등에 큰 영향을 받는다. 이 모든 것은 남을 돕는 일이 그 자체로 1차 보상이 아니라 다른 목적을 달성하기 위한 수단에 더 가깝다는 단서다(그 목적은 7장과 8장에서 다룬다).

이제 1차 보상이 무엇이고 어떻게 파악하는지 감을 잡았으니 거기에 해당하지 않는 몇 가지를 강조할 가치가 있을지 모른다.

- **적합성.** 1차 보상은 진화 과정의 오랜 과거에 생리적 적합성과 분명 연계되었을 것이다. 그러나 그것이 오늘날의 적합성과 반드시 호응하는 것은 아니다. 섹스, 지위, 자원은 더 이상 생존과 생식으로 이어지지 않는다. 그런데도 우리는 그 자체를 추구하도록(또 추구하는 데 도움을 주는 학습 과정을 거치도록) 진화했다. 우리는 피임할 때도 섹스를 추구하며 (더 이상 성생활을 하지 않거나 한 명의 짝에게 충실히 헌신하느라) 짝을 더 많이 얻는 데 도움을 주지 않아도 지위를 추구한다. 또한 요즘 부유층은 자녀를 더 적게 낳으면서도 부를 추구한다. 1차 보상은 역사적으로 적합성과 연계해 진화했다. 그렇다고 그것이 적합성과 동일한 것은 아니다.

- **의식적 목표.** 1차 보상은 우리가 의식적으로 추구하는 목표와도 동일하지 않다. 이 목표는 우표를 수집하는 것, 체스 마스터가 되는 것, 미술사를 깊이 공부하는 것, 인상적인 와인 셀러를 갖추는 것, 세상을 더 나은 곳으로 만드는 것 등을 포함한다. 우리가 보기에 이런 것은 대개 2차 보상으로 생각하는 편이 더 낫다. 즉, 사람들이 처음부터 좋아한 게 아니라 1차 보상과 연계해 좋아하게 된 것들이다. 가령 열의는 1차 보상이 아니라 2차 보상이다. 물론 때로 우리는 1차 보상을 의식적으로 추구한다. 우리는 배가 고프면 의식적으로 음식을 찾고, '다른' 게 고플 때는 의식적으로 섹스 파트너를 찾

는다. 이처럼 단지 의식적으로 추구한다고 그 대상이 1차 보상이 될 수 없는 건 아니다. 다만 항상 그렇지는 않다.

- **심리적 보상.** 의식적 목표에서처럼 우리가 기부할 때 받는 느낌 (따스하고 몽롱한!)이나 우리의 신념과 행동이 불일치할 때 받는 느낌(부조화!)은 학습되는 경우가 많으며 대단히 맥락 의존적이다. 이 책에서 우리는 대개 1차 보상을 활용해 이러한 심리적 보수가 어디서 나오는지, 왜 이상한 속성을 지니는지 설명한다. 다만 그때 심리적 보수 자체를 절대 공식의 일부로 삼지는 않는다. 이는 친숙한 사회심리학이나 행동경제학 문헌(가령 댄 애리얼리의 《상식 밖의 경제학》)과 약간 다른 접근법이다. 우리는 해당 연구자들에게서 일련의 흥미로운 수수께끼를 훔쳐 온다. 그러나 그 수수께끼는 우리가 제시하는 설명의 일부가 아니라 설명이 필요한 대상이다.

- **금전적 인센티브.** 끝으로 1차 보상은 대다수가 인센티브로 표현하는 돈과는 다르다. 그렇다고 금전적 인센티브가 중요하지도 강력하지도 않다는 말은 아니다. 스티븐 레빗과 스티븐 더브너는《괴짜 경제학》에서 탐정처럼 사방에서 금전적 인센티브를 밝혀낸다. 다시 말해 그들은 스모 선수가 자신보다 더 승리가 절실한 상대를 위해 패배를 감수하고(상대가 상금을 나누자고 제안한다), 교사가 학생의 시험점수를 부풀리며(감봉을 피하고자), 부동산 중개인이 다른 사람의 집은 서둘러 팔면서 자기 집을 팔 때는 최대한 결정을 늦추는(자신이 매도자로서 소액의 수수료가 아니라 매도액 전체를 가질 때는 더 높은 호가가 훨씬 중요하다) 이유를 설명한다. 하지만 금전적 인센티브는 우

리가 관심을 보이는 수많은 인센티브를 포함하지 않는다. 그중 다수는 신뢰나 위신, 연인처럼 순전히 사회적 성격을 지닌다. 이러한 1차 보상은 흔히 우리의 의식적인 인식 밖에서 작용해 취향과 신념을 형성한다. 반면 스모 선수와 부동산 중개인은 대개 자신에게 영향을 미치는 금전적 인센티브를 인식한다. 사람들이 금전적 인센티브에만 신경 쓰는 게 아니라고 말할 수 있는 한 가지 근거는 금전적 인센티브가 간혹 역효과를 낸다는 점이다.

유리 그니지와 알도 루스티치니는 이스라엘에서 부모가 어린이집 하원 시간에 아이들을 데리러 올 때 늦지 않게 만드는 방법을 연구했다. 그들은 벌금을 부과하면 오히려 부모가 더 늦게 온다는 사실을 발견했다. 이는 역설적으로 보인다. 어쨌든 벌금은 지각에 따른 금전적 비용을 초래한다. 모든 경제학 모형은 가격이 올라가면 수요(아이를 데리러 오는 데 늦는 것)가 줄어든다고 말한다. 그렇지만 이는 가격이 금전적 비용만 포함한다고 잘못 가정할 때만 역설적이다. 그니지와 루스티치니는 그렇지 않다고 말한다. 지각에 따른 두 번째 비용, 즉 사회적 비난도 있다. 벌금을 도입하면 이 비용은 오히려 감소한다. 마찬가지로 다른 1차 보상을 포함하도록 인센티브의 정의를 확장하면 역설적으로 보이는 다른 결과도 설명할 수 있다. 예를 들면 우리가 대가를 받지 않을 때 더 열심히 일하거나, 대가 없이 말할 때 우리가 그 말을 더 믿는 것이 거기에 해당한다.[2]

'근사적' 또는 '궁극적'

구글에서 '리처드 파인만 자석'을 검색하면 인터뷰 영상이 나온다. 이 인터뷰에서 인터뷰어는 유명한 물리학자인 파인만에게 두 자석이 서로를 밀어내는 이유를 묻는다. 파인만은 그 대답으로 다음과 같이 '왜'에 관해 요청하지 않은 강의를 들려준다.[3]

> 왜 어떤 일이 일어나는지 질문을 받으면 어떻게 대답해야 할까요? 가령 미니Minnie 고모가 병원에 있어요. 왜 그럴까요? 그녀가 외출했다가 빙판에 미끄러져 골반뼈가 부러졌기 때문입니다. 사람들은 이 대답에 만족합니다. … 그러나 다른 행성에서 온 아무것도 모르는 누군가는 만족하지 않을 겁니다. … "왜 빙판에서 미끄러졌죠?"라고 물으면 대개는 빙판이 미끄러워서 그렇다고 대답합니다. 모두가 그 사실을 압니다. 여기에 문제는 없어요. 하지만 "왜 빙판은 미끄럽죠?"라고 물어보면 조금 흥미로워져요.

파인만은 여기서 멈추지 않는다. 그는 왜 얼음(고체)이 신기하게도 미끄러운지 설명하고 다른 질문을 더 던진 다음, 끝으로 자신이 유난히 까탈스럽게 군다는 사실을 인정한다.

> 나는 당신의 질문에 대답하지 않을 겁니다. 대신 '왜' 그런지 묻는 것이 얼마나 까다로운지 말할게요. … 이를테면 "왜 그녀는 미끄러져 넘

어졌을까요?" 이는 중력과 관련이 있어요. 모든 행성과 다른 모든 것이 관련이 있죠. 이제 그만합시다! 다 이야기하려면 끝이 없어요.

좋다. 무슨 말인지 알겠다. 왜 그런지 물으면 많은 대답이 주어질 수 있다. 우리가 제시하는 대답은 상대가 알고 싶어 하는 것 혹은 파인만이 푸념의 뒷부분에서 말한 분석 수준에 좌우된다. 미니 고모가 왜 미끄러졌는지 묻는 이유는 얼음이 미끄러워지는 메커니즘(압력)에 관심이 있어서일 수 있다. 또는 미니 고모의 동기(빙판이 생겼는데 왜 굳이 외출했을까)에 관심이 있기 때문일 수도 있다. 마찬가지로 주얼 오브 인디아의 웨이터는 왜 베이글을 먹지 않고 발티 커리를 먹느냐는 질문에 자기 입맛에 베이글은 밍밍하고 발티 커리는 맛있어서라고 대답할 수 있다. 앞서 우리가 제시한 내용으로 대답할 수도 있다. 즉, 웨이터의 모국(혹은 부모의 모국)에서는 향신료가 음식에 따른 질병을 막아주기 때문일 수도 있다.

일부 분석 수준에는 유용한 라벨이 붙는다. 어떤 판단을 할 때 머릿속에 지나가는 사고와 감정(밍밍해! 맛있어!)에 초점을 두는 설명은 '근사적proximate 설명'이라 한다. 앞 장에서 우리가 초점을 둔 것처럼 그 사고와 감정의 기능을 제시하는 설명은 (짐작하는 대로) '기능적 설명'이라 부른다. 때로 이 설명은 '궁극적 설명'이라 부르기도 한다. 그 이유는 왜 그런지 계속 물을 수 없어서가 아니라 그렇게 해봐야 얻을 게 별로 없음을 알기 때문이다(우리는 이미 사람들이 음식으로 인해 병에 걸리는 것을 좋아하지 않는다는 사실을 안다. 따라서 사람들이 향신료를 좋아하는 이유를 알려고 할 때 굳이 거기에 초점을 둘 필요는 없다).

근사적 설명과 기능적 설명의 구분은 생물학에서 기인한다. 왜 수컷 공작의 꼬리는 그렇게 긴 것일까? 근사적 설명은 암컷 공작이 아주 긴 꼬리를 대단히 매력적으로 보기 때문이라는 것이다. 왜 암컷 공작은 긴 꼬리를 매력적으로 보도록 진화했을까? 그 기능은 무엇일까?(미안하지만 그 답을 알려면 6장까지 기다려야 한다.)

생물학자는 대개 "암컷 공작은 긴 꼬리를 매력적으로 여긴다" 같은 근사적 설명에서 멈추지 않을 만큼 현명하다. 당연히 그들은 더 깊이 파고들어 기능적 설명을 파악하려 애쓴다. 물론 근사적 설명도 때로 흥미롭거나 이야기의 일부가 된다. 그러나 절대 이야기의 끝은 될 수 없다. 즉, 절대 만족스러운 답은 될 수 없다.

우리는 생물학자처럼 쉽고 자연스럽게 주어지는 근사적 대답을 넘어 더 깊이 파고드는 것이 유용하다고 생각한다. 그래서 기능적 설명에 초점을 맞출 것이다. 우리는 아메리카 원주민이 옥수수를 요리하기 전에 알칼리성 용액으로 처리한 이유에 관해 근사적 대답("그렇게 하면 더 맛있어서"라거나 "항상 그렇게 해와서"라는 식)에서 멈추지 않았다. 우리는 "그렇게 하면 옥수수의 영양가가 높아져서"라는 기능적 대답에 초점을 두었다. 마찬가지로 우리는 6장에서 왜 사람들이 모자이크, 정원, 롤렉스 시계처럼 눈에 띄는 호사의 대상을 매력적으로 여기는지 설명할 때 "그냥 예뻐서"라는 대답에서 멈추지 않는다. 우리는 사람들이 그것을 매력적으로 여기게 만드는 기능을 파악하려 노력한다. 또한 8장에서 왜 사람들이 쓰레기를 버리는 짓을 혐오하는지 설명할 때 "잘못된 행동이라서"라는 대답에서 멈추지 않는다. 우리는 그런 신념이 어떤 기능을 하는지 살핀다. 이 정도면 우리가 무슨 말을 하려는지 알 수 있을 것이다.

에믹 또는 에틱

논의를 이어가는 데 유용한 구분이 하나 더 있다.

2017년 〈스타트렉Star Trek〉이 '디스커버리Discovery'라는 새 시리즈를 시작했다. 이 시리즈는 1966년 시작한 오리지널 시리즈 이후 일곱 번째로 나온 것이다. 그 51년 동안 많은 것이 변했다. 1966년에는 미국인 10명 중 9명이 흑백 TV를 보유하고 있었다. 컴퓨터 그래픽은 아직 주요 영화나 드라마에서 사용하지 않았다. 10여 년이 지나서야 〈스타워즈〉나 〈에일리언〉 같은 영화가 컴퓨터 그래픽을 본격 활용했다. 제작비도 엄청나게 늘어났다. 초기에 오리지널 시리즈 제작비는 굉장히 빠듯했다. 심지어 구두약(농담이 아니다)으로 핵심 악역들(클링온족으로 불리는 외계 종족)을 분장했다. 실제로 그들이 핵심 악역이 된 이유는 로뮬란족 같은 다른 악역 외계 종족보다 분장 비용과 시간이 적게 들었기 때문이다.

시간이 지나고 제작비가 늘면서 세트, 전투신, 분장은 모두 좋아졌다. 우주선은 컴퓨터 그래픽 덕분에 가능해진 홀로그래픽 디스플레이처럼 화려한 기술을 더 많이 활용했다. 클링온족 외모도 크게 변했다. 구두약은 홈이 새겨진 이마와 삐뚤어진 치아에 자리를 내주었다. 로뮬란족 외모도 진화했다. 그 밖에 많은 것이 변했다.

그 변화를 실질적으로(그리고 명백하게) 설명하는 것은 개선한 기술과 늘어난 제작비다. 그러나 제작자와 팬들은 시리즈의 비일관성을 '스타트렉식으로 해명하기 위해' 흔히 '세계관 내in-universe' 설명으로 알려진 정교한 스토리텔링을 제시한다. 왜 오리지널 시리즈 이후 클링온족 이마에는 홈이 생겼을까? 바이러스에 감염되어서다. 왜 우주선의 함교 디자인이 바뀌었을까? 우주선은 모듈 구조라 손상을 입거나 업그레이드할 때 함교를 교체할 수 있어서다. 왜 오리지널 시리즈 이전 이야기를 다루는 디스커버리 시리즈의 우주선은 오리지널 시리즈의 우주선보다 화려한 기술로 가득할까? 그 모든 홀로그래픽 기술이 불안정한 것으로 밝혀져 제거했기 때문이다. 다음은 한 〈스타트렉〉 팬이 마지막 질문을 직접 설명한 내용이다.

'카론의 뱃삯An Obol for Charon' 에피소드에 나오는 엔터프라이즈호 수리와 관련된 논의에서 홀로그래픽 통신 시스템이 가장 큰 문제 영역 중 하나라는 지적이 나왔다. 파이크Pike(우주선 선장)는 엔지니어에게 전체 시스템을 뜯어내고 2D 디스플레이 스크린으로 되돌리라고 말한다. 이 사실은 왜 엔터프라이즈호의 함교 스크린이 2D이고 더 작은지도 설명한다. 즉, 일시적으로 구버전 스크린으로 되돌렸다가 계속 쓰게 된 것일 수 있다.[4]

세계관 내 설명을 떠올리는 일은 재미있을지 모른다. 하지만 엔 터프라이즈호의 기술 퇴보에 관한 〈스타트렉〉 팬들의 설명이 아무 리 영리해도 오리지널 시리즈와 디스커버리 사이의 50년간 컴퓨터 그래픽이 개선되고 제작비가 늘어났다는 진정한 이유에는 변함이 없다. 누구도 세계관 내 설명과 진정한 이유를 혼동하지 않는다.

사람들이 자기 행동을 설명하며 제시하는 것을 살펴보면 비슷한 차이가 드러난다. 가령 유대인이 머리에 키파kippah(작고 둥근 모자)를 쓰는 이유를 살펴보자. 객관적인 외부 관찰자는 이런 설명을 제시할 수 있다. 850년에는 아바스 왕조가, 1215년에는 교황이, 1577년에 는 오스만제국이, 그 이후로는 다른 지배자들이 유대인에게 고유한 모자를 쓰라고 명령했다. 뒤이어 랍비들은 이를 준수하는 사람은 그 런 요구가 없을 때도 키파를 써야 한다는 교리를 만들었다. 이는 대 개 유대인이 제시하는 설명이 아니다. 정통파인 차바드Chabad는 공 식 웹사이트에서 키파를 이렇게 설명한다.

키파를 쓰는 전통은 성경 구절에서 기인한 것이 아니다. 그것은 누군 가가 우리 '위'에서 모든 행동을 지켜본다는 사실을 인지하라는 표지 로 진화한 관습이다.

《탈무드》에 나오는 이야기에 따르면 한 여성이 점성술사에게 아들이 도둑이 될 운명이라는 말을 듣는다. 그녀는 이를 막기 위해 아들에게 항상 머리를 가리라고 말한다. 이것은 신의 존재를 상기하게 해 하늘 을 두려워하도록 만들기 위한 것이었다. 어느 날 그녀의 아들이 야자

수 밑에 앉아 있을 때 모자가 떨어졌다. 그러자 그는 갑자기 야자수 열매를 먹고 싶은 충동에 휩싸였다. 그 야자수 주인은 따로 있었다. 그제야 그는 키파를 쓰는 것에 얼마나 강한 효과가 있는지 깨달았다.[5]

인류학자가 이러한 설명을 가리키는 용어가 있다. 바로 '에믹'이다. 에믹 설명은 객관적 관찰자가 제시하는 설명과 달리 문화에 매몰된 사람이 제시하는 설명이다. 전자의 경우는 '에틱'이라 부른다.

이 책에서 우리는 많은 사람이 키파에 관한 유대인의 설명처럼 에믹 설명을 제시하는 문제를 파헤친다. 왜 개신교도는 교황을 따르지 않을까? 이 질문에 개신교도는 다음과 같이 몇 가지 에믹 설명을 제시한다.[6]

"완벽한 인간은 없다. 적어도 내가 아는 한 그렇다. 교황도 거기에 속한다. 그래도 훌륭한 사람이라는 말은 들었다."

"그에 대한 가장 단순한 설명은 천주교도는 그들과 신 사이에 중개자가 필요하다고 믿고, 개신교도는 그렇지 않다는 것이다."

"사실 교황의 권위는 놀라울 정도로 불확실한 토대 위에 세워져 있다."

왜 시인은 약강 5보격iambic pentameter('약강'을 다섯 번 반복하는 운율 구조-옮긴이) 같은 제약을 스스로 감수할까? 그 에믹 설명은 "약강 5보격이 운율로 심장 박동을 모사하기 때문"이라는 것이다. 존 로크는 책에서 권리를 두고 에믹 설명을 한다. 와인 박사들은 미의식에 관해 에믹 설명을 한다. 모두가 이타주의와 윤리를 말하며 에믹 설명을 한다.

이 책에서는 우리가 익숙해진 에믹 관점에서 멀어져야 한다. 우리는 개신교도, 시인, 로크, 와인 박사들이 에믹 설명을 제시하는 이유를 따진다. 또한 그 설명을 〈스타트렉〉 팬들의 설명과 마찬가지로 **유일한** 설명으로 간주하지도 않는다.

■

그것이 우리가 나아가려는 방향이다. 우리는 게임이론을 활용해 모든 사회적 수수께끼를 설명한다. 그 이론은 흔히 숨겨져 있으며, 이는 학습과 진화 과정 렌즈로 해석해야 한다. 우리가 게임이론을 활용해 드러내려는 설명은 모두 궁극적(근사적이 아니라!)이자 에틱(에믹이 아니라!) 유형이며, 1차 보상(2차 보상이 아니라!)에 초점을 맞추고 있다.

다음 장에서는 마침내 게임이론을 활용하기 시작한다. 다만 미리 알려둘 점이 있다. 아직 비합리적 인간 행동은 다루지 않는다. 다음 장은 인간이나 행동을 위한 장이 아니다. 여기서는 동물의 성비, 즉 특정 종에 속하는 수컷과 암컷의 비율을 다룬다. 그게 대체 무슨 상관이냐고? 차차 알게 될 것이다.

4장

성비는 왜 균형을 이룰까

    찰스 다윈은 세상을 뒤흔든《종의 기원》을 펴낸 지 12년 후인 1871년 두 번째 책《인간의 유래와 성선택》을 출간했다. 이 새 책 전반부(인간의 유래를 다룬 부분)에는 인간과 유인원의 조상이 실제로 같다는 주장이 담겨 있다. 이 책을 읽는 독자는 대부분 이 사실을 당연하게 받아들일 것이다. 그러나 다윈의 동시대 사람들은 거기에 의문을 제기했다.

    책 후반부에서는 성性과 관련된 질문을 탐구한다. 애초에 왜 다른 성별이 생겼는가? 다른 성별의 일반적인 차이는 무엇인가? 왜 이런 차이가 생겼는가? 물론 이 모든 질문은 진화적 설명에 이른다는 목표에 따라 제기한 것이다.

    다윈은 두 번째 파트 초반에 긴 여담을 늘어놓는다. 그것은 그의 표현으로 "다양한 부류에 속하는 동물들의 양성에 존재하는 비율"을 탐구하는 내용이다. 이는 여러 종에 속하는 수컷 대 암컷 비율을 가리키며 오늘날에는 대개 '종의 성비'라고 부른다. 그는 다음과 같이 이야기를 시작한다.

    "내가 아는 한 지금껏 누구도 동물 세계를 통틀어 양성의 상대적

숫자에 주의를 기울이지 않았다. 나는 비록 매우 불완전하긴 하지만 내가 수집한 관련 자료를 여기 제시할 것이다."[1]

다윈은 인간의 성비부터 논의하기 시작한다.

영국에서는 지난 10년 동안(1857년부터 1866년까지) 연평균 70만 7,120명의 아이가 태어났다. 남아와 여아 비율은 각각 104.5명 대 100명이다. 1857년에는 영국 전역에서 그 비율이 105.2명 대 100명, 1865년에는 104명 대 100명이었다.

그는 계속해서 영국의 여러 지역과 프랑스의 성비, 기독교도와 유대인의 성비를 논의한다. 각각의 경우 결론은 성비가 거의 1:1이라는 것이었다. 뒤이어 다윈은 경주마 사례를 살폈다.

테겟마이어Tegetmeier는 친절하게도 나를 위해 '경마 달력'을 보고 1846년부터 1867년까지 21년간의 경주마 출생 내역을 집계했다. 이 자료에서 1849년은 기록이 없어서 생략했다. 출생한 경주마는 모두 2만 5,560마리다. 그중 수컷은 1만 2,763마리, 암컷은 1만 2,797마리로 비율을 따지면 수컷 99.7마리 대 암컷 100마리다. 이는 꽤 큰 수치다. 또한 이는 여러 해 동안 영국 전역에서 취합한 것이다. 그래서 가축화한 말이나 적어도 경주마의 경우 양성이 거의 동일한 숫자로 태어난다고 자신 있게 결론지을 수 있다.

다윈은 개, 양, 소, 새, 곤충의 사례도 살폈다(그가 나방을 논의한 부분은 특히 매력적이다. 거기에는 영국 전역의 지인에게서 수집한 숫자를 표기한 표도 담겨 있다. "엑서터의 J. 헬린스 목사는 1868년 성충 73종을 길렀다. 그중 수컷은 153마리, 암컷은 137마리였다. 엘섬의 앨버트 존스는 1868년 성충 9종을 길렀다. 그중 수컷은 159마리, 암컷은 126마리였다." 이런 식으로 계속 이어진다). 다윈이 확인한 바에 따르면 거의 모든 경우 성비는 1:1에 굉장히 가까웠다.

왜 출생 시 성비는 대략 1:1일까? 고등학교 생물교사가 종종 좋은 뜻으로 제시하는 한 가지 오답이 있다. 바로 1:1 비율은 수컷과 암컷이 성적 성숙기에 도달했을 때 각자 짝이 있도록 보장한다는 것이다. 이 답은 일부일처제를 강조하는 사회에서 직관적 매력을 지닌다. 그러나 조금만 따져보면 곧바로 설득력을 잃는다. 우선 거의 모든 종과 거의 모든 연령에서 수컷이 암컷보다 죽을 가능성이 더 크다(그래서 짝짓기할 때가 되면 어느 정도 성비 균형을 이룬다).

로버트 트리버스가 1976년 발표한 논문에서 밝힌 바에 따르면 "수컷은 암컷보다 사망률이 높은 경향이 있다. 데이터가 있는 잠자리, 집파리, 일부 도마뱀, 다수 포유류가 그 경우에 해당한다." 인간도 마찬가지다. 다윈은 "생후 4~5년간 남아가 여아보다 많이 죽는다. 가령 영국에서는 생후 1년 동안 100명의 여아가 죽을 때 126명의 남아가 죽는다. 프랑스의 경우엔 이 비율이 더 나쁘다"라고 썼다.

여기에다 종마다 일부일처제를 따르는 정도가 다르다. 코끼리물범 같은 일부 종은 상당한 일부다처제다. 수컷 한 마리가 대개 암컷

10여 마리와 교미한다.[2] 바다오리, 독수리, 승냥이, 심지어 일부 물고기를 비롯한 다른 종은 생물학자가 즐겨 말하는 대로 한 쌍을 맺으며 때로 평생을 함께한다.[3] 이를 두고 생물교사는 코끼리물범의 경우 출생 시 성비가 낮아서, 즉 암컷에 비해 수컷이 적게 태어나서 그렇다고 대답할지도 모른다. 그렇지 않다. 코끼리물범, 앵무새, 펭귄은 모두 다윈이 조사한 말과 나방 그리고 우리처럼 출생 시 약 1:1 성비를 보인다(그래서 많은 수컷이 짝짓기하지 못한다). 다윈도 이 문제를 언급한 적이 있다. 그는 이렇게 썼다.

일부다처제는 여아 비중 증가로 이어질 것으로 여겨졌다. 그러나 J. 캠벨 박사는 시암Siam(태국의 옛 이름 - 옮긴이)의 하렘을 자세히 살핀 뒤 남아와 여아 비중이 일부일처제의 경우와 같다고 결론지었다. 영국의 경주마만큼 수컷이 많은 암컷과 짝짓기하는 동물은 드물다. 이 경우에도 그 후손의 수컷과 암컷 수가 거의 같다는 사실은 바로 알 수 있다.

그러니 생물교사보다 뛰어난 통계학자이자 생물학자(안타깝게도 우생학자)인 로널드 피셔에게 물어보는 게 낫다. 그는 그 답을 제시한 것으로 인정받는데 그 답은 "진화생물학에서 가장 유명한 논증"으로 불린다.[4] 그가 제시한 답에는 특별히 멋진 부분이 있다. 그의 답은 사실상 게임이론 성격을 띤다. 게임이론을 고안하기 훨씬 전에 만든 답인데도 말이다.

직관적으로 보면 성비가 1:1이어야 부모가 한 성을 다른 성보다 많이 낳아 손주를 더 얻을 기대를 하지 않는다. 따라서 그들은 50:50의 무작위성을 따르는 데 만족한다. 이 점을 깊이 파고들어 왜, 어떻게 형식화하는지 살펴보자.

피셔의 게임에는 두 가지 유형의 플레이어, 즉 남성과 여성으로 이뤄진 인구가 있다. 결과적으로 인구 크기는 중요치 않다. 다만 명확성을 기하기 위해 전체 100명이 있고 세대마다 인구 크기가 바뀌지 않는다고 가정하자. 우리가 관심을 기울인 핵심 결과는 인구의 성비다. 성비는 여성 대비 남성 비율로 정의한다는 점을 기억하라. 만약 피셔의 인구가 남성 75명과 여성 25명으로 이뤄져 있다면 성비는 3:1이다. 반대로 남성 25명과 여성 75명이 있다면 성비는 1:3이다. 남성 33명과 여성 67명이 있다면 어떨까? 성비는 1:2다. 이제 성비를 어떻게 구하는지 알았을 것이다.

모든 게임이 그렇듯 우리 게임도 플레이어가 취할 수 있는 행동을 구체적으로 정하는 일부터 시작한다. 피셔의 게임에서 플레이어는 자손의 성을 선택할 수 있다. 물론 현실적으로 동물은 엄격한 의미에서 자손의 성을 선택할 수 없다. 그냥 넘어가자.

그다음으로 보수를 정한다. 피셔의 게임에서 보수는 플레이어가 얻는 손주 수로 생각하는 편이 가장 쉽다. 플레이어의 자손이 얻는 자손의 수 말이다. 뻔한 얘기지만 손주는 많을수록 좋다.

끝으로 몇 가지, 정확히는 세 가지를 가정하자. 첫 번째, 남성 자손과 여성 자손을 낳는 비용은 동일하다. 두 번째, 결혼은 이족異族

사이에 이뤄진다(즉, 근친결혼은 없다). 세 번째, 모든 남성이 짝으로 선택될 가능성은 동일하다. 이 점은 모든 여성도 마찬가지다. 이는 남성과 여성이 얻을 것으로 기대하는 자손 수에 초점을 맞추도록 해준다. 이 세 가지 가정을 항상 적용할 수 있는 것은 아니다. 그래도 이를 서두에 밝혀두면 우리의 분석을 적용하는 한계를 이해하는 데 도움을 준다. 나중에 이 가정들이 무너지면 어떤 일이 생기는지 확인한다. 이 작업은 상당히 유용할 것이다.

이제 피셔의 게임을 분석할 준비를 마쳤다. 먼저 각 성비에서 플레이어가 특정 성의 자손을 더 많이 얻는 쪽을 선택하는 게 나은지 살펴보자. 이를 위해서는 각 성이 얼마나 많은 손주를 출산하는지 파악해야 한다. 가령 성비가 1:3인 경우를 보자. 인구 크기가 100명이므로 이는 남성이 25명, 여성이 75명임을 뜻한다. 인구는 늘어나지 않으므로 남성은 전체 100명의 자손을 얻는다. 이는 한 명당 평균 네 명의 자손을 얻는 셈이다. 여성은 어떨까? 그들도 모두 100명의 자손을 얻는다. 그 100명의 자손은 남성이 얻는 100명의 자손과 같다. 다만 여성은 수가 많아 평균을 구하면 100/75에 불과하다. 즉, 여성 한 명당 1.33명이다. 결국 피셔의 게임에서 성비가 1:3이면 남성 자손을 낳는 쪽을 선택하는 게 낫다. 그러면 평균적으로 3배 많은 손주를 얻는 결과가 나온다.

모든 성비에 걸쳐 같은 계산을 할 수 있다. 만약 성비가 1:2이면 남성 자손은 2배 많은 손주를 얻는다. 앞선 경우만큼 좋지는 않지만 그래도 여성보다는 낫다. 플레이어는 여전히 남성 자손을 낳는 쪽을 선택할 것이다. 성비가 1:1.5라면 남성 자손은 1.5배 많은 손주를 얻는다. 여전히 여성 자손보다 낫다. 계속 이런 식이다. 성비가 1:1보다 낮은 한, 다시 말해 남성이 더 적은 한 남성 자손을 낳는 쪽이 더 낫다.

여성이 더 적으면 어떻게 될까? 가령 성비가 1.5:1로 역전되면 어떠할까? 여성 자손이 1.5배 많은 손주를 얻는다. 따라서 여성 자손을 낳는 쪽이 더 낫다. 성비가 2:1로 더 커지면 여성 자손은 2배 많은 손주를 얻는다. 3:1일 때는 3배 많은 손주를 얻는다. 성비가 1:1보다 클 경우 여성 자손을 낳는 쪽이 더 낫다. 즉, 수가 적은 성의 자손을 낳는 쪽이 언제나 더 낫다.

성비가 1:1일 때는 어떻게 될까? 1:1일 때는 남성 자손이 여성 자손과 동일한 수의 손주를 얻는다. 남성 50명은 전체적으로 자손 100명 또는 평균 두 명의 자손을 낳는다. 여성 50명은 전체적으로 자손 100명을 낳는다. 이 역시 평균으로 따지면 두 명에 해당하는 수치다. 이제는 여성 자손보다 남성 자손을 낳거나 그 반대의 경우 얻는 이득이 없다.

내시균형: 가장 최선의 선택

게임이론에서 가장 중요한 개념은 내시균형Nash equilibrium이다. 이 개념을 개발한 사람은 영화 〈뷰티풀 마인드〉로 인생사가 (잘

못) 알려진 수학자 존 내시다.

내시균형에서 각 플레이어는 다른 플레이어의 행동을 전제로 최선을 선택한다. 한 플레이어가 현재 전략에서 이탈하면 이득을 볼 수 있는데, 다른 플레이어들이 전략을 바꾸지 않을 경우 내시균형 상태로 볼 수 없다. 어떤 플레이어도 (일방적으로) 현재 전략에서 이탈해 이득을 볼 수 없는 상태가 바로 내시균형 상태다.

이처럼 이 정의는 플레이어가 최적의 플레이를 하는 상황을 가정한다. 그러나 여기에는 약간의 다른 요소도 따른다. 이 정의는 플레이어들이 서로 다른 플레이어의 행동에 맞춰 재귀적recursive, 자기참조적self referential 방식으로 행동할 것을 요구한다. 처음에는 약간 이상하게 느껴질 수 있다. 하지만 바로 그 부분이 실제로 내시균형을 상당히 흥미롭게 만든다. 이 점은 앞으로 내시균형을 활용하는 과정에서 확인할 것이다.

우리가 성비를 분석할 때 활용한 것이 바로 내시균형이다. 우리가 설명한 게임의 내시균형은 1:1 성비에서만 이뤄진다. 앞으로 자주 그러겠지만 우리의 주장은 단계적으로 전개된다. 즉, 먼저 다른 잠재적 성비는 내시균형에 해당하지 않음을 보여준 다음 1:1 성비는 거기에 해당한다는 것을 보여준다.

그럼 우리의 주장을 다시 한번 간략하게 살펴보자. 우선 성비가 1:1 미만, 즉 여성이 더 많다고 가정하자. 이 경우 부모는 이탈로 이득을 본다(여기서 이득이란 더 많은 자손을 얻는 것을 말한다). 다시 말해 현재보다 많은 남성 자손을 낳기를 원한다. 성비가 1:1보다 큰 경우도 마찬가지다. 이때 부모는 이탈로 이득을 본다. 다만 이번에는 더 많은 여성 자손을 원한다. 성비가 1:1일 때만 부모가 한 방향 또는 다른 방향으로 이탈해도 이득을 보지 못한다. 이처럼 1:1 성비는 유일한 내시균형이다.

의식적 최적화 없이 내시균형에 도달하기

지금까지 우리는 피셔의 게임에 참가한 플레이어들이 의식적으로 자손의 성을 선택하는 것처럼 말했다. 알다시피 그런 일은 일어날 수 없다. 진화가 선택을 대신 해준다. 피셔보다 앞서 이를 주장한 다윈은 그 과정을 이렇게 설명했다.

이제 방금 언급한 알려지지 않은 이유로 어떤 종이 한쪽 성, 가령 수 컷을 더 많이 낳는 경우를 살펴보자. … 자연선택으로 양성 비율을 비 슷하게 맞출 수 있을까? 모든 형질에는 차이가 있으므로 특정한 쌍은 다른 쌍보다 다소 적은 수컷을 낳을 것이라고 확신할 수 있다.

다시 말해 자손의 성에는 약간 변동이 있게 마련이며 일부 부모는 그 편차가 덜 흔한 성(다윈이 든 예에서는 암컷)으로 치우칠 수 있다. 다윈은 해당 부모는 운이 좋은 거라고 말한다. 평균적으로 더 많은 손주를 얻을 것이기 때문이다.

자손의 실제 수를 일정하게 유지한다고 가정할 때 그들은 더 많은 암 컷을 낳을 수밖에 없으며 결국 더 많은 자손을 낳는다. 더 많이 낳는 쌍에게서 태어난 자손은 확률 원칙에 따라 더 많은 수가 생존한다. 그 들은 수컷을 더 적게, 암컷을 더 많이 낳는 경향을 물려받는다. 따라 서 양성 동등성을 향한 경향이 작용한다.

진화는 최적화에 기반해 성비 1:1이라는 내시균형 상태로 옮겨 간다. 어떻게 그럴 수 있을까? 운 좋은 부모는 더 많은 손주를 얻는 데 각각의 손주는 암컷이고, 암컷을 낳을 확률이 더 높다. 그렇게 시 간이 지나면 암컷이 덜 귀해지면서 성비가 1:1을 향해 나아간다. 성 비가 1:1보다 작아 수컷이 덜 흔하게 시작해도 비슷한 역학이 작용 한다. 이 경우 수컷을 더 많이 얻는 부모가 운이 좋다. 그들은 더 많 은 손주를 얻고 더 많은 수컷 자손을 낳는 경향을 물려준다. 그렇게 시간이 지나면 수컷 수가 늘어나고 성비는 1:1로 향해간다.

성비가 1:1일 때만 상황이 안정을 이룬다. 더 많은 수컷 자손을 얻은 부모는 더 많은 암컷 자손을 얻은 부모보다 더 낫지도 나쁘지 도 않다. 우연히 성비가 바뀔지라도 잠깐만 그럴 뿐이다. 덜 흔한 성 의 자손을 낳는 경향이 있는 부모가 성비를 신속히 1:1로 되돌릴 것 이기 때문이다. 그러니 다윈이 모든 관찰 대상에게서 1:1 성비를 확 인한 것은 당연한 일이다.

지금부터 분석할 모든 게임에서 우리는 내시균형을 찾을 것이다. 이는 누구도 일방적인 이탈로 이득을 볼 수 없어서 플레이어들이 고착되는 상태 또는 (내시균형은 하나 이상일 수 있기에) 상태들을 말한다.

우리는 내시균형을 찾을 때 중요한 가정을 한다. 그것은 플레이어가 최적의 선택으로 행동한다는 가정이다. 즉, 다른 사람들의 행동을 전제로 현재의 선택이 최적이 아니면 이탈하고, 현재의 선택이 최적이면 이탈하지 않을 것이다. 다만 앞서 여러 번 강조한 대로 그렇다고 플레이어들이 **의식적으로** 최적화한다는 뜻은 아니다. 피셔의 게임에서 플레이어들은 경주마, 개, 양, 소, 새, 곤충이다. 이들은 자손의 성별은 말할 것도 없고 사실상 아무것도 의식적으로 최적화하지 않는다. 그들을 대신해서 진화가 최적화한다.

게임이론 검증: 하나씩 무너뜨리기

우리가 제시하는 게임이론 모형이 올바른 설명인지 어떻게 알 수 있을까? 게임이론 모형의 증거를 제시하는 최선은 그 가정을 무너뜨렸을 때 어떤 일이 생기는지 보는 방법이다. 피셔의 모형에 세 가지 가정이 있다는 사실을 기억할 것이다. 하나씩 무너뜨려보자.

우리가 첫 번째로 무너뜨려야 하는 '남성 자손과 여성 자손을 낳는 비용은 동일하다'는 가정은 균형 상태에서 같은 수의 손주가 태어나야 한다는 것을 뜻한다. 앞서 살핀 대로 이런 일은 성비가 1:1일 때만 일어난다. 만약 여성 자손을 낳는 비용이 2배 더 든다면 어떨까? 비용이 엄청나게 많이 드는 여성 자손을 낳는 데 따른 이득을 충분히 얻으려면 어떻게 해야 할까? 그들이 손주를 2배 더 낳아야 한다. 이를 위해서는 성비가 2:1이어야 한다. 그 비용이 3배라면 어떨까? 3배 많은 손주를 낳아야 하며 그러려면 성비가 3:1이어야 한다. 그 비용이 절반이라면? 성비가 1:2여야 한다. 이런 식이다.

생물학자 로버트 트리버스와 호프 헤어는 이 가정을 예측으로 바꿀 수 있다는 사실, 즉 이는 해당 모형의 버그bug가 아니라 기능이라는 사실을 처음 깨달았다.[5] 피셔의 모형은 언제나 1:1 성비가 나올 거라고 예측하지 않는다. 그보다는 양성의 자손을 키우는 상대적 비용과 성비를 연계해 더 세밀하게 예측한다.

트리버스와 헤어는 일부 개미 종의 경우 암컷이 태어날 때 훨씬 몸집이 커서 낳는 비용이 더 든다는 사실을 알았다. 그렇다면 해당 종은 1:1 규칙의 예외이므로 예측대로 더 높은 성비를 보일까? 트리버스와 헤어는 답을 찾기 위해 현장으로 나갔다. 그들은 모두 20여 종에 걸쳐 첫 짝짓기 비행을 하는 수벌과 여왕벌을 채집했다. 이어 성별로 개체 수를 세어 성비를 파악했다. 그들은 손주를 낳는 데 아무 역할도 하지 않는 개체는 세심하게 배제했다.

또한 그들은 벌들을 말려서 무게를 쟀다. 이로써 각 성을 키우는 데 드는 비용이 어느 정도인지 대강 측정할 수 있었다. 뒤이어 그들은 확인한 사실을 정리했다. 예상대로 분명한 추세가 나타났다. 건조 중량 비율이 약 1:1일 때 성비도 약 1:1이었다. 반면 암컷이 더 무거운 종은 성비가 2:1, 3:1, 5:1로 커졌으며 심지어 8:1에 이르는 사례도 있었다.

트리버스와 헤어가 예상한 대로 동일 비용 가정의 예외는 피셔의 규칙을 증명했다. 그들의 현장 연구는 피셔의 모형에 최상급 증거를 제공했다. 피셔의 모형만 현장 연구에서 확인한 관계를 예측할 수 있기 때문이다. 1:1 성비에 관한 다른 잠재적 설명은 그렇지 않다. 가령 생물교사가 때로 좋은 의도로 제시하는 설명을 돌이켜보라. 거기서 수컷과 암컷은 성적 성숙기에 이르면 생식 비용과 무관하게 짝짓기를 위해 쌍을 이룬다. 이 설명은 트리버스와 헤어가 연구한 곤충들에 대해서도 1:1 성비를 예측한다. 따라서 트리버스와 헤어의 증거는 순진한 생물교사의 설명뿐 아니라 자손을 얻는 비용과 성비 관계를 예측하지 못하는 다른 설명에도 추가적 의구심을 드리운다.

피셔의 모형에서 두 번째 가정은 '결혼은 이족 사이에 이뤄진다'는 것으로 같은 자손은 서로 결혼하지 않는다. 생태학자 에드워드 헤르는 이 가정을 예측으로 바꾼 사람이다.[6] 헤르는 근친 짝짓기를 하는 대표 종을 찾다가 무화과 말벌을 발견했다. 무화과 말벌은 이름 그대로 무화과 안에 알을 낳는다. 알에서 부화한 한 배에서 나온 자손들은 무화과 안에서 성체로 자라난다. 이윽고 짝짓기할 때가 되면 같은 무화과에 있는 상대를 고른다. 이는 대부분 형제자매와 근친 짝짓기를 한다는 것을 뜻한다. 즉, 혼합이 거의 이뤄지지 않는다.

자손들이 근친 짝짓기를 하는 경우 부모는 어떻게 손주 수를 최대화할 수 있을까? 바로 손주를 잉태할 암컷은 최대한 많이 낳고 그 수정受精을 담당할 수컷은 한두 마리만 낳는 것이다. 즉, 기본적으로 수컷 대 암컷 성비를 최소화해야 한다. 실제로 그런 일이 일어날까?

이제 헤르가 현장에 나가 표본을 찾아야 할 차례다. 그는 13종에 걸쳐 수십 마리 유충을 수집했다. 예상대로 그는 엄마 벌 한 마리가 하나의 무화과에 알을 낳는 한 성비가 상당히 낮다는 사실을 확인했다. 대부분 성비는 1:20에서 1:8 사이였다. 실제로 부모 벌들은 성비를 최소화한 것이다.

때로 두 마리의 엄마 벌이 한 무화과에 알을 낳기도 한다. 이 경우 두 무리 사이에서 약간의 이족 짝짓기와 근친 짝짓기가 같이 이뤄진다. 이때 부모 벌들은 자손의 성비를 최소화하는 데서 더 이상 이득을 얻지 못한다. 최적의 성비는 최소화와 1:1 사이 어딘가다. 예상대로 헤르는 두 무리가 같은 무화과에 있는 경우 대개 성비가 1:7에서 1:5 사이라는 사실을 확인했다. 1:1과는 여전히 거리가 멀지만 한 배에서 나온 새끼들만 있는 경우보다 상당히 높은 성비다. 이 사실이 한 배에서 나온 새끼들의 증거와 결합하면 피셔의 모형을 뒷받침하는 확실한 증거가 된다. 이 경우에도 1:1 성비에 관한 피셔의 모형 말고는 혼합 정도와 성비 관계를 예측하는 다른 설명이 없기 때문이다.

피셔의 모형에서 세 번째 가정은 모든 여성과 마찬가지로 '모든 남성이 짝으로 선택될 가능성은 동일하다'는 것이다. 이 가정은 현실적이지 않다. 일부 자손은 짝짓기 게임을 더 잘하니 말이다. 사실 부모는 자손이 짝짓기 게임을 얼마나 잘할지 어느 정도 예측할 수 있다. 이 예측은 그들이 자손에게 얼마나 많은 자원을 제공할 수 있는지 또는 자신이 얼마나 짝짓기 게임을 잘했는지 등을 토대로 삼

살아 있는 것은 모두 게임을 한다

는다.

트리버스는 댄 윌러드와 함께 이 점 역시 부모가 선택하는 성비에 영향을 미칠 것이라고 예측했다.[7] 그들의 주장에 따르면 친구들보다 성공적인 것은 여성에게 도움을 주지만 그 정도는 크지 않다. 생리적 측면에서 여성이 낳을 수 있는 자손 수에 상한선 같은 것이 정해지는 경향이 있어서다. 반면 남성의 경우 친구들보다 성공적인 것은 엄청나게 도움을 준다. 대다수 종에서 성공적인 수컷은 훨씬 더 많은 자손을 얻지만 그렇지 못한 수컷은 아예 자손을 얻지 못한다. 트리버스와 윌러드는 성공적인 부모와 그렇지 못한 부모가 각각의 이점을 극대화하기 위해 자손의 성을 각각 남성과 여성에 치우치게 만들지 않을까 생각했다.

이 트리버스-윌러드 가설Trivers-Willard hypothesis에 증거를 제공하기 위해 지금까지 10여 건의 연구가 이뤄졌다. 그중에는 성공한 것도 있고 실패한 것도 있다. 전체적으로는 가설을 뒷받침하는 증거가 설득력 있어 보인다. 엘크, 들소, 뮬사슴mule deer, 순록, 노루, 흰꼬리사슴, 푸른발부비새, 줄무늬노랑발갈매기, 카카포kakapo, 비둘기, 개똥지빠귀, 되새finch, 나방, 인간은 성공적인 개체가 수컷 자손을 더 많이 얻는 경향이 있는 것으로 알려진 동물들이다.[8]

그렇다고 트리버스와 윌러드가 결국 인구의 평균 성비는 반드시 1:1에서 벗어날 거라고 예측한 것은 아니다. 단지 일부 부모는 때로 모평균과 다른 방향으로 자손의 성비를 전환할 수 있다고 예측했을 뿐이다. 충분한 수의 부모가 그렇게 하면(가령 여건이 좋아서 남성이 더 많이 태어나면) 결국에는 피셔의 역학이 작동한다. 즉, 다른 부모들이 여성을 더 낳는 쪽으로 자손 성비를 전환한다. 이 일은 평균 성비가 1:1이 될 때까지 이어진다. 현실을 보면 트리버스-윌러드 가설의 증거가 있는 종도 1:1 성비를 지속한다. 그러니까 세 번째 가정은 때로 무너지지만 그 경우에도 피셔의 결과는 유지된다. 단지 개별 부모 단위에서만 그렇지 않을 뿐이다.

이제 이 장을 마무리하기 전에 향후 분석에 도움을 줄 몇 가지 요점을 논의하고자 한다.

적절한 다이얼 돌리기

"부모가 여성 자손에게 더 많이 투자해야 하면 자손 성비는 남성 쪽으로 치우칠 것이다" "근친 짝짓기가 많이 이뤄지면 자손 성비는 암컷 쪽으로 치우칠 것이다" "사회적으로 중시하는 가치에 열정을 품을 가능성이 더 크다"

이런 진술은 우리가 피셔의 모형에 접근하면서 머릿속에 떠올리는 사고실험 내용이다. 우리는 일종의 제어판에서 적절한 다이얼('부모의 투자 다이얼' '근친 짝짓기 다이얼' 등)을 찾아 다른 다이얼을 건드리지 않고 해당 다이얼을 돌린다. 이러한 사고실험을 '비교 정태 분석comparative statics'이라 한다. 다른 모든 요소를 그대로 두고 한 가지 요소만 바꾸면 어떤 일이 생기는지 비교하는 까닭에 붙은 이름이다.

비교 정태 분석은 경제학자들의 예측에서 핵심 수단이다. 우리도 이 책에서 같은 유형의 예측을 한다. 비교 정태 분석은 강력하지만 1차 보상을 논의할 때 암시한 것처럼 한계가 있다. 일단 거칠다. 그래서 "여섯 살짜리 러데키(올림픽에서 금메달 일곱 개를 딴 미국의 현역 수영선수 - 옮긴이)에게 물안경을 주면 전설적인 수영선수가 될 확률은 93.37%다"라는 식으로 정확히 예측하지 못한다. "다른 모든 조건이 동일하다고 가정할 때 X가 늘어나면 평균적으로 Y도 늘어날 것이다"라는 식의 정성적 혹은 방향성 예측만 제공한다. 우리의 모형도 그렇다. 그보다 자세한 예측은 모형을 너무 문자 그대로 받아들이는 일이 될 것이다.

또한 다른 모든 다이얼을 동시에 조정하지 않고 하나의 다이얼만 돌리는 일은 대개 가능하지 않다. 우리가 실험실에서 실험하는 이유, 일군의 실증경제학자와 통계학자가 온종일 영리한 자연 실험natural experiment이나 도구 변수instrumental variable를 찾는 이유가 거기에 있다. 이런 것은 통계 측면에서 단 하나의 다이얼만 돌리는 일과 같다.

최적화 과정은 해석에 영향을 준다

내시균형을 온갖 방식으로 활용하는 것을 정당화하는 일은 가능하다. 그래도 다른 최적화 과정은 다른 해석을 요구한다. 해석의 두 가지 다른 측면을 예로 들어보자.

통화currency가 무엇인가? 이는 최적화하는 힘이 좌우한다. 이 장에서 그 힘은 자연선택이다. 따라서 적합성이 통화이며 손주의 수는 그 대리지표다. 이 책에서는 흔치 않지만 의식적 선택이 이뤄지는 경우 쾌락이나 다른 의식적 추구가 적절한 통화일 수 있다. 시장의 힘이 최적화할 때는 이익이 적절한 통화일 것이다. 우리 책에서 최적화하는 힘은 대개 학습이다. 그래서 1차 보상이 적절한 통화다.

지체나 파급을 예상해야 할 때는 언제일까? 생리적 진화는 비교적 느리다. 대체로 최적에 가까운 속성들 사이에서 선택하려면 여러 세대가 걸린다. 유기체를 새로운 환경에 넣으면 적응하는 데 상당히 오랜 시간이 걸릴 수 있다. 학습 과정은 즉각적이지는 않아도 그보다 훨씬 빠르게 적응한다. 물론 학습도 약간의 지체로 이어질 수 있다. 그래도 고래의 '앞발'(2장 참고)만큼 오래 지연되지는 않는다. 의식적 최적화는 거의 즉각적이다. 당신이 생각하고, 처리하고, 계산하는 만큼 빠르게 이뤄진다. 그래서 지체는 크게 의미가 없다. 파급도 마찬가지다.

■

피셔의 모형은 우리가 이 책에서 모든 게임이론 모형으로 달성하고자 하는 기준을 세운다. 또한 피셔의 모형은 혼란스러울 수 있는 현상을 단순하고 설득력 있게 설명한다. 더구나 대부분 합리적인 비교적 소수의 가정만 요구한다. 그리고 그 가정을 무너트리면 어떤 일이 생기는지 확인하는 작업은 강력한 예측의 원천으로 드러난다. 이러한 예측은 자주 확실한 증거를 제공한다. 다른 대안적 설명은 예측하지 못하며 데이터가 명확히 뒷받침하는 증거 말이다.

다음 장에서는 마침내 게임이론을 활용해 **인간** 행동(과 그에 상응하는 취향이나 신념)의 혼란스러운 측면을 이해할 수 있을 것이다. 그 과정에서 우리는 피셔만큼 설득력 있는 주장을 하기 위해 최선을 다하려 한다. 이를 위해 다른 방식으로는 설명할 수 없는 수수께끼와 최소한의 탄탄한 가정 그리고 핵심적인 비교 정태 분석에 초점을 둔다.

5장

매와 비둘기 그리고 인간의 권리

과거 택시요금을 현금으로 내던 때를 기억하는가? 목적지에
도착하면 미터기는 전체 요금을 표시한다. 승객은 지갑을 꺼내 20달
러를 건네고 잔돈을 받은 다음 택시에서 내린다.

이는 완벽하게 자연스러운 과정처럼 보인다. 그러나 카우식 바수
의 지적에 따르면 그 과정을 원활히 진행한 것은 사실 대단히 놀라
운 일이다.[1] 누구든 왜 굳이 요금을 냈을까? 왜 택시에서 그냥 내리
고 실제로는 요금을 내지 않았으면서 냈다고 우기지 않았을까?

택시기사는 승객이 요금을 내지 않았다는 사실을 증명할 수 없
다. 다른 한편으로 왜 택시기사는 비슷한 수작을 부려 다시 요금을
내라고 요구하지 않았을까? 어차피 승객은 요금을 이미 냈다는 사실
을 증명할 수 없다. 그들에게 첫 번째 20달러가 두 번째 20달러보다
덜 가치 있는 것도 아니다. 그렇지만 사람들은 두 번째 20달러는 첫
번째 20달러만큼 선뜻 건네려 하지 않는다. 왜 그럴까?

우리는 이 질문에 대해 근사적 수준의 답들을 안다. 택시기사는
첫 번째 20달러에는 권리가 있지만 두 번째 20달러에는 권리가 없
다. 첫 번째 20달러는 그의 것이지만 두 번째 20달러는 그렇지 않다.

살아 있는 것은 모두 게임을 한다

그것은 승객의 것이다. 이 사실에 반박하면 말다툼이나 심지어 싸움으로 이어지고 만다. 이건 당연한 일이다. 누가 이런 당연한 질문을 할까?(음, 우리가 한다.)

맞다. 우리는 분명 무엇이 우리의 것이고 무엇이 우리의 것이 아닌지에 강한 직관을 보인다. 그럼 그것이 의미하는 바는 무엇일까? 이 장에서는 '매-비둘기 게임'의 도움을 받아 이를 비롯해 다른 문제들을 탐구한다.

■

매-비둘기 게임은 음식이나 영역, 짝, 특허, 유전油田, 돼지(돼지, 맞다) 같은 자원을 둘러싼 대결을 나타낸다. 물론 그 과정에서 고도의 양식화가 이뤄진다. 플레이어는 두 명이다. 양쪽은 전략 두 개 중에서 하나를 선택한다. 하나는 매(공격) 전략이고 다른 하나는 비둘기(양보) 전략이다.

음식을 놓고 다투는 동물들에게 이는 말 그대로 싸움과 포기 사이의 선택을 뜻한다. 특허를 놓고 다투는 기업들의 경우에는 소송과 합의 사이의 선택을 뜻한다. 유전을 놓고 다투는 국가들에는 전쟁과 양도 사이의 선택을 뜻한다. 플레이어는 동시에 전략을 선택한다. 그렇다고 말 그대로 정확히 같은 순간에 선택하는 게 아니라 상대의 전략을 먼저 알지 못하는 상태에서 선택한다.

이 게임의 보수는 다른 모든 게임이 그렇듯 자신의 전략뿐 아니라 상대의 전략에도 좌우된다. 두 플레이어가 모두 매 전략을 따르면 자원을 획득할 동등한 확률을 얻는다. 다만 값비싼 싸움을 벌여야 한다. 두 플레이어가 모두 비둘기 전략을 따르면 역시 자원을 획득할 동등한 확률을 얻는다. 그러나 이번에는 싸우지 않는다. 한 플레이어가 매 전략을 따르고 다른 플레이어가 비둘기 전략을 따르면 역시 싸움을 피할 수 있다. 다만 매 전략을 따르는 플레이어가 자원을 갖는다. 다른 플레이어는 아무것도 갖지 못한다. 우리는 대개 싸움 비용이 충분히 크면 자원을 획득할 기회를 얻기 위해 싸울 가치가 없다고 가정한다. 다시 말해 음식이나 특허, 유전은 당연히 가치 있지만 각각 위험한 몸싸움이나 소송 혹은 전쟁을 무릅쓸 만큼 가치 있지는 않다.

피셔의 성비 게임을 구성하는 근본 요소는 매-비둘기 게임(그리고 모든 게임)에도 존재한다. 그것은 바로 **보수**로 이어지는 **전략**을 수행하는 **플레이어**들이다. 플레이어는 동물, 사람, 기업, 국가일 수 있다. 전략 사례로는 앞서 제시한 것에 더해 아들을 낳는 것, 화를 내는 것, 특정 주파수대가 회사에 주는 진정한 가치만큼 입찰하는 것, 쿠바를 봉쇄하는 것 등이 있다. 보수는 일정 측면의 성공을 말하며 자손이나 위신, 달러, 권력으로 표시할 수 있다.

이러한 플레이어, 전략, 보수의 조합은 게임 특성이라 말할 수 있다. 플레이어가 얻는 보수는 자신의 전략뿐 아니라 다른 플레이어의 행동에도 좌우되기 때문이다. 이것이 게임의 핵심 성격이다. 표준 최적화 접근법으로 게임을 연구하기가 어려운 이유, 오로지 게임을 위한 특수한 수학 분야가 생긴 이유가 여기에 있다.

매-비둘기 게임에서 무엇이 최적인지 분석해보면 게임이 제기하는 핵심 문제를 알 수 있다. 각 플레이어의 최적 전략은 다른 플레이어가 선택하는 것에 좌우되며 이는 다른 플레이어도 마찬가지다. 이 순환 문제를 어떻게 해결할 수 있을까? 다행히 존 내시가 문제 해결 방향을 제시했다. 그의 해법에 따르면 먼저 모두를 위한 전략을 명시한 다음, **다른 플레이어들이 해당 전략에 따라 행동한다는 가정 아래** 모든 플레이어가 더 잘할 수 있는지 확인해야 한다. 누구도 다른 전략으로 이탈해 이득을 볼 수 없다면 내시균형이 이뤄진 것이다.

매-비둘기 게임의 내시균형들(맞다. 복수의 내시균형이 존재할 수 있다)은 무엇일까? 일단 조합할 수 있는 모든 경우의 수를 점검해야 한다. 그러니까 두 플레이어가 모두 매 전략이나 비둘기 전략을 따를 수도 있고, 한 플레이어는 비둘기 전략을 따르고 다른 플레이어는 매 전략을 따를 수도 있으며, 그 반대의 경우도 가능하다. 이 각각의 조합마다 한 플레이어가 이탈로 이득을 볼 수 있는지 따져야 한다.

두 플레이어가 모두 매 전략을 따르는 경우부터 살펴보자. 둘 중 한 명이 이탈로 이득을 볼 수 있을까? 있다. 누구든 비둘기 전략으로 바꾸는 편이 더 낫다. 이 경우 전략을 바꾼 플레이어는 아무런 자원도 얻지 못한다. 그렇지만 적어도 값비싼 싸움은 벌이지 않는다. 결국 둘 다 매 전략을 따르는 것은 내시균형이 아니다.

둘 다 비둘기 전략을 따르는 경우는 어떨까? 역시 아니다. 누구든 매 전략으로 이탈하면 자원을 독차지하면서도 싸움을 피할 수 있다.

한 명은 매 전략을, 다른 한 명은 비둘기 전략을 따르는 경우는 어떨까? 빙고! 누구도 이탈로 이득을 볼 수 없다. 매 전략을 따르는 플레이어는 싸우지 않고 자원을 얻는다. 이 플레이어가 비둘기 전략으로 이탈하면 자원을 나눠야 한다. 비둘기 전략을 따르는 플레이어는 자원을 얻지 못한다. 그렇다고 매 전략으로 이탈하면 값비싼 싸움에 휘말리고 만다. 그럴만한 가치는 없다. 그는 이 거래에서 손해를 보는 쪽이지만 어차피 이탈해도 이득이 없다. 또한 그는 상대방이 동시에 이탈할 가능성에 의존할 수도 없다. 그러면 좋겠지만 내시균형은 그런 식으로 작동하지 않는다. 이렇게 우리는 이 게임의 내시균형들을 찾았다. 그것은 (매, 비둘기)와 (비둘기, 매)다. 이 조합은 공정하지 않지만 여전히 내시균형에 해당한다.

이 시시해 보이는 분석에 이 장의 핵심 통찰이 숨어 있다. 한 플레이어가 매 전략을 따르고 다른 플레이어는 비둘기 전략을 따를 것으로 기대하는 한 어느 쪽도 이탈로 이득을 얻지 못한다. 어느 플레이어가 어떤 전략을 따를 것으로 기대하는지는 중요치 않다. 그 기대에 타당한 근거가 있는지도 중요치 않다. 오로지 중요한 것은 모두가 그렇게 기대한다는 점이다. 아무리 부당하거나 정당성이 부족해도 기대는 자기충족적이다.

옥스퍼드셔 숲의 사나운 점박이나무나비

매-비둘기 게임은 존 메이너드 스미스와 조지 프라이스가 동물의 영역성을 설명하기 위해 개발했다.[2] 그들이 풀어야 할 수수께끼는 오리든, 개든, 사슴이든 동물이 자원을 놓고 다툴 때 공생 성격을 띠는 경우가 아주 많다는 것이었다. 즉, 먼저 도착한 동물이 자원을 맹렬하게 지키는 한편 두 번째 동물은 간을 보다가 물러선다. 한두 번 박치기하거나 몇 초 동안 날개를 세차게 퍼덕이는 것으로 다툼은 끝난다. 고참 동물이 항상 승리하고 신참은 급히 후퇴한다. 왜 더 심각한 싸움이 벌어지지 않을까? 왜 매번 고참 동물이 이길까? 매-비둘기 게임은 두 질문 모두에 답한다. 싸움 비용이 자원을 나눌 때 기대할 수 있는 가치보다 큰 경우 내시균형에서 한 동물은 공격적으로 나서고, 다른 동물은 양보할 것으로 기대한다.

그런데 어느 쪽이? 누가 매 전략을 따를지 두 동물의 기대에 영향을 미치는 것은 도착 순서다. 즉, 먼저 도착한 동물이 공격적일 것으로 기대한다. 방금 확인한 대로 이렇게 형성된 기대는 자기충족적이다. 먼저 도착한 동물은 공격적으로 나서는 게 가장 이득이다. 다른 동물이 양보할 것이라고 기대해서다. 마찬가지로 두 번째로 도착한 동물은 양보하는 게 이득이다. 다른 동물이 공격적으로 나설 것이라고 기대하기 때문이다.

1976년 스미스와 프라이스가 매-비둘기 게임을 개발한 직후, 닉 데이비스는 메이너드 스미스의 가설에 증거를 제공하는 연구 결과를 발표했다. 이 연구 결과는 데이비스의 고향인 영국 옥스퍼드 주변의 숲에 많이 사는 점박이나무나비라는 뜻밖의 원천에서 나왔다.[3] 그가 애정을 담아 부르는 수컷 '점박이나무'들은 하루 중 대부분의 시간을 양지에서 체온을 유지하면서 암컷이 접근하길 기다리며 보낸다. 그들은 해가 하늘을 지나면서 숲의 바닥을 가로지르는 양지를 따라간다. 다음은 데이비스가 설명한 내용이다.

점박이나무들은 지상에서 5~15미터 높이에 있는 나무 꼭대기에서 밤을 보냈다. 첫 활동 신호는 이른 아침 따뜻한 햇볕이 임관층林冠層 (숲의 지붕에 해당하는 곳 ─옮긴이) 나뭇잎에 이를 때 나타났다. 나비들은 날개를 펼치고 햇빛을 향해 몸을 덥혔다. 영국 표준시로 오전 7시에서 8시 사이 몇몇이 임관층 주변을 날아다니는 게 보였다. 이후 수컷들은 한두 시간 동안 서서히 땅으로 내려왔다. 그 무렵 햇빛은 숲의 바닥에 빛의 웅덩이를 만들었다. 그때부터 이른 저녁까지 수컷들은 온종일 그 밝은 웅덩이 속에서 파닥거렸다. 숲의 그늘진 부분에서 그들을 보는 일은 드물었다. 그들이 양지를 좋아하는 이유는 활동성을 유지할 수 있을 만큼 온기가 충분하기 때문일 것이다. … 개별 수컷들은 흔히 같은 양지에서 하루를 보냈다. 태양이 하늘을 가로지르면서 양지가 이동하면 그들도 따라갔다. 그래서 항상 그 경계 안에 머물렀다. 수컷들은 온종일 그런 식으로 숲을 가로질러 양지를 따라가면서 최대 50미터를 이동했다.

수컷들은 양지를 이용해 온기를 유지하는 한편 눈에 띄는 곳에서 암컷이 오기를 기다린다. 암컷이 나타나면 수컷은 구애한다. 암컷이 수컷을 마음에 들어 하면 두 마리는 같이 임관층으로 가서 짝짓기한다. 물론 암컷만 오지는 않는다. 가끔은 다른 종의 곤충도 우연히 찾아온다. 그러면 수컷은 그 곤충을 살펴본 후 무시한다. 때로는 다른 수컷이 양지를 차지하려고 임관층에서 내려온다. 이때는 난리가 난다(나비 기준으로 그렇다는 말이다). 다시 데이비스의 이야기를 들어보자.

다른 수컷이 날아 지나갈 때마다 나선형 비행이 이뤄졌다. 두 마리는 공중에서 부딪힐 것처럼 파닥이며 서로에게 가까이 다가갔고, 임관층을 향해 수직으로 나선형을 그리며 날아올랐다. 그러다가 몇 초 후 한 마리가 몸을 돌려 양지에 내려와 앉았다. 다른 한 마리는 임관층으로 날아갔다.

처음에 데이비스는 나선형 비행을 '영역 방어 수단'이라고 생각했다. 그러나 곧 그것이 실제 싸움이 아니라는 사실을 알아차렸다.

나는 수컷들이 벌인 210회의 나선형 비행으로 자리 주인이 누구인지 확인했다. 모든 경우 다툼에서 이긴 쪽은 주인이었다. 주인이 날개가 찢어진 아주 볼품없는 수컷이고, 침입자는 깔끔한 상태의 완벽한 수컷이어도 마찬가지였다. 겨우 몇 초만 지속하는 나선형 비행은 전혀 다툼으로 볼 수 없다. 이는 잠깐의 관습적 과시 행동에 가깝다. 의

인화하자면 이로써 주인은 "내가 먼저 왔어요"라고 말하고, 침입자는 "미안합니다. 누가 이 자리를 차지했다는 걸 몰랐어요. 다시 나무 위로 물러날게요"라고 말한다.

데이비스는 메이너드 스미스의 매-비둘기 모형을 이 현상에 적용할 수 있을지 모른다고 의심하기 시작했다. 수컷 점박이나무나비는 양지를 놓고 다투는 플레이어로 볼 수 있었다. 이 모형의 두 가지 핵심 가정은 충족되는 것으로 보였다. 양지는 가치 있는 자원 요건을 충족했다. 암컷들이 짝을 찾아서 오는 곳이기 때문이다. 다만 각각의 특정 자리는 그다지 가치 있지 않다. 숲에는 그런 자리가 많으니 말이다.

더구나 싸움에는 큰 비용이 따른다. 데이비스가 말한 대로 "오랜 다툼은 낭비하는 시간과 기운이라는 측면 그리고 나선형 비행을 하는 도중 날개를 다칠 위험이 있다는 측면에서 모두 비용을 수반한다." 결국 점박이나무나비들은 매-비둘기 게임으로 이어지는 직관 측면에서 진화한 듯 보인다. 이 게임에서 양지의 주인은 매 전략을 따를 것으로 기대한다.

데이비스는 다양한 방식으로 의심을 검증했다. 가령 그는 어차피 침입자가 비둘기 전략을 따를 것이라면 애초에 주인이 있는 자리에 들어가는 이유가 궁금했다. 그 답은 아마도 의도한 게 아닐지 모른다는 것이었다. 침입자는 약 8분마다 주인이 있는 자리에 들어갔는데 주인이 없는 자리에 들어가는 일이 그보다 약 2배 이상 잦았다.

살아 있는 것은 모두 게임을 한다

또한 데이비스는 두 수컷 모두 자신이 먼저 그 자리에 도착했다고 여기면 싸움이 일어날지 궁금했다. 이를 확인하기 위해 그는 주인이 있는 자리에 다른 수컷을 몰래 들이면서 두 마리가 서로의 존재를 알아채지 못하게 만들려고 했다. 이 일은 생각보다 어려웠다. 데이비스는 몇 번 시도한 끝에 진짜 다툼을 유발할 수 있었다. 나선형 비행은 대개 3.7초 동안 이어진 반면 진짜 다툼은 평균 40초 동안 지속되었다. 데이비스의 이야기를 들어보자.

나는 두 번째 수컷을 주인이 있는 자리에 몰래 풀어놓으려 했다. 이 일은 생각보다 어려웠다. 그 시도는 대부분 실패로 돌아갔다. 두 번째 수컷이 양지에 내려앉기도 전에 주인이 알아차렸기 때문이다. 그들은 두 번째 수컷에게 날아가 잠깐의 나선형 비행으로 쫓아냈다. 나는 다섯 번 시도한 끝에 주인 몰래 침입자를 풀어놓는 데 성공했다. 그 결과 두 마리 수컷이 같은 자리에 앉았다. 이때 두 번째 나비는 먼저 날아오른 나비를 바로 포착했고 나선형 비행이 이뤄졌다. … 이 비행은 경쟁자들이 주인과 침입자 역할을 분명히 아는 보통의 나선형 비행보다 10배 길게 이어졌다. 즉, 두 수컷 모두 자신이 주인이라고 생각하는 경우 대결이 격해졌다.

끝으로 데이비스는 대안적 설명이 가능할지 궁금했다. 혹시 양지의 주인은 방어하기에 유리한 이점을 누리지 않을까? 이를 검증하기 위해 데이비스는 한동안 자리를 차지하고 있던 원래 주인을 포획한

다음 다른 나비가 찾아와 그 자리를 차지할 때까지 기다렸다. 그는 다른 나비가 찾아오면 10초(새 주인이 홈그라운드의 이점을 누리기에 충분치 않은 시간)만 기다렸다가 원래 주인을 풀어주었다. 역시 싸움에서는 언제나 새로운 주인이 이겼다.

나는 열 번이나 각각 다른 수컷이 있는 자리에서 주인을 잡아 채집망에 가둬두었다. 몇 분 안에 다른 나비가 찾아와 그 영역을 차지했다. 나는 새 주인이 자리에 앉은 후 10초 동안 기다렸다. 그런 다음 원래 주인을 풀어주었다. 새 주인은 즉시 원래 주인에게 날아왔고 두 수컷은 임관층을 향해 나선형 비행을 벌였다. 두 마리는 몇 초 후 떨어졌다. 한 마리는 임관층으로 날아갔고 다른 한 마리는 양지로 돌아왔다. 열 번 모두 후퇴한 쪽은 원래 주인이었다. … 원래 주인은 항상 새 주인에게 영역을 잃었다. 나는 그들이 최소한 제대로 싸워보지도 않고 그냥 물러서지는 않을 거라고 예상했다. 그래서 새 주인과 원래 주인의 나선형 비행과 다른 대결에서 이뤄진 나선형 비행의 지속시간을 비교했다. … 그 결과에는 큰 차이가 없었다. 즉, 원래 주인은 대결에서 졌을 뿐 아니라 크게 다투지도 않고 물러났다! 이 관찰 결과는 영역 분쟁을 관장하는 규칙이 '주인이 이기고 침입자는 물러난다'임을 강력하게 시사한다.

인간의 재산권

오리, 개, 사슴, 점박이나무나비처럼 인간도 '누가 먼저 왔는지'를 기준으로 소유권을 판단한다. 영화관 좌석에 먼저 도착해 윗옷을 올려놓았는가? 그 좌석은 당신의 것이다. 당신 다음에 도착한 사람이 훨씬 덩치가 커도 상관없다. 컵케이크 가게에서 마지막 남은 인기 메뉴 레드 벨벳을 주문했는가? 그 컵케이크는 당신의 것이다. 당신 뒤에 선 사람이 한 시간 동안 차를 운전한 다음 다시 한 시간 동안 줄을 섰다 해도 상관없다. 누가 먼저 왔는지는 소유권을 판단하기에 충분한 근거다.

피터 드치올리와 바트 윌슨은 이 점을 증명하는 훌륭한 실험실 실험을 진행했다. 이 실험은 자원이 희소한 세계에서 진행하는 간단한 게임 형태를 취했다. 이 게임에서 아바타로 표시된 참가자들은 산딸기를 따러 돌아다녔으며 충분한 양의 산딸기를 먹지 않으면 죽도록 되어 있었다. 산딸기는 덤불에서 자랐다. 오직 한 명의 아바타만 한 번에 하나의 덤불에서 딸기를 딸 수 있었다. 아바타 두 명이 동시에 같은 덤불의 딸기를 먹으려 하는 경우 주먹질로 서로를 쫓아낼 수 있었다. 아바타들은 크기가 달랐다. 일부 참가자는 운 좋게도 크고 건장한 아바타를 얻었다. 그들은 강력한 펀치를 날릴 수 있었으며 다툼에서 이길 가능성이 더 컸다. 다른 참가자는 이 책의 저자들을 모델로 삼았을 법한 조그마한 아바타를 얻었다.

드치올리와 윌슨은 데이터를 분석해 산딸기 덤불을 차지하는 쪽을 결정하는 인자를 파악했다. 그들이 발견한 사실은 대개 아바타 크기나 참가자의 건강 수준은 중요치 않다는 것이었다. 중요한 것은 누가 먼저 도착했는지였다. 덤불에 먼저 도착한 참가자는 다툼(그러니까 일종의 '다툼')이 끝난 후 계속 남았다. 다시 말해 참가자들은 오리, 사슴, 점박이나무나비처럼 행동했다.

드치올리와 윌슨이 확인한 직관은 일찍 개발된다. 유아를 대상으로 한 다음 연구를 보자. 연구진은 유아들을 실험실로 데려와 아이들이 공이나 인형 혹은 다른 장난감을 가지고 노는 만화를 보여주었다. 그리고 "이게 누구 공이야?"라고 물었다. 유아들은 일관성 있게 공을 먼저 가진 아이를 지목했다.

누가 먼저 도착했는지가 이런 효과를 발휘하는 이유는 누가 산딸기 덤불이나 극장 좌석, 공 등을 공격적으로 방어할지 그 공통의 기대에 영향을 미치기 때문이다. 당신이 먼저 도착한 경우 사람들은 대부분 당신에게 포기하라고 요구하지 않는다. 이는 당신이 쉽게 포기할 것이라고 기대하지 않아서다. 물론 당신은 쉽게 포기하지 않는다. 누구도 아주 끈질기게 덤벼들 것이라고 기대하지 않기 때문이다. 모두가 산딸기 덤불과 극장 좌석의 권리가 누구에게 있는지와 관련해 공통 인식을 드러낸다. 그리고 그에 따라 행동할 동기도 충분하다.

■

누가 먼저 도착했는지는 게임이론가들이 말하는 '비상관적 비대칭성uncorrelated asymmetry' 사례다. 그것이 비상관非相關인 이유는 매-비둘기 게임의 보수와 직접 연관되지 않아서다. 어느 플레이어가 먼저 도착했는지는 누가 더 배가 고프고 자원을 더 필요로 하는지, 누가 더 힘이 강해 다툼에서 이길 가능성이 큰지, 누가 더 건강해서 다쳐도 생존할 확률이 높은지 알려주지 않는다. 또한 그것이 비대칭인 이유는 플레이어들을 차별화하기 때문이다. 즉, 한쪽은 먼저 도착했고 다른 쪽은 그렇지 않았다.

누가 먼저 도착했는지는 우리가 의존하는 수많은 비상관적 비대칭성 중 하나일 뿐이다. 아주 중요한 또 다른 비상관적 비대칭성은 현재 점유 여부다. 공이 당신 손에 있는지, 내 손에 있는지는 공의 가치와 관련이 없다. 그러나 우리는 이 비대칭에 의존해서 누가 공을 갖기 위해 공격적으로 행동할지 그 공통의 기대를 형성한다.

예를 들어 아기들은 주로 점유 여부를 토대로 소유 관계를 추정하는 듯하다. 그들은 시간이 지나서야(세 살 정도) 점유와 소유를 분리한다. 이후 아이들은 자신이 처음에 어떤 물건을 점유하고 있는 것을 본 사람(먼저 도착한 사람)을 주인이라고 확실하게 추정한다. 그 사람이 현재 물건을 점유하고 있지 않아도 말이다.[4]

한편 유명한 표현처럼 "점유는 법의 10분의 9다possession is nine-tenths of the law." 이 말은 소유권은 기본적으로 물건을 점유한 사람에게 돌아간다는 뜻이다. 이 원칙은 햇필드 가문과 맥코이 가문 사이에 벌어진 유명한 분쟁(14장에서 다시 다룬다)을 촉발하기도 했다. 분쟁 초기 두 가문은 암돼지와 그 새끼들 소유권을 놓고 소송을 벌였다(보라. 돼지가 등장할 거라고 말하지 않았나?). 그렇지만 어느 쪽도 확실한 증거를 제시하지 못했다. 결국 판사는 돼지를 점유하고 있다는 점을 판결 근거로 삼아 햇필드 가문의 손을 들어주었다. 이 원칙은 영미법에만 존재하는 게 아니다. 로마법에도 절도나 다른 불법 수단으로 획득했다는 증거가 없는 한 물건을 '점유'한 자가 '소유권'을 갖는다.

흔하게 활용하는 또 다른 비대칭은 누가 만들었는가다. 실제로 새들도 이를 활용한다. 많은 종의 경우, 둥지 주인이 사냥이나 채집을 위해 나간 사이 둥지를 차지한 새는 주인이 돌아오면 즉시 둥지를 양보한다. 이때는 누가 만들었는가가 공통의 기대를 형성한다.

인간도 누가 만들었는가에 많이 의존하는 듯 보인다. 대개 땅을 개간해 울타리를 치고 수로를 만드는 등 개선 작업을 한 사람에게 해당 토지 소유권이 주어진다. 이를 홈스테딩 원칙homesteading principle(소유자가 없는 자산은 최초 사용자가 주인이 된다는 원칙 – 옮긴이)이라 부른다. 다음은 그와 관련된 존 로크의 (에믹) 설명이다.

땅과 모든 열등한 생물은 모든 인간이 공동으로 사용한다. 그러나 모든 사람은 한 **개인**으로서 **재산**을 소유한다. 본인 이외에는 누구도 그 권리를 갖지 않는다. 몸으로 하는 **노동**과 손으로 하는 **작업**은 마땅히 본인의 것이라고 할 수 있다. 무엇이든 자연이 제공한 원래 상태를 바꾸고, 자신의 **노동**을 더하고, 자기 것을 보탰다면 그것은 그 사람의 **재산**이다.

이 비상관적 비대칭성은 궁극적으로 다양한 법에도 반영되었다. 1862년 제정한 홈스테드법(자영농지법 - 옮긴이)도 거기에 속한다. 링컨 대통령이 서명한 이 법에 따라 미국 서부의 많은 지역에 정착촌이 생겼다. 또한 이 법은 개척 활동을 하면서 서부 원주민을 쫓아내는 것을 정당화하는 데도 쓰였다. 그들이 땅을 개선하기 위해 투입한 **노동**(화재 관리, 영구적인 대규모 버펄로 목장 등)은 편의상 인정받지 못했다.

우리가 공통의 기대를 형성하기 위해 활용하는 다른 흔한 비상관적 비대칭성은 무엇일까? 다시 아이들 연구에서 몇 가지 사례를 얻을 수 있다. 가령 아이들은 네 살 무렵이면 사거나 주는 것 같은 소유권 이전을 이해하며 이를 절도와 구분한다. 이 시기가 되면 아이들은 '대가를 치렀는지'와 '주인이 주었는지'를 토대로 소유권을 판단할 수 있다('대가를 치렀는지'의 비상관적 비대칭성은 앞서 소개한 마이어슨의 택시 사례에서 주먹다짐이 일어나지 않도록 막아준다. 택시요금을 이미 냈다면 택시기사는 당신에게 다시 내라고 요구하지 않는다. 당신이 그 요구에 굴복하리라고 기대하지 않기 때문이다. 당신도 그런 요구에 굴복하지 않는다. 택시기사가 끝까지 요구할 것이라고 기대하지 않기 때문이다).

또는 법을 살펴볼 수도 있다(남은 10분의 1). 피터 드치올리와 레이첼 카포프는 실험 참가자들에게 고전적인 재산권 소송을 간단하게 정리한 내용을 보여주었다. 예를 들면 이런 내용이다.

• 아모리 대 델라미리 소송: 아모리는 거리에서 반지를 주워 금은방

에 가져가 감정을 받았다. 금은방 주인은 반지에서 보석을 빼낸 뒤 돌려주기를 거부했다.

- 브리지스 대 호크스워스 소송: 브리지스는 호크스워스의 가게 바닥에서 현금이 가득 든 봉투를 주웠다.
- 맥어보이 대 메디나 소송: 맥어보이는 메디나의 이발소 카운터에서 현금이 든 지갑을 주웠다.

뒤이어 드치올리와 카포프는 참가자들에게 누가 물건을 가져야 한다고 생각하는지 묻고, 그렇게 선택한 이유도 설명해달라고 요청했다. 참가자들은 일관성 있게 반복적으로 누가 잃었는지, 누가 찾았는지, 누구의 땅에 있었는지 그리고 누가 만들었고 점유했는지 같은 결정인자에 의존했다.

___

드치올리와 카포프의 연구가 말해주듯 재산권에 관한 우리의 직관은 흔히 일치한다. 이를테면 아모리 대 델라미리 소송의 경우 참가자들은 모두 아모리(습득자)를 정당한 소유권자로 선택했다. 이 **공통의 기대**는 바로 당신이 기대하는 것이자 매-비둘기 이야기가 요구하는 것이다.

또한 이 연구는 잠재적 갈등 요소도 말해준다. 구체적으로 복수의 비상관적 비대칭성이 존재하는 경우가 그렇다. 브리지스 대 호크

스위스 소송에서 브리지스(습득자)는 84%의 표를 받았다. 맥어보이 대 메디나 소송에서 참가자들의 선택은 거의 반반으로 갈렸다. 두 마리 나비가 모두 자신에게 양지의 권리가 있다고 생각하는 경우처럼 이 상황은 진짜 싸움으로 이어질 수 있다. 실제로도 그랬다. 이 연구는 실제 소송을 참고한 것이다.

다툼은 전쟁터에서 벌어질 수도 있다. 1982년 아르헨티나와 영국은 포클랜드제도를 놓고 전쟁을 벌였다. 두 나라는 해당 지역을 놓고 오랫동안 영유권을 주장해왔다. 아르헨티나의 주장에 따르면 그 기원은 스페인이 태평양 지역에서 포기한 식민지들의 지배권을 넘겨준 1816년까지 거슬러 올라간다. 그런데 아르헨티나는 즉각 지배권을 행사하지 않았다. 그러는 사이 영국은 포클랜드제도에 소규모 식민지를 개척하고 발전시켰다. 영국은 그 오랜 점유를 토대로 영유권을 주장했다.

이스라엘과 팔레스타인 갈등도 비슷하게 상충하는 비상관적 비대칭성을 보인다. 이스라엘의 주장은 적어도 부분적으로 최초 점유에 기반한다. 수천 년 전 유대인이 해당 지역에 살았다는 것이다. 팔레스타인의 주장은 포클랜드제도를 놓고 영국이 제기한 주장과 비슷하다. 그러니까 2,000년 전은 너무 오래전이며 지난 수백 년간 누가 살았는지가 정말로 중요하다는 얘기다.

이스라엘은 그래도 유대인은 일부 남아 있었으나 팔레스타인 사람들은 떠났다고 주장한다. 이에 팔레스타인은 총으로 위협당하는 바람에 떠났다고 주장한다. 이렇게 공방이 끝없이 오간다. 한마디로 수많은 비상관적 비대칭성이 존재한다. 그래서 분쟁의 끝이 보이지 않는다.

이제 재산권 관련 인식을 뒤로하고 매-비둘기 게임을 활용해 다른 주제를 조명해보자.

매-비둘기 모형이 답하지 못하는 것

지금까지 우리는 재산권에 관한 사람들의 직관에 초점을 맞췄다. 그런데 사람들은 훨씬 추상적인 권리를 주장하기도 한다. 자유롭게 발언할 권리, 무장할 권리, 의료서비스를 받을 권리 등이 거기에 해당한다. 이러한 권리와 관련해 명백히 많은 일이 일어난다. 즉, 탐구할 흥미로운 질문이 많다.

이 권리는 어디서 나올까? 왜 이 특정 권리가 생겼을까? 권리의 범위를 확장하는 것(투표권처럼 일련의 권리를 처음엔 한 집단에게 부여했다가 점차 다른 집단으로 확대하는 것)은 어떤가? 왜 그런 일이 생길까? 매-비둘기 모형은 이 질문에 답하지 못한다.[5]

그래도 이런 권리와 관련해 매-비둘기 모형이 도움을 줄 수 있는 한 가지 측면이 있다. 매-비둘기 모형의 주된 속성은 공동의 기내가 지닌 중요성이다. 일단 형성된 이 기대는 자기충족적이다. 이 속성은 공, 돈, 반지 등의 권리뿐 아니라 자유롭게 발언할 권리나 무장할 권리 같은 더 추상적인 권리에도 적용되는 듯하다. 사람들은 이러한 권리에 신념이 생기면 그것을 위해 기꺼이 투쟁한다. 다른 사람들(또는 정부)이 물러날 것이라고 기대해서다. 실제로 다른 사람들(또는 정부)은 물러선다. 당사자들이 권리를 위해 싸울 거라고 기대하기 때문이다.

다음은 이 주장의 몇 가지 함의다. 공통의 기대로 권리를 뒷받침하기 위해 해당 권리에 논리적 기반이 있어야 하는 것은 아니다. "이 진리는 자명하다"라는 말은 다른 어떤 정당화만큼이나 훌륭하다. 물론 사람들은 자신의 문화권에서 떠받드는 특정 권리에 다른 정당화를 제공한다. 예를 들면 로크의 저서나 다른 종교 문헌의 도움을 받는다. 하지만 이는 에믹 정당화이며 권리가 자기지속성을 지니는 이유를 이해하는 데는 필요치 않다.

공통의 기대는 문화권과 시대에 따라서도 다를 수 있다. 권리도 마찬가지다. 대부분의 나라에서 사람들은 자유롭게 발언할 권리나 무장할 권리를 누리지 못한다. 이런 나라에서 공통의 기대 형성은 미국과 다르다. 매-비둘기 모형은 그 이유를 말해주지 못한다. 다만 무엇이든 각 지역에서 형성된 공통의 기대에는 자기지속성이 있다는 점을 말해줄 뿐이다.

또 다른 사례로 혼인관계상의 권리도 문화권과 시대에 따라 크게 다르다. '내 남편(바알리ba'ali)'과 '내 아내(이쉬티ishti)'를 가리키는 전통 히브리어 단어가 그 단서를 제공한다. 이 단어를 번역하면 각각 '내 주인'과 '내 여자'다. 이는 여성을 재산으로 간주하던 시대를 떠올리게 만든다. 지금도 세속적인 히브리어 사용자 중 일부에게는 연애 관계에서 여전히 약간의 소유의식이 있을지 모른다("어이, 왜 내 여자친구한테 말을 걸어요?"). 대다수는 이를 꼰대스럽다고 생각한다. 그렇지 않다면 아마 여자친구를 사귀지 못할 것이다. 이처럼 공통의 기대는 변했으며 계속 변하고 있다.

독립선언문과 헌법 같은 문서는 권리가 자기지속성을 지니도록 도움을 준다. 이러한 문서에 권리를 기록하고, 존경받는 지도자들이 서명하고, 널리 배포하고, 학교에서 아이들에게 가르치는 일 등은 모두 공통의 기대를 형성하는 데 도움을 준다. 공통의 기대는 일단 형성되면 바꾸기가 굉장히 어렵다. 미국의 총기 폭력을 막기가 몹시 어려운 이유는 수정헌법 2조로 무장할 권리를 보장하기 때문이다. 이 권리를 위해 기꺼이 투쟁하려는 사람이 아주 많다. 그들은 다른 사람이 물러설 것이라고 기대한다. 그리고 그들은 총을 대단히 많이 갖고 있다.

역사적 선례도 비슷하게 권리를 자기지속적으로 만든다. 드치올리와 카포프가 연구한 고전적 소송들이 고전인 이유는 재산권 분쟁을 특정 방식으로 해결하고 나면 향후 비슷한 분쟁을 같은 방식으로 해결하리라고 기대하기 때문이다. 차별할 권리처럼 더 추상적인 권리도 마찬가지다. 빵집 주인이 동성애 커플에게 케이크를 팔지 않겠다고 거부할 수 있도록 허용할지 같은 문제가 뉴스에 나오는 이유는 모두가 케이크에 신경 써서가 아니라 해당 사례가 주택, 노동 등 보다 중요한 맥락에서 이뤄지는 차별의 선례가 되는 까닭이다. 선례는 미국의 총기 규제 정책에서도 의미 있는 역할을 했다. 컬럼비아 특별구 대 헬러 소송에서 대법원은 수정헌법 2조가 군이나 민병대와 관련된 사람뿐 아니라 모든 개인에게도 적용된다고 해석했다. 이 판결은 워싱턴 DC의 권총 소유 금지 조항을 무력화하는 것을 넘어 총기를 규제하려는 미래의 노력에 영향을 줄 선례를 만들었다. 매-비둘기 모형이 명확히 밝혀준 대로 이런 선례는 일단 만들어지면 자기 지속성을 지닌다.

사과의 무게감

2011년 11월 25일은 줄곧 험난하던 미국과 파키스탄 동맹에서 특히 험난한 시기가 시작된 날이다. 나토군은 탈레반에 맞서 작전을 펼치다가 허가 없이 파키스탄 영토로 진입했다. 더구나 예기치 않게 파키스탄 군인 24명을 죽이고 말았다. 분노한 파키스탄은 이에 대응해 미국의 군사기지로 들어가는 보급로를 폐쇄했다. 물류 대란으로 미국은 한 달에 6,600만 달러라는 비용을 치러야 했다.

처음에 미국은 사과를 거부했다. 국방부가 보기에는 파키스탄 측에도 과오에 대한 공동 책임이 있었기 때문이다. 여기에다 연이은 작은 사고와 모욕적 행위 탓에 미국은 사과를 더욱더 보류했다. 사태가 발생하고 꼬박 7개월이 흐른 2012년 7월에야 힐러리 클린턴 미 국무장관이 파키스탄 외무장관에게 전화를 걸어 "파키스탄군이 입은 손실을 유감스럽게 생각합니다"라고 말했다. 그로부터 몇 시간 만에 다시 보급로가 열렸다.[6]

때로 우리는 모두 파키스탄이나 미 국무부와 같은 상황에 놓인다. 그럴 때 우리는 친구, 동료, 가족에게 사과를 요구하거나 반대로 사과할지 또 한다면 어떤 말을 할지 고민한다. 왜 그럴까? 애초에 '사과할게'나 '미안해' 같은 단순한 말이 그토록 무게감을 지니는 이유는 무얼까?

매-비둘기 게임은 우리가 그 단순한 말에 엄청난 무게감을 부여하는 이유를 말해준다. 바로 그런 단순한 말이 공통의 기대를 형성하기 때문이다. 미국이 파키스탄에 사과하는 것은 양쪽에 명확한 의미를 지닌다. 거기에 따르면 미국은 승인 또는 벌칙 없이 파키스탄 영공을 계속해서 마음대로 사용할 수 없다. 친구, 동료, 가족의 사과도 양쪽에 비슷하게 명확한 의미를 지닌다. 그것은 대가를 치르지 않고 계속 잘못을 반복할 수 없다는 것이다.

이 관점은 사과하는 시점에도 다소 세밀한 지침을 제공한다. 인터넷에는 '사과의 힘' 같은 제목과 함께 사과를 확고하게 지지하는 대중 과학 기사로 넘쳐난다. 다른 한편 어떤 사람들은 고전 서부극 〈황색 리본을 한 여자〉에서 존 웨인이 연기한 네이선 브리틀스 대위의 말처럼 "절대 사과하지 마시오. 그건 나약하다는 징표요!"라는 식으로 생각한다. 누구의 조언을 따라야 할까? 사과에는 분명 그 나름대로 편익이 있다. 사과는 상대가 당신을 용서하고 관계를 복원할 가능성을 높인다. 하지만 이제 우리는 그 비용을 더 분명하게 볼 수 있다. 상대는 당신이 행동을 바꿀 것을 기대할 테고 당신이 행동을 바꾸지 않으면 크게 분노할 것이다. 사과의 편익에 그 비용을 감수할 만한 가치가 있을까? 때로는 그렇다. 이는 관계의 가치가 어느 정도인지,

당신이 행동을 바꿈으로써 얼마나 많은 것을 잃는지가 좌우한다. 게임이론은 대중과학 기사에(고전 서부극에도) 부족한 세밀성을 더한다.

더 강하게 주장해야 할까

이왕 조언 이야기가 나왔으니 우리가 자주 접하는 조언을 몇 가지 더 살펴보자. 그것은 "더 강하게 주장하라" "분명한 목소리를 내라" 그리고 셰릴 샌드버그가 말한 대로 "적극 달려들어라lean in" 같은 조언이다. 이런 행동이 아주 자연스럽게 다가오지 않는다면 도움이 되는 훈련법이 있다. 에이미 커디는 〈신체언어가 당신이 어떤 사람인지를 결정한다〉라는 테드 강연에서 중요한 인터뷰나 미팅 전에 2분만 '고도의 파워 포즈power pose'(가령 '쩍벌'이나 의자에 몸을 기대고 책상에 발을 올리는 것)를 취하라고 권한다. 이는 자신감을 불어넣어 강하게 주장하고, 분명한 목소리를 내고, 적극 달려들기 위한 수단이다.[7]

이것은 좋은 조언일까? 기능적 사고를 하는 사람은 벌써 이렇게 자문할 것이다. "이게 그토록 좋은 생각이라면 왜 사람들이 진작에 하지 않았을까? 혹시 거기에 비용이 따르는 게 아닐까?"

사과의 경우처럼 매-비둘기 모형은 그 비용이 무엇인지 알도록 도와준다. 다른 사람들이 당신이 비둘기 전략을 따를 거라고 기대하는 상황에서 강하게 주장하는 것은 매 전략을 따른다는 뜻이다. 그러면 다툼이 벌어질 수 있다.

물론 사람들이 매 전략을 따르리라고 기대하는 때도 있고, 그렇지 않을 거라고 기대하는 때도 있다. 어쩌면 그들에게는 차별당한 역사 때문에 자연스레 자기 회의에 빠지는 경향이 있을지 모른다. 어쩌면 그들은 어린 시절에 괴롭힘을 당했을지 모른다. 어쩌면 단지 그들에게 성격상 신중하거나 과묵한 측면이 있을지 모른다. 어쩌면 이러한 경향은 충분히 이해가 가는, 그러니까 중역이 되려고 노력하던 맥락의 여파가 역효과를 낳고 있는 것인지도 모른다. 이 경우 더 강하게 주장하라는 말은 실제로 좋은 조언일 수 있다. 이들은 심호흡하고, 다리를 좀 벌리고, 약간 우스꽝스러운 표정을 하고, 적극 달려들어야 한다.

다투는 것이 가치 있는 때도 있다. 사람들은 가끔 다른 사람들의 기대를 바꾸기 위해 기꺼이 싸운다. 존 루이스 하원의원은 이를 "좋은 말썽"을 일으키는 것이라고 표현한다. 이런 사람들은 회의실로 들어가기 전에 커디 박사의 방법대로 자신을 북돋는 것이 도움을 줄지도 모른다. 경기장에 들어서기 전의 운동선수처럼 말이다.

요컨대 무조건 좋거나 나쁜 것은 없다. 더 강하게 주장하는 것이 좋을 때도 있고 아닐 때도 있다. 매-비둘기 모형은 그때가 언제인지 파악하는 데 도움을 준다.

스톡홀름 증후군 그리고 내면화한 인종차별과 성차별

'스톡홀름 증후군'이라는 용어는 스톡홀름에서 은행강도 사건이 실패로 끝난 뒤, 인질들이 경찰을 위해 증언하기는커녕 범인을 변호하려고 모금한 일 때문에 생겼다.[8] 비합리적으로 보이는 인질들의 이러한 반응은 상당히 흔하다.

스톡홀름 증후군에 대해서는 보통 두 가지 설명을 제시한다. 첫 번째, 인질범이 인질을 세뇌한다. 두 번째, 인질이 몹시 긴장한 상황에서 인질범과 많은 시간을 보낸 후 그들에게 공감하게 된다. 이 두 설명은 최소한 어느 정도는 명백히 맞다. 그런데 왜 세뇌가 통하는 걸까? 긴장한 상황에서 많은 시간을 같이 보내기만 해도 저절로 공감대를 형성한다면 왜 인질범은 마찬가지로 인질에게 깊이 공감하지 않을까?(이는 때로 리마 증후군이라 불린다. 리마 증후군은 스톡홀름 증후군보다 훨씬 덜 흔하다)

매-비둘기 모형을 활용해 이 흔한 설명의 결점에 대응하기 전에 이질적으로 보이는 또 다른 현상을 소개하겠다.

1940년대 한 심리학자가 인형을 이용한 실험을 했다. 이 실험에서 그는 아이 앞에 인형 두 개(하나는 피부색이 밝고 다른 하나는 어두움)를 놓고 일련의 질문을 했다. 어느 인형이 착한지, 똑똑한지, 좋은지 등의 질문이었다. 이 실험은 가슴 아픈 반전을 일으켰다. 흑인 아이가 백인 인형을 착하고, 똑똑하고, 좋은 인형으로 지목한 것이다. 1954년에 벌어진 브라운 대 교육위원회 소송에서 대법원은 학교의 인종분리정책을 금지하라고 판결했다. 대법원장 얼 워런은 앞선 실험 결과를 언급하며 흑인 아동이 "공동체에서 자신이 차지하는 위상에 열등감을 느끼며 이것이 그들의 감정과 생각에 영원히 되돌리기

힘든 영향을 미친다"라고 지적했다.[9]

인형 실험은 아이들조차 관찰과 경험으로 인종차별 관점을 내면화하며, 자신이 열등하다고 믿는다는 사실을 보여준다. 성차별 관점역시 내면화한다는 사실도 비슷한 방식으로 보여줄 수 있다. 가정폭력 희생자는 가해자가 폭력을 행사할 만했다고 자주 주장한다. 여러문화권에 걸친 조사에서 여성 중 3분의 1 이상이 여성에게 가하는폭력은 "잘못된 행실을 바로잡는 적절한 수단"이라고 응답하는 일이흔하다.[10]

내면화한 인종차별과 성차별은 스톡홀름 증후군처럼 처음엔 놀라울 수(심란할 수도) 있다. 그러나 폭력·학대·차별에 보이는 이 반응은 인질로 잡히거나, 차별당하거나, 학대당한 사람에게는 최선일수 있다. 매 전략을 따르면 항상 구타당하거나 더 나쁜 일을 겪는 환경에 처했다고 상상해보라. 그 환경에서는 자신을 열등하게 여기거나, 그런 일을 당해도 싸다고 생각하거나, 학대범 혹은 납치범에게공감하거나, 심지어 그들을 숭배하는 것이 자신을 지키는 길이다. 실제로 납치 피해자 나타샤 캄푸시는 스톡홀름 증후군을 두고 "증후군이 아니라 생존 전략"이라고 주장한다.[11]

물론 우리는 내면화한 인종차별, 성차별, 스톡홀름 증후군이 단순히 자기충족적 방식으로 강요되는 것이 아님을 인정해야 한다. 매-비둘기 모형에서 플레이어들에게는 대결에서 승리할 동등한 가능성이 있다. 반면 인종차별, 성차별, 인질 상황에서는 정말로 권력의 비대칭이 존재한다! 그러나 매-비둘기 모형은 여전히 우리 자신의 권

리와 가치에 대한 인식이 공격적 행동의 적절성 여부에 따라 달라진
다고 가르쳐준다. 안타깝게도 공격적 요구를 제재당하는 경우엔 그
런 요구를 하지 않는 게 최선이다. 낮은 자존감을 내면화하는 것이
그 일에 도움을 준다.

【매-비둘기 게임】

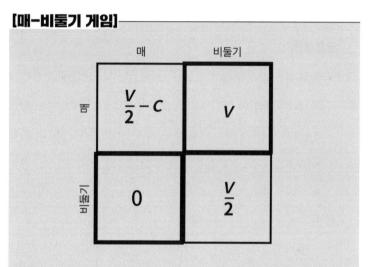

구도:

- 표준적인 매-비둘기 게임에는 플레이어 두 명이 있다. 각 플레
  이어는 두 가지 행동, 즉 매(H)와 비둘기(D) 중 하나를 선택한다.
- 플레이어 1의 보수는 위 행렬에 나와 있다. 보통 플레이어 1은
  행row을, 플레이어 2는 열column을 선택한다.
- $v > 0$는 경쟁하는 자원 가치를 나타내며, $c > 0$는 두 플레이어
  가 모두 매 전략을 따를 때 발생하는 싸움 비용을 나타낸다.
- 플레이어 2의 보수도 같은 방식으로 결정하며 그러므로 보수

행렬에서 제외된다.

주요 전략 프로필:

- (H, D)와 (D, H): 플레이어 1은 매 전략을, 플레이어 2는 비둘기 전략을 따르는 경우 또는 그 반대의 경우로 굵게 표시한다.

균형 조건:

- 싸움 비용이 자원의 가치보다 큰 한, 즉 $\frac{v}{2} < c$인 한 (H, D)와 (D, H)가 유일한 게임의 내시균형이다(엄밀히 말하면 이는 유일하게 순수한 내시균형이다. 이 책에서는 플레이어들이 여러 행동 중 하나를 무작위로 선택하는 혼합형 내시균형에 초점을 맞추지 않는다).

해석:

- 누가 자원을 갖는지는 누가 먼저 도착했는지 같은 자의적 사건이 좌우한다. 이때 해당 사건은 누가 매 전략을 따를지에 대한 모두의 기대에 영향을 미친다. 즉, 매-비둘기 게임에서 기대는 자기충족적일 수 있다.
- 플레이어들이 어떤 사건을 조건으로 삼는지는 모형에 명시하지 않는다. 이는 맥락, 문화, 전례, 효율성 고려 같은 많은 요소가 좌우한다.

6장

아름다움을 둘러싼 게임

고대 로마인은 모자이크와 도자기를 사랑했다. 페르시아인은 정원을 사랑했다. 15세기 유럽에서 막 형성된 중산층은 모두 파스텔이라는 연청색에 흥분했다. 이 색은 프랑스 남서부에서 자라는 꽃(대청isatis tinctoria)을 발효해 힘들게 만들었다. 이 지역은 파스텔 교역으로 상당한 부를 쌓아 '풍요의 땅'으로 불렸다. 16세기 서유럽 상류사회는 정교한 태피스트리에 집착했다. 한편 중국과 한국 그리고 나중에 일본은 도자기, 비단, 병풍에 마찬가지로 강하게 집착했다.

현재 우리는 20세기 중반 네덜란드 모던가구 진품에 열광하고 또 다른 꽃인 사프란으로 힘들게 만드는 제품을 상찬한다. 노래 가사에는 람보르기니와 모엣상동 샴페인이 지겹게 등장하고, 이지Yeezy 스니커즈나 슈프림 티셔츠에 수백 달러를 내며, 롤렉스 시계에 그 몇 배를 치른다. 장신구도 빼놓을 수 없다. 장신구는 로마시대 훨씬 전부터 엄청난 인기를 끌었으며, 지금도 이 책을 넘기는 많은 이의 손가락과 손목을 장식한다. 세부 측면은 시대와 문화에 따라 다르지만 한 가지 변하지 않는 사실이 있다. 인간은 정말이지 실로 화려한 물건을 좋아하는 성향을 보인다.

왜 그럴까? 모자이크가 일반 타일보다 더 효율적으로 바닥을 덮는 건 아니다. 정원은 분명 예쁘다. 그러면 페르시아인은 귀중한 물을 많이 쓰지 않는 여가 활동을 즐길 수는 없었을까? 파스텔도 예쁘다. 그러나 다른 많은 제조법을 발견한 지금은 누구도 파란색 염료(파스텔이나 다른 것)에 크게 열광하는 것 같지 않다. 태피스트리의 경우 대다수는 거실 전체에 태피스트리를 거는 걸 변변찮다고 여길 것이다. 스코틀랜드의 메리 여왕은 그렇게 해서 열렬한 상찬을 받았지만 말이다.

람보르기니는 혼잡한 도로에서 혼다와 같은 속도밖에 내지 못한다. 이지라고 해서 클라크Clark보다 더 편한 건 아니다. 슈프림 티셔츠는 대개 월마트 진열대에 걸린 10달러짜리 티셔츠와 같은 소재에 인쇄한다. 롤렉스는 45달러짜리 카시오 지샥G-Shock 시계보다 약간 덜 정확하며 훨씬 덜 튼튼하다.

파라오 투탕카멘의 미라를 감싼 천을 장식했고, 런던탑에 전시했으며, 독자의 보석함에 깔끔하게 정리한 황금과 장신구는 모두 반짝이는 기능밖에 하지 않는다. 우리가 좋아하는 물건은 화려할지 모르지만 별로 쓸모가 없다. 그래서 우리가 진정 좋아한다고 해도 그 이유에 약간 의문이 든다.

시대를 막론하고 우리가 사치품을 좋아하게 만드는 요인은 무엇일까? 물론 사람들이 인식하든 아니든 모자이크, 정원, 람보르기니, 롤렉스는 부를 과시하는 역할을 한다. 앞으로 살펴겠지만 게임이론은 이 직관이 옳다는 사실을 증명한다. 또한 게임이론은 사치품 유행이 시작되고 끝나는 시기를 예측하는 데 도움을 준다. 사치품을 좋아하는 우리의 성향에는 어딘가 전도된 면이 있다. 왜 사람들은 부를 과시하는 사치스러운 신호를 우러러볼까? 정작 그것이 하는 역할은 과시하는 것, 즉 그 부를 소비하는 것뿐인데 말이다.

다윈과 동시대의 다른 생물학자들은 비슷한 수수께끼를 발견했다.[1] 많은 종의 새들을 보면 수컷은 과시 행동을 위해 꼬리를 길게 기른다. 긴 꼬리를 과시할수록 더 매력적이다. 수컷의 꼬리를 자르면 그 불행한 수컷은 해당 짝짓기 시즌에 훨씬 적은 암컷을 얻는다. 그렇지만 다른 한편 사냥(벌레 잡기)을 훨씬 잘하며 하늘을 더 민첩하게 날면서 외로움을 달랜다. 왜 암컷은 짝(과 자기 자손)의 사냥 능력과 도망치는 능력을 떨어트리는 화려한 꼬리에 흥분할까?

'값비싼 신호costly signalling' 게임은 마이클 스펜스와 암논 자하비가 이 문제에 답하고자 개발했다. 이 장에서는 그 게임을 소개하고 그러한 수수께끼를 이해하는 데 활용한다.[2] 그다음에는 그 게임을 추가로 일련의 수수께끼에 적용한다. 그것은 다음 내용을 포함한다. 왜 일부 문화권에 속하는 남성은 새끼손가락 손톱을 아주 길게 기를까? 왜 예술가들은 작품에 약강 5보격 같은 인위적인 제약을 가할까? 왜 초정통파 유대교 분파 같은 일부 종교집단은 신도에게 과도해 보이는 종교의식에 참여하도록 요구할까?

값비싼 신호 게임: 건강을 과시하라

이 모형에는 플레이어가 두 명 있다. 한 명은 발신자(수컷 공작)로 값비싼 신호를 보낸다(긴 꼬리를 기른다). 다른 한 명은 수신자(암컷 공작)로 발신하는 신호를 관찰한 다음 발신자를 어떻게 대할지, 즉 받아들일지(짝짓기할지) 아니면 거부할지 선택한다.

발신자는 파트너로서 더 바람직할 수도 있고 덜 바람직할 수도 있다. 우리는 이를 두 유형 중 하나에 속한다고 말한다. 하나는 '높은 유형high type'(유전자가 좋은 수컷 공작), 다른 하나는 '낮은 유형low type'(유전자가 나쁜 수컷 공작)이다. 수신자는 발신자의 유형을 알지 못한다(암컷 공작은 유전자 분석업체에 타액 샘플을 보내지 못하니까). 암컷 공작은 수컷 공작이 신호를 보냈는지(꼬리가 얼마나 긴지)만 알 수 있다.

다음 부분이 중요하다. 신호는 발신자 유형과 무관하게 발신하는 데 비용이 많이 드는 것으로 간주한다. 다만 높은 유형은 비용이 덜 든다. 그 해석은 이러하다. 모든 수컷 공작은 꼬리가 길면 포식자와 기생충을 피하기가 더 어렵지만, 그래도 건강한 수컷 공작은 잘 피하므로 포식자나 질병에 당하지 않는다. 만약 그 대상이 인간과 고급 시계라면 고급 시계는 모두에게 돈 낭비에 불과하지만, 부유한 사람은 그 돈이 없어도 여전히 음식과 주거지에 필요한 비용을 감당할 수 있다.

발신자는 자신의 유형에 따라(높은 유형 또는 낮은 유형) 값비싼 신호를 보낼지 말지(꼬리를 기를지 말지) 결정한다. 유형과 무관하게 꼬리를 기를 수도 있고, 높은 유형 혹은 낮은 유형일 때만 꼬리를 기를 수도 있으며, 아예 기르지 않을 수도 있다. 한편 수신자는 발신자가 신호를 보내면 받아들일지, 보내지 않아도 받아들일지 결정한다. 모든 발신자를 받아들일 수도 있고, 꼬리가 긴 발신자 혹은 꼬리가 짧은 발신자만 받아들일 수도 있으며, 양쪽 다 받아들이지 않을 수도 있다.

이 게임의 핵심 내시균형은 다음과 같다. 발신자는 자신이 높은 유형일 때, 오직 그때만if and only if(논리학에서 말하는 동치로서, 필요충분 조건을 나타냄 – 옮긴이) 값비싼 신호를 보낸다. 수신자는 발신자가 신호를 보낼 때, 오직 그때만 발신자를 받아들인다. 다시 말해 건강한 수컷 공작만 꼬리를 길게 기르고, 암컷 공작은 꼬리가 긴 수컷 공작하고만 짝짓기를 한다. 설령 긴 꼬리가 남자친구를 포식자와 질병에 더 취약하게 만든다고 해도 말이다.

이것이 내시균형임을 증명하기 위해 늘 하던 대로 가능한 모든 이탈이 이뤄진 경우를 살펴보자.

- 건강한 수컷 공작부터 시작하자. 지금 그는 긴 꼬리에 따른 비용을 치르고 있지만 동시에 암컷 공작에게 받아들여지는 이득을 누린다. 이 구도에서 이탈해 신호를 보내지 말아야 할까? 긴 꼬리를 기르는 비용이 암컷 공작에게 받아들여지는 이득보다 적은 한에는 그렇지 않다.
- 몸이 약한 낮은 유형의 수컷 공작은 어떨까? 긴 꼬리를 기르는 전

략으로 이탈해야 할까? 이를 위해서는 긴 꼬리에 따른 비용을 치러야 한다. 그래도 이것은 마침내 파트너를 찾을 수 있을지도 모른다는 것을 뜻한다. 이는 유망한 일처럼 보인다. 하지만 긴 꼬리가 포식자에게 잡아먹히는 확실한 죽음으로 이어진다면 포기할 것이다.

• 암컷 공작은 어떨까? 두 가지 방식으로 이탈할 수 있다. 즉, 꼬리가 긴 수컷 공작을 거부하거나 꼬리가 길지 않은 수컷 공작을 받아들일 수 있다. 전자는 매력적인 수컷 공작을 포기한다는 것을 뜻한다. 후자는 몸이 약한 수컷 공작을 받아들인다는 것을 의미한다. 이는 별로 좋은 생각이 아니다.

보라! 내시균형을 확증했다. 그뿐 아니라 우리는 언제 내시균형이 이뤄지는지도 알 수 있다. 구체적인 조건은 다음과 같다.

• 발신자가 수신자에게 받아들여져 얻는 이득이 긴 꼬리를 기르는 비용보다 큰데, 이 점은 높은 유형에게만 해당하며 낮은 유형에게는 해당하지 않는다.

• 수신자는 높은 유형과 짝짓는 것을 좋아하며 낮은 유형과 짝짓는 것은 좋아하지 않는다.

경제학자들은 이 내시균형을 '분리균형separating equilibrium'이라 부른다. 해당 구도에서 높은 유형과 낮은 유형은 다르게 행동하는데 수신자는 그들의 선택을 보기만 해도 구분할 수 있어서다. 건강한 수컷 공작이 꼬리를 보이기만 해도 암컷 공작은 그가 높은 유형임을 알 수 있다.

실제로 긴 꼬리는 번식에 유리했다

공작태양새malachite sunbird에게서 값비싼 신호 모형의 아주 좋은 증거를 얻을 수 있다. 여기에서 연구자들은 긴 꼬리가 더 많은 짝을 만든다는 사실을 확인했다. 또한 꼬리에는 비용이 따르는데 덜 건강한 수컷에게는 그 비용이 더 높다는 사실도 확인했다.

긴 꼬리가 더 많은 짝을 만든다는 사실을 확인할 때 연구자들은 대개 두 가지 접근법을 사용한다. 첫째, 당연한 접근법으로 새를 몇 마리 잡아 꼬리 길이를 잰 뒤 그들을 따라다니며 꼬리가 긴 새가 더 성공적으로 번식하는지 확인한다. 이는 보통 얼마나 빨리 짝을 이루는지, 한 시즌에 얼마나 많은 새끼를 낳는지로 측정한다.

가령 매튜 에번스와 B. J. 해치웰은 진홍댕기공작태양새를 연구해 꼬리 길이가 15센티미터에 약간 못 미치는 수준부터 20센티미터를 약간 넘기는 수준까지 33% 이상 차이를 보인다는 사실을 발견했다. 그들은 꼬리가 20센티미터에 가까운 수컷은 다른 수컷보다 거의 2배 빨리 짝을 이루고, 그중 일부는 한 시즌에 두 번 새끼를 낳는 반면 나머지는 새끼를 한 번 낳을 기회밖에 얻지 못한다는 사실을 발견했다.[3]

두 번째 접근법은 실험의 일환으로 꼬리 길이를 조작하는 것이다. 이 접근법은 꼬리가 성적 끌림에서 맡는 인과적 역할을 따로 살피는 데 도움을 준다. 즉, 암컷이 꼬리 길이와 겹칠지도 모르는 다른 속성에 끌리지 않게 해준다. 실험은 꼬리를 절반으로 자른 다음 부목을 대 다시 붙이는 방식으로 진행한다.

새들은 대개 처치집단 세 개에 무작위로 배정한다. 첫 번째 집단은 꼬리를 더 줄인다. 두 번째 집단은 꼬리를 더 늘린다. 세 번째 집단은 같은 길이로 다시 붙인다. 그런 다음 새들을 풀어준다. 연구진은 어떤 새들이 더 많은 새끼를 낳는지 지켜본다. 꼬리가 짧아진 수컷은 꼬리가 길어진 수컷보다 새끼를 적게 낳았다. 에번스와 해치웰의 연구에서는 그 비율이 약 절반이었다. 불운한 일이다.[4]

그러면 긴 꼬리에는 큰 비용이 따를까? 그렇다. 긴 꼬리는 번식에는 도움을 주지만 비행과 사냥 측면에서는 얘기가 달라진다. 꼬리가 길어진 태양새는 비행하는 모습이 덜 관찰되었다. 사냥 성공률도 떨어졌다. 일부 수컷은 그 수치가 무려 절반 이상이었다! 한편 꼬리가 짧아진 태양새는 몸이 깃털처럼 가볍게 느껴지는 것이 분명했다. 그들은 비행하는 모습이 더 많이 관찰되었다. 사냥 실력도 좋아져 성공률이 약간 더 높아졌다. 이전에는 꼬리가 발목을 잡았던 것이다! 다른 한편 꼬리를 그대로 다시 붙인 수컷은 의미 있는 변화를 보이지 않았다.

다른 종 새들의 화려한 꼬리도 연구가 이뤄졌다. 그 덕에 포식자를 끌어들일 수 있는 새끼 새들의 지저귐(어미 새에게 배가 고프다거나 잘 먹으면 둥지를 떠날 수 있음을 알리는 것) 같은 다른 행동도 값비싼 신호로 작용한다는 것이 밝혀졌다.

이제는 초점을 호모 사피엔스로 바꿀 때가 된 것 같다.

사치품은 인간의 긴 꼬리다

롤렉스, 모자이크, 다이아몬드 그리고 서두에 소개한 다른 사치품은 인간이 내보내는 값비싼 신호의 전형적인 사례다. 무엇을 알리는 신호일까? 그것이 알리는 것은 비행 능력이나 사냥 능력이 아니라 부富다.[5]

이는 자명해 보인다. 그래도 우리가 이런 주장을 어떻게 검증하는지 살펴보자. 그 과정에서 일반화가 이뤄지기 때문이다. 값비싼 신호인지 확인할 때 우리는 대개 다음 네 가지 사항을 따진다.

이 방식으로 신호를 보내는 사람이 뭔가 바람직하고 보기 힘든 것을 가졌다고 추정하는가? 그렇다. 사람들은 좋은 시계, 아름다운 모자이크 바닥, 큰 다이아몬드 귀걸이를 가진 사람은 부유하다고 추정한다. 부는 그 자체로 쉽게 접하기 힘든 대상이다. 다른 사람 계좌를 그냥 볼 수는 없기 때문이다.

신호가 낭비적인가? 그렇다. 앞서 말한 대로 롤렉스는 상당히 튼튼하고 정확하다. 하지만 카시오 지샥만큼 튼튼하고 정확하진 않다. 모자이크를 잘 깔면 바닥이 훌륭하고 오래간다. 그렇다고 타일을 잘

깔아둔 바닥보다 나은 건 아니다. 다이아몬드는 산업용 외에는 쓸모가 없다.

발신자에게 비용이 덜 드는가? 그렇다. 부유한 변호사는 사건을 추가로 수임해 며칠 동안 야근하면 롤렉스 시계를 살 수 있다. 반면 대다수 사람은 롤렉스 시계를 사려면 3년 동안 쌀과 콩만 먹어야 한다. 이처럼 가격이 같아도 비용은 상당히 다르다.

다른 사람도 신호를 보내기가 쉬워지면 호감이 줄어드는가? 낮은 유형도 신호를 보내 이득을 누릴 만큼 가격이 하락하면 수신자는 더 이상 해당 신호를 보내는 사람이 높은 유형이라고 추정하지 않는다. 이처럼 값비싼 신호는 비교적 특이하고 놀라운 속성을 보인다. 즉, 신호가 저렴하고 흔해지면 호감이 줄어든다. 이 점은 롤렉스, 모자이크, 다이아몬드 같은 사치품에도 적용될까? 그렇다. 롤렉스를 주유소 옆 편의점에서 45달러에 살 수 있으면 누구도 그것에 매혹되지 않을 것이다. 이제 제곱미터당 몇 달러 비용으로 대량 생산하는 모자이크는 더 이상 유행 대상이 아니다. 다이아몬드는 어떨까? 인조 다이아몬드는 근사한 오븐에서 저렴하게 만들 수 있다. 인조 다이아몬드는 지하 깊은 곳에서 불이 빚어낸 다이아몬드만큼 낭만적이고 매혹적일까? 굳이 그런지 확인하지 않길 바란다.

인간의 또 다른 신호들

이처럼 사치품은 부를 알리는 값비싼 신호의 요건을 충족하는 듯 보인다. 그러나 사치품이 우리가 접하는 유일한 값비싼 신호는 아니다. 사치품 말고도 몇 가지가 더 있다. 지금부터 나오는 내용을 읽을 때 염두에 둬야 할 점이 있다. 우리가 살필 다음 사례에서는 과시적 소비와 달리 당사자가 자신이 신호를 보내는 중이라는 사실을 의식하는 일이 훨씬 적다. 그들은 단지 그 편이 더 좋아서 그렇게 할 뿐이다. 이 책의 관점에서 그건 중요치 않다. 태양새도 내시균형이 무엇인지 의식적으로 계산하지 않는다. 그냥 긴 꼬리에 매력을 느낄 뿐이다.

체질량지수. 2002년 저니맨 픽처스에서 선보인 다큐멘터리 〈패트 하우스〉는 바티야라는 여성을 소개하면서 시작한다. 나이지리아의 칼라바르라는 도시에서 사는 그녀는 몇 달에 걸쳐 준비하는 결혼 과정의 막바지에 있다. 그녀는 거의 집 밖으로 나가지 않는다. 그녀의 엄마는 거의 온종일 요리만 한다. 그녀는 쉬고 먹는 과정을 반복한다. 목표는 중요한 날을 앞두고 살을 찌우는 데 있다. 심지어 그녀의 가족은 늘어난 지방이 자리를 잘 잡도록 전문 마사지사까지 고용했다. 그래야 예비 신랑에게 최대한 매력적으로 보이기 때문이다.

이제는 사라져가는 관습이지만 살찌우기는 여전히 나이지리아 남부뿐 아니라 사하라사막과 대서양 사이에 낀 모리타니에서도 때로 이뤄지고 있다. 국토는 넓고 인구는 적은 나라 모리타니에서 이 관습은 '라블루흐Leblouh'로 불린다. 얼마 전까지만 해도 살찌우기는 바다 두 개를 건너 타히티섬의 엘리트들 사이에서도 여전히 이뤄졌다. 타히티 왕족은 나중에 영화배우 말론 브랜도가 사들인 섬으로 들어가 쉬고 먹는 과정을 반복하는 것으로 유명했다. 그 목적은 역시 매력을 극대화하는 것이었다. 요즘 서구 문화에서는 사람들이 대부분 날씬해지고 싶어 한다. 그러나 19세기 이전 그림을 보면 그리 멀지 않은 과거만 해도 서구인의 취향이 바티야나 그 남편의 취향과 크게 다르지 않았음을 알 수 있다.

값비싼 신호 모형은 왜 일부 문화권에서 높은 체질량지수 취향이 생겼는지, 왜 그 취향이 바뀌었는지 이해하는 데 도움을 준다. 칼로리가 귀하고 값비싼 지역에서 높은 체질량지수 취향은 분리균형으로 귀결되었다. 즉, 형편이 좋아 칼로리를 구할 수 있는 사람만 살을 찌울 수 있었다.

만약 소득이 늘어나고 칼로리 비용이 줄어들면 어떤 일이 일어날까? 요즘은 대다수 지역에서 저소득층도 잔고를 바닥내지 않고 과식할 수 있다. 실제로 그렇게 하는 건 굉장히 쉽다. 결국 높은 체질량지수는 퇴출당했다.

설탕과 향신료 그리고 온갖 맛있는 것. 값비싼 신호 모형은 17세기 말 유럽인의 설탕과 향신료 취향이 크게 변한 이유를 이해하는 데도 도움을 준다. 중세와 르네상스 초기 시대의 요리책과 다른 기록을 보면 통념과 달리 유럽인은 온갖 계층이 향신료를 대단히 사랑했다. 정향, 올스파이스, 육두구, 계피, 생강, 양강근(타이 요리에 많이 쓰이는 생강의 일종), 흑후추, 파라다이스 열매, 사프란은 소수만 사용했다.

설탕도 마찬가지였다. 중세의 많은 스튜는 상당히 달았다. 물론 설탕과 향신료는 수입품이라 매우 비쌌다. 설탕과 향신료를 쓰는 것은 호사에 속했다. 가난한 가족은 설탕과 향신료를 자주 쓸 수 없었다. 그래서 크리스마스 같은 특별한 날에만 썼다. 반면 상인과 귀족은 향신료가 많이 들어간 음식을 자주 먹었다. 그러던 중 인도제국과 교역이 이뤄지면서 설탕과 향신료 가격이 하락했다. 덕분에 전에는 설탕과 향신료를 아껴 먹어야 했던 가난한 가족도 살 만한 여건이 되었다.

프랑스의 루이 14세가 통치하던 기간에 베르사유궁의 긴 홀에 새로운 요리가 탄생했다. 궁중 요리사들은 사실상 설탕과 향신료를 (디저트로) 추방했다. "그들은 음식에 향신료를 섞지 말고 재료 본연의 맛을 느껴야 한다고 말했다. 고기는 고기 맛이 나야 하며 그 맛을 강화하는 조미료만 써야 한다는 것이었다." 루이의 궁정에서 시작한 유행은 유럽 전체로 퍼져갔다(수용에 성공하기도 했지만 좌절한 영국인이 빠르게 인정한 대로 실패하기도 했다). 한때 값비싼 신호였던 설탕과 향신료는 더 이상 내시균형으로 뒷받침되지 않았다. 그에 따라 우리의 취향도 바뀌었다.[6]

긴 (새끼손가락) 손톱. 저술가 웨이드 셰퍼드가 자신의 블로그 〈배가본드 저니 Vagabond Journey〉에 올린 글에 따르면 지금도 중국에 가면 새끼손가락 손톱을 길게 기른 남자를 쉽게 볼 수 있다.[7] 태국, 인도 북동부, 이집트에도 흔한(늘 그런 것은 아니지만 대개는 새끼손가락 손톱을 길게 기른다) 이 관행은 과거에는 훨씬 더 흔했으며 그 기원이 아주 오래되었다. 이집트 남자들은 청동기 초기 이후 오랫동안 손톱을 길렀다. 우리는 대부분 그게 딱히 매력적이라고 여기지 않는다. 그런데 그들에게 손톱을 기르는 이유를 물어보면 오히려 예뻐서라고 대답하는 경우가 많다. 이상하지 않은가?

값비싼 신호 모형 관점에서는 이상하지 않다. 긴 손톱이 적어도 직접적인 부의 신호는 아니지만 말이다. 셰퍼드가 들은 바에 따르면 "긴 손톱은 사람들에게 힘든 일을 하지 않아도 된다는 사실을 알리기 위한 것"이다. 육체노동을 하는 사람에게는 새끼손가락 손톱을 길게 기르는 것이 현실적으로 불가능할 정도의 비용을 초래한다. 그래서 교사, 정치인, 의사 등 명망 높은 직업에 종사하는 사람은 손톱을 길게 기르고 긴 손톱을 좋아함으로써 자신을 그들과 분리한다.[8]

일자리가 농업 외 다른 분야로 옮겨가면서 손톱 선호도 바뀌었다. 우리 학생들이 알려준 바에 따르면 중국의 도시 청소년들은 이미 긴 손톱을 촌스럽다고 여긴다.

흰 피부. 아시아 동부와 남동부에서는 흰 피부를 매력적이라고 본다. 전 세계에서 미백 제품은 83억 달러어치나 팔리고 있다(이것은 아이티의 GDP에 조금 못 미치는 수치).[9] 이는 우리 문화와 선명하게 대비를 이룬다. 많은 서구인이 피부를 태우려고 일부러 햇볕을 쬐거나 태닝숍에 간다. 하지만 피부가 흰 여인을 노래하는 중세의 시와 양산을 들고 공원을 거니는 여성을 그린 인상파 회화가 말해주듯 서구인도 오랫동안 흰 피부에 매료되었다. 어찌 된 일일까?

값비싼 신호 관점에서 흰 피부 이야기도 새끼손가락 손톱 이야기와 같다. 농부들은 새끼손가락 손톱에 진흙이 끼지 않도록 관리하는 것을 큰 비용으로 여긴다. 마찬가지로 그들은 햇빛을 피하는 것도 큰 비용으로 본다. 그래서 인구 중 다수가 여전히(지체) 농업에 종사하는 지역에서의 흰 피부 선호는 명망 높은 사무직 일을 하는 사람이나 아예 일할 필요가 없을 만큼 부유한 사람을 분리하는 기능을 한다.

반면 서구에서는 산업혁명 이후 육체노동자가 농장이 아니라 공장에서 일하는 경우가 늘어났다. 그들에게 흰 피부는 딱히 큰 비용을 수반하지 않았다. 오히려 햇빛이 쨍쨍한 바닷가 리조트에서 휴가를 즐기거나 수영장에서 오후를 보내는 게 큰 비용이 들었다. 그래서 취향이 그을린 피부를 선호하는 쪽으로 바뀐 것이다.

그렇다고 과거 식민지 사람들을 인종차별하던 사상의 잔재인 컬러리즘colorism(피부색에 따른 차별 - 옮긴이)이 작용할 가능성을 부정하려는 것은 아니다. 세상은 다면적이며 때로 선호는 여러 원천에 기반해 만들어진다. 다만 우리의 요점은 값비싼 신호가 그 원천 중 하나라는 것이다.

흰 와이셔츠. 흰 와이셔츠는 오래된(지금도 여전한) 남성 정장의 필수 요소로 서구에서 비슷한 역할을 한다. 우리가 이 글을 쓰기 며칠 전 남성잡지 〈GQ〉에 실린 글을 보면 "흰 와이셔츠는 옷을 잘 입는 모든 남성의 옷장을 떠받치는 토대"다.[10] 흰 셔츠의 역사는 500년 전 영국 튜더Tudor 왕조로 거슬러 올라간다. 당시 영국의 일반 남성은 대개 셔츠 전체를 덮는 재킷을 입었다. 일하지 않아 셔츠를 비교적 쉽게 깨끗한 상태로 관리할 수 있었던 신사들은 깃과 소맷부리를 술로 장식하기 시작했고, 재단사에게 재킷에 긴 틈을 만들라고 지시하기까지 했다.[11] 그러면 그들이 입은 흰 셔츠가 얼마나 눈부신지 사람들이 더 쉽게 볼 수 있기 때문이었다. 이는 셔츠를 깨끗하게 관리하지 못하는 농부나 노동자와 자신을 분리하기 위한 것이었다.

그로부터 수 세기가 지나는 동안 재킷은 점차 현재 형태로 변했다. 즉, 밑에 입은 눈부신 흰 셔츠의 깃과 가슴, 소맷부리를 더 분명하게 드러냈다. 한편 블루칼라 노동자라는 말이 생긴 이유는 그들이 때와 기름 자국을 효과적으로 숨기기 위해 파란색 셔츠를 입었기 때문이다(청바지가 생긴 이유도 같다. 실제로 전통 청바지를 염색하는 데 쓰는 파란색 염료 인디고는 자국을 숨길 뿐 아니라 막아주기도 한다. 심지어 불도 막는다. 주제에서 벗어난 얘기이긴 하지만 말이다).

우리가 예측하자면 긴 손톱과 흰 피부처럼 일자리가 공장에서 사무실로 계속 옮겨감에 따라 흰 셔츠가 셔츠의 왕으로 군림하던 시대도 저물어갈 것이다. 남성 정장의 중심지라 부를 수 있는 런던에서는 지금도 흰 셔츠가 주류다. 그러나 점차 창의적인 색상과 패턴의 조합에 입지를 내주고 있다.

미술작품의 진본성. 해마다 1,000만 명 이상이 방문하는 루브르는 전 세계에서 가장 인기 있는 박물관이다. 방문객 중 80%는 단 하나의 작품, 바로 〈모나리자〉를 보기 위해 온다. 〈모나리자〉 한 작품이 바티칸 미술관보다 많은 방문객을 받는다. 다빈치가 그린 그 신비로운 여성의 팬들은 평균 한두 시간 줄을 선다. 그 후에야 셀카봉을 준비하는 10여 명의 다른 열성적인 방문객과 한데 뒤섞여 3미터 정도 떨어진 곳에서 이 작은 초상화를 볼 수 있다. 이는 최고의 경험이라고는 말할 수 없다. 대다수는 그럴 것임을 안다. 여행 사이트 10여 개는 그 점을 경고한다. 그래도 실물을 봐야 하지 않을까?

잠깐만, 왜? 사실 〈모나리자〉를 잘 보고 싶으면(세세하게 제대로 분석하고 싶으면) 굳이 파리까지 갈 필요가 없다. 그냥 위키피디아에 가면 그 유명한 초상화의 이미지를 다양한 해상도로 제공받을 수 있다. 그 이미지를 컴퓨터에 내려받으면 얼마든지 자세히 들여다볼 수 있다. 심지어 일부 이미지는 세심한 편집으로 다빈치 시대 이후 일어난 황변 현상까지 바로잡았다. 아주 친절하게도 말이다. 이 방법을 쓰면 4미터 넘게 떨어진 곳에서 네덜란드 가족의 머리 너머로 원본을 흘깃대는 것보다 분명 더 많은 정보를 얻을 수 있다.

하지만 그것은 여전히 평평한 화면에 뜬 디지털 이미지일 뿐이다. 아무리 감성이 부족한 사람(바로 우리)도 그게 실제 〈모나리자〉를 보는 것과 같지 않다는 점을 인정한다. 왜 같지 않을까? 자연광이 그림 표면에 반사되는 것을 보는 데는 뭔가 특별한 게 있을까? 어쩌면 그럴지도 모르지만 우리는 회의적이다. 전 세계에는 대단히 수준 높은 〈모나리자〉 복제품 10여 개를 구경할 수 있는 곳이 있다. 일부 복제품은 상당한 기술과 세심함이 필요해 5만 달러 이상에 팔린다. 그렇지만 누구도 이 복제품을 보려고 줄을 서지 않는다. 〈모나리자〉의 주된 매력이 물리적 속성에 있다면 복제품은 적어도 일부 방문객을 루브르로부터 빼앗아야 한다. 분명 진품을 보는 데는 뭔가 특별한 게 있다.

2011년 조지 뉴먼과 폴 블룸은 사람들이 진본성authenticity에 얼마나 많은 의미를 두는지 확인하는 일에 나섰다. 이를 위해 그들은 명확히 설계한 실험을 활용했다. 그들은 실험 참가자들에게 지붕이 덮인 나무다리(뉴잉글랜드 사람들이 조금 과하게 자부심을 보이는 종류의 다리)를 그린 아주 비슷한 그림 두 장을 보여주었다. 이때 한 장은 다른 한 장을 보고 그린 것이라고 말했다. 처음에 그린 것이라고 말한 그림은 무작위로 제시했다. 그래서 그림의 물리적 속성이 실험 결과를 끌어낼 가능성은 없었다.

이 실험에서 핵심적으로 조작한 부분은 따로 있었다. 두 사람은 일부 참가자에게 두 그림을 같은 화가가 그렸다고 말했다. 즉, 두 그림이 연작이라는 얘기였다. 반면 다른 참가자에게는 두 그림을 각각 다른 화가가 그렸다고 말했다. 이는 두 번째 그림이 위작이라는 의미였다(끔찍하기도 하지!). 뒤이어 그들은 참가자들에게 두 그림을 어떻게 생각하는지 물었다. 참가자들은 두 그림을 같은 화가가 그렸다는 말을 들었을 때 두 번째 그림의 가치를 훨씬 높게 평가했다. 그 응답은 두 그림을 각각 다른 화가가 그렸다는 말을 들었을 때보다 3배 이상 높았다. 뉴먼과 블룸이 확인한 결과는 그림의 매력을 끌어내는 것은 (단지) 물리적 속성뿐 아니라 그 진본성이기도 하다는 사실을 확증한다.[12]

왜 미술 애호가는 진본을 그토록 중시할까? 값비싼 신호 모형은 간단한 설명을 제시한다. 진본은 드문 까닭에 사들이거나 파리로 가서 감상하는 데 돈이 많이 든다. 그 비용은 모두에게 크다. 롤렉스와 마찬가지로 그다지 부유하지 않은 사람에게는 더 벅차다. 결국 진본을 사거나 감상하는 것은 부자가 자신을 덜 부유한 사람과 분리하는 타당한 수단이다. 반면 위작이나 위키피디아에 있는 고해상도 이미지는 빈자에게 부자보다 많은 비용을 초래하지 않는다. 그래서 적어도 부를 드러내는 타당한 신호가 될 수 없다.

우리는 진본성에 집착하는 것이 (궁극적 차원에서) 내재가치가 거의 없는 회화 같은 대상에서 특히 강하게 나타날 것으로 예측한다. 그 집착은 숟가락이나 히터처럼 실용성 면에서 가치가 있는 대상에는 더 약하다. 뉴먼과 블룸은 바로 이 사실을 보여주기 위해 실험에 대상을 추가했다. 그들은 참가자에게 제시하는 대상을 그림에서 차로 바꿨다. 이 실험의 전제는 차의 가치는 주로 A에서 B로 이동하는 실용성에서 나온다는 것이었다.

대상 외에 실험 방식은 동일했다. 그들은 실험 참가자에게 비슷한 차 두 대를 보여주면서 절반에게는 두 대 모두 같은 제조사가, 나머지 절반에게는 각각 다른 제조사가 만들었다고 말했다. 예상대로 참가자들은 첫 번째 차를 같은 제조사가 만들었는지 아니면 다른 제조사가 만들었는지 크게 신경 쓰지 않았다. 두 차는 거의 비슷했다. 그들은 가치를 거의 비슷하게 매겼다. 이처럼 실상은 단순하다. 신호를 보내려는 동기가 약하면 우리의 진본성 선호는 시들해진다.

다른 속성으로 신호 보내기

앞서 살핀 사례로 신호 보내기가 우리의 미적 감각이 지닌 모든 측면을 형성할 수 있다는 점을 납득했기를 바란다. 사실 우리는 지금껏 표면적인 부분만 다뤘을 뿐이다. 신호 보내기 대상을 부와 직업에서 다른 바람직한 속성으로 확대하면 어떨까? 예를 들어 우리는 때로 돈이 많다는 사실뿐 아니라 **부유한 집안 출신**임을 알리고 싶어 한다. 왜 그럴까? 아마 그 이유는 부유한 집안 출신은 돈만 많은 게 아니라 다른 부자나 돈을 활용할 수단 혹은 권력을 가진 사람과 인맥이 있기 때문일 것이다. 우리가 값비싼 신호 모형을 적용할 다음 대상은 그런 신호를 다룬다. 지금부터 우리가 신호를 보내는 다른 대상을 탐구해보자.

에티켓. 넷플릭스 드라마 〈더 크라운〉에서 처칠은 여왕에게 휴가를 취소하고 아이젠하워 대통령을 왕궁으로 초청해 연회를 열라고 부추긴다.[13] 여왕은 마지못해 동의하고 왕실 직원들은 연회를 준비하기 위해 정신없이 움직인다. 그들은 산더미 같은 접시, 유리잔, 포크, 나이프, 스푼을 창고에서 꺼내 카트 위에 수북이 쌓는다. 하나씩 일일이 닦기 위해서다. 모든 의자의 빨간색 벨벳 쿠션은 솔로 세심하게 청소한다. 항공모함 활주로만큼 길고 넓은 다이닝 테이블은 보호용 슬리퍼를 신은 직원이 올라가 오리걸음으로 청소하는데, 한 군데도 놓치지 않기 위해 원을 그리며 닦는다. 그러다가 처칠이 병에 걸리면서 연회가 취소된다. 결국 식기는 사용하지도 않은 채 그대로 창고로 돌아간다.

〈더 크라운〉〈다운튼 애비〉〈브리저튼〉 같은 드라마 팬들은 자주 그 자체로 우편번호를 붙여도 될 만큼 화려한 영국식 테이블 세팅을 엿보는 대접을 받는다. 도대체 그렇게 많은 식기를 동원하는 이유는 무엇일까? 어쩌면 디저트용 두 번째 포크를 두는 건 말이 될지도 모른다. 하지만 새우용 포크, 샐러드용 포크, 메인 코스용 포크를 정말 따로 둘 필요가 있을까? 별도의 빵 접시와 다른 잔 서너 개를 둬야 할 필요가 있을까? 왜 이 모든 식기를 사서 보관하고 그것을 적절히 사용하는 데 필요한 온갖 터무니없는 예절을 익히는 걸까? 왜 아무 것이나 편리한 식기로 그냥 먹지 않는 걸까?

앞서 제기한 질문을 활용해 테이블 에티켓이 값비싼 신호인지, 만약 그렇다면 무슨 신호인지 알아보자. 먼저 제기할 질문은 '테이블 에티켓이 무엇을 알리는가'다. 지금까지 읽은 내용을 참고하면 수많은 식기를 동원하는 이유는 그것을 감당할 여유가 있음을 알리기 위함이라고 대답하고 싶을 것이다. 그것도 일부 이유이긴 하지만 작은 부분에 불과하다. 그래서 무엇을 하려는지 아는 것도 중요하다. 사람들은 당신이 좋은 테이블 매너를 보이면 '가정교육을 잘 받았고' 돈만 많은 게 아니라고 추정한다.

다음 질문은 '테이블 에티켓이 값비싼 신호인가'다. 당연히 그렇다. 〈다운튼 애비〉 제작사는 컨설턴트를 고용해 배우와 제작진에게 식기를 놓는 적절한 위치와 그에 따른 매너를 가르쳐야 했다. 조지 버나드 쇼의 고전 《피그말리온》과 현대의 리메이크 작품들을 좋아하는 팬은 히긴스 교수가 하층민 출신인 일라이자 두리틀을 하루 아침에 공작부인으로 만든 게 아니라는 사실을 안다. 그렇게 되기까지 몇 달에 걸친 레슨이 필요했다. 그중에서도 테이블 매너가 적지 않은 부분을 차지했다. 《피그말리온》을 1990년에 리메이크한 영화 〈프리티 우먼〉에서 (줄리아 로버츠가 연기한) 주인공은 접객업에 종사하는 친구에게 속성으로 테이블 매너를 배운다. 그러나 그걸로는 충분치 않았다. 예상과 달리 샐러드가 아니라 애피타이저가 먼저 나온 게 문제였다. 결국 그녀는 어떤 걸 써야 할지 기억하기 위해 포크를 들고 몇 갈래인지 세는 모습을 보이고 만다.

이 재미있는 장면은 에티켓을 익히는 데 얼마나 많은 노력이 필요한지 말해준다. 또한 상류층 가정에서 태어나 어릴 때부터 이런 에티켓을 익히는 게 아니라 어른이 되어 익히려면 얼마나 많은 노력을 더 들여야 하는지도 말해준다. 이는 테이블 에티켓에 많은 비용이 따를 뿐 아니라 부유한 가정에서 태어나지 않은 사람에게는 더욱더 그렇다는 사실을 시사한다. 결국 '발신자에게 비용이 덜 드는가?'라는 우리의 세 번째 질문의 답은 "그렇다"이다.

네 번째이자 마지막 질문은 다른 사람도 신호를 보내기가 쉬워지면 테이블 에티켓이 유행에서 멀어질 가능성이 있는가이다. 그렇다는 사실을 말해주는 몇 가지 증거가 있다. 지난 세기 동안 적절한 에티켓을 익히는 일이 쉬워졌다. 일부 이유는 테이블 에티켓이 흔해져 보고 배우는 사람이 늘어났기 때문이다. 또 다른 일부 이유는 유튜브 같은 새로운 매체 덕분에 인터넷에 접속 가능한 사람은 누구나 샐러드용 포크와 새우용 포크를 구분하는 법을 배울 수 있어서 다. 한편 격식을 차린 정찬은 유행에서 다소 멀어졌다. 시카고에 있는 미슐랭 3스타 레스토랑 앨리니아는 미국에서 가장 유명하고 비싼 레스토랑 중 하나다. 이곳은 식기를 많이 두지 않으며 심지어 음식을 접시가 아니라 테이블 위에 바로 내는 경우도 있다.

지금까지 우리는 테이블 매너에 초점을 맞췄다. 그러나 에티켓 규칙을 적용하는 범위는 테이블을 훌쩍 넘어선다. 예를 들어 다이애나 왕세자비는 찰스 왕세자와 약혼한 후 궁중 예절을 광범위하게 교육받았다. 왕실 사람을 어떤 순서에 따라 어떤 칭호로 불러야 하는지, 그들과 어떤 이야기를 할 수 있는지, 행렬에서 몇 번째에 서야 하는지 등도 여기에 속한다. 이 모든 규칙을 비롯해 다이애나처럼 좋은 교육을 받은 사람마저 그것을 익히며 겪는 어려움은 드라마 〈더 크라운〉의 꾸준한 테마다. 일부 규칙에는 집안 배경을 알리는 것을 넘어서는 목적이 있다(가령 여왕은 수행원들 앞에서 걸어가야 한다는 규칙에는 타당한 측면이 있다. 이 상징적 제스처는 12장에서 자세히 다룬다). 반면 일부 규칙의 기능은 신호 보내기일 가능성이 크다.

와인 감식안. 모든 와인 감정가가 말하는 대로 미각을 개발하는 방법은 와인을 많이 마셔보는 것이다. 그래서 와인 취향은 부를 알리는 또 다른 신호라고 순진하게 가정하기 쉽다. 이 설명은 충분치 않다. 감정가는 와인의 독특한 풍미를 우리보다 잘 파악할 뿐 아니라 그것을 말로 더 잘 풀어낸다. 그냥 와인만 많이 마셔서는 그렇게 말하는 법을 배울 수 없다. 감정가로서 와인에 관해 말하는 법을 가르쳐줄 친구(또는 형이나 부모)와 함께 와인을 많이 마셔봐야 한다. 따라서 와인 감식안은 감정가가 수많은 와인을 마실 능력을 갖췄을 뿐 아니라 와인에 관해 말하는 법을 가르쳐줄 만큼 교양 있는 친구나 부모가 주위에 있음을 알려준다.

와인 감식안이 **단지** 부를 알리는 값비싼 신호가 아님을 어떻게 증명할 수 있을까? 쉽다. 나파 밸리 포도원 시음실에 들어가 "그냥 제일 비싼 걸 맛보고 싶어요"라고 말하는 사람을 보면 어떤 생각이 들까?[14] 이런 사람은 돈은 많아도 품격이 없다는 사실을 드러낸다. 뵈브 클리코Veuve Clicquot처럼 아주 유명하고 가장 비싼 브랜드에 집착하며, 덜 알려졌지만 더 품질 좋은 제조사는 인정할 줄 모르는 사람도 마찬가지다. 나파 밸리 지역의 와인만 고집하고 파소 로블레스Paso Robles의 와인을 무시하는 사람이나, 굉장히 좋은 와인을 사면서 그 맛에 "맛있다"는 말밖에 할 줄 모르는 사람도 그렇다. 이 모든 경우 문제의 그 개인은 분명 와인을 살 여유는 있지만 정작 우리가 판단 척도로 삼는 핵심 기준인 교육은 받지 못했다.

라임. 다음은 언더그라운드 래퍼인 빅 엘Big L이 쓴 가사 중 일부다.

왜 그럴까? 내 첫 앨범을 들어봐

How **Come**? You can listen to my first **album**

수많은 흑인이 누구 스타일을 다 베꼈는지 봐

And tell where a lot of n***as got they whole style **from**

그래서 너네는 뭘 흉내 내는 건데?

So what you *acting* for?

너네는 조금도 생생하지 않아. 연습을 더 해야 돼

You ain't *half* as RAW, you need to *practice* more

누가 애들은 물건이라고 말하면 바로 턱을 박살 낼 거야

Somebody tell this n***as as something, 'fore I *crack* his JAW

너네는 애들하고 놀아, 난 어른들하고 놀지

You running with boys, I'm running with men

난 110세가 될 때까지 마이크를 씹어먹을 거야

I'mma be ripping the mics until I'm a hundred and ten

너네가 전부 "야, 이 새끼 또 해냈네"라고 말하게 만들 거야

Have y'all n***as like "Dammit, this n***a's done done it again"

우리는 라임이 맞는 단어들을 한데 묶었다. 굵은 글씨체로 표시한 단어, 이탤릭체로 표시한 단어, 밑줄 친 단어, 대문자로 표시한 단어, 희미하게 표시한 단어 들은 서로 라임이 맞는다.

라임은 본질적으로 즐거움을 안겨준다. 라임은 노래의 리듬을 강화하며 때로 어떤 단어인지 더 쉽게 알아듣도록 해준다. 그런데 빅엘이나 앞서 말한 챈스, 에미넴, 엠에프 둠 같은 래퍼의 노래에 담긴 라임 구조는 너무 복잡하다. 그런 이유로 그것이 다른 기능도 할 것이라고 짐작할 수 있다.[15] 복잡한 라임은 값비싼 신호 기능도 할까? 과연 무엇을 알리는 신호일까?

우리는 복잡한 라임이 값비싼 신호이며 창의성을 알린다고 생각한다. 이 사실은 앞서 제기한 네 개 항목 중 세 개에 해당한다는 점에서 확인할 수 있다.

- 이 방식으로 신호를 보내는 사람이 뭔가 바람직하고 보기 힘든 것을 가졌다고 추정하는가? 그렇다. 사람들은 분명 빅 엘, 챈스, 에미넴, 엠에프 둠 그리고 셰익스피어 같은 작사가가 아주 영리하고 창의적이라고 추정한다. 실제로 다양한 음악 팬, 특히 랩 팬에게 인기 있는 음악 사이트 이름은 지니어스닷컴genius.com이다.
- 신호가 낭비적인가? 복잡한 라임 구조는 해야 할 말을 어렵게 만든다는 점에서 낭비적이다. 작사가는 머리에 처음 떠오른 단어를 선택하는 게 아니라 서로 라임이 맞는 단어들을 고른 다음 이야기로 엮어내야 한다. 라임 구조가 복잡할수록 문장의 모든 자리에 넣을 어휘가 제한되며 서로 의미가 통하는 단어를 찾기가 어렵다.
- 발신자에게 비용이 덜 드는가? 복잡한 라임 구조를 쓰는 일은 우리 같이 연습과 재능이 부족한 사람에게는 분명 더 큰 비용이 따른다. 빅 엘이 쓴 것처럼 복잡한 라임 구조로 제한받는 가운데 누군가에게 당신의 하루가 어땠는지 말하려 한다고 상상해보라. 아니, 상상하지 말고 잠깐 시도해보라. 아주 오래 걸리지 않는가? 위에 소개한 구절은 빅 엘이 즉흥적으로 만든 것이다. 그것도 트랙을 녹음하는 사람에게 "피곤하다"라고 두 번이나 말한 날 프리스타일 랩의 일부로 말이다.

우리는 라임이 예술 분야에서 이중 기능을 수행하는 인위적 제약의 한 예일 뿐이라고 추정한다. 인위적 제약은 일정한 방식으로 예술적 가치를 강화할 뿐 아니라 예술가에게 영리함을 알리는 수단을 제공한다. 이는 시각 예술에서 우리가 접하는 일부 제약을 이해하는 데 도움을 준다. 오로지 파운드 오브제found object(일상용품이지만 작품의 일부로서 새로운 의미를 부여받은 대상 – 옮긴이)만 활용하거나 다양한 각도에서 지시체referent(언어나 기호가 지시하는 대상 – 옮긴이)를 보여주는 것 등이 그런 예다. 이러한 제약은 사람들이 일반적으로 말하는 기능을 수행한다. 다시 말해 파운드 오브제는 예술이란 무엇인가, 우리가 일상용품에서 아름다움을 보도록 결정하고 도와주는 사람은 누구인가 하는 질문을 제기한다. 대상을 다양한 각도로 보여주는 것은 실로 추가 관점을 제공하고 이미지를 덜 정적으로 느끼도록 만드는 좋은 방법이다.

값비싼 신호는 이런 제약이 인기를 얻은 이유를 추가로 제공한다. 그 일부 이유는 새로운 난관을 제기하기 때문이다. **단지** 발견된 기성품을 오브제로 삼아 어떤 사상을 표현할 수 있는가? 그림의 표현 대상인 지시체를 분해해 그 조각들을 마구 뒤섞음으로써 감정적 반응을 일으키거나 사상을 전달할 수 있는가? 아예 현실의 오브제는 전혀 표현할 수 없고 선, 형태, 일관성 있는 색상 같은 기본 구성요소만 활용 가능하다면 어떨까? 이는 몹시 어려운 일이다.

왜 이처럼 인위적 제약을 활용하는 현상이 20세기로 접어든 시기에 폭발적으로 증가했을까? 이 가정을 우리가 처음 한 것은 아니다. 그 시기에 현실적 이미지를 만드는 일이 더 이상 어렵지 않게 된 것이 이유일지도 모른다. 그 이전만 해도 미술가들은 지각적 착각을 실험하거나, 해부학을 연구하거나(다빈치), 거울과 렌즈를 이용한 장치를 발명하는(아마도 베르메르) 것으로 재능을 과시할 수 있었다. 이 모든 일은 그림과 조각을 최대한 현실적으로 보이도록 만들기 위한 것이었다.

에르네스트 메소니에는 〈프랑스 전투The French Campaign〉를 그릴 때 한 부대의 말과 모델을 구한 다음 적시에 눈이 오기를 기다렸다. 그리고 막 내린 눈 위로 열을 지어 말을 타고 지나가도록 만들었다. 그래야 나폴레옹 부대가 지나간 자리를 정확히 그림으로 표현할 수 있었기 때문이다. 이 창의적인 해법은 미술가의 창의성을 상당히 잘 보여주었다. 그런데 카메라가 등장하면서 미술가들은 새로운 난제를 찾아야 했다. 이는 난제가 주어지는 것에 근본적인 중요성이 있음을 시사한다. 난제의 **종류**는 부차적인 문제였다. 물론 새로운 난제가 주어질 때마다 새롭고 창의적인 해법이 나타났고 미적 세계는 더욱 풍요로워졌다.

종교적 규칙과 경배. 유대교 초정통파 차바드 루바비치의 웹사이트에 따르면 신도들은 아침에 깨어나 침대에서 나오기 전에 이런 간단한 기도를 해야 한다.[16]

"살아 있는 영원한 왕이신 당신께 감사드립니다. 당신은 은혜롭게 제 영혼을 제게로 돌려주시니 당신의 신실함은 위대하옵니다."

그다음에 그들은 손을 씻는다. 여기서 그다음은 '바로' 다음을 말한다.

손을 씻기 전에 4규빗cubit(여러 권위자에 따르면 규빗은 18~22인치 또는 46~56센티미터)을 걸어서는 안 된다. 아침에 손을 씻기 전에는 입, 코, 눈, 귀, 항문을 만져시는 안 된다. 옷, 음식, 정맥이 드러난 부위도 만져서는 안 된다.

여기에서 지치면 안 된다. 다음과 같이 손 씻는 데 필요한 추가 규칙이 열세 가지나 더 있다(Chabad.org에서 찾아볼 수 있다).

- 손은 다음과 같은 방식으로 씻는다.
  - a) 물병을 오른손에 들고 왼쪽에 놓는다.
  - b) 물을 오른손에 먼저 부은 다음 왼손에 붓는다.
  - c) 두 번 반복한다(각 손은 오른손, 왼손, 오른손, 왼손, 오른손, 왼손의 순서로 세 번 씻는다).
- 물은 손목까지 붓되 티샤 베아브(성전 파괴일 - 옮긴이)와 속죄일에는 손가락에만 부어야 한다.
- 손을 씻은 물은 다른 용도로 사용하지 않아야 하며 사람들이 가지 않는 곳에 부어야 한다.

다음으로 옷 입기와 걷기(걷기 맞다)에도 규칙이 (단) 열두 개가 있다. 우리가 가장 좋아하는 규칙은 "개나 돼지 두 마리 사이에서 걷지 않도록 주의해야 한다. 또한 두 사람 사이로 개나 돼지가 지나가게 해서는 안 된다"라는 것이다. 이는 나쁜 일이다. 거의 성전 파괴일에 손목을 물로 적시는 일만큼이나 나쁘다.

지금까지 우리는 차바드 종파의 아침 일과를 관장하는 8쪽에 달하는 규칙 중 3쪽의 내용만 살폈다. 그마저도 내용을 대폭 줄인 것이다. 나머지 5쪽은 화장실 예절, 기도나 공부를 위한 청결, 축복기도benediction, 아침 축복기도(잘못 쓴 게 아니다. 축복기도 쪽과 아침 축복기도 쪽이 따로 있다), 기도 전에 하지 **말아야** 할 일을 상세히 적은 기도 전 금지사항을 다룬다. 이를테면 기도하기 전에 차나 커피는 마셔도 되지만 우유를 마시거나, 설탕을 먹거나, 이웃과 대화를 나눠서는 안 된다. 또한 총 8쪽에 달하는 아침 일과를 해가 뜨기 전에 마무리해야 한다는 점도 명확히 하고 있다. 결국 기도는 당연히 해가 뜨기 전에 시작해야 한다.

이처럼 초정통파 유대인은 종교 관행을 극단적으로 거의 언제나 실천한다. 전 세계에 걸쳐 다른 종교 신자들도 시간이 오래 걸리는 (때로는 고통스러운) 수많은 관행을 꾸준히 실천한다. 태국 푸껫의 채식주의자는 뜨거운 기름에 목욕하고, 불 위를 걷고, 날카로운 물건으로 자기 살을 꿰뚫는다. 때로 시아파 무슬림, 기독교도, 유대인은 자신을 채찍질한다. 동유럽의 정통파 기독교도는 얼음물에 목욕한다. 이 밖에도 많은 사례가 있다.

왜 이렇게 힘든 규칙과 관행이 생겼을까? 일단 해당 공동체의 일원으로 받아들여지면 온갖 혜택이 주어진다. 종교인은 대개 (같은 신자에게) 잘 협력하고 평등주의자다. 그래서 서로를 훨씬 신뢰하며 서로에게 신뢰를 지킨다.[17] 이 사실은 실험실 실험으로 증명되었다. 실제 경험도 이 사실을 뒷받침한다. 종교인은 서로를 안식일 식사에 초대하고, 힘든 시기에 돈을 빌려주거나 도움을 주고, 비교적 짧은 구애 후에 결혼한다. 이는 일종의 무임승차자 문제를 초래한다. 부임승차자는 집단이 베푸는 호의를 누리기만 할 뿐 그 호의를 되돌려줄 만큼 오래 머물지는 않는다.

이 대목에서 값비싼 신호 모형에 따른 리처드 소시스의 설명이 개입한다.[18] 왜 이 모든 규칙과 관행이 생겼을까? 그것은 구성원으로 받아들여지기를 원하는 사람이 내야 하는 입장료 기능을 한다. 즉, 구성원이 되려면 시간과 노력을 들여 규칙을 익히고 관행을 실천해야 한다. 그 비용 중 다수는 초기에 낸다. 초정통파 유대인은 몇 년 동안 규율을 공부해야 의무를 수행할 능력을 갖췄다고 평가받는다. 그들은 두 종류의 냄비와 팬을 마련해야 한다. 하나는 우유, 다른 하나는 고기를 위한 것이다.

누구든 일찍 포기하는 사람은 초기 비용을 내고도 구성원으로 받아들여졌을 때 얻는 혜택을 대부분 놓친다. 끝까지 머물지만 한 달에 한 번, 주말 저녁에 빙고 게임을 할 때만 공동체 구성원과 어울리는 사람도 마찬가지다. 그들은 깊이 헌신하는 사람과 같은 양의 노력을 투자해야 한다. 그렇지만 그만큼 혜택을 누리지는 못한다. 균형 상태에서는 오래 머물 뿐 아니라 완전히 헌신할 것이라고 믿을 수 있는 사람만 구성원으로 받아들여진다.[19] (이 모든 일이 의식적으로 이뤄지는 것은 아니다. 이러한 규칙과 관행에 보이는 믿음은 깊고 진실하다.)

소시스는 다른 몇몇 인류학자와 더불어 값비싼 신호에 따른 설명을 뒷받침하는 일련의 증거를 제시했다. 다음은 주요 내용을 간략히 정리한 것이다.

- 종교적 다양성이 존재하기에 구성원을 다른 종교집단에 잃기 쉬운 곳에서는 종교 관행을 더욱 엄격히 준수한다.

- 유대교로 개종한 사람이 공동체의 동등한 구성원으로 대우받으려면 정식 요건을 충족해야 한다. 그러나 초정통파 유대인(하레디)은 혼인에서 개종자를 심하게 차별한다. 이 차별은 공식적이지는 않아도 현실적으로 존재한다. 왜 그럴까? 그들은 개종자가 진심으로 헌신할지에 회의적인 경향이 있기 때문이다. 소시스의 말에 따르면 "하레디 공동체에서 태어난 사람들은 어릴 때부터 교화되지 않으면 구성원이 되기 위한 비용이 너무 크다고 인식하는 것으로 보인다."

- 구성원에게 요구하는 의무가 힘겨울수록 공동체는 오래 살아남는다. 이스라엘의 키부츠(사회주의적 협동조합)와 19세기 미국의 코뮌 같은 공동체에서 그 증거를 확인할 수 있다.[20] 로드니 스타크도 이 점이 구성원의 의무를 줄이는 천주교 같은 주류 종교가 구성원에게 높은 기대치를 유지하게 하는 복음주의 운동에 기반을 내주는 한 가지 이유라고 주장한다.[21]

- 협력할 필요성이 큰 공동체일수록 힘든 관행을 요구한다. 사실 협

력할 필요성이 없으면 사람들이 협력을 제공할 만큼 오래 머물지 않아도 문제될 게 없다. 즉, 무임승차를 걱정할 필요가 없다. 이와 관련된 예를 보자면, 10여 개 문화권에 걸쳐 전쟁을 자주 벌이는 공동체에서 싸울 나이가 된 남성 사이에 흉터를 만드는 관행이 더 흔하다.[22]

- 종교집단 구성원이 실천해야 하는 관행이 힘겨울수록 협력을 강화하는 경향이 있다. 여러 키부츠 구성원을 대상으로 공공선 게임을 하면 예배 참석률이 높은 키부츠 구성원들이 훨씬 많이 기여한다. 이 사실에서 큰 비용이 따르는 새벽 의식의 혜택을 분명히 확인할 수 있다. 해당 집단에 헌신하는 사람(오직 그들)에게는 비용이 반환된다. 이 결과는 몬세라트 솔레르가 살바도르의 빈민가와 브라질의 전 노예무역 중심지에서 많이 믿는 종교인 칸돔블레Candomble 신도들 사이에서도 재차 확인했다.[23]

　

　

지금까지 이상하고 낭비처럼 보이는 온갖 취향과 관행이 다양한 것을 알리는 유용한 신호일 수 있음을 확인했다. 당신이 가졌거나 참여하는, 혹은 당신이 보고 나서 혼란스러워하던 다른 사람들의 온갖 취향과 관행의 이면에 이런 점이 작용하고 있을지도 모른다.

새로운 값비싼 신호를 직접 관찰하고 싶다면 이렇게 해보라. 먼저 값비싼 신호가 맞는지 확인하라. 앞서 거기에 도움을 주는 체크리스트를 제시했다. 신호를 보내는 것이 발신자를 좋게 보이도록 만드는가? 신호가 낭비적인가? 일부에게는 더 낭비적인가? 덜 낭비적으로 바뀌면 신호가 잦아드는가? 값비싼 신호가 맞다는 확신이 들면 정확히 무슨 신호인지 파악하라. 이때 다음 질문이 유용하다. 이신호를 보내는 것이 어떤 사람에게 더 쉽거나 어려운가? 사람들이해당 신호를 접하면 어떤 추정을 하는가? 사람들이 해당 신호를 어떤 맥락에서 중대하게 보는가? 해당 신호가 특정 정보를 전달하기위해 최적화한 것으로 보이는가?

다음 장에서는 우리가 신호를 보내는 아주 혼란스러운 방식(바람직한 신호를 포착하기 어렵게 만드는 것)과 우리 관점에서 그것이 전달하는 의미에 초점을 맞춘다. 그 의미는 일부가 신호를 인식하지 못해도 발신자가 크게 신경 쓰지 않는다는 것이다.

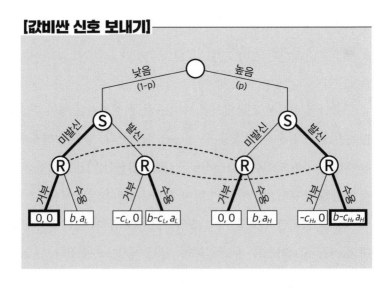

[값비싼 신호 보내기]

살아 있는 것은 모두 게임을 한다

구도:

- 발신자(S)는 p 확률로 높은 유형이다. 다른 경우에는 낮은 유형이다.

- 발신자는 신호를 보낼지 선택한다. 신호를 보내는 비용은 높은 유형은 $c_H > 0$이고, 낮은 유형은 $c_L > 0$이다.

- 수신자(R)는 발신자가 어떤 유형인지 알 수 없지만 신호를 볼 수 있다(즉, 점선으로 연결한 결정 노드decision node를 구별하지 못한다). 수신자는 신호를 본 후 수용할지 거부할지 선택한다.

- 수신자는 발신자가 높은 유형일 때만 받아들이고 싶어 한다. 수신자는 높은 유형을 받아들이면 a_H를, 낮은 유형을 받아들이면 a_L을 얻는다. 이 경우 $a_H > 0 > a_L$가 된다.

- 발신자는 유형과 무관하게 받아들여지는 경우 $b > 0$의 이득을 얻는다.

주요 전략 프로필:

- 발신자는 높은 유형일 때, 오직 그때만 신호를 보낸다. 수신자는 발신자가 신호를 보냈을 때, 오직 그때만 받아들인다(굵게 표시). 두 유형의 발신자가 다르게 행동하기에 이는 '분리'로 불린다.

균형 조건:

- 수신자가 받아들였을 때 얻는 이득은 높은 유형 발신자에게는 그 비용만큼의 가치가 있지만 낮은 유형에게는 그렇지 않다.

즉, $c_L \geq b \geq c_H$이다.

해석:

- 균형 상태에서 발신자가 자신의 유형을 알리기 위해서는 자원을 낭비해야 한다.
- 중요한 점은 더 바람직한 유형에게는 신호 보내기가 덜 힘들 때만 이 모형이 성립한다는 것이다.
- 다소 반직관적이지만 신호를 형성하기가 더 쉬워지면 더 이상 사용하지 않을 수 있다.

7장

신호를 감추는 겸손 전략

우리가 앞 장에서 소개한 값비싼 신호 게임을 처음 개발했을 때, 마이클 스펜스가 생각한 주된 용도 중 하나는 정상급 기업들이 학위가 화려한 사람들을 채용하는 이유를 설명하는 것이었다. 특히 학교에서 배운 것 중 다수가 직무에 실질적 도움을 주지 않아도 그런 경우가 많았다. 당신은 이미 스펜스가 제시한 답을 알 것이다. 화려한 학위는 유용하지만 관찰하기 어려운 많은 가치를 알리는 데 도움을 준다. 지능, 작심하고 공부하는 능력, 사회적 기술, 가족의 인맥 등이 여기에 해당한다.

그럼 하버드 학생들에게 값비싼 신호 게임의 이 배경 이야기를 해보자. 일단 그들은 어색해하며 웃는다. 그리고 대개는 이렇게 반박한다. 자신은 어느 대학에 다니냐는 질문을 받으면 그냥 "보스턴에 있는 학교"라고만 대답하며, "어느 학교인데요?"라고 계속 묻지 않는 한 구체적으로 학교를 밝히지 않는다고 말이다. 화려한 하버드 학위를 취득하는 핵심 이유가 다른 사람에게 자신이 얼마나 똑똑하고 열심히 노력하는지, 집안 인맥이 얼마나 좋은지 쉽게 알리는 데 있다면(또한 다른 사람이 이 사실을 쉽게 알도록 하는 것이라면) 하버드 학생들이 일을 망치는 게 아닐까?

이 짧은 장에서는 왜 사람들이 바람직한 속성이나 인상적인 성과를 때로 의도적으로 숨기거나 감추는지, 왜 그런 행동이 존중받는지 살핀다. 왜 하버드 학생들은 자신이 하버드에 다닌다는 사실을 감출까? 이는 명백히 인상적인 사실이고 대부분 다른 사람이 알고 싶어 하는 것이 아닌가.

왜 부유하고 성공한 사람이 첫 데이트 때 자신의 명망 높은 직업이나 프랑스 별장을 내세우는 일을 피할까? 이것 역시 상대가 충분히 관심을 보일만한 것이지만 많은 사람이 대화에서 바로 꺼내는 걸 무례하게 여긴다. 왜 부유한 사업가가 소박하게 살고 수수하게 입으면 존중받을까? 그냥 자신의 부와 권력을 바로 드러내는 것이 모두에게 더 쉬운 길 아닐까? 요컨대 왜 겸손은 유용한 정보를 파악하기 어렵게 만들 뿐인데도 '미덕의 특색'이 되었을까?[1] 어떤 사람이 겸손할까? 언제 겸손할까? 모든 하버드 학생이 하버드에 다닌다는 사실을 숨기는 것은 아니다. 어떤 학생은 어디를 가든 거의 언제나 하버드 옷을 입는다. 모든 사업가가 소박하게 사는 것은 아니다. 어떤 사업가는 번화가가 내려다보이는 화려한 아파트에서 산다.

겸손은 바람직하거나 인상적인 사실을 숨기는 한 가지 사례일 뿐이다. 겸손만큼 혼란스러운 다른 것들도 있다.

익명으로 했어야지

드라마 〈커브 유어 엔수지애즘Curb Your Enthusiasm〉 시즌 6에서 주인공 래리 데이비드는 지역 미술관에 새로운 별관을 지을 자금을 기부한다. 개관식에 참석했을 때 그는 처음에 자신의 이름을 별관 입구 근처에 게시한 것을 보고 좋아한다. 그러나 다른 별관은 '익명'으로 기부되었다는 사실을 알고 나서 그의 기쁨은 바로 사그라든다.

그는 걱정스러운 목소리로 아내 셰릴에게 "내가 공치사를 들으려고 한 것처럼 보이게 됐네"라고 말한다. 상황은 더 나빠진다. 알고 보니 익명의 기부자는 래리의 오랜 라이벌인 테드 댄슨이다. 더구나 개관식에 참석한 사람은 모두 테드가 익명의 기부자임을 안다. 테드는 칭찬 세례를 받는다. 래리는 완전히 뒷전으로 밀려나 낙담한 채 행사장을 떠난다. 그는 집으로 돌아오는 택시에서 셰릴에게 "아무도 익명으로 기부하고 사람들한테 알려도 된다고 말해주지 않았어. 그랬다면 나도 그렇게 했겠지!"라고 말한다.

익명 기부는 겸손과 같은 이유로 혼란스럽다. 기부자가 수고와 비용을 들여 기부하면 다른 사람들은 그 사실을 알고 싶어 한다. 기부자가 그 사실을 알아내기 어렵게 만드는 데서 얻는 편익이 무엇인지, 기부자가 그 유용한 정보를 감추는 것을 다른 사람들이 존중하는 이유가 무엇인지 명백하지는 않다. 누가, 언제 익명으로 기부하는지도 마찬가지다.

왜 열정을 숨길까

2012년 가장 많이 인기를 끈 노래는 칼리 레이 젭슨의 〈콜 미 메이비Call Me Maybe〉다. '좋아하는 사람이 전화하기를 바라는 마음을 담은 이 댄스 팝'은 굉장히 강렬하게 귀에 꽂힌다. 저스틴 비버는 "내가 들은 곡 중 가장 귀에 꽂히는 곡"이라고 말했다.[2]

후렴구의 대표 구절인 '콜 미 메이비'는 알 수 없는 마음을 수줍게 드러낸다. 우리는 아무리 홀딱 반해도 지나치게 열성적인 모습을 보이지 않으려 한다. 그래서 좋아하는 사람에게 전화번호를 줄 때 짐짓 태연하게 '혹시maybe' 연락할 일이 있으면 하라고 말한다. 좋아하는 사람에게 전화번호를 받으면 3일을 기다렸다가 연락한다. 좋아하는 사람에게 전화가 오면 억지로 참고 기다렸다가 연락한다. 그 밖에도 많은 사례가 있다. 심지어 우리는 새 친구를 만났을 때도 이런 게임을 한다.

우리는 왜 새롭게 반한 사람을 만나 몹시 들떠 있으면서도 그 마음을 숨기려 할까? 들뜬 마음을 명확히 드러내는 게 왜 모두에게 더나은 일이 아닐까? 마음을 드러내면 우리가 반한 사람은 우리 마음을 알 테고, 행여나 우리가 그 사람에게 관심이 없다고 생각할 위험이 없지 않은가.

은근한 아름다움

　일본어로 '시부이渋い, しぶい'는 흔해 보이는 동시에 우아하거나 세련되었다는 뜻이다. 도자기의 윤기는 은은하고 자연스러우면서도 균형이 잘 잡혀 있어 보기 좋을 수 있다. 방이나 정원은 최소한의 가구나 나무로 꾸며도 품격이 느껴져 그 안에 있거나 보기에 아주 즐거울 수 있다.

　영어에는 이를 가리키는 단어가 없다. 하지만 서구인도 '시부이'로 표현하는 절제와 은근한 기교를 음미하고 추구할 수 있다. 가령 고전적 피아니스트 그리고리 소콜로프는 유명 인사는 아니다. 그래도 일부 평론가에게 현존하는 세계 최고 피아니스트로서 흠잡을 데 없는 기교뿐 아니라 "보여주기식 연주와 쇼맨십을 초월한" 태도로 칭송받는다.[3] 반면 랑랑郎朗이나 에마뉴엘 악스, 예프게니 키신 같은 다른 유명한 피아니스트는 "과시적인 거장의 모습을 추구한다."[4] 피아노보다 팝을 좋아하는 사람은 크리스티나 아길레라도 1990년대 말 처음 등장했을 때 천재적인 가창 능력을 너무 과시하려 든다는 비슷한 비판을 받았다는 사실을 기억할 것이다.

　우리는 시각 예술에서도 비슷하게 은근한 아름다움을 좋아한다. 수많은 그림과 조각은 비전문가가 보기에 활기 넘치는 네 살짜리 아이가 그리거나 만든 것처럼 보일 수 있다. 그러나 사실은 거장의 기교와 엄청난 노하우가 필요한 경우가 많다. 마크 로스코가 거대한 캔버스에 여러 색깔의 사각형을 그린 작품들이 그런 예다. 로스코가 사망한 후 미술관의 보존 전문가들은 하이테크 연구소에 그의 작품들을 보내 분석을 의뢰했다. 그들은 로스코의 비밀스러운 기교를 밝혀낼 수 있기를 바랐다. "분석 결과 로스코는 미술가들에게 판매하는 일반 범주의 재료를 훌쩍 넘어서는 재료들을 사용했다는 것이 드러났다. 그는 유화 물감의 특성을 조정해 자신에게 필요한 흐르거나 마르는 시간과 색상을 확보했다."[5]

이는 절대 네 살짜리 아이가 할 수 있는 일이 아니다. 로스코나 소콜로프 같은 예술가는 왜 자신의 거장다운 면모를 쉽게 알 수 있도록 하지 않았을까? 왜 그들이 자신의 거장다운 면모를 감출 때 오히려 그들의 작품은 격이 높아질까?

게임이론은 이렇게 설명한다

겸손, 익명 기부, 쿨한 모습을 보이거나 튕기는 것, '시부이' 이 네 가지 수수께끼 같은 행동에는 공통점이 있다. 바로 바람직한 것을 가지고도 그 사실을 크게 알리는 것이 아니라 감춘다는 점이다. 이는 값비싼 신호 모형으로 기대하는 것과 정반대처럼 보인다. 이 모형에서는 신호가 잘 두드러질수록 발신자에게 더 좋다. 그러면 이 새로운 수수께끼와 값비싼 신호는 어떻게 조화를 이룰 수 있을까?

사실 그 답은 아주 단순하다. 이번에는 모형을 상세히 제시하지 않겠다.[6] 다만 기본 내용은 감추는 것 자체가 값비싼 신호라는 점이다. 과연 무엇을 알리는 신호일까? 바로 자신이 보내는 바람직한 신호를 일부 사람이 못 봐도 괜찮다는 것이다.[7]

물론 표준적인 값비싼 신호 모형처럼 이것이 균형 상태를 이루려면 감추기가 값비싼 것이어야 하는 한편(확인), 바람직한 발신자에게는 덜 값비싸거나 그 이득의 가치가 더 커야 한다. 언제 이런 조건을 충족할까? 다음은 몇 가지 가능한 경우다.

다수의 긍정적 신호. 첫 번째는 일부 발신자가 프랑스 별장, 좋은 일자리, 참다운 자선활동 포트폴리오, 안정적인 가정, 귀여운 개 등 다수의 긍정적 속성을 보유한 경우다. 이러한 발신자는 긍정 속성을 감출 여유가 있다. 적어도 하나는 드러날 가능성이 크기 때문이다. 그것이 드러나면 수신자는 발신자에게 훨씬 많은 긍정 속성이 있으리라고 추정할 수 있다. 이는 그 자체로 인상적이다.

"봄방학 때 여행을 간다고 했잖아요. 어디로 가요?"

"샹파뉴에 우리 가족 별장이 있어요."

"아주 예쁘겠네요. 거기 있는 동안 어떤 일을 해요?"

"별장에서 멀지 않은 곳에 내가 봉사하는 자선단체가 있어요. 거기서 일주일간 봉사활동을 할 겁니다."

"왜 샹파뉴에 별장을 샀어요?"

"그게, 아무도 모르는 사실인데 몇 세대 전부터 우리 가문이 소유하고 있던 거예요."

몇 세대씩이나? 반면 아주 특별한 성과나 강점이 하나밖에 없는 사람은 이 전략에 너무 큰 비용이 따른다고 여길 것이다. 대화가 올바른 방향으로 흘러가지 않으면 어찌 되는가? 좋은 인상을 심어주기도 전에 수신자가 떠나버리고 만다.

발신자가 일부 신호를 감춰도 될 만큼 많은 신호를 보낼 수 있는 가능성은 소콜로프와 로스코 같은 예술가들이 추구했다. 그들의 팬이 아꼈던 은근한 거장의 면모가 일정 역할을 했을 수도 있다. 어쩌면 이 예술가들은 기교가 굉장히 뛰어나 감춰진 신호를 많이 생성할 수 있을지 모른다. 그들은 그중 일부는 드러날 것임을 안다.

소콜로프는 기술적 능력이 아주 뛰어나 그 신호 중 일부를 감출 여유가 있었던 것으로 보인다. 그는 열여섯 살 때 세계에서 가장 명망 높은 피아노 경연대회에서 우승했으며 이후 추종자를 거느렸다. 로스코도 잘 훈련받은 재능 있는 화가로서 초기부터 수많은 스타일로 기술적 능력을 선보였다.

장기적인 관계. 두 번째 가능성은 이것이다. 어쩌면 일부 발신자에게는 수신자와 한동안 교류할 의도뿐 아니라 수신자가 프랑스 별장이나 직업 또는 자신의 자선에 대해 알 때까지 기다릴 용의가 있을지도 모른다. 이번에는 도그 파크에서 개들 이야기만 하느라 수신자가 특정한 긍정 속성을 알아채지 못해도 괜찮다. 어차피 내일이나 다음 주 혹은 몇 달 후에는 알게 될 것이기 때문이다. 그럴 경우 프랑스에 별장이 있다는 사실을 무심코 밝힐 필요가 없다. 얼마든지 기다릴 수 있다. 그렇게 함으로써 발신자는 기꺼이 기다릴 수 있는 유형이라는 신호도 보낸다.

이를 픽업 아티스트(여성을 유혹하는 전문가로 자처하는 사람들 - 옮긴이) 커뮤니티에 속한 남자들의 행동 방식과 비교해보라. 그들은 여성을 만나면 연습한 이야기를 바로 풀어낸다. 이는 뛰어난 자질을 부각하는 소위 '고가치 표명demonstration of higher value' 혹은 DHV라고 부른다. 픽업 아티스트는 장기적인 관계에 관심 있는 발신자와 달리 서둘러 과장된 이야기를 늘어놓아야 한다. 그냥 기다리기만 하면 그들이 투자하려는 짧은 시간 동안 수신자가 모르고 지나갈 위험이 있기 때문이다.

외부 선택지. 세 번째 가능성은 발신자에게 다른 구혼자나 흥미로운 일 같은 다른 선택지가 있을지 모른다는 것이다. 이 경우 특정 수신자와 이어져야 한다는 절박감이 없다. 수신자가 프랑스 별장을 알게 되면 좋은 일이다. 그렇지만 모르고 지나가도 상관없다. 다른 사람과 이야기를 나누거나 다른 일을 하면 그만이다. 반면 절박한 발신자는 그렇게 할 수 없다. 지금 앞에 있는 수신자에게 좋은 인상을 심어주지 못하면 몇 달 동안 와인 잔 바닥을 바라보며 혼자 지내야 하니 말이다.

헌신적인 팬. 우리는 특히 예술 분야에서 네 번째 가능성이 흔히 작용한다고 생각한다. 그것은 예술가가 이미 많은 사랑과 추종을 받는다는 것이다. 이 경우 신호를 감춰도 열성팬이 찾아낸다. 따라서 신호 감추기는 열성팬이 있을 만큼 뛰어나다는 사실을 과시하는 기능을 한다.

소콜로프가 단순해 보이는 모차르트 소나타에 은근하면서도 어려운 기교를 더하면 어떻게 될까? 그의 연주를 반복해서 듣는 수백 명의 열성 피아니스트 수련생은 그 사실을 알아챈다. 미술계에서 확고한 입지를 구축한 로스코의 경우도 마찬가지다. 그는 위대한 미술가들 밑에서 혹은 그들과 같이 공부했다. 게다가 혁신적인 물감을 만드는 일로 관심을 돌리기 전부터 오리건주 포틀랜드와 뉴욕시에서 개인전을 열었다.

따라서 우리는 입지가 확고해질수록 예술가에게 신호를 더 많이 감추는 경향이 있을 것이라고 예상할 수 있다. 이 예측은 최소한 증거가 뒷받침한다. 여러 가지 이유가 있겠지만 예술가는 성숙해지는 만큼 더욱 은근해지는 경향이 있다. 2019년 〈뉴욕타임스〉에 실린 비평은 과거 과시적이고 "품격이 부족했던" 랑랑이 가시적인 기교를 넘어 성숙해졌다고 칭찬했다. 근래 공연에서 그의 레파토리는 소콜로프의 레파토리와 비슷해졌다. 쇼팽, 차이콥스키, 라흐마니노프 같은 낭만파 작곡가의 곡을 시끄럽고 빠르고 열정적으로 연주해 청중을 즐겁게 해주던 그가 모차르트와 베토벤을 "세심하고 섬세하게" 연주하게 된 것이다.

특정한 관찰자. 다음은 다섯 번째이자 마지막 가능성이다. 많은 예술가가 자기 작품이 최대한 폭넓게 인정받기를 원한다. 반면 일부 예술가는 소수의 동료 예술가나 비평가 또는 애호가에게 인정받기 위해 초점을 좁힌다. 그들은 상업적 성공을 노리기보다 예술 조류와 미래세대 예술가들에게 영향을 미쳐 유산을 남기고 싶어 한다. 어쩌면 거액을 쓰는 수집가에게 작품을 팔거나, 유명 갤러리에서 전시회를 하기 위해 내부자들(딜러나 비평가)을 자기편으로 만들어야 할 수도 있다. 로스코도 '더 텐The Ten'이라 불리는 친구들을 대상으로 그런 일을 했다.

이 경우에 해당하는 예술가는 신호를 감춤으로써 이득을 얻을 수 있다. 나중에 신호가 드러나면 동료 예술가, 비평가, 애호가는 이 예술가가 폭넓은 명성을 좇지 않는다는 사실을 알아챈다. 이 소수의 청중은 바로 그 점을 중시한다.

이에 부합해 소콜로프와 로스코는 모두 명성과 인기를 기피했다. 소콜로프는 청중과 수입을 크게 늘릴 수 있는데도 미국에서 녹음하거나 공연하기를 거부했다. 로스코는 예술의 민주화를 공개적으로 비판했다.

공통분모를 토대로 민주화의 문화적 기능을 실현해야 한다는 것은 민주화의 전체 개념에서 찾을 수 있는 가장 심각한 오류 중 하나다. 이 관점은 실로 우리가 예술이라는 탐구 작업을 위해 개발한 모든 가치를 망치고 말 것이다. 또한 모두가 문화를 누려야 한다는 입장에서 교육의 한 가지 목적은 달성할 수 있겠지만 그 과정에서 문화 자체를 말살할 가능성이 크다.

로스코의 말을 덜 고상한 척하는 예술가들의 말과 비교해보라. 그들은 최대한 폭넓은 청중과 교류하는 데 상당히 열중하는 듯 보인다. 토머스 킨케이드는 "아늑한 오두막과 시골 교회가 있고, 눈부신

단풍 사이로 강물이 부드럽게 흐르는 목가적이고도 이상적인 풍경"을 그리는 베스트셀러 화가다. 그는 저속한 장식품을 판다고 비판받았을 때 전혀 부끄럽지 않다는 태도로 "모두가 향기로운 정원, 아름다운 석양, 자연의 고요, 따스하고 아늑한 오두막에서 친근감을 느낄 수 있다"라고 대꾸했다.[8] 또한 장발에 손가락 움직임이 빠른 메탈리카의 기타리스트 커크 해밋은 메탈리카가 상업적이라는 비판을 어떻게 생각하느냐는 질문에 이렇게 대답했다. "상업적이라고요? 당연히 그렇죠. 지난 투어 때 거의 모든 공연이 매진됐어요."

중요한 것은 고상한 척하는 예술가와 비평가도 대개 킨케이드와 해밋의 기교가 뛰어나다는 사실을 마지못해 인정한다는 점이다. 다만 그들은 기교를 너무 드러내는 걸 못마땅하게 여긴다.

특히 다른 예술가, 비평가, 애호가들에게 인정받는 것이 신호를 감추는 동기라면 예술가는 일반 대중이 아니라 그들에게 드러날 가능성이 큰 방식을 따를 것이다. 이런 일은 거의 확실하게 일어나고 있다. 누구라도 연주자의 손가락이 빠르다는 사실이나 풍경이 현실감 있고 매력적이라는 사실을 알 수 있다. 느리고 고요하면서도 섬세한 연주가 상당히 어렵다는 사실은 경험 많은 사람만 안다. 또한 그들만 미술가가 어떤 물감을 쓰는지 알아보고 싶어 한다. 예술가들이 멋진 일을 하면서도 대다수가 알아채기 어렵게 만드는 이유가 거기에 있다.

발신자가 특정 관찰자에게 인정받고 싶어 할 가능성은 익명 기부에도 영향을 미칠지 모른다. 어떤 사람은 자선단체나 박물관에 기부할 때 일반인이 자기 이름을 자선활동과 결부하는지 신경 쓴다. 반면 다른 기부자는 긴밀하게 얽힌 공동체의 일원으로서 다른 구성원과 관계를 형성하는 일에 더 신경 쓴다. 가령 이번 장 초반에 등장했던 테드 댄슨은 곧 래리의 전처가 될 예정이자 개관식에 참석해 다른 참석자에게 익명의 기부자가 자신이라는 속삭임을 들을 셰릴의 호감을 얻고 싶어 했다(실은 우연에 맡기지 않고 자신이 직접 그 사실을 말한다).

한편 뉴잉글랜드 지역의 여러 가문으로 구성된 보스턴 브라민스는 수 세기 동안 보스턴의 자선단체와 기관을 도운 주요 후원자였다. 보스턴 미술관과 보스턴 심포니 오케스트라도 그 대상에 속했다. 그들은 대단히 비밀스러운 것으로 유명하며 거의 언제나 익명으로 기부한다. 비교적 근래에 그들을 다룬 기사가 나왔을 때도 인터뷰에 응한 회원은 거의 없었다. 좌절한 기자가 한 회원에게 왜 그러는지 이유를 물었다. 그 회원은 정중하게 "우리 회원은 태어날 때, 결혼할 때, 죽을 때만 신문에 나와야 합니다"라고 대답했다. 이 단체를 구성하는 가문들은 긴밀하게 얽힌 것으로도 유명하다. 심지어 "여기는 정겨운 보스턴, 콩과 대구의 고장. 로웰 가문 사람은 캐벗 가문 사람에게만 이야기하고, 캐벗 가문 사람은 하느님에게만 이야기하네"라는 노래도 있다.

이처럼 익명성을 고집하기 때문에 미술관이나 연주회에 가는 일반인은 보스턴 브라민스의 후원 사실을 모른다. 하지만 테드 댄슨이 흥미롭게 증명한 대로 그 정보가 가까운 사람들에게조차 누출되지 않는 것은 아니다. 보스턴의 일반인에게 칭찬받을 기회를 잃는 것은 그다지 큰 비용이 아니다. 브라민스에 속한 로웰 가문의 주목적은 어차피 기부 사실을 알게 될 다른 회원인 캐벗 가문의 호감을 얻는 데 있다.

감춰진 신호는 앞 장에서 논의한 다른 값비싼 신호들처럼 어떤 정보를 전달하는지, 거기서 누가 이득을 얻는지 알려주는 특정 형태를 보인다. 헌신적인 팬 혹은 많은 외부 선택지가 있거나 장기적인 관계에만 관심이 있는 경우, 신호를 감추는 것은 해당 정보를 전달하는 완벽한 방법이다.

다음 장에서는 완전히 다른 종류의 신호인 증거를 살펴본다.

8장

증거는 어떻게 왜곡될까

이 장에서는 먼저 사람들이 증거를 왜곡하는 세 가지 방식을 설명한다. 편향적 공개, 편향적 탐색, 확증적 검증이 그것이다. 그다음에는 그런 왜곡이 이뤄지는 때와 그것이 지속되는 이유를 이해하는 데 도움을 주는 세 가지 관련 모형을 제시한다.

편향적 공개: 좋은 모습만 보여주기

인스타그램에서 시간을 보내는 사람이면 누구나 아는 첫 번째 규칙이 있다. 그것은 최고의 사진만 올린다는 규칙이다. 세계에서 세 번째로 큰 소셜 네트워크인 인스타그램의 피드를 가볍게 훑어보기만 해도 사람들이 이 규칙을 철저히 따른다는 사실을 알 수 있다. 그곳은 이국적인 여행지나 맛있어 보이는 음식, 가장 잘 나온 셀카로 가득하다. 너저분한 침실이나 타버린 음식, 원형 탈모 자국은 보이지 않는다(드물게 못 나온 사진을 올리는 이유는 거의 언제나 유머나 아이러니 효과를 내기 위해서다). 기계학습으로 가장 잘 나온 셀카를 골라주는 앱까지 있다. 이렇게 좋은 모습만 공개하고 나쁜 모습을 숨겨서 왜곡하는 것을 편향적 공개라 한다.

편향적 공개는 당연히 인스타그램에서만 일어나는 게 아니다. 우리는 친구나 동료를 소개할 때 그들의 가장 뛰어난 점만 알려주고(라이언은 빵을 정말 잘 구워요), 호감이 덜 가는 점(그건 건드리지 않는 게 좋아요. 저 친구는 소변을 본 뒤 절대 손을 씻지 않거든요)은 숨긴다. 온라인 데이트 사이트에 올릴 프로필을 작성할 때는 '가장 뛰어난 면을 강조한다'는 것이 일반 지침이다.[1] 즉, 대놓고 편향적 공개를 하라고 부추긴다. 이력서 지침도 마찬가지로 노골적이라서 구직자에게 "성취에 초점을 맞추되 이력서에 넣는 내용만큼 넣지 말아야 할 내용도 중요하다"라고 말한다.[2]

정치 뉴스는 편향적 공개가 횡행하는 또 다른 분야다. 2018년 말 미국의 케이블 뉴스 방송국들은 미국 국경으로 접근하는 이민자 행렬을 집중해서 다뤘다. MSNBC와 CNN은 범죄조직의 폭력과 정치적 탄압으로부터 도망친 가족에게 초점을 맞췄다. 반면 폭스는 미국에서 문제를 일으킬 청년에게 초점을 맞췄다. 실제로 이민자 행렬에는 가족과 청년이 모두 존재했다. 그러나 뉴스 채널은 자신들이 선호하는 이야기에 부합하는 대상만 선택해서 조명하고 나머지 절반은 편리하게 배제했다.[3]

이민자 행렬이 뉴스를 점령하던 무렵 플로리다에 사는 시저 사요크 주니어라는 남성이 연쇄 테러를 일으켰다. 그는 연예인과 정부 관료에게 우편으로 사제 폭탄을 발송했다. 그의 범죄 패턴은 곧 분명해졌다. 테러 대상(전 부통령이자 미래의 대통령 조 바이든, 상원의원 코리 부커, 전 국무장관 힐러리 클린턴, CNN, 로버트 드니로, 상원의원 카멀라 해리스, 전 대통령 버락 오바마, 조지 소로스)은 대부분 민주당 인사거나 도널드 트럼프를 적극 비판하는 사람이었다. 사요크는 치밀한 범죄자가 아니었다. 며칠 만에 그의 신원을 파악한 경찰은 그를 구금했다. 며칠 후에는 그의 차(트럼프 지지 스티커가 붙은 흰색 밴)도 확보했다. 폭스 뉴스는 이 사실을 보도하면서 스티커를 흐릿하게 처리했다. 그러자 트위터에 사요크가 트럼프 지지자라는 증거를 숨기려 했다는 비난이 폭주했다.[4]

방송 대본에 들어가는 특정 단어의 빈도를 살펴보면 케이블 뉴스에서 얼마나 심하게 편향적 공개를 하는지 쉽게 파악할 수 있다. 트럼프 집권 전반기 동안 CNN과 MSNBC는 '뮬러Mueller' '플린Flynn' '푸틴' '크렘린' '모스크바' '러시아' '방해하다' 같은 단어를 폭스 뉴스보다 훨씬 자주 언급했다. 그들은 트럼프 캠프가 러시아와 내통했는지 조사한 내용을 집중 보도하기도 했다. 반면 폭스 뉴스는 '우라늄' '벵가지' '서버' 같은 단어를 자주 언급했다. 이는 그들이 힐러리 클린턴과 그녀를 둘러싼 추문에 계속 초점을 맞췄음을 말해준다.[5]

정치인 역시 그들의 뉴스를 보도하는 방송국처럼 편향적 공개의 달인이다. 연두교서(어느 해든 관계없다)만 해도 그렇다. 2015년 오바마 대통령은 의회 연설 서두에서 자랑스럽게 "아프가니스탄에서 우리의 전투 임무는 끝났다"라고 밝혔다. 그러나 그는 아직 아프가니스탄에 미군 병력 수천 명이 있고 그들을 철수시킬 계획이 없다는 사실을 빼놓았다(2021년 바이든 대통령이 마침내 병력을 철수시켰다). 그보다 10년 전인 2005년 부시 대통령도 연두교서 서두에서 복잡한 외교 문제를 다루며 마찬가지로 낙관적인 전망을 제시했다.

새 의회를 구성한 가운데 우리는 모두 선출 공직자로서 큰 특혜를 누리고 있습니다. 우리는 우리가 섬기는 국민의 투표로 공직을 맡게 되었습니다. 그리고 우리는 오늘 밤 그 특혜를 아프가니스탄, 팔레스타인 지역, 우크라이나 그리고 자주 주권국 이라크의 새로 선출된 지도자들과 함께 나누고 있습니다.

부시도 중요한 세부 내용을 많이 빼놓은 것 같지 않은가? 적어도 우리는 민주당과 공화당이 모두 동의하는 한 가지 사실을 알게 되었다. 나쁜 소식은 빼놓는 게 낫다는 것 말이다.

기업 경영진이 하는 모든 발표를 들어보라. 역시 우리는 편향된 공개를 접한다. 그에 해당하는 사례에는 신뢰할 만한 많은 소스가 있다. 바로 실적 발표(분기마다 경영진이 투자자에게 실적을 발표하는 것)용 대본이다. 그 내용은 시킹 알파Seeking Alpha나 모틀리 풀The Motley Fool 같은 투자 사이트에서 볼 수 있다. 아무 대본이나 클릭해도 '자신감'이나 '기대' 같은 단어뿐 아니라 '역대 최고' '강력한 펀더멘털' 같은 구절로 넘쳐난다. '우려' '실망' '미달' 등의 단어는 기준을 통과하지 못한다. 다음은 애플 CEO 팀 쿡이 2019년 7월 30일에 발표한 내용이다.

이번 분기에 사상 최대 실적을 기록했습니다. 이는 서비스 부문의 역대 최고 매출, 웨어러블 부문의 급격한 성장, 아이패드와 맥 부문의 탄탄한 성과 그리고 아이폰 판매 추세의 중대한 개선으로 이룬 성과입니다. 이러한 실적은 거의 모든 지역에 걸쳐 유망한 미래를 말해줍니다. 우리는 향후 실적에도 자신이 있습니다. 2019년 남은 기간도 모든 플랫폼에서 주요 제품을 출시하고 새로운 서비스와 여러 신제품이 나오면서 흥미로운 시간이 될 것입니다.

여기서 애플의 가장 중요한 제품인 아이폰 매출이 12%나 줄었다는 사실은 언급하지 않는다. 이는 대다수 애널리스트가 예측한 것보다 큰 하락폭이었다. 또한 해당 분기에 '사상 최대 실적'을 기록한 건 맞지만 엄밀히 따지면 이전 기록보다 단 1% 더 늘어난 것에 불과했다. 쿡이 이 세부 사항을 빼놓은 것은 우스운 일이다.[6]

편향적 공개는 아주 흔해서 마치 제2의 본능 같다. 우리가 그 사실을 모르는 것도 아니다. 사람들이 소셜 미디어에 자신이 가장 돋보이는 콘텐츠를 올리거나, 이력서에 가장 인상적인 성취를 넣는다는 것은 모두가 안다. CNN, MSNBC, 폭스가 선택적으로 보도한다는 것도 모두가 안다. 정치인이 사실을 왜곡한다는 것도 알고 있다 (오랜 농담처럼 우리는 그들의 입이 움직이는지만 확인하면 된다). 기업과 경영진은 또 어떤가? 우리는 그것을 홍보라 부른다.

편향적 탐색: 불리한 것은 외면하기

우리가 사실을 왜곡하는 또 다른 흔한 방식은 유리한 증거는 폭넓게 조사하는 반면 불리한 증거는 조사를 확실히 차단하는 일이다.

마이클 이시코프와 데이비드 콘이 쓴 《오만Hubris》은 부시 행정부가 이라크 전쟁을 위한 지지 여론을 형성한 양상을 기록한 책이다. 이 책 서두에서 두 사람은 딕 체니 부통령이 어떻게 주도적으로 여론을 조작했는지 설명한다. 그에 따르면 부시 행정부는 CIA와 협력해 사담 후세인이 대량살상무기WMD를 축적하고 테러를 지원했다는 증거를 제시한다. 이는 공식적으로는 첩보 수집 활동으로 간주되었다. 그러나 인터뷰와 관련 기록을 보면 이러하다.

부시와 그의 측근들은 대이라크 정책을 수립하는 데 참고할 첩보가 아니라 이미 결정한 정책을 홍보하는 일에 도움을 줄 첩보를 찾았다. 즉, 해당 첩보는 개전 여부를 판단할 토대가 아니라 전쟁의 정당성을 홍보할 토대가 될 것이었다.

부시 행정부는 이라크 침략을 정당화할 증거를 끈질기게 찾았다.

체니는 테러조직과 이라크 정부의 연계, 특히 후세인과 알카에다 사이에 교류가 있다는 혐의에 집착했다. CIA는 그의 반복적인 질의에 답변서를 작성해 부통령실로 보냈다. 하지만 그 내용은 후세인과 빈 라덴이 연계해 테러를 벌인다는 체니의 불길한 의심을 거의 뒷받침하지 않는 경우가 많았다. 체니와 그의 냉철한 비서실장 I. 루이스 리비('스쿠터Scooter'라는 별명으로 불림)는 거기에 만족하지 않고 계속해서 더 많은 첩보를 요구했다. CIA의 작전국 부국장 마이클 술릭은 나중에 "그들은 우리가 파일들 속에 감춰둔 뭔가를 찾아내거나 다른 답을 들고 오길 바라는 것 같았다"라고 말했다.

반면 부시 행정부는 이라크 정책에 도움을 주지 않는 증거는 무시했고 추가 조사도 막았다.

의문의 여지가 없었다. 정부 안팎의 정보 분석가와 다른 전문가가 제시하는 정보 중에서 후세인 축출파의 가정과 상충하거나 어긋나는 정보는 무시 혹은 냉대를 받았다.

이는 비극적인 일이다. 그 일부 이유는 내부자가 당시의 첩보 난맥상을 이야기한 것을 보면 첩보 분석가와 정부 관료가 실제로 이라크의 무기, 이라크와 알카에다의 연계 여부, 전쟁이 초래할 어려움을 정확히 판단한 경우가 많기 때문이다. 그렇지만 그들은 내부의 관료 다툼에서 이기지 못했거나 후세인을 상대로 전쟁을 벌이려고 결심한(또는 작정한) 백악관에 무시당했다.

체니와 부시는 국책 선전이라는 이름으로 정책에 도움을 주는 증거를 집중 조사하는 한편, 불리한 증거 조사는 최소화한 최초의 정치인이 전혀 아니다. 500년 전 영국의 헨리 8세 국왕은 앤 불린과 결혼하기로 마음먹었다. 그 결과 영국과 가톨릭교회의 결별에 이어 종교개혁에 속도가 붙었다. 헨리 8세의 신임을 받은 총리대신 토머스 크롬웰은 전국에서 가장 유능한 신학자들을 끌어모았다. 그 목적은 교황이 아니라 국왕인 자신이 영국 교회의 수장이라는 헨리 8세의 주장을 뒷받침할 증거를 찾는 데 있었다. 신학자들은 전국을 돌아다니며 수도원 도서관의 먼지 쌓인 문헌에서 도움을 줄 자료를 수집한 다음 긴 책으로 엮어냈다. 이 책에서 그들은 교황의 절대 권위를 지지하거나 당연시하는 대다수 문헌은 편의상 언급하지 않았다.

더 근래에는 브렛 캐버노를 대법관 후보로 지명한 일을 둘러싼 다툼이 편향적 탐색의 생생한 사례를 제공한다. 캐버노가 성폭행 혐의를 받자 공화당 하원의원들은 고발자를 속속들이 조사했다. 심지어 그녀가 25년 전 대학원에 다닐 때 사귀던 남자들까지 인터뷰할 정도였다. 물론 그 의도는 그녀에게 오명을 씌울 뭔가를 파헤치는 데 있었다.[7] 한편 FBI는 캐버노의 혐의를 수사하되 너무 열심히 하지는 말라고 지시받았다. 트럼프는 수사 범위를 심하게 제한했다.[8] 그는 명백히 수사에서 캐버노의 범죄 사실을 밝히는 새로운 내용이 나오지 않기를 바랐다.

미국에서 자란 대다수 독자는 알만한 편향적 탐색의 또 다른 사례도 있다. 미국 초등학생은 다섯 개 문단으로 에세이를 쓰는 법을 배운다. 다음은 각 문단의 기능을 설명하는 위키피디아 항목이다.

서두는 독자에게 기본 전제를 알리고 저자의 논지나 핵심 생각을 서술하는 기능을 한다. … 본문을 이루는 세 개 문단에서는 논지를 뒷받침하는 하나 이상의 확인한 증거나 사실 등을 논의한다. 결론에서는 … 이 모든 것을 분석하고 정리한다.[9]

그러니까 입장을 선택해 1문단에서 제시한 다음, 공부한 자료 중에서 그것을 뒷받침하는 증거를 찾아 뒤이은 3문단을 채우면 된다. 혹시 반대 입장을 뒷받침하는 증거도 마찬가지로 쉽게 찾을 수 있지 않을까? 그건 숙제에 포함하지 않으니 걱정할 필요가 없다. 다섯 개 문단 에세이는 교사가 허용하는 왜곡이다.

확증적 검증: 아예 증거를 만들기

우리는 편향적 공개와 탐색에 더해 편향적 방식으로 증거를 만드는 왜곡도 한다. 그 증거는 진실과 무관하게 자신의 주장을 뒷받침하는 방향으로 나올 가능성이 크다.

2015년 앨 고어가 기후변화 관련 교육을 촉진하려고 설립한 비영리단체 '기후 현실 프로젝트Climate Reality Project'는 홈페이지에 글을 올렸다.[10] 그 내용은 부정론자들이 기후변화와 관련된 사실을 왜곡하기 위해 흔히 쓰는 꼼수를 밝히는 것이었다. 그들이 강조한 한 가지 꼼수는 1998년처럼 특별히 더웠던 해를 따로 고른 다음 이듬

해와 비교하는 일이다. 그러면 지구가 더워지는 것처럼 보이지 않는다. 또 다른 흔한 꼼수는 특별히 추운 날이나 한파를 지구가 더워지지 않는다는 증거로 즐겁게 내세우는 경우다. 이는 명백히 날씨에 변동성이 있으며 평균 기온이 오르는 것과 함께 변동성도 커지기 때문에 극단적으로 추운 날씨가 더 흔해질 수 있다는 점을 무시한다.

기후변화 부정론자들이 따로 골라낸 추세는 지구가 더워지지 않는다는 그들의 주장에 부합한다. 그럼 이러한 추세가 시작된 해를 확인하는 것이 지구가 더워지는지 판단하는 최선의 방식일까? 당연히 아니다. 편향적 공개와 탐색의 경우처럼 이번에도 의문이 생긴다. 왜 기후변화 부정론자들은 한파가 닥치면 기후변화는 없다는 무의미한 트윗을 즐겁게 올리는 걸까? 그것이 기후 통계에 관한 공정하고 균형 잡힌 시각이 아니라는 걸 모두가 아는데 말이다.

선별은 우리가 확증적 검증으로 증거를 만드는 한 가지 방식일 뿐이다. 트럼프의 2020년 재선 캠페인은 또 다른 사례다. 그의 캠프는 "지금까지 트럼프 대통령의 직무 수행을 어떻게 평가하는가?"라고 묻는 여론조사를 실시했다. 응답자는 '아주 잘함, 잘함, 양호함, 기타' 중에서 하나를 선택할 수 있었다.[11] 이 여론조사는 당연히 긍정적인 결과가 나올 수밖에 없다. 다른 결과가 나올 가능성이 있을까? 없다. 이 여론조사가 실질적인 정보를 제공할까? 아니다. 이 문제와 관련해 두드러지는 사례가 또 있다. 토니 블레어 영국 총리는 후세인이 대량살상무기를 개발했다는 증거가 부실하다는 사실을 확인했다. 그래서 그는 "후세인이 신규 사찰을 거부하게 만들 시나리오를 꾸며내자"라고 제안했다. 실제로 대량살상무기를 보유했는지와 무관하게 후세인이 사찰을 거부하도록 유도하자는 것이었다.

확증적 증거를 만드는 범죄를 저지르는 의외의 집단이 누구인지 아는가? 과학자다. 그 한 가지 방식은 자신이 선호하는 이론뿐 아니라 대안 이론에도 부합하는 실험을 하는 것이다. 또 다른 방식도 있다. 2010년대 초반 사회과학 부문이 논란에 휩싸였다. 몇몇 통계 전문가가 나서서 여러 유명한 연구 결과가 타당하지 않다는 사실을 밝혔기 때문이다. 그들의 주장에 따르면 문제의 연구 결과는 통계적 요행에 불과하며 같은 실험을 해도 재현되지 않았다(이 논란은 흔히 '재현성 위기replication crisis'라 불린다). 낭패였다(그보다 몇 년 전에는 의학 연구 부문도 같은 논란에 휩싸였다. 이중 낭패인 셈이다). 어떻게 그럴 수 있을까?

연구자에게는 자신이 찾는 결과가 나올 때까지 계속 조사하는 온갖 수법이 있다. 예를 들면 한 실험에서 여러 변수를 돌려보고 결과가 나온 것만 발표한다. 또는 여러 통계 검증을 돌려보고 최선의 결과가 나온 것만 발표한다. 통계적으로 의미 있는 효과가 나오자마자 실험을 중단하기도 한다. 많은 시간과 자금을 투입한 연구인 만큼 원하는 결과를 얻어야 한다. 재현되지 않고 실질적 정보를 제공하지 않는다 해도 말이다. 바로 거기에 문제가 있다.[12]

편향적 공개, 편향적 탐색, 확증적 검증은 우리가 사실을 왜곡하는 수많은 방식에 속한다. 그러면 각각의 왜곡이 어떻게 균형 상태를 유지하는지 분석해보자.

증거 게임을 해보자

이 문제를 살피기 위해 우리는 세 가지 단순한 게임(실은 한 가지 게임의 변형)을 고안했다. 이 게임들은 다른 사람(수신자)이 특정 신념을 갖도록 설득하는 것이 목표이며, 그 신념에 영향을 미칠 수 있는 특정 수단이 있을 때 어떤 사람(발신자)이 행동하는 양상을 특징짓기 위해 고안한 것이다. 그 핵심 수단은 증거 통제 능력이다. 그래서 이 게임을 '증거 게임evidence games'이라 부른다.

구체적인 모형으로 들어가기 전에 '증거'나 '설득' 같은 단어가 어떤 의미로 쓰이는지 잠시 설명하겠다.

상태, 사전 신념, 사후 신념, 설득

먼저 '상태state'부터 정의하자. 상태는 발신자가 수신자에게 설득하려 하는 대상이다. 지원자는 자신이 적격자라며 고용주를 설득하고 싶어 한다. 피고는 자신이 살인자가 아니라며 배심원단을 설득하고 싶어 한다. 두 경우에는(이 장에서 살피는 모든 경우에도) 높은 상태와 낮은 상태, 두 상태만 존재한다.

상태라는 용어를 쓸 때는 해당 상태가 발생할 확률도 말해야 한다. 우리는 일정한 확률 p에서 높은 상태가 발생한다고 가정한다. 증거를 제시하기 전 모두의 신념에 따른 확률을 '사전prior' 확률이라한다. 가령 30% 확률로 지원자가 적격일 수 있다. 또는 살인 재판에서 65% 확률로 피고가 유죄일 수 있다.

수신자는 상태를 모른다. 그들은 앞서 말한 사전 신념에서 출발해 나중에 증거와 기대를 토대로 사전 신념을 사후 신념으로 갱신한다.[13] 수신자가 사후 신념을 형성하는 양상을 설명하려면 조금 시간이 걸린다. 지금 중요한 것은 이 사후 신념이 발신자의 보수를 결정한다는 점이다.

발신자의 보수는 수신자의 신념이 정확한지에 좌우되지 않는다. 증거나 심지어 상태에도 좌우되지 않는다. 발신자는 실제 상태와 무관하게 상태가 높다는 쪽으로 수신자의 사후 신념을 최대화하고 싶어 한다. 즉, 지원자는 자신이 적격인지와 무관하게 고용주가 그렇다고 믿기를 바란다. 피고는 자신이 유죄인지 여부와 무관하게 배심원단이 아니라고 믿기를 바란다. 바로 이것이 우리가 말하는 설득의 의미다. 즉, 발신자의 보수는 상태가 높다는 수신자의 신념을 바탕으로 늘어난다.

증거

이제 증거를 얘기해보자. 증거가 수행하는 핵심 기능은 이면 상태의 정보를 제공하는 것이다. 지원자가 졸업생 대표였음을 알려주는 증서는 훌륭한 채용 대상이라는 증거다. 피고의 옷장에서 발견한 살인 무기는 그가 살인자라는 증거다.

다만 우리가 증거에 부여하고 싶은 몇 가지 추가 속성이 있다. 첫째, 졸업생 대표 증서 같은 구체적인 증거는 존재하거나 존재하지 않는다. 지원자는 증서를 갖거나 갖지 않는다. 살인 무기는 피고의 집에 있거나 없다.

둘째, 증거가 존재할 때 그 사실은 쉽게 검증이 가능하다. 지원자는 증서를 면접 담당자에게 보여줄 수 있다. 증서를 스캔해 이메일로 보내거나 면접 담당자에게 어느 대학에서 받았는지 말할 수도 있다. 그러면 면접 담당자는 해당 대학에 연락해 지원자가 졸업생 대표였는지 검증한다.

셋째, 우리는 증거가 존재하지 않는다는 사실을 쉽게 검증할 수 없다. 가령 살인 무기가 없는지, 다른 곳에 숨겨져 있는지 쉽게 증명할 수 없다.

넷째, 지원자는 증거를 쉽게 조작하거나 조작 사실을 들키지 않을 수 없다. 물론 졸업생 대표였음을 알려주는 증서를 위조하는 것은 가능하다. 하지만 이를 위해서는 특수 장비가 필요하다. 면접 담당자가 바로 해당 대학에 연락해 기록을 확인해달라고 요청할지도 모른다. 만약 위조 사실이 밝혀지면 신문사나 심지어 경찰에 연락할 수도 있다. 그러므로 우리의 모형에서는 증거 조작이 불가능하다고 가정할 것이다.

증거를 모형화할 때 우리가 처음 하는 것은 각 상태에서 증거가 존재할 확률을 부여하는 일이다. 높은 상태에서 증거가 존재할 확률은 qh이고, 낮은 상태에서 증거가 존재할 확률은 ql이다. 훌륭한 채용 대상이 졸업생 대표일 확률이 6%, 부실한 채용 대상이 졸업생 대표일 확률이 0.1%라면 $qh=0.06$, $ql=0.001$이다.

qh와 ql이 알려져 있고(나중에 이 가정을 바꾼다) 증거가 존재하는

경우 항상 확인한다고(이 가정도 바꾼다) 가정하자. 그러면 증거를 관찰한 후 상태에 관한 신념을 갱신하는 일이 아주 간단해진다. 여기에는 베이즈 정리Bayes' rule가 필요하다. 이는 관찰한 증거를 토대로 높은 상태의 확률을 말해주는 등식이다. 베이즈 정리에 따르면 증거를 획득한 경우의 확률은 $pq^h/(pq^h+(1-p)q^l)$이며, 획득하지 못한 경우의 확률은 $p(1-q^h)/(p(1-q^h)+(1-p)(1-q^l))$이다. 우리 사례에서 이는 당신이 졸업생 대표 증서를 보았다면 지원자가 96% 확률로 적격하다고 믿을 것임을 뜻한다(이는 대다수 졸업생 대표가 적격하다는 사실을 반영한다). 반면 당신이 증서를 보지 못했다면 지원자가 28% 확률로 적격하다고 믿을 것이다. 이것은 사전 확률인 30%보다 약간 낮지만 크게 다르지는 않다(이는 졸업생 대표가 아니어도 적격한 지원자는 여전히 많기에 타당하다.)[14]

증거의 특성

우리의 분석에서 중요성이 드러날 증거의 세 가지 특성을 밝혀두고 싶다.

증거가 상태에 관한 신념을 강화하는 경우 우리는 해당 증거를 지지적supportive 증거 또는 유리한 증거라고 말한다. 졸업생 대표 증서는 지지적 증거에 속한다. 면접 담당자가 증서를 보면 지원자가 적격하다고 믿을 가능성이 커지기 때문이다(증거를 보는 경우 사후 확률은 96%인 반면 사전 확률은 30%에 불과하다). 베이즈 정리에 따르면 증거는 낮은 상태보다 높은 상태에서 형성될 가능성이 클 때, 즉 $q^h>q^l$

일 때 지지적이다. q^h가 아주 낮아도 q^l보다 높기만 하면 증거가 지지적일 수 있다는 점에 주목하라. 실제로 앞선 사례에서 방금 본 것이 그 경우에 해당한다. 이 사례의 q^h는 6%에 불과하긴 해도 0.1%인 q^l보다는 크다. 즉, 대다수 적격한 지원자는 졸업생 대표가 아니지만(졸업생 대표가 되는 사람은 아주 적다) 졸업생 대표인 경우 지원자가 적격하다는 면접 담당자의 사후 신념은 여전히 강해진다.

증거는 q^h와 q^l이 모두 높으면 형성 가능성이 크거나 흔하며, 둘 다 낮으면 흔하지 않다. 이 점은 증거가 지지적인지 아닌지와 무관하다. 우리의 사례에서 대다수 지원자는 졸업생 대표가 아니다. 실제로 전체 구직자 중 $0.3 \times 6\% + 0.7 \times 0.1\% = 1.87\%$만 졸업생 대표다. 이런 형태의 증거는 아주 드물다(그러나 대단히 지지적이다).

증거를 보면 사후 신념이 많이 바뀌는 경우 그 증거를 진단적diagnostic 또는 정보적informative이라 말할 수 있다. q^h와 q^l의 차이가 클수록 사후 신념이 더 많이 변한다. 따라서 증거가 더 진단적이다. $q^h=1$, $q^l=0$(또는 $q^l=1$, $q^h=0$)으로 가장 극단적인 경우 증거를 관찰한 후 완전한 정보를 얻으며, 사전 믿음이 어떻든 상태가 무엇인지 정확히 알게 된다. 이는 사후 신념이 갱신될 것이라고 기대할 수 있는 최대치다. 다른 극단은 $q^h=q^l$인 경우다. 이때 증거를 관찰한 뒤의 사후 신념은 사전 신념인 p와 같다. 그래서 증거를 보아도 아무런 정보도 얻지 못한다. 이럴 때도 증거가 진단적인지는 형성 가능성이 큰지 또는 지지적인지와 무관하다는 점에 주목하라.

이제 우리의 첫 번째 모형을 제시하겠다. 이 모형으로 발신자가 어떤 종류의 증거를 공유하기로 선택할지 살핀다. 그다음에는 발신자가 어떤 종류의 증거를 탐색하고자 노력할지, 끝으로 어떤 종류의 증거를 생성하려고 애쓸지 질문한다.

모형 1: 공개

이 모형에서 우리는 증거가 존재하는 경우 발신자가 관찰하고 그것을 수신자에게 드러낼지 결정한다고 가정한다. 수신자는 발신자가 공유하기로 결정해야 증거를 볼 수 있다. 증거를 못 보는 경우 수신자는 증거가 존재하지 않아 그런 것인지 아니면 그냥 발신자가 공유하지 않기로 선택했기 때문인지 알 수 없다. 구도를 단순화하기 위해 우리는 발신자가 q^h와 q^l 값을 아는 가운데 한 번에 하나의 증거를 결정한다고 가정한다. 이 구도는 아주 단순하면서도 우리가 앞서 부각한 증거의 핵심 속성을 잘 포착한다. 특히 발신자가 증거를 획득하는 경우 이를 전달함으로써 그 사실을 증명할 수 있다는 점에 주목하라. 발신자는 증거를 조작할 수 없으며 증거를 획득하지 못했다는 것도 증명할 수 없다.

우리가 초점을 두는 질문은 이것이다. q^h와 q^l 값이 주어졌을 때 발신자는 증거를 드러낼 것인가, 숨길 것인가? 알다시피 발신자의 공개 여부 선택은 (p뿐 아니라) q^h와 q^l에도 좌우될 수 있다. 이론상 발신자는 온갖 행동을 할 수 있다. 가령 증거가 흔치 않거나 고도로 진단적일 때만 공유할 수 있다.[15] 또는 사전 신념이 충분히 낮을 때 언제나 증거를 공유할 수 있다.[16] 우리는 단 하나의 전략에 초점을 맞춘다. 그것은 $q^h > q^l$일 때, 오직 그때만 발신자가 증거를 드러내는 전략이다. 즉, 발신자는 증거가 지지적이면 증거를 드러내고 그렇지 않으면 숨긴다. 이를 지지적 공개 전략이라 부르자.

그다음으로 수신자가 신념을 형성하는 양상을 살펴보자. 우리는 수신자가 발신자의 행동과 증거에 관한 기대를 고려해 신념을 형성한다고 가정한다. 이 말의 의미를 이해하기 위해 발신자는 지지적 공개 전략을 쓰고 있고, 수신자는 앞서 제시한 졸업생 대표 사례처럼 $p=0.3$, $q^h=0.06$, $q^l=0.001$이라 추정한다고 가정하자.

증거가 드러나는 경우 수신자의 사후 확률을 계산하는 일은 간단하다. 그 답은 앞서 제시한 계산과 같이 96%이다. 한편 증거를 못 본 경우 수신자는 발신자가 증거를 확보하지 못했다고 추정한다(증거가 지지적이므로 발신자가 확보했다면 드러냈을 것이다). 앞서 이 경우의 계산도 했다. 거기에 따른 사후 확률은 28%이다.

증거가 지지적이지 않은 다른 사례를 선택하면 어떨까? 가령 $p=0.3$이지만 $q^h=0.001$, $q^l=0.06$인 경우를 보자. 이때 수신자는 발신자가 증거를 드러낼 것이라고 기대하지 않는다. 그래서 증거를 보지 못해 아무런 추정도 할 수 없다. 말 그대로 아무것도 없다. 즉, 사후 확률은 사전 확률과 같으며 그냥 $p=0.3$이다.

만약 수신자가 증거를 보게 된다면 뜻밖의 일이다. 그래도 여전히 사후 확률을 (0.7%로, 아이고!) 갱신할 것이다. 혹시 도움을 줄까 싶어 아래에 이 게임의 모든 역학을 시간순으로 정리했다.

1. 상태를 정한다. 높은 상태일 확률은 p다. 뒤이어 증거가 존재하거나 존재하지 않는 것으로 정한다. 상태가 높을 때는 q^h 확률로 존재하고, 상태가 낮을 때는 q^l 확률로 존재한다.
2. 발신자는 증거가 존재하는지 관찰한다. 존재하는 경우 드러낼지 숨길지 결정한다. 이 결정은 p나 q^h 또는 q^l이 좌우한다.
3. 증거가 존재하고 발신자가 그것을 드러내면 수신자가 증거를 본다. 이 경우 외에 수신자는 아무것도 못 보며 그 이유가 증거가 존재하지 않기 때문인지, 존재하지만 숨겨졌기 때문인지 구별할 수 없다. 수신자는 자신이 본 것과 발신자의 행동에서 기대하는 것을 토대로 상태에 관한 신념을 갱신한다.
4. 발신자는 수신자의 신념에 따른 보수를 받는다(상태가 높다는 수신자의 신념에 따라 정확히 늘어난다. 그렇지 않으면 상태나 증거가 존재하는지 또는 공유하는지로부터 독립적이다).

우리의 주된 결론을 말하자면 지지적 공개 전략은 이 게임의 유일한 균형 상태다. 그러니까 균형 상태에서 발신자는 지지적일 때, 오직 그때만($q^h > q^l$일 때, 오직 그때만) 증거를 드러낸다.[17] 수신자의 신념은 앞서 설명한 대로 형성된다. 특히 비지지적 증거를 못 봐도 큰 의미를 두지 않는다. 발신자가 어떻게든 그 증거를 드러내지 않을 것임을 알기 때문이다.[18]

왜 이것이 내시균형인지 알기 위해 표준 기법을 활용할 수 있다. 즉 발신자가 이탈로 이득을 보는지 확인하면 된다. 발신자는 증거를 획득하지 못하면 아무것도 하지 못한다. 따라서 두 가지 가능한 이탈만 확인하면 된다. 하나는 지지적인 증거를 숨기는 것이고, 다른 하나는 유리하지 않은 증거를 드러내는 것이다.

졸업생 대표 증서 같은 유리한 증거를 숨기는 것은 딱히 도움을 주지 않는다. 수신자는 발신자가 그런 증거를 드러낼 것이라고 기대한다. 그래서 못 보는 경우 발신자에게 그런 증거가 없다고 가정하고 사후 신념을 하향 조정한다. $p=0.3$, $qh=0.06$, $ql=0.001$인 앞선 사례의 경우 유리한 증거를 드러내는 것에서 숨기는 것으로 이탈하면 수신자의 사후 신념은 96%에서 28%로 확연히 낮아진다. 일반적으로 $qh>ql$인 경우 이탈이 더 낮은 사후 신념, 즉 더 낮은 보수로 이어진다고 보는 것이 옳다.

비지지적 증거를 드러내는 이탈은 어떨까? 이탈이 이뤄지기 전 수신자는 발신자가 그런 증거를 드러낼 것이라고 기대하지 않는다. 그래서 그러한 증거를 못 봐도 사후 신념을 사전 신념과 같게 유지한다. 만약 비지지적 증거가 드러나면 놀라기는 하겠지만 그 증거를 신념에 반영한다. 그 증거는 비지지적이므로 신념을 낮춘다. 가령 $p=0.3$, $qh=0.001$, $ql=0.06$일 때 신념이 30%에서 0.7%로 낮아진다. 옷장에 살인 무기를 숨겼다는 사실을 밝히는 것은 배심원단을 자기편으로 끌어들이는 좋은 방법이 아니다.

균형 상태에서 수신자는 발신자가 선택적으로 증거를 숨긴다고 여겨 발신자가 보여주는 증거를 그에 따라 해석한다는 점에 주목하라. 그래도 발신자는 자신이 할 수 있는 최선을 다한다.

첫 번째 모델 논의는 여기까지다. 다음으로는 마찬가지로 발신자가 지지적 증거만 탐색하는 이유를 설명한다.

모형 2: 탐색

앞선 게임에서 우리는 증거가 존재하면 발신자가 무조건 관찰한다고 가정했다. 이 게임에서는 발신자가 증거를 찾기 위해 노력해야 하는 경우 어떤 일이 생기는지 탐구한다. 이 모형에서 중요한 가정은 발신자가 탐색을 위해 얼마나 많이 노력했는지 수신자가 관찰할 수 없다는 점이다. 이는 수신자가 증거를 못 보는 경우, 증거가 존재하지 않기 때문인지 아니면 발신자가 열심히 찾지 않았기 때문인지 구별할 수 없다는 뜻이다.

이를 모형화하기 위해 이전과 같은 작업부터 한다. 이번에도 두 가지 상태(높은 상태와 낮은 상태가 있고 높은 상태는 p 확률을 지닌다)가 있다. 플레이어는 상태를 직접 관찰할 수 없다. 또한 이번에도 증거가 존재한다는 보장은 없다. 증거는 높은 상태에서 q^h, 낮은 상태에서 q^l 확률로 존재한다.

발신자의 증거 확보는 증거가 존재하는지, 얼마나 열심히 탐색하는지가 좌우한다. 논의를 단순화하기 위해 최소한의 탐색과 최대한의 탐색, 이 두 가지 수준의 탐색만 허용한다. 증거가 존재하는 경우 발신자가 확보할 확률은 최소한의 탐색일 때 f_{min}, 최대한의 탐색일 때 f_{max}이며, $1 \geq f_{max} > f_{min} \geq 0$이다. 당연한 말이지만 증거가 존재하지 않는 경우 얼마나 열심히 탐색하는지와 무관하게 발신자가 증거를 찾을 가능성은 없다.

발신자는 증거를 더 열심히 탐색하기 위해 비용을 치러야 한다. 그 비용은 최소한의 탐색일 때 0, 최대한의 탐색일 때 $c > 0$이다. c는 가령 CIA 요원들이 위성사진과 통화 기록, 심문 자료를 분석하는 데 들인 시간을 나타낸다.

중요한 것은 발신자가 얼마나 열심히 증거를 탐색했는지 직접 관찰할 수 없다는 점이다. 우리 같은 일반인은 CIA 요원들이 증거를 파헤치기 위해 얼마나 많은 시간을 들였는지 알 길이 없다.

이제부터는 모든 것을 모형 1과 거의 비슷하게 진행한다. 발신자는 증거를 확보하면 수신자와 공유할지 선택한다. 이후 수신자는 자신이 본 증거와 발신자의 행동에 기대하는 것을 토대로 사후 신념을 형성한다. 끝으로 발신자는 수신자의 사후 신념에 따라 늘어나는 보수를 얻는다.

지난 모형에서 발신자의 선택은 q^h, q^l, p에 좌우되었다. 적어도 이론상 발신자는 온갖 행동을 할 수 있다. 예를 들면 대단히 진단적인 증거만 최대한 탐색한 다음 찾아낸 모든 증거를 공개할 수 있다. 또 사전 신념이 아주 낮을 때만 증거를 탐색하지만 절대 드러내지 않을 수 있다.

현실적으로 우리는 다시 한번 초점을 좁히는 것이 가능하다. 이번에는 발신자가 모든 지지적 증거를 최대한 탐색해 획득하는 경우 무조건 드러내는 반면, 모든 비지지적 증거를 최소한으로 탐색해 절대 드러내지 않는 전략에 초점을 맞춰보자. 다시 말해 발신자는 $qh > ql$일 때, 오직 그때만 최대한 탐색하고 드러낸다. 이 전략은 지지적 탐색 전략이라 부를 수 있다. 짐작대로 이 전략은 이 증거 게임에서 유일한 내시균형으로 증명될 것이다.

발신자가 지지적 탐색 전략을 따를 것이라고 기대할 때 수신자의 신념은 어떻게 형성될까? 매개변수는 앞선 사례와 같은 것을 사용하자($p = 0.3$, $qh = 0.06$, $ql = 0.001$). 증거가 존재할 경우 발신자가 획득할 확률은 최소한으로 탐색할 때 $f_{min} = 0.05$, 최대한 탐색할 때 $f_{max} = 0.95$로 가정할 수 있다. 이 증거는 지지적이므로 수신자는 발신자가 최대한 탐색할 것이며, 증거를 획득하면 드러내리라고 기대한다. 증거를 보면 수신자의 사후 신념은 이전처럼 96%이다.[19] 증거를 못 보면 수신자의 사후 신념은 28.8%이다.[20] 이 사후 신념은 발신자가 증거를 최대한 탐색했다는 사실을 고려한 것이다. 발신자가 최소한으로 탐색할 거라고 기대했다면 수신자의 사후 신념은 여전히 낮아지겠지만 29.9%까지만 낮아진다. 다시 말해 발신자가 더 열심히 탐색할 것이라고 기대하는 경우 증거를 제시받지 못할 때 수신자의 사후 신념은 더 낮아진다.

한스 브릭스는 이라크전을 앞두고 이라크의 대량살상무기 프로그램을 조사하는 유엔 조사단을 이끌었다. 그는 이라크 침공에 반대하면서 유엔이 아주 열심히 증거를 탐색했다는 사실을 강조했다. 그의 말에 따르면 "약 700회에 걸쳐 사찰이 이뤄졌지만 대량살상무기를 발견한 적은 없었다." 이 발언의 의도는 위와 비슷하게 사람들이 사후 신념을 낮추도록 만드는 데 있었다. 즉, 유엔이 최대한 탐색했다는 점을 고려할 때 증거가 없다는 사실을 더욱 치명적 결함으로 해석하도록 만드는 것이었다. 혹시 도움을 줄까 싶어서 시간순으로 전체 진행 과정을 제시한다.

1. 상태를 정한다. 높은 상태일 확률은 p다. 뒤이어 증거가 존재하거나 존재하지 않는 것으로 정한다. 상태가 높을 때는 q^h 확률로 존재하고, 상태가 낮을 때는 q^l 확률로 존재한다.

2. 발신자는 최소한으로 탐색하는 데 0을 치를지, 최대한 탐색하기 위해 $c > 0$를 치를지 선택한다. 이 결정은 c, p, q^h 또는 q^l이 좌우할 수 있다. 수신자는 이 결정을 관찰하지 못한다. 증거가 존재하는 경우 발신자가 최소한으로 탐색할 때 찾을 확률은 f_{min}, 최대한 탐색할 때 찾을 확률은 f_{max}다. 이때 $1 \geq f_{max} > f_{min} \geq 0$이다.

3. 증거를 발견하는 경우 발신자는 그것을 드러낼지 선택한다.

4. 수신자는 발신자가 최소한으로 탐색할지 아니면 최대한 탐색할지에 대한 기대를 반영해 신념을 갱신한다. 발신자의 보수는 상태가 높다는 수신자의 신념에 따라 늘어나는 것으로 가정한다.

앞서 말한 대로 이 증거 게임의 유일한 균형 상태는 발신자가 지지적 탐색 전략을 따르는 것이다. 단, 탐색 비용이 너무 많이 들면 안 된다(비용이 너무 많이 들면 발신자는 아예 탐색하지 않는다). 비용이 너무 많이 든다는 것은 열심히 탐색하고 증거를 찾아 수신자의 신념을 높였을 경우 예상하는 이득보다 비용 c가 더 크다는 것을 의미한다.[21]

한편 수신자에게는 발신자의 행동에 따른 기대가 있다. 그래서 발신자가 최소한으로 탐색하고 이전처럼 자신이 비지지적 증거를 못 봤다는 사실에 아무 의미를 두지 않을 때보다, 발신자가 최대한 탐색한 후에도 지지적 증거를 찾지 못할 때 사후 신념을 더 많이 낮춘다.

발신자는 이탈로 이득을 볼 수 없다. 지지적 증거를 최소한으로 탐색하는 이탈은 힘들기만 하고 얻는 게 없다. 수신자에게 지지적 증거를 드러낼 확률은 낮아지는 반면, 수신자는 발신자가 최대한 탐색할 것이라고 계속 기대하기 때문이다. 특히 수신자는 증거를 못 보면 그 가정에 따라 사후 신념을 형성한다. 그러니 낭패가 아닐 수 없다. 다른 한편으로 비지지적 증거를 더 열심히 탐색하는 이탈도 무의미하다. 어차피 드러내고 싶지 않은 증거를 획득하려고 비용을 더 많이 치를 뿐이기 때문이다.

모형 3: 검증

세 번째 게임에서는 발신자가 어떤 방식으로 검증할지, 따라서 어떤 유형의 증거를 생성할지 결정할 수 있는 경우를 살핀다.

그 방법은 발신자에게 qh와 ql에 관해 어느 정도 통제권을 부여하는 것이다. 구체적으로는 발신자가 주어진 일련의 값에서 qh와 ql 값을 선택하도록 허용한다.[22] 우리는 발신자가 비지지적 증거를 기꺼이 검증하지 않을 것임을 안다. 그래서 지지적 증거 검증으로 초점을 제한한다(qh는 언제나 ql보다 높다). 수신자는 일련의 가용한 qh와 ql을 안다. 그렇지만 발신자가 선택하는 특정한 한 쌍의 값을 관찰할 수는 없다. 발신자가 그 값을 선택하면 상태와 해당 qh 그리고 ql 값에 따라 증거가 생성된다. 이 지점부터는 모든 것이 앞에 나온 모형들과 같다. 즉, 이번에도 발신자는 생성된 증거를 수신자에게 드러낼지 선택할 수 있다. 수신자 역시 자신이 보는 증거와 발신자가 어떤 검증을 선택할지 그 기대를 신념 갱신의 토대로 삼는다.

예를 들어 $p = 0.3$이고 발신자가 두 유형의 검증을 할 수 있다고 가정하자. 둘 다 $qh = 0.6$이다. 반면 ql은 하나는 0.01이고 다른 하나는 0.001이다. 이 사례에서 $ql = 0.001$인 검증이 가장 진단적이다. qh와 ql의 차이를 최대화하기 때문이다. 발신자가 $ql = 0.001$인 검증을 선택할 것이라고 기대하는 경우 수신자의 사후 신념은 앞서 계산한 것과 같다. 즉, 증거를 볼 때는 96%이고 못 볼 때는 28%이다. 한편 $ql = 0.01$인 다른 검증은 증거를 만들 가능성이 더 크다.

이 경우 증거를 확보할 확률은 높은 상태에서는 같지만 낮은 상태에서는 더 높다. 다만 qh와 ql의 차이가 더 작아 검증이 덜 진단적이다. 수신자의 사후 신념은 이러한 진단성 결여를 반영한다. 발신자가 이 검증을 선택할 것이라고 기대하는 경우 수신자의 사후 신념은 증거를 볼 때는 72%이고, 못 볼 때는 29%이다. 또한 수신자는 증거를 보더라도 다른 경우만큼 진지하게 받아들이지 않으며, 증거를 못 본다고 해서 사후 관념을 그만큼 많이 낮추지도 않는다.

이 모형을 해석하는 데 도움을 주기 위해 현실적인 사례에 대입해보자. 당신이 발신자인데 대통령의 직무 수행 만족도를 조사하는 여론조사를 설계한다고 상상해보라. 당신은 어떤 질문을 넣을지, 응답자가 어떤 답을 선택할 수 있는지, 설문지를 누구에게 보낼지, 얼마나 많은 사람에게 보낼지 등을 결정할 수 있다. 각 결정은 q^h와 q^l에 이어 증거의 특성에도 영향을 미친다.

이 점을 이해하기 위해 대중이 대통령의 직무 수행에 만족하는 상태를 높은 상태로 설정하자. 이때 q^h와 q^l은 각각 높은 상태와 낮은 상태에서 유리한 응답을 얻을 가능성으로 해석한다. 당신은 설문지를 대통령의 열혈 지지층에게만 보내기로 선택할 수 있다. 그러면 대통령이 평균적으로 인기가 없어도 응답자는 높은 비율로 대통령이 잘하고 있다고 응답할 것이다. 이 경우 q^h와 q^l은 모두 높다(당신은 비진단적 검증을 선택한 셈이다). 반대로 당신은 대통령의 성공과 실패를 아울러 다양한 질문을 하고, 응답자가 만족과 불만을 모두 표현할 수 있도록 선택지를 제공하며, 대표성을 갖춘 표본 설문지를 보낼 수 있다. 이 경우 대통령이 실제로 인기가 있으면 유리한 답을, 그렇지 않으면 불리한 답을 얻을 가능성이 크다. 즉, q^h는 높지만 q^l은 낮다(진단적 검증).

당신이 어떤 유형의 검증을 선택하든 다른 사람들은 여론조사 결과를 보고 일반적인 대통령 지지도가 어떤지 알 수 있다. 다만 정확한 여론조사 방식을 알려면 깊이 파고들어야 한다. 그래도 사람들에게 여론조사 방식을 추정할 만한 경험이나 수단이 있을지도 모른다. 이는 결과 해석 방식에 영향을 미친다. 다음은 이 게임을 진행하는 과정을 시간순으로 정리한 것이다.

1. 상태가 높거나 낮게 정해진다(높은 상태는 p 확률을 지닌다. 상태는 발신자나 수신자 모두에게 알려지지 않는다).

2. 발신자는 일련의 가용한 쌍에서 q^h와 q^l을 선택한다. 단 $q^h > q^l$이다. 발신자는 선택할 때 p를 조건으로 삼는 건 가능해도 실제 상태는 조건으로 삼을 수 없다. 관찰자는 선택 범위를 알지만 발신자가 무엇을 선택하는지 볼 수 없다. 증거는 존재하거나 존재하지 않는 것으로 정한다. 그 확률은 상태, q^h와 q^l에 관한 발신자의 선택이 좌우한다.

3. 나머지는 모형 1과 같다. 발신자는 증거가 존재하는 경우 드러낼지를 선택한다. 수신자는 자신이 보는 것과 발신자가 어떤 q^h와 q^l을 선택할지 그 기대를 토대로 사후 신념을 형성한다. 뒤이어 발신자는 수신자의 사후 신념에 따라 늘어나는 보수를 얻는다.

균형 상태에서 발신자는 q^h와 q^l을 모두 최대화한다. 엄밀히 말

살아 있는 것은 모두 게임을 한다

하면 증거를 획득할 확률, 즉 $pqh+(1-p)ql$을 최대화하며 획득하는 모든 증거를 드러낸다. 이 확증적 검증 전략은 지지적 증거를 확보할 가능성은 높이지만 증거의 정보적 가치는 낮춘다.

수신자는 이 점을 고려해 증거를 너무 진지하게 받아들이지 않으며 다른 경우보다 신념을 덜 갱신한다. 우리의 사례에서 바로 이런 일이 일어난다. 발신자가 $ql=0.01$인 검증을 선택할 거라고 기대하는 경우 수신자는 증거를 볼 때와 못 볼 때 모두 신념을 덜 갱신한다.

또한 앞선 두 게임과 마찬가지로 발신자가 더 진단적인 검증으로 이탈해도 전혀 나을 게 없다. 발신자가 더 진단적인 선택지, 그러니까 위의 사례에서 $ql=0.001$을 선택해도 수신자는 그 사실을 알지 못하며 비진단적 검증, 즉 $ql=0.01$에 따라 증거가 생성된 것으로 해석할 것이다. 따라서 수신자의 사후 신념은 증거를 보는 경우에도 여전히 72%에 머문다(아무 소득이 없는 셈이다!). 반면 발신자가 어떤 검증을 선택했는지 아는 경우에는 사후 신념이 96%로 늘어난다. 수신자가 증거를 못 보는 경우에도 사후 신념은 바뀌지 않는다. 한편 발신자는 수신자가 증거를 볼 가능성을 줄이게 된다(고생만 한 꼴이다!).

앞선 여론조사 사례로 돌아가면 발신자 관점에서 최적의 여론조사 설계는 지지자들에게 유도성 강한 질문을 하는 것이다. 그러면 대통령의 인기와 무관하게 유리한 답을 얻을 확률을 최대화할 수 있다. 그 결과를 보는 다른 사람들은 여론조사를 어떻게 설계했는지 그 세부 사항을 몰라도 확증적일 거라고 추정한다. 그래서 크게 신뢰하지 않는다. 물론 대통령 참모들은 더 진단적인 여론조사 방법론을 활용하지 않는다. 그런 방법론을 썼다고 어떻게든 증명할 수 없다면 말이다. 다른 사람들이 계속해서 여론조사가 편향적이라고 가정할 것이기 때문이다.

■

앞서 살핀 세 가지 증거 게임은 각각 조금씩 다른 형태의 왜곡에 대응하기 위한 것이지만 공통점이 많다. 지금부터 몇 가지 공통점을 살펴보고 그 과정에서 우리의 가정이 타당했는지 재확인해보자.

사적 정보. 사적 정보는 모든 플레이어가 반드시 공유하지는 않는 정보다. 사적 정보는 세 가지 증거 게임 모형의 핵심에 있다. 첫 번째 모형에서는 발신자만 자신이 무슨 증거를 손에 넣었는지 안다. 두 번째 모형에서는 발신자만 자신이 얼마나 열심히 탐색했는지 안다. 세 번째 모형에서는 발신자만 자신이 어떤 검증 방식을 선택했는지 안다. 각각의 경우 발신자는 이 점을 이용하고 싶은 유혹에 빠진다.

첫 번째 모형에서 발신자만 자신이 비지지적 증거를 획득했음을 안다. 이 사실은 해당 증거를 숨길 기회를 제공한다. 두 번째 모형과 세 번째 모형에서 발신자만 자신이 얼마나 열심히 탐색했는지, 어떤 검증 방식을 활용했는지 안다. 이는 발신자가 지지적 증거를 획득할 확률을 최대화하는 방향으로 선택할 수 있음을 뜻한다.

물론 수신자는 모든 경우에 발신자가 사적 정보를 이용할 것이라고 기대한다. 여기서 기대와 관찰은 같지 않다. 첫 번째 모형에서 수신자는 발신자가 비지지적 증거를 획득했을 가능성이 있음을 안다. 그러나 특정한 경우 발신자가 실제로 획득했는지 여전히 알지 못한다. 두 번째 모형과 세 번째 모형에서 수신자는 발신자가 어떤 선택을 할지 기대한다. 이때 발신자가 그 선택에서 이탈하려 노력하는 경우 수신자는 그 사실을 알 수 없다. 결국 발신자에게 그 노력에 따른 보상을 할 수 없다.

발신자에게 사적 정보가 있다고 가정하는 게 현실적일까? 우리는 그렇다고 생각한다. 인스타그램 이용자는 자신이 어떤 사진을 찍었는지 안다. 반면 팔로워는 그들이 올리는 사진만 본다. CEO는 회사 실적을 투자자보다 잘 안다. 딕 체니는 CIA가 어떤 일을 하는지 우리보다 훨씬 잘 알았다. 연구자는 자신이 어떤 데이터를 얻었는지, 어떤 실험을 할 수 있는지 세미나 참석자보다 잘 안다. 요컨대 발신자는 흔히 자신이 어떤 증거를 어떻게 획득했는지에 관해 우리보다 정보가 많다.

발신자는 정보 누락은 모면해도 조작하는 것은 모면할 수 없다. 우리는 발신자가 어떤 일은 해도 모면할 수 있지만 다른 일은 하면 모면할 수 없다고 가정했다. 이를테면 증거, 탐색 정도, 검증 방식은 숨겨도 모면할 수 있다. 반면 증거를 조작하면 모면할 수 없다. 발신자가 증거를 숨겼을 때 충분한 처벌을 받으면 그렇게 하지 않을 것이다. 반대로 증거를 조작해도 들키지 않으면 그렇게 할 것이다.

우리의 가정이 극단적이라는 점은 인정한다. 현실에서는 정보를 숨겼다가 난처해질 때도 있다. 또한 노골적으로 증거를 조작하고도 모면하는 때도 있다. 우리가 극단적 사례를 활용한 의도는 대개 어떤 일(가령 정보를 숨기는 것)은 다른 일(조작)보다 모면하기가 쉽다는 사실을 제시하는 데 있다. 일단 은폐보다 조작이 더 쉽게 적발된다.

예를 들어 졸업생 대표였다는 지원자의 말이 거짓인지 아닌지 확인하려면 면접 담당자는 해당 학교에 전화만 걸면 된다. 반면 지원자가 문제가 될만한 내용을 이력서에서 빼놓지 않았는지 확인하려면 출신학교, 과거 직장, 봉사활동을 한 자선단체 등에 모두 연락해야 한다. 일단 적발될 경우 정보를 숨긴 것보다(누락) 조작한 것(범법)에 더 심한 제재를 당한다. 왜 그런지는 나중에 논의한다. 지금은 대부분 그렇다는 점만 지적하겠다. 인스타그램에 자신이 찍지 않은 사진을 올리는 것은 중대한 금지사항이다(대부분 노골적인 불법행위다). 하지만 머리가 헝클어진 사진을 올리지 않았다고 당신에게 화내는 사람은 없다. 엔론의 제프리 스킬링과 테라노스의 엘리자베스 홈스처럼 사실을 조작하는 CEO는 대개 직위를 잃고 때로 교도소에 가기도 한다. 스티브 잡스나 일론 머스크처럼 사실을 능숙하게 왜곡하는 CEO는 그것 때문에 처벌받는 경우는 드물며 오히려 보상받기도 한다. 사정은 학계도 비슷하다. 하버드대학교의 마크 하우저는 데이터를 조작했다는 사실이 탄로 난 후 교수직을 잃었다. 나중에 책을 출판해 경력을 되살리려던 노력도 물거품으로 돌아갔다. 한편 사회과학자 중에서 확증적 검증을 하고도 실질적인 영향을 받은 사람은 드물다. 모든 경우 조작이 누락보다 심하게 처벌받는다는 우리의 가정은 현실을 반영한다.

수신자는 발신자의 행동에 따라 신념을 조정한다. 세 게임 모두에서 수신자는 정교한 방식으로 상태에 관한 신념을 형성한다. 다시 말해 발신자가 부릴 수작을 고려하고 그것이 대수롭지 않은 듯 베이즈 정리에 따라 계산한다.

첫 번째 모형에서 수신자가 발신자의 행동에 따라 신념을 조정하는 양상이 가장 명확하게 드러나는 경우는 지지적 증거 부재와 비지지적 증거 부재를 대하는 방식을 비교할 때다. 가령 지원자가 이력서에 졸업생 대표였다는 사실을 기재하지 않으면 면접 담당자는 실제로 졸업생 대표가 아니었다고 확신한다. 반면 피고가 살인 무기를 소지했다는 사실을 밝히지 않아도 그가 살인범인지 아닌지 배심원단의 평가는 바뀌지 않는다.

두 번째 모형에서도 마찬가지다. 이 경우 아무런 증거를 제시하지 않았을 때, 발신자가 얼마나 열심히 탐색했는지 수신자가 고려하는 과정에서 조정이 이뤄진다. 그러니까 발신자가 아주 열심히 탐색한 지지적 증거를 제시하지 않을 경우 수신자의 신념은 더 많이 낮아진다. 세 번째 모형의 경우 상대적 기준에서 확증적 증거를 무시하는 조정이 이뤄진다.

현실 세계의 수신자는 우리의 모형이 요구하는 것처럼 발신자의 행동을 고려할까? 그들은 다른 사람이 지지적 증거를 보여주지 못할 때 부정적 추정을 하는 것으로 보인다. 특히 그들이 그것을 폭넓게 탐색했다고 가정할 때 더욱 그렇다. 우리는 다른 사용자들이 인스타그램에 힘든 모습을 올리지 않는다는 사실을 안다. 심지어 누군가가 한동안 아무 사진도 올리지 않으면 괜찮은지 확인해보는 게 현명하다는 사실도 안다. 잘 지내지 못할 수도 있어서다. 우리는 첫 데이트에서 상대가 어떤 사실을 숨길 것이라고 기대한다. 그래서 자신에게 불리한 사실을 자진해서 털어놓지 않아도 크게 개의치 않는다.

투자자들은 팀 쿡이 실적 발표 자리에서 아이폰을 언급하지 않으면 아이폰 실적이 그리 좋지 않을 것이라는 사실을 안다. 역사학자와 기자는 연구나 취재 대상이 자신에게 불리한 사실을 말하지 않는다고 해서 그냥 그런 일이 없다고 가정하지 않는다. 유엔 안보리는 콜린 파월이 유명한(악명 높은) 연설을 한 후에도 부시 정권 편을 들지 않았다. 세계에서 가장 크고, 운영비를 많이 쓰고, 수준 높은 정보 기관들이 몇 달 동안 탐색했어도 강력한 증거를 찾지 못했다는 점이 시사하는 바가 크다고 추정했기 때문이다. 대다수 논문 심사위원은 연구자가 명백한 수치나 도표, 통계적 검증을 빠트리면 해당 자료가 그리 좋아 보이지 않아서라는 것을 안다.

우리는 증거가 크게 진단적이지 않을 때도 마찬가지로 감을 잡을 수 있다. 누군가가 하필 1998년부터 시작하는 기후 통계를 늘어놓으면 우리는 그것이 우연한 선택이 아니며 회의적인 태도를 보여야 한다는 것을 안다. 사람들은 대개 다른 사람이 어떻게 검증을 확증적으로 만드는지 정확히 알지 못한다. 그래도 그들이 아마 그랬을 것이라는 사실을 알며 증거를 해석할 때 에누리한다. 트럼프 선거 캠프가 앞서 우리가 조롱한 여론조사 결과를 홍보한 경우가 그렇다. 우리는 그들이 어떻게 95%에 이르는 직무 수행 만족도를 끌어냈는지 정확히 알지 못한다. 하지만 그들이 진단적인 질문을 제시하지 않았거나 부정적 답변을 할만한 사람들을 여론조사 대상에서 제외했을 것이라고 감을 잡는다. 요컨대 우리의 게임은 현실 세계의 수신자들에게 까다로운 요구를 한다. 수신자들은 그 요구를 감당할 수 있는 것으로 보인다. 아니, 감당하는 정도가 아니라 적극 수행하는 듯하다.

물론 현실 세계의 수신자들이 늘 발신자의 행동을 완전히 고려하는 것은 아니다. 발신자의 능력과 동기를 완전히 인지하지 못할 때는 더욱 그렇다. 이 경우 그들은 발신자의 편향적 행동에 맞춰 완전히 조정하지 못할 수도 있다. 예를 들면 다른 실험을 재시도하거나, 더 많은 CIA 요원을 동원해 원하는 이야기에 맞는 인터뷰와 사진을 파헤치는 일이 얼마나 쉬운지 과소평가할 수 있다. 또는 발신자가 사실은 수신자인 자신을 설득할 동기가 있는데도 편향되지 않았다고(사실을 그대로 알리려는 동기가 있다고) 가정할 수도 있다. 이런 정보가 없을 때 수신자는 발신자의 왜곡에 맞춰 적절히 조정할 수 없다. 그렇다고 왜곡을 하려는 발신자의 동기가 사라지거나 왜곡 방식이 바뀌는 것은 아니다. 오히려 왜곡의 파괴력이 더욱 커질 뿐이다. 결국 수신자는 잘못된 정보를 수집하고 공유할 뿐 아니라(우리의 모형에도 해당함) 편향적 신념을 갖는다(우리의 모형에 해당하지 않음).

사람들이 왜곡된 증거를 접하고도 신념을 제대로 조정하지 못하는 사례는 또 있다. 바로 사기에 동참하고 있을 때다. 가령 정치 뉴스 소비에서 우리는 언론의 설득 대상일 **수도 있고**, 우리가 다른 대상을 설득하기 위한 증거를 수집하고 **있을 수도 있다**. 후자의 경우 언론은 우리가 그런 증거를 수집하는 수단이다. 그래서 우리는 언론이 제시하는 내용을 에누리하지 않는다. 이때 우리는 수신자가 아니라 실은 발신자이기 때문이다. 이 점은 우리의 모형과 어긋나지 않는다. 단지 약간의 주의가 필요할 뿐이다.

수신자의 불신에도 불구하고 발신자는 이탈로 이득을 볼 수 없으며 왜곡은 균형 상태에서도 지속된다. 수신자는 발신자의 편향적 행동을 인지하고 그에 맞춰 신념을 조정한다. 그래도 발신자 입장에서 그런 방식으로 계속 행동하는 것보다 나은 길은 없다. 지지적 증거를 숨기거나 비지지적 증거를 드러내는 것은 도움을 주지 않는다. 편파적이지 않게 증거를 탐색하거나 생성하는 것도 마찬가지다. 여전히 다른 사람들은 발신자가 제시한 증거를 그렇지 않은 것처럼 판단할 것이기 때문이다.

그러니까 다른 사람들이 다 알아도 인스타그램 사용자, CEO, 딕 체니 같은 부류, 학자 들이 편향적 공개·편향적 탐색·확증적 검증을 하는 이유에 관해 우리의 모형이 제시하는 답은 그렇게 하는 것이 균형 상태이기 때문이라는 것이다. 더구나 그것이 유일한 균형 상태다! 그들에게 다른 사람을 설득해야 할 동기가 있고 자신이 어떤 증거를 어떻게 확보했는지에 대한 사적 정보가 있다면 말이다.

—

끝으로 우리 모형의 일부 가정을 무너트리는 기존 방식을 활용해 추가 통찰을 얻을 수 있는지 알아보자.

지금까지 우리의 발신자는 자신이 적격한 지원자임을 또는 살인 자가 아님을 수신자가 믿어주기를 바랐다. 다른 발신자는 후세인이 대량살상무기를 보유했음을 또는 트럼프가 인기 많은 대통령임을 수신자가 믿어주기를 바랐다. 무엇보다 이 발신자들은 자신의 주장이 사실인지와 **무관하게** 수신자가 그렇게 믿어주기를 바랐다. 요컨대 그들에게는 수신자를 설득해야 할 동기가 있었다.

이 가정을 무너트리자. 사실 발신자가 수신자를 설득하기보다 수신자에게 정보를 주고 싶어 하는 경우도 많다. 가령 두 명의 친구를 이어주려 하는 발신자는 분명 그들이 서로에게 반하기를 바란다. 만약 그런 일이 일어나지 않을 거라면 자신이 사전에 그렇게 될 거라고 믿기를 바라지 않는다(그러면 친구 둘을 다 잃는다). 비슷한 경우로 정보기관의 역할은 전쟁을 벌일 근거를 마련하는 게 아니라, 어떤 나라가 대량살상무기를 확보할 역량이 있는지 대통령과 국민이 정확한 의견을 갖도록 돕는 일이다. 또는 선거 캠프를 위해 일하는 게 아니라 단지 구독자가 대통령 지지도를 최대한 명확히 파악할 수 있기를 원하는 여론조사 기업은 어떨까? 그들이 낮은 상태에서도 지지적 증거를 획득할 확률을 최대화하는 조사 방식을 계속 활용할까? 그렇지 않다. 세 가지 게임 모두에서 정보를 제공하려는 발신자는 수신자를 설득하려는 발신자와 상당히 다르게 행동할 것이다.

첫 번째 게임에서 이제 발신자는 지지적이든 비지지적이든 손에 넣는 모든 증거를 공개한다. 그래서 "제프는 열심히 일하고, 창의적이고, 뛰어난 기업인이야. 작년에 재산이 900억 달러나 늘었어! 그는 때로 끝없이 우주 이야기를 늘어놓고 대체로 약간 격정적이야. 키가 그리 크지 않고 **완전히** 대머리라는 것도 말해야겠지. 하지만 운동을 하고 있고 내 생각에는 아주 잘생겼어. 특히 기술 분야 사람치고는 말이야. 사진 한 번 보여줄까?"라는 식으로 말한다.

두 번째 게임에서 이제 발신자는 지지적 증거뿐 아니라 비지지적 증거도 탐색한다. 즉, (당시 CIA가 확인한 대로) 이라크 사람들이 알카에다에 들어간다는 사실을 비롯해 이라크의 혐의를 벗겨줄 설명이 있는지 파악하는 데 자원을 할애한다. 또한 후세인이 개인적으로 연루되었는지(결국 연루되지 않았다고 밝혀짐), 이라크를 넘어 다른 주변국에서도 알카에다 지원자들이 나오는지(결국 그랬다는 것이 밝혀짐) 파악하는 데 자원을 투입한다. 물론 정보기관들은 원래 이런 방식으로 행동한다. 마이클 이시코프와 데이비드 콘에 따르면 CIA도 그렇게 행동하려고 노력했다. 비지지적 증거의 단서를 찾지 말라고 체니가 막기 전까지는 말이다.

세 번째 게임은 어떨까? 수신자를 설득하려 하는 발신자는 낮은 상태에서도 증거를 획득할 가능성을 높이려고 노력한다는 점을 기억하라. 대통령 지지층을 대상으로 여론조사를 하거나, 답변 항목을 '아주 잘함, 잘함, 양호함, 기타'로 제시하는 것이 그 예다. 반면 정보를 제공하려 하는 발신자는 절대 그렇게 하지 않는다. 대신 진단성을 최대화하도록 여론조사를 설계한다. 이는 낮은 상태에서 지지적 증거를 획득할 확률을 **최소화**한다는 뜻이다. 우리는 이미 그렇게 하는 방법을 논의했다. 이를테면 대통령의 잘못까지 포괄하는 다양한 질문을 하고, 만족과 불만족을 모두 표시할 수 있는 선택지를 제공하고, 야당 지지층을 비롯해 최대한 많은 사람에게 설문지를 보내는 등의 일을 할 수 있다. 선전기관이 아닌 여론조사기관은 실제로 그렇게 한다.

편향적 공개, 편향적 탐색, 비진단적 검증은 발신자의 동기가 정보 제공이 아니라 설득일 때 나타난다. 이러한 행동은 발신자의 동기가 명확하지 않을 경우 그것을 확인하는 데 도움을 준다. 당신에게 소개팅을 주선하면서 상대의 좋은 면만 말하는 친구는 좋은 짝을 만들어주려는 게 아니다. 무조건 소개팅을 해주려 할 뿐이다. 보도에 따르면 체니 부통령은 비지지적 증거를 탐색하는 요원을 해고하겠다고 위협했다. 그의 동기는 이라크의 대량살상무기 프로그램에 관한 진실을 드러내려는 게 아니었다. 선전 활동에 매달린 그에게는 전쟁을 벌이려는 다른 의도가 있었다. 기후변화를 말하며 자신에게 유리한 통계만 읊어대는 정치인은 엑손에서 후원금을 받고 있을지도 모른다. 그 밖에도 많은 사례가 있다. 편향적 공개, 편향적 탐색, 비진단적 검증은 발신자의 동기가 설득인지 아닌지 알려주는 유용한 징표다.

이번에는 발신자가 자신이 획득한 증거를 검증 가능한 방법으로 전달하는 반면, 증거를 획득하지 않았다는 사실은 전달하지 않는다는 두 번째 가정을 무너트리자. 앞서 논의한 대로 이 가정은 대개 적절한 경우가 많다. CEO는 회사 실적과 관련해 특정 통계를 쉽게 제공한다. 하지만 여기에 투자자가 걱정해야 할 통계가 없다는 사실을 증명하기는 어렵다. 정보기관은 자신들이 찾은 증거를 비교적 쉽게 공유한다. 그런데 증거를 찾기 위해 모든 곳을 들췄다는 사실을 증명하기는 그보다 어렵다. 연구자는 특정 회귀분석 결과를 쉽게 제시할 수 있다. 그러나 연관된 모든 회귀분석을 실행했고 그 결과가 모두 같은 방향을 가리키는지 증명하기는 매우 어렵다.

때로는 발신자가 정보를 획득하지 않았다는 사실을 밝히는 일이 가능하다. 고용주가 범죄 기록을 부적격의 증거로 보는 경우(안타깝게도 그런 고용주가 많다) 해당 지원자가 이 비지지적 증거를 숨길 것이라고 기대하게 마련이다. 이때 범죄 기록이 없는 지원자는 그 사실을 말할 수 있고, 잠재적 고용주는 신원조사로 이 주장을 검증할 수 있다. 그 결과 고용주는 일부 지원자가 비지지적 증거를 숨기려 해도 결국 충분한 정보를 확보한다. 실제로 이는 노벨상 수상자 폴 밀그럼이 이제는 고전이 된 한 연구 결과에서 제시한 특수 사례다. 그는 증거를 자유롭게 검증할 수 있을 때, 수신자는 균형 상태에서 결국 충분한 정보를 얻는다는 점을 보여주었다.[23]

끝으로 발신자가 증거를 누락했다는 사실을 숨기기 어렵게 만드는 것이 가능하다. 논쟁의 여지는 있지만 사회과학과 의학 분야에서 그런 일이 일어났다. 이들 분야는 사전등록제도를 채택하고 있다. 그

살아 있는 것은 모두 게임을 한다

래서 연구자들은 통계적 분석을 하기 전에 어떤 방식을 쓸 것인지 미리 밝힌다. 그 결과 연구자가 정보를 얻을 수 있는 일부 검증을 밝힌 바와 달리 누락하는지 확인할 수 있어 그 유혹에 넘어가지 않는다. 누락 사실을 숨기기 힘들게 만들면 왜곡이 줄어들고 과학이 진전한다. 이런 일이 늘어나기를 바란다.

■

우리가 제시한 세 가지 게임은 세 가지 왜곡 형태에 초점을 맞춘 것이다. 서두에서 말한 대로 편향적 공개, 편향적 탐색, 비진단적 검증이 그것이다. 물론 사람들은 다른 수많은 방식으로 증거를 왜곡한다. 예를 들어 데이트 사이트 오케이큐피드OkCupid에 올라온 프로필을 보면 남성 회원의 키는 전국 평균보다 약 5센티미터 크다. 또한 놀라울 정도로 많은 남성 회원의 키가 딱 183센티미터다. 여성 회원의 키도 전국 평균보다 약 2.5센티미터 크다. 정말 그럴까? 가장 가능성 있는(오케이큐피드의 블로그와 게시판에 올라온 글을 보면 회원들도 대개 그럴 거라고 가정하는) 설명은 많은 회원이 키를 약간 과장한다는 것이다.[24]

이는 앞서 제시한 세 가지 모형이 포착하지 못한 왜곡 형태다. 우리 모형에서 발신자는 증거를 구해 수신자에게 전달하기 때문이다. 반면 오케이큐피드에서는 스스로 키 수치를 밝힌다. 어떤 증거도 필요하지 않으며 제시하지도 않는다.

그렇지만 이 경우에도 우리가 제시한 세 가지 증거 게임의 공통 요소가 존재한다. 우선 수신자를 설득하려는 동기가 있다(사람들은 대부분 키 큰 파트너를 선호한다). 사적 정보도 있다(회원의 키 수치). 또한 어떤 종류의 거짓말을 발견했을 때 처벌하는지에 비대칭성이 있다(작은 과장은 누락처럼 발견하거나 증명하기 어렵다). 균형 상태에서 발신자는 제한적으로만 거짓말을 한다(5센티미터 정도만 키를 과장한다). 수신자는 그들이 거짓말하고 있음을 안다(그로 인한 짜증스러움을 블로그와 게시판에 털어놓는다).

그런데도 발신자는 이탈로 이득을 볼 수 없다. 수신자는 발신자가 키를 5센티미터 과장할 것이라고 기대하기 때문이다. 이 상황에서 발신자가 키를 과장하지 않아도 수신자는 그냥 발신자가 실제 키보다 5센티미터 작을 것이라고 가정한다. 결국 발신자의 데이트 기회는 더 줄어든다. 여기에다 아이러니하게도 발신자의 잠재적 짝은 실제로 그의 키를 덜 정확히 추정한다.

요점을 말하자면 모형의 세부 측면은 왜곡 유형에 따라 달라질 수 있다. 그러나 그 설명은 위에서 제시한 핵심 공통점을 공유한다.

다음 장에서는 이 증거 게임이 우리가 다른 사람을 설득하는 특이한 양상뿐 아니라 우리가 스스로를 설득하는 특이한 양상, 즉 심리학자가 말하는 '동기화 추론'도 설명한다는 사실을 살펴본다.

[게임 1 – 공개]

| 상태가 선택됨 | 발신자는 증거를 획득할 수 (또는 획득하지 않을 수) 있음 | 증거를 획득한 경우 발신자는 공개 여부를 선택함 | 수신자는 상태에 관한 신념을 형성함 |

구도:

- 세계의 상태는 높거나 낮다.

- 발신자에게는 설득 동기가 있다. 우리는 이를 상태가 높다는 수신자의 사후 신념에 따라 발신자의 보수가 늘어나는 것으로 모형화한다. 발신자의 보수는 다른 어떤 것에도 좌우되지 않는다.

- 발신자는 증거를 획득할 수도 있고 획득하지 않을 수도 있다. 증거를 획득할 가능성은 상태가 좌우한다. 높은 상태에서는 qh 확률로 획득하고, 낮은 상태에서는 ql 확률로 획득한다. 증거가 높은 상태에서, 즉 $qh > ql$에서 획득할 가능성이 큰 경우 '지지적'이라고 말한다.

- 수신자는 qh와 ql, 발신자가 증거를 공개할 것이라고 기대하는지 아닌지, 실제로 공개하는지에 따라 신념을 갱신한다. 수신자는 어떤 선택도 하지 않으며 보수를 받지 않는다는 점에 주목하라. 수신자는 단지 신념을 갱신할 뿐이다.

주요 전략 프로필:

- 발신자는 증거가 지지적일 때, 오직 그때만 공개한다.

- 수신자는 이를 기대하고 그에 따라 신념을 조정한다. 지지적 증거를 공개하지 않으면 획득하지 않았다고 전제한다. 비지지적 증거는 공개하지 않아도 획득 여부를 두고 아무런 추정도 하지 않는다. 어차피 공개하지 않을 것임을 알기 때문이다.

균형 조건:

- 이 전략은 언제나 이 게임의 유일한 균형 상태다.

해석:

- 사람들은 언제 편향된 방식으로 증거를 제시할까? 설득 동기가 있고 증거를 조작하기보다 숨기기가 더 쉬울 때다.
- 어떤 증거가 '지지적'일까? 발신자가 다른 사람들이 믿기를 바라는 상태에서 생성될 가능성이 큰 증거다.

[게임 2 – 탐색]

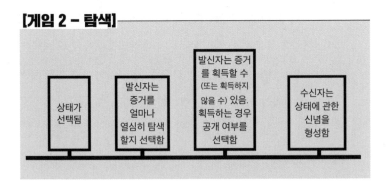

상태가 선택됨

발신자는 증거를 얼마나 열심히 탐색할지 선택함

발신자는 증거를 획득할 수 (또는 획득하지 않을 수) 있음. 획득하는 경우 공개 여부를 선택함

수신자는 상태에 관한 신념을 형성함

살아 있는 것은 모두 게임을 한다

구도:

- 이번에도 세계의 상태는 높거나(확률 p) 낮다. 발신자는 수신자가 상태가 높다고 믿기를 바란다. 증거는 높은 상태에서 qh, 낮은 상태에서 ql 확률로 생성된다.

- 발신자는 증거를 최소한으로 탐색할지 또는 최대한으로 탐색할지 선택한다. 최소한으로 탐색하면 아무런 비용도 들이지 않는다. 최대한 탐색하면 $c > 0$ 비용을 들인다. 증거가 존재하는 경우 $f_{max} > f_{min}$ 확률로 획득한다. 증거를 획득하면 공개 여부를 선택한다.

- 수신자는 발신자가 증거를 탐색했는지가 아니라 획득한 증거를 관찰한다. 또한 증거 관찰 여부, qh와 ql, 발신자가 얼마나 열심히 탐색할지 그 기대를 토대로 상태가 높다는 신념을 형성한다.

주요 전략 프로필:

- 발신자는 절대 비지지적 증거를 탐색하지 않으며 언제나 지지적 증거를 탐색한다.

- 수신자는 발신자의 편향적 탐색을 고려한다. 그래서 지지적 증거를 제시하면 발신자가 최대한 탐색했다고 가정한다. 그 사실은 발신자가 덜 탐색한 경우처럼 사후 신념을 바꾸지 않는다.

균형 조건:

- 발신자는 더 열심히 탐색하는 것이 수신자의 신념에 미칠 거라고 기대하는 효과에 비해 c가 더 적을 때만 지지적 증거를 탐색한다(정확한 조건은 이렇다: $c \leq (f_{max} - f_{min}) \varnothing (\mu 1 - \mu 0)$. 여기서 $\varnothing = pqh + (1-p)ql$은 증거를 획득할 비조건부 확률, $\mu 1 = pqhf_{max}/(pqh-f_{max} + (1-p)qlf_{max})$는 증거를 관찰하는 경우 수신자의 사후 신념, $\mu 0 = p(1(1-qh) + qh(1-f_{max}))/(p((1-qh) + qh(1-f_{max})) + (1-p)((1-ql) + ql(1-f_{max})))$는 증거를 관찰하지 않는 경우 수신자의 사후 신념이다. 두 경우 모두 발신자가 최대한 탐색했다고 수신자가 기대하는 것을 전제로 한다. 논의를 단순화하기 위해 발신자의 보수가 수신자의 사후 신념에 따라 선형적으로 늘어난다고 가정했다는 점에 주목하라).

해석:

- 비용이 너무 크지 않는 한 발신자는 지지적 증거를 탐색한다. 비지지적 증거는 절대 탐색하지 않는다.
- 사람들은 언제 이처럼 편향된 방식으로 증거를 탐색할까? 설득 동기가 있고 탐색 결과보다 탐색 과정의 세부 내용을 숨기기가 더 쉬울 때다.

[게임 3- 검증]

구도:

- 이번에도 세계의 상태는 높거나 낮다. 발신자는 수신자가 상태 가 높다고 믿는 쪽을 선호한다.

- 발신자는 상태를 모르는 상황에서 검증을 선택한다. 각 검증의 특징은 한 쌍의 확률, 즉 (q^h, q^l)이 존재한다는 점이다. 이 두 확률은 일련의 쌍인 Q에서 취한다. 이때 Q 범위에서 이뤄지는 모든 검증에 관해 $q^h > q^l$이다.

- q^h와 q^l이 모두 크면 검증은 '확증적'이라고 말한다. 이때 발신 자는 상태와 무관하게 증거를 획득할 가능성이 크다. $q^h > q^l$이 면 검증이 '진단적'이라고 말한다. 이 경우 검증은 높은 상태에 서 증거를 생성할 가능성이 훨씬 더 크다.

- 어떻게 검증할지 선택한 뒤 상태와 해당 검증에 따라 증거가 생성된다. 발신자는 생성된 증거를 저절로 획득하며 수신자에 게 공개할지 하지 않을지 선택한다.

- 수신자는 상태 또는 발신자가 어떤 검증을 선택하는지 관찰하 지 않는다. 대신 주어진 일련의 검증 대상인 Q를 안다. 수신자

는 자신에게 증거를 공개하는지만 관찰한다. 또한 증거 공개 여부, 발신자가 Q에서 선택할 것으로 기대하는 검증 방식, 발신자가 증거를 공개할지에 대한 기대 여부에 따라 상태가 높다는 신념을 형성한다.

주요 전략 프로필:

- 발신자는 q_h와 q_l을 모두 최대화하는 검증을 선택한다. 따라서 검증은 진단적이지 않고 확증적이다. 특히 발신자는 Q에서 $pq_h+(1-p)q_l$을 최대화하는 q_h와 q_l을 선택한다. 이때 p는 상태가 높을 가능성이 크다. 뒤이어 발신자는 생성되는 증거를 항상 공개한다.
- 수신자는 발신자가 확증적 검증을 선택할 것이라고 기대한다. 그 결과 증거를 접해도 신념을 크게 갱신하지 않을 수 있다.

균형 조건:

- 이 전략은 언제나 이 게임의 유일한 균형 상태다.

해석:

- 발신자는 언제 '확증적 검증'을 할까? 설득 동기가 있고 검증 결과보다 검증의 세부 내용을 관찰하기가 더 어려울 때다.
- 설득 동기가 있는 사람과 정보 제공 동기가 있는 사람이 설계하는 검증은 어떻게 다를까? 설득자는 진실과 무관하게 지지적

결과가 나올 확률을 최대화하고 싶어 한다. 반면 정보 제공자는 상태가 높을 경우 지지적 증거만을 원한다.

• 이전의 경우처럼 발신자나 수신자의 '비합리성'을 가정할 필요는 없다.

9장

믿고 싶은 것만 믿는다면

지난 장에서는 발신자가 수신자를 설득하려 할 때 어떻게 증거를 왜곡하는지에 초점을 두었다. 그런데 인스타그래머, CEO, 정치 평론가 들은 결국 그들이 우리에게 설득하려는 신념만큼 왜곡된 신념을 스스로 갖는 경우가 많다. 우리는 앞 장에서 제시한 모형에 한 가지 단순한 반전(이 부분은 주로 로버트 트리버스, 빌 본 히펠, 로버트 커즈번에게 빚을 졌다)[1]을 추가해 이 점을 설명할 것이다. 그것은 바로 우리가 스스로 왜곡한 신념을 내면화하는 경우가 많다는 점이다. 우리는 앞 장에서 제시한 모형과 더불어 이 반전으로 우리의 많은 편향적 신념뿐 아니라 전체적으로 '동기화 추론'이라 알려진 수많은 심리학 문헌의 주제를 설명한다.

먼저 동기화 추론 관련 문헌에 실린 몇 가지 핵심 연구 결과부터 설명하겠다. 그다음에는 내면화와 어떻게 내면화가 앞 장에서 설명한 양상과 함께 동기화 추론을 설명할 수 있는지 논의한다. 이 장의 마지막 부분에서는 이것이 동기화 추론(적어도 동기화 추론의 의미 있는 부분)을 생각하는 데 유용하다는 증거를 제시한다.

—

과신. 사람들은 한결같이 자신이 실제보다 더 건강하고, 더 똑똑하고, 더 매력적이고, 더 운전을 잘한다고 생각한다. 다음은 그 사실을 증명하는 고전적인 실험이다.

다음 속성을 보고 각 속성이 당신을 얼마나 잘 묘사한다고 생각하는지 1에서 7까지 점수를 매겨보라(1=당신의 성격과 전혀 다름, 7=당신의 성격과 아주 잘 맞음).

속물적임

협력적임

사려 깊음

미숙함

충동적임

악의적임

우울함

믿음직함

엄격함

과감함

신뢰성 있음

별남

반항적임

수완 좋음

정중함

친절함

이제 같은 일을 당신의 학교나 직장에 있는 사람들을 대상으로 해보라. 각 속성은 평균적으로 그들을 얼마나 잘 묘사하는가?

짐작대로 사람들은 '협력적임'이나 '믿음직함' 같은 긍정 속성을 두고 주위의 평균적인 사람보다 자신에게 더 높은 점수를 매기는 경향이 있다. 반면 다른 사람의 경우 '미숙함'이나 '충동적임' 같은 부정 속성에 더 높은 점수를 매긴다. 당신은 이 테스트의 함정을 피했다고 생각하는가? 참고로 대다수는 자신이 평균적인 사람들보다 이 테스트에서 덜 편향적이라고 생각한다.[2]

비대칭 갱신. 발신자가 지지적 증거만 제시하는 게 최적이라면, 편향적 방식으로 자신의 신념을 갱신하는 것도 최적이다. 이는 지지적 증거가 나오면 갱신하고 비지지적 증거가 나오면 갱신하지 않는 것을 말한다. 어차피 제시할 생각이 없는 비지지적 증거를 내면화할 이유가 있을까? 그럴 필요는 없다. 더구나 트리버스와 동료 연구자들이 주장한 대로 그랬다가는 비지지적 증거를 우연히 드러낼 가능성이 생긴다.

실제로 이 비대칭 갱신은 동기화 추론을 연구한 문헌의 핵심이다. 행동경제학자 저스틴 라오와 데이비드 아일이 진행한, 솔직히 말해 다소 짓궂은 실험은 비대칭 갱신 양상을 잘 보여준다.[3] 두 사람은 실험을 시작하면서 참가자들에게 자신이 얼마나 똑똑하고 매력적인지 평점을 매겨달라고 요청했다. 그런 다음 그들을 대상으로 IQ 검사를 하고 이성으로 평가단을 구성해 그들이 얼마나 매력적인지 점수로 평가하게 했다. 끝으로 참가자들은 두 점수를 받은 뒤 자신이 얼마나 똑똑하고 매력적인지 다시 평점을 매겼다. 아까 말한 대로 이 실험은 조금 짓궂다.

충분히 합리적인 사람은 자신의 IQ와 매력 점수를 자기 평가에 반영해야 한다. 그러니까 처음에 했던 자기 평가보다 점수가 높다는 좋은 소식을 들으면 평점을 올려야 하고, 그 반대의 경우도 마찬가지여야 한다. 라오와 아일이 실험 데이터를 분석한 결과 실제로 참가자들은 좋은 소식을 평점에 반영했다. 반면 나쁜 소식을 들은 참가자들은 거의 평점을 조정하지 않았다. 다른 실험에서도 재현된 이 결과는 대개 비대칭 갱신이라 불린다.

비대칭 탐색. 지지적 증거만 믿고 비지지적 증거는 믿지 않을 것이라면 어떤 증거를 탐색할까? 지지적 증거? 그렇다. 비지지적 증거? 전혀 아니다. 실제로 사람들은 그렇게 한다. 다음은 댄 길버트가 설명한 내용이다.[4]

우리는 욕실 저울이 나쁜 소식을 전하면 일단 내려섰다가 다시 올라간다. 저울에 나타난 몸무게를 잘못 읽었거나 한쪽 발에 너무 많은 체중을 싣지 않았는지 확인하기 위해서다. 반면 욕실 저울이 좋은 소식을 전하면 미소를 지으며 샤워하러 간다. 이처럼 우리는 기쁨을 주는 증거는 무비판적으로 수용하고 그렇지 않은 증거가 나오면 구태여 추가 증거를 고집한다. 즉, 우리에게 유리한 쪽으로 은근슬쩍 저울을 기울인다.

한 고전적인 연구에서 피터 디토와 데이비드 로페즈는 '심리 특성과 신체 건강의 관계'를 연구한다는 명목으로 참가자들을 연구실로 불러들였다.[5] 두 사람은 참가자들에게 설문지를 작성하도록 요청한 다음 티아민 아세틸라제thiamine acetylase 효소 결핍증과 관련해 간단한 검사를 하겠다고 말했다. 이 결핍증은 나중에 다양한 췌장 질환을 유발할 수 있다. 무서운 일이다. 다행히 타액으로 결핍 여부를 간단하게 알아내는 새로운 검사용 막대를 개발했다. 참가자들의 타액이 담긴 컵에 검사용 막대를 몇 초만 담가두면 그들이 고통스럽고도 이른 죽음을 맞을 운명인지 아닌지 알 수 있다(물론 이것은 모두 거짓이다. 티아민 아세틸라제 결핍증은 만들어낸 것이며 검사용 막대는 그냥 종이 막대다).

이 실험의 영리한 점은 이것이다. 디토와 로페즈는 참가자 중 절반에게는 결핍증이 있으면 막대가 녹색으로 바뀔 거라 말하고, 나머지 절반에게는 결핍증이 없으면 막대가 녹색으로 바뀔 거라고 말했다. 그다음 그들은 검사받는 참가자들의 모습을 몰래 촬영했다.

결핍증이 있으면 막대가 녹색으로 바뀔 거라는 말을 들은 참가자들은 빠르게 검사를 마쳤다. 그들은 막대를 컵에 담근 후 색이 변하지 않자 좋아하면서 바로 검사를 끝냈다. 결핍증이 없으면 막대가 녹색으로 바뀔 거라는 말을 들은 참가자들은 달랐다. 그들이 검사를 마치는 데는 거의 30초나 더 걸렸다. 또한 그들은 3배 더 많이 막대를 거듭 컵에 넣었다. 다시 댄 길버트의 말을 인용하자면 "좋은 소식은 느리게 올 수 있지만 사람들은 기꺼이 좋은 소식이 도착하기를 기다린다."

디토와 로페즈는 실험 결과가 질병 검사에만 한정된 것이 아니라는 사실을 보여주기 위해 설정을 완전히 바꾼 비슷한 실험을 기획했다. 그들은 실험 참가자 앞에 아무것도 없는 면이 위로 오도록 한 벌의 색인 카드를 놓았다. 뒷면에는 다른 급우가 본 시험 문제가 담겨 있었다(이번에도 조작한 설정이다). 채점은 빨간색으로 했다. 문제는 비교적 쉬웠지만 해당 급우의 답은 대부분 틀린 것 같았다.

실험은 참가자에게 해당 급우를 좋아하는지 묻는 설문지를 작성하도록 요청하는 것으로 시작했다. 뒤이어 참가자들은 색인 카드를 한 장씩 넘겨보라는 요청을 받았다. 그들은 급우의 지능을 평가할 수 있다고 생각하는 순간 바로 멈출 수 있었다. 해당 급우를 좋아한다고 밝힌 참가자는 거의 50%나 더 많은 색인 카드를 넘겼다. 결국 포기하고 평가하기 전에 친구의 결점을 만회할 증거를 찾으려 한 것이다.

우리는 디토와 로페즈의 실험 결과만 살폈다. 그들은 비대칭 탐색이라는 보다 일반적인 현상을 밝히려 했다. 비대칭 탐색이란 지지적 증거(자신이 건강하고, 친구는 멍청이가 아니라는 증거)는 열심히 탐색하고, 비지지적 증거(자신에게 병이 있고, 친구가 실로 멍청이라는 증거)는 최대한 탐색하지 않는 것을 말한다.

태도 양극화. 1970년대 말 심리학자 찰스 로드, 리 로스, 마크 레퍼는 두 번에 걸쳐 '태도 양극화attitude polarization'를 증명하기 위한 실험을 진행했다.[6] 그들은 첫 실험에서 참가자에게 사형제에 관한 짧은 선전문을 읽게 했다.

크로너와 필립스(1977)는 14개 주에서 사형제를 도입하기 이전과 도입한 이후의 살인 사건 발생률을 비교했다. 그중 열한 개 주에서 사형제 도입 이후 살인 사건 발생률이 낮아졌다. 이 조사 결과는 사형제의 범죄 억제 효과를 뒷받침한다.

그들은 실험 참가자가 선전문을 읽은 뒤 사형제가 범죄 예방에 도움을 준다고 믿는지 물었다.

이후 두 번째 실험에서는 참가자들에게 앞선 연구에 대한 비판과 함께 그 비판에 대한 연구자 자신들의 반론도 같이 보여주었다. 끝으로 해당 연구가 잘 진행되었는지, 사형제가 범죄 예방에 도움을 준다는 설득력 있는 증거를 제공했는지 물었다.

그들은 첫 실험에서 사형제가 범죄 예방에 도움을 준다고 믿었던 참가자들이 두 번째 실험에서 해당 연구가 잘 진행되었고, 설득력 있다고 말하는 경향이 있음을 확인했다. 실제로 해당 참가자들은 사형제가 범죄 예방에 도움을 준다는 믿음이 더 강해졌다고 밝혔다.

한편 사형제가 범죄 예방에 도움을 주지 않는다고 생각하는 참가자는 똑같은 증거를 접하고도 다르게 해석했다. 그들은 해당 연구의 결함에 초점을 두었다. 또한 해당 연구가 잘 진행되지 않았고, 설득력이 없으며, 지금은 사형제에 더 강하게 반대한다고 밝혔다. 즉, 사형제를 둘러싼 논란에서 처음에 견지한 입장에 따라 똑같은 증거도 참가자들의 신념에 정반대 효과를 미친 것이다.

위 연구자들은 신중을 기하기 위해 같은 실험을 반복하되 사형제를 뒷받침하지 않는 '연구' 결과를 사용했다(사실 실험에서 제시한 연구 결과와 그 비판은 모두 가공한 것이었다). 이번에도 그들은 사형제 지지 또는 반대 입장에 따라 같은 증거가 참가자의 신념에 정반대 효과를 미친다는 사실을 확인했다.

이러한 태도 양극화는 40여 년 전 처음 확인된 이후 실험실 실험에서 더 많이 나타났다. 가끔은 시사 현안의 공적 담론에 카메오로 등장하기도 했다. 일부 독자는 코빙턴 고등학교 학생들이 트럼프를 상징하는 마가MAGA 모자를 쓴 모습을 담은 화제의 영상을 기억할 것이다. 그들은 시위 도중 네이선 필립스라는 원주민을 괴롭히는 듯한 모습을 보였다. 이 영상이 처음 등장했을 때 전국 리버럴들(대체로 민주당을 지지하는 진보주의자 - 옮긴이)은 분노했다. 하지만 나중에 밝혀진 바에 따르면 상황에 보기보다 모호한 측면이 있었다. 이 사건을 촉발한 것은 인종혐오성 사이비 단체인 블랙 히브루 이즈리얼라이츠Black Hebrew Israelites였다. 그들은 시위 현장에 나타나 남학생들에게 인종차별적 폭언을 퍼부었다. 남학생들은 처음에 아무런 대응도 하지 않았다. 그러다가 인솔자의 허락을 받아 학교 응원 구호를 외치기 시작했다. 그 와중에 필립스가 남학생들 사이로 들어와 한 남학생의 면전에서 북을 두드리기 시작했다. 문제의 영상은 남학생들이 조롱과 언어 폭력에 대응하면서 혼란이 일어난 그 순간만을 담았다.[7]

그 세부 내용이 추가로 드러난 뒤 보수파는 재빨리 학생들을 옹호했고 소셜 미디어에서 그들을 비판한 리버럴들을 규탄했다. 그러나 많은 리버럴이 물러서지 않고 계속 고교생들을 비난했다. 오히려 이전보다 더 심하게 비난하는 경우도 있었다.

마음속으로 설득해보기

당신이 면접을 보면서 훌륭한 직원이 될 것임을 설득하려 한다고, 또는 데이트하면서 좋은 애인이 될 것이라는 인상을 심어주려 한다고 상상해보라.

이제 당신 자신은 그 사실을 믿지 않는다고 상상해보라. 이는 온갖 이유로 문제가 될 가능성이 있다. 가령 면접이나 데이트에 노력을 기울이지 않을지도 모른다. 별로 잘 풀리지 않을 거라고 여기기 때문이다. 아니면 당신이 직원이나 애인으로 그리 적합하지 않다는 사실을 드러내는 말을 할지도 모른다. 말을 조심할지라도 취업이나 데이트에 별로 관심이 없다는 게 눈에 띌 수 있다. 당신은 말하기 전에 망설일 수도 있고, 심지어 표정에 그 사실이 여실히 드러날 수도 있다. 이는 몇몇 연구자가 지금껏 제기한 주장이다. 앞서 말한 세 명의 연구자 밥 트리버스, 빌 본 히펠, 로버트 커즈번도 여기에 속한다. 그 주장에 따르면 우리가 뭔가를 믿을 경우 다른 사람들이 이를 알아챌 가능성이 크다.

이는 당신이 설령 그렇지 않더라도 **정말로** 좋은 직원이나 애인이 될 수 있다고 믿을 강력한 유인을 만든다. 또한 당신이 직원이나 애인으로 아주 적합하다고 과신할 강력한 유인도 만든다. 어느 정도나 과신할까? 증거에 맞춰 어떻게 신념을 바꿔야 하는지 보다 정확한 예측을 제시할 수 있을까? 이 부분은 앞 장에서 제시한 우리의 분석이 잘 들어맞는다. 그에 따르면 사람들이 증거에 맞춰 신념을 바꾸는 양상은 해당 증거를 어떻게 활용할지 그 기대가 좌우한다.

당신의 신념은 지지적 증거를 반영해야 할까? 당연히 그렇다! 사람들은 당신이 그 증거를 제시할 것으로 기대한다. 당신 자신의 신념에 반영하지 않으면 사람들에게 증거를 제시할 수도 없다. 그러면 사람들은 당신에게 증거가 없다고 생각할 것이다.

당신의 주장을 뒷받침하지 않는 증거는 어떨까? 군이 당신이 그 증거를 알고 있다는 사실을 노출할 필요가 있을까? 무시하는 편이 낫다. 당신이 편향적 방식으로 증거를 탐색했다는 사실이나 당신이 찾은 지지적 증거가 딱히 진단적이지 않다는 사실은 어떨까? 그냥 잊어라. 그럴 필요가 없는데 군이 인정할 필요가 있을까? 왜 게임을 포기하려 하는가?

지지적 증거가 나오면 신념을 갱신하고 부정적 증거가 나오면 갱신하지 않을 경우, 당연히 과신에 빠진다. 이때 그 과신은 굉장히 특별한 방식으로 이뤄진다는 점에 주목해야 한다. 즉, 당신이 생각할 수 있는 모든 지지적 증거를 반영하는 반면 당신이 그것을 얼마나 열심히 탐색했는지, 무엇을 숨기고 있는지, 실제로는 그 증거가 얼마나 부실한지는 반영하지 않는다.

당신이 신념을 갱신하는 방식 역시 우리가 접한 동기적 추론의 속성을 지닌다. 다시 말해 신념을 비대칭으로 갱신한다. 즉, 좋은 소식에는 반응하고 나쁜 소식은 무시한다. 당신이 접한 증거가 모호하다면? 가장 유리한 방향으로 해석하고 그 해석을 신념에 반영한다. 다만 당신이 그 해석에 이른 방식은 반영하지 않는다. 다른 목적이 있는 사람이 당신처럼 모호한 증거를 접하면 그 역시 자신에게 유리한 방향으로 해석한다. 그러면 당신과 그 사람의 태도는 처음보다 더 양극화한다.

거짓은 어떨까? 당신이 졸업생 대표나 킹카 혹은 퀸카 같은 존재였다는 소설도 일단 믿고 봐야 할까? 아마 그렇지 않을 것이다. 거짓을 들킬 가능성뿐 아니라 그에 따른 비용도 꽤 크기 때문이다. 그런 거짓을 들키지 않는 것은 매우 어렵다. 이것을 누군가가 당신이 비지지적 증거를 무시했다거나 편향적 또는 비진단적 방식으로 증거를 생성하려 했다고 고발하는 경우와 비교해보라. 이때는 빠져나올 여지가 많다. 깜박했다거나, 못 봤다거나, 무엇을 확인해야 할지 몰랐다거나, 이해하지 못했다는 식으로 얼마든지 핑계를 댈 수 있다.

동기화 추론의 증거들

지금부터 우리 주장을 뒷받침하는 증거들을 한데 엮어보겠다. 우리가 주장하는 바는 동기화한 신념을 내면화한 설득으로 잘 설명할 수 있다는 것이다. 먼저 신념이 실제로 설득 동기에 따라 바뀌는지 살펴보자.

렉스 틸러슨은 화석연료 대기업 엑손모빌의 CEO에 이어 미 국무장관을 역임했다. 그는 기후변화를 부정하지 않는다. 다만 우리가 할 수 있는 게 없다고 말한다. 그는 엑손 대표를 그만둔 지 거의 5년 후인 2021년 1월 이런 말을 했다.

"기후변화에 영향을 미칠 수 있는 우리의 능력과 관련해 저는 아직 따져볼 여지가 많다고 생각합니다. 그 능력에 관한 우리의 믿음은 매우 폭넓은 결과를 내는 아주, 아주 복잡한 기후 모형에 기반합니다."[8]

이 신념은 과학계의 합의와 충돌한다. 그에 따르면 우리는 이산화탄소 배출량을 줄임으로써, 즉 틸러슨의 전 회사와 사우디아라비아나 러시아에 있는 그의 우군들이 생산하는 석유와 천연가스를 덜 태우고 덜 소비함으로써 기후변화에 영향을 미칠 수 있다. 실제로 그의 신념은 엑손의 내부 문서에 담긴 내용과도 상충한다. 그 내용을 보면 엑손은 1982년에도 화석연료 소비를 적극 줄이면 기후변화를 완화할 수 있음을 인정했다.

틸러슨은 공학을 전공했고 수십 년 동안 기술 문서와 과학 자료를 접했다. 그는 위험과 불확실성을 평가하는 법을 안다. 이는 석유와 천연가스 사업을 운영하는 데 필요한 기술이다. 그는 기후변화의 첨단 연구 결과에 접근할 수 있다. 또한 최고 기후과학자에게 연락하기만 하면 지침으로 삼을 모든 자료를 얻을 수 있다. 심지어 그는 자신의 회사가 기후변화에 반박하는 '과학' 자료의 다수를 홀로 후원했다는 사실을 안다. 그런데 왜 기후변화에 관한 그의 신념(혹은 어느 정도 내면화했는지 알기 어려우므로, 그가 신념이라고 내세우는 입장)은 최고 과학자들의 신념과 크게 다를까?

틸러슨의 그런 신념은 사람들을 설득해야 하는 동기를 고려하면 놀랄 일이 아니다. 그는 화석연료를 옹호하는 일을 하는 발신자다. 그래서 순수하지는 않을지 몰라도 정보를 제공하려는 동기가 더 강한 과학자들과 상당히 다른 주장이나 증거를 제시할 가능성이 크다. 화석연료를 줄이려는 노력이 헛되다는 것은 틸러슨 같은 발신자에게 기대할 수 있는 주장이다.

물론 틸러슨만 신념(혹은 적어도 그가 믿는다고 내세우는 입장)이 동기와 의심스럽게 정렬하는 것은 아니다. 스티브 잡스나 일론 머스크, 엘리자베스 홈스 같은 다른 CEO도 현실을 무시하기로 유명하다. 잡스와 함께 일한 한 경영자는 그가 '공상적 낙관주의visionary optimism'에 사로잡혔다고 말했다.[9] 이 경영자들은 설득력이 강하기로 유명하다. 사람들은 때로 그들이 '현실왜곡장reality distortion field'에 둘러싸여 있다는 농담을 한다. 일부 영업인은 자사 제품을 향한 열정 때문에 마찬가지로 현실과 유리된다. 컷코Cutco 주방용 칼이나 메리 케이

화장품의 다단계 판매에 참여한 친구를 둔 적 있다면 그들이 해당 제품을 직접 사용한다는 사실을 알 것이다. 이는 그들이 회사의 왜곡된 주장을 내면화했다는 적절한 신호다. 그들은 다단계 판매를 그만둔 후에도 오랫동안 해당 제품을 계속 쓰는 경우가 많다. 하지만 주방용 칼이나 화장품을 진지하게 분석하는 전문가는 이런 제품을 홍보하지 않는다.

설득 동기가 신념 형성 과정에 관여한다는 사실은 동기가 다른 회사 **내** 사람들을 보면 더 선명하게 드러난다. 회사 법무팀이나 위험 평가 담당자와 교류한 적 있다면 그들(동료들이 회사에 초래하는 위험을 줄이는 일을 하는 사람들)이 당신과 대다수 다른 회사 사람들보다 훨씬 더 위험을 기피한다는 사실을 알 것이다. 오죽하면 법무팀은 제안서를 사장死藏하는 일을 한다는 오래된 농담이 있을 정도다.

법무팀이 조직에서 동기에 따라 위험 선호를 좌우하는 유일한 팀은 아니다. 멕시코만에서 있었던 BP의 시추선 '딥워터 호라이즌호' 폭발 사고를 기억하는가. 뒤이은 조사에서 BP의 경영진과 하청업체 트랜스오션이 일부 시험과 주의 조치를 불필요하다며 생략했다는 사실이 드러났다. 가장 유명한 사례로, 폭발 사고 당일 현장을 방문한 BP의 간부는 작업팀에게 대개 유정油井 압력 안정화에 쓰는 무거운 진흙을 가벼운 바닷물로 대체하라고 지시했다. 사고가 발생하면 위험에 처하는 작업팀(결국 폭발 사고로 여섯 명이 사망했다)은 간부의 안일한 태도를 공유하지 않았다. 그들은 편법을 쓰는 것에 격렬히 반대했다. 또한 그들은 트랜스오션이 폭발 사고 몇 달 전에 실시한 설문에서 경영진이 보수와 안전보다 채굴을 우선시한다고 불만을 제기했다.

결국 노동자들의 우려는 정당했던 것으로 드러났다. 그러나 노사의 신념은 각각의 동기를 반영했다. 트랜스오션 경영진의 신념은 안전을 우려해 프로젝트를 중단함으로써 비용을 늘리고 싶지 않다는 동기를 반영했다. 반면 노동자들의 신념은 위험을 피하고 싶다는 동기를 반영했다.

위 사례에서 동기는 무작위로 할당되지 않는다. 또한 우리는 신념이 어느 정도 내면화하는지 확실하게 알 수 없다. 지금껏 제시한 사례에서(우리가 현실에서 찾기 쉬운 대다수 사례에서도) 우리가 확인할 수 있는 것은 사람들의 동기와 그들이 믿는 것 혹은 적어도 믿는다고 내세우는 것 사이의 상관성뿐이다. 동기가 그 신념을 어느 정도나 초래했는지 알기는 어렵다. 사람들이 그 신념을 실제로 내면화했는지도 알기 어렵다. 다행히 아래 실험이 증명한 대로 심리학자와 실험경제학자는 이 두 가지 사실을 보여주는 영리한 방법을 안다.

공판에 참여해본 적 있는 사람은 원고 측 변호사가 피고 측 변호사보다 피고의 유죄를 진실로 더 확신하는 듯 보인다는 사실을 안다. 피고 측 변호사가 의뢰인의 유죄를 말해주는 더 치명적인 사실에 접근할 수 있는데도 말이다. 이 경우에도 양측이 내면화한 신념은 동기를 반영한다.

린다 뱁콕, 조지 로웬스타인, 새무얼 이사카로프, 콜린 캐머러는 이 관계가 인과적이라는 것 그러니까 양측의 동기 불일치가 신념의 불일치를 초래한다는 것을 증명하는 일에 나섰다. 나아가 그들은 문제의 신념이 실제로 내면화한다는 사실을 확인하고자 했다.[10] 연구팀은 시카고대학교와 텍사스대학교 오스틴 캠퍼스의 로스쿨 학생들을 연구실로 모았다. 그리고 오토바이 사고에 따른 소송에 합의하는 협상에서 그들에게 원고 측이나 피고 측을 대변하는 역할을 무작위로 할당했다. 양측에는 실제 소송에 기반한 27쪽짜리 증언록, 경찰 조사보고서, 사고 관련 지도를 동일하게 제공했다.

연구팀은 양측 학생들이 짝지어 협상에 들어가기 전에 얼마로 합의하면 공정할지, 실제 소송에서 판사는 얼마를 판결할지 추정해달라고 요청했다. 학생들이 추정한 금액과 판사가 실제로 판결한 금액과의 차이가 5,000달러 이하면 보너스를 제공할 예정이었다. 또한 학생들은 실제 사례와 관련된 다양한 사실을 기억하면 보상받았다. 그 질문들에 그들이 답변한 것은 협상의 일부가 아니었다. 따라서 그들의 내면화한 신념을 파악하는 좋은 척도일 수 있었다.

설득 동기를 무작위로 할당한 지 겨우 몇 분밖에 지나지 않았는데도 참가자들은 상당한 편향적 신념을 드러냈다. 원고 측 참가자는 피고 측 참가자보다 평균 1만 7,709달러 높은 합의금이 공정하며, 판사는 1만 4,527달러 높은 합의금으로 판결할 거라고 말했다. 각 측 참가자는 다른 측에 유리한 사실보다 자기 측에 유리한 사실을 더 많이(평균 1.5개) 기억했다. 이는 참가자들이 협상에서 할당받은 역할에 따른 비대칭 갱신과 탐색에서 드러날 것이라고 기대하는 편향적 신념이다. 더욱이 신념을 끌어내는 방식(판사의 판결액에 더 가깝게 추정하고 더 많은 사실을 기억하면 더 많이 보상받음) 때문에 문제의 신념을 내면화했다고 비교적 자신할 수 있다.

뱁콕을 비롯한 연구팀이 보여준 빠른 내면화는 토론수업을 하는 고교생에게서도 나타난다. 흔히 그들은 무작위로 할당한 쪽의 주장을 진심으로 믿는다. 피터 슈워드만, 에곤 트리포디, 조엘 반 더 윌은 또 다른 뛰어난 연구를 진행했다. 그들은 토론수업에서 배정받은 주장과 관련해 참가자의 신념을 다양한 방식으로 끌어냈다. 예를 들면 진실을 정확히 추정하면 보상하거나, 참가비 일부를 각 측의 입장에 맞는 자선단체에 기부할 것인지 물었다. 이 역시 내면화한 신념을 드러내는 비교적 신뢰할 만한 척도였다.

연구팀은 어느 쪽을 대변할지 정하기 전, 어떤 쪽을 맡을지 정했지만 논쟁을 시작하기 전, 논쟁 후 등 여러 번에 걸쳐 그 척도를 알아냈다. 그 결과 참가자의 신념이 처음에는 차별성이 없었으나 어느 쪽을 대변할지 정하자마자 나뉜다는 사실을 발견했다. 그렇게 나뉜 신념은 참가자가 논쟁하며 상대의 주장을 들을 기회를 얻은 뒤에도 그대로 유지되었다.[11]

사람들의 신념은 주장에 관한 동기를 부여받는 경향이 있는 문제뿐 아니라 **현재** 주장에 관한 동기가 부여된 문제에 따라 공변covary한다. 트럼프는 이 현상을 극단적으로 보여준다. 2009년 그는 기후변화에 대응하라고 의회에 촉구하는 내용의 〈뉴욕타임스〉 전면광고에 이름을 올렸다. 그런데 2016년 대선 후보로 출마했을 때 기후변화에 대한 트럼프의 입장은 "믿지 않아요"라거나 "사기라고 생각지는 않아요. 아마 기후가 바뀌었을지도 모릅니다. 하지만 그게 인간 때문인지는 모르겠어요"라는 쪽으로 바뀌었다. 그사이 무엇이 달라졌을까? 2009년만 해도 트럼프는 여전히 뉴욕의 진보적 엘리트 집단과 얽혀 있었다.[12] 반면 2016년에는 우파 기후변화 부정론자들과 영합했다. 이후 2021년 그는 자신이 2020년 대선에서 승리한 미국의 적법한 대통령이며 '시민'이기에 탄핵할 수 없다고 동시에 주장했다. 그의 입장은 자신이 주장하려는 요점, 즉 "내가 이겼다!" 혹은 "난 무죄야!"에 좌우되었다.

트럼프는 스스로 왜곡한 사실을 믿는 극단적 경향을 보였다. 실은 우리 모두 그런 일을 한다. 막 새로운 사랑을 만났을 때 당신이 자신에게 어떤 말을 하는지 생각해보라. 그것을 그 사람과 헤어진 직후 자신에게 하는 말과 비교해보라. 물론 그간 당신은 연인에 관해 몇 가지 사실을 알아낸다. 관계를 시작할 때는 연인의 결함을 최소화할 강력한 유인이 작용하는 것도 맞다. 그래서 친구와 가족에게 연인이 잘 보이도록 애쓴다. 반면 헤어진 후에는 바로 결함을 들먹인다. 헤어진 책임을 연인에게 돌리고 친구와 가족(어쩌면 양육권을 부여할 판사도)이 당신 편을 들도록 만들어야 하기 때문이다.

이제 기어를 바꿔 두 번째 증거를 살펴보자. 이 증거는 동기화한 신념을 내면화한 설득으로 잘 설명할 수 있음을 보여준다. 즉, 우리의 신념은 정확한 사실을 전달하려는 동기에 비해 설득하려는 동기가 얼마나 강한지에 따라 변한다.

이 사실을 확인할 수 있는 몇 가지 방법이 있다. 그중 하나는 설득하려는 동기가 있을 뿐 아니라 돈까지 걸려 있을 때 사람들에게 어떤 믿음이 있는지 물어보는 것이다. 기후변화와 관련해 전 석유회사 CEO의 입장은 편향적일지 모른다. 그런데 엑손모빌은 북극의 채굴 프로젝트 같은 자사 프로젝트에서 놀라울 정도로 과학을 존중한다. 1992년 엑손모빌의 내부 보고서는 극빙極氷이 녹으면 탐사 비용이 줄어드는 대신 바다가 더 거칠어져 일부 인프라가 위험해질 수 있음을 지적했다.

투자자들 사이에서도 이와 비슷한 현상을 확인할 수 있다. 대개 보수적인 투자자는 기후변화를 부정할 것 같지만 전혀 그렇지 않다. 오히려 기후가 변할 거라고 예측하는 첨단 기후변화 모형을 활용해 시카고상업거래소에서 날씨 선물 가격을 정한다. 심지어 백신과 관련해서도 같은 현상이 나타나는 것을 볼 수 있다. 코로나-19 팬데믹 동안 백신에 반대하는 목소리가 마구 터져 나왔다. 그런 목소리를 내는 사람은 주로 코로나-19에 감염되어도 사망할 위험이 훨씬 낮은 60대 미만이었다.[13] 반면 노년층에게는 직접적인 연관이 있었고 백신에 보인 그들의 신념은 이 사실을 반영했다.

플로리안 짐머만은 교묘한 실험으로 정확성이라는 강력한 유인을 부여하면 편향성이 줄어든다는 증거를 제시했다.[14] 그는 이 실험에서 참가자들을 대상으로 IQ 검사를 한 후 다른 참가자들과 비교한 순위를 알려주었다. 그리고 한 달 뒤 그들을 다시 불러 순위를 기억해달라고 요청했다. 이 실험에는 처치집단이 셋 있었다. 통제집단은 한 달 후 다시 부르는 이유와 관련해 아무 말도 듣지 못했다. 다시 돌아왔을 때 그들은 순위가 높은 경우는 기억하고 낮은 경우는 잊는 경향을 보였다. 그러니까 비교적 편향적인 신념을 드러냈다.

다른 한편 두 처치집단에게는 정확성을 기해야 하는 강력한 유인을 부여했다. 한 처치집단은 순위를 정확히 기억하면 보수를 지불하겠다는 말을 미리 들었다. 다른 처치집단은 사전에 아무 말도 듣지 못했으나 다시 돌아왔을 때 순위를 정확히 기억하면 통제집단보다 훨씬 많은 보수를 받았다. 이는 정확성을 기해야 하는 동기를 강화하는 두 가지 다른 방식이었다. 두 경우 모두 순위가 낮은 참가자는 해당 조건에서 건망증이 덜했고 결과적으로 덜 편향적인 모습을 보였다.

사람들의 신념이 (정확성 동기보다 더) 설득 동기의 강도에 따라 변한다는 사실을 확인할 수 있는 또 다른 방법이 있다. 바로 상대를 설득해야 하는 동기를 도입하면 어떤 일이 생기는지 확인하는 것이다. 가령 피터 슈워드만과 조엘 반 더 윌은 참가자가 다른 참가자 세 명과 함께 IQ 검사를 받게 한 다음, 성적이 네 명 중에서 상위 두 명에 속할지 추측하게 했다.[15] 다만 추측 전에 절반의 참가자에게는 채용 담당자와 짝이 될 것이며, 자신이 상위 두 명에 속한다고 설득하면 15유로를 받는다고 말해주었다. 두 집단은 모두 자신감이 다소 과했다. 결과를 보면 채용 담당자와 짝이 된 집단은 자신이 상위 두 명에 속한다고 말할 가능성이 통제집단보다 7% 더 높았다. 다른 연구팀들도 비슷한 실험을 진행했다. 그들은 일부 참가자에게 상대를 설득해야 하는 동기를 무작위로 할당했다. 그 결과 보수가 주어지는 경우 신념 편향성이 일관성 있게 더 강해졌다.

쾌락적 해킹과 비동기적 설명

반복 게임과 이타성을 다룰 다음 장으로 넘어가기 전에 앞서 제시한 가설과 다른 두 가지 대안 가설을 살펴보자.

지바 쿤다는 고전적인 리뷰 논문에서 동기화 추론을 "우리가 **믿고 싶어 하는** 결론에 유리한 논증이, 믿고 싶어 하지 않는 결론에 유리한 논증보다 강력하다고 생각하는 경향"이라고 설명했다 [16](굵은 글씨체 부분은 우리가 강조했다). 가령 사람들은 자신이 똑똑하거나 잘생긴 편이기를 바란다. 자신이 똑똑하고 잘생겼다고 생각하면 기분이 좋다! 그래서 사람들은 그런 쪽으로 믿는다. 우리가 '쾌락적 해킹hedonic hacking'이라 부를 이 설명은 심리학자, 경제학자, 정치학자 사이에서 아마 가장 인기 있는 설명일 것이다. 이는 우리가 제시한 설명과 구별된다. 우리 논지는 기분이 좋아지려고 자신을 속이는 게 아니라 설득을 내면화한다는 것이었다.

쾌락적 해킹은 가끔 이뤄질 가능성이 크다. 우리는 사정이 아주 좋다고 믿는 데서 쾌락을 얻는다. 때로는 지력을 활용해 쾌락적 체계hedonic system를 해킹할 수 있다. 이를테면 항우울제를 먹거나 나중에 추억을 되짚으며 쾌락을 얻기 위한 사진을 찍기도 한다. 또는 갈 형편이 안 되는 휴가를 세심하게 계획하면서 쾌감을 느끼기도 하고, 억만장자가 되면 어떤 기분일지 망상을 즐기기도 한다. 이런 망상은 무척 즐거워서 복권을 사게 만들기도 한다. 그러면 연인이 아주 좋은 사람이라거나 구직 전망이 굉장히 밝다고 상상하면서 자신을 속일 수도 있지 않을까? 꽤 타당해 보인다.

하지만 동기화한 신념을 설명할 때 쾌락적 해킹 이론이 주류일 수 없는 여러 이유가 있다. 우선 쾌락적 해킹은 잘못된 신념이 값비싼 실수로 이어지고, (1차 보상 측면에서) 상응하는 편익이 따르지 않는 모든 경우 학습과 진화 압력으로 극복하기 쉽다. 가령 과신에는 비용이 따른다. 과신은 우리가 지나치게 요구하고 공격적인 태도를 보이도록 만든다. 예를 들면 다른 회사에서 받을 수 있는 연봉을 과대평가하거나, 다른 연인을 사귀기가 아주 쉽다고 생각하게 만든다. 이는 친구, 일자리, 애인을 잃는 결과로 이어질 수 있다. 과신을 고치지 않으려면 실질적인 쾌락 편익이 따라야 한다. 우리가 지금껏 설명한 설득에 따른 편익처럼 말이다.

쾌락적 해킹 이론의 또 다른 문제점은 우리가 항상 자신을 속여 사실이길 바라는 것을 믿지는 않는다는 것이다. 만약 실험 참가자에게 논쟁의 한쪽 편을 무작위로 할당하면 양쪽 모두 자신이 속한 편의 주장을 믿는다. 이 경우 그들 모두가 사실이길 바라는 걸 믿는 것일 수가 없다. 더구나 우리가 사실이길 바라지만 그렇다고 믿기 위해 자신을 속이지는 않는 것이 많다.

마이클 탈러가 보여준 바에 따르면 우리는 다른 사람들을 설득하는 데 도움을 주지 않는 자신의 바람직한 면은 그것이 사실이길 바라더라도 딱히 과신하지는 않는 경향이 있다.[17] 탈러는 실험 참가자들에게 암 생존율처럼 인류 전체가 직면한 좋은 일과 나쁜 일을 질문했다. 우리는 암 생존율이 높다는 게 사실이길 **바라지만** 다른 사람들에게 그걸 설득해야 할 특별한 이유는 없다. 그는 사람들이 이런 것에 과도하게 낙관적이지 않다는 사실을 확인했다. 이는 설득이 편향적 신념의 핵심 동인임을 추가로 밝혀준다.

심지어 우리는 때로 자신을 속여 확연히 사실이길 바라지 않지만 설득에 도움을 주는 것을 믿기도 한다. 실험 참가자들이 핵무기를 금지해야 한다는 주장을 펴는 쪽에 속해 무제한적 핵무기는 불가피하게 멸망으로 이어진다고 주장하는 경우가 그렇다. 그들은 정말로 우리가 멸절의 길로 향한다는 게 사실이길 바랄까? 마찬가지로 법무팀 변호사들은 위험한 일이 일어나기를 **바라지** 않는다. 또한 미국 보수파들은 오바마 집권기에 범죄율이 상승했다고 부풀린다. 이는 범죄가 더 많이 일어나길 바라기 때문일까?

우리 관점에서 이러한 사례를 더 잘 설명하는 이론이 있다. 바로 사람은 다른 사람에게 설득하고 싶어 하는 것을 믿는다는 것이다. 핵무기 제한을 주장하는 사람은 다른 사람에게 핵무기 제한의 중요성을 설득하고 싶어 한다. 법무팀은 다른 사람에게 위험을 줄이라고 설득하고 싶어 하며, 보수파는 다른 사람에게 이민자를 줄여야 한다거나 민주당 인사는 좋은 대통령이 될 수 없다고 설득하고 싶어 한다. 심지어 우리가 늘 자신감에 넘치는 것도 아니다. 가령 다른 사람에게 자신이 위협적인 존재가 아니라거나, 도움이 필요하다고 설득하려 애쓸 때 문득 의구심과 자기연민에 사로잡히기 쉽다. 이처럼 자신감을 잃을 수 있다는 사실도 쾌락적 해킹 이론보다 설득 이론으로 더 잘 설명할 수 있다.

쾌락적 해킹 이론의 세 번째 문제점은 우리가 자신을 속이는 **방식**을 설명하지 않는다는 것이다. 동기화 추론은 탐색 결과에는 주의를 기울이지만 그 정도에는 주의를 기울이지 않는 두드러진 비대칭성을 수반한다. 왜 후자는 무시하기 아주 쉬운데 전자는 그렇지 않을까? 설득 이론은 다른 사람이 알아내는 경향이 있는 것 또는 알아낸 뒤 우리를 제재하기 쉬운 것을 토대로 이러한 비대칭성을 설명한다. 그냥 당신 **자신**을 속이려고 애쓸 뿐이라면 굳이 당신이 찾아낸 것만 의식하고 얼마나 열심히 탐색했는지는 의식하지 않을 이유가 있을까?

쾌락적 해킹 이론에는 이렇게 세 가지 문제점이 있다. 이들 문제점은 쾌락적 해킹이 때로 편향적 신념에 영향을 미칠 수 있지만 동기화 추론의 핵심 동인은 아니라는 믿음으로 이어진다.

쾌락적 해킹 이론 외에 가장 흔한 동기적 추론에 관한 대안적 설명은 동기와 아무 관련이 없다. 그 설명은 사람들이 게으르다거나[18] 설령 노력할지라도 베이즈 정리를 잘 따르지 못한다고 말한다. 실제로 사람들은 베이즈 정리를 잘 따르지만 그들이 접근하고 신뢰하는 정보가 실로 다르다고 말하기도 한다. 그들의 페이스북 피드는 일종의 반향실echo chamber이다. 그들 주위에 있는 모든 사람은 폭스 뉴스만 보며 CNN이 사기 방송이라고 주장한다.

이 비동기적 이론은 쾌락적 해킹 이론처럼 직관적 매력을 지니며 우리가 접하는 일부 편향적 신념을 설명한다. 하지만 우리가 보기에 전반적인 설명일 수는 없다. 내면화한 설득이 전체 그림의 일부가 되어야 한다.

우리가 볼 때 비동기적 설명이 지닌 가장 큰 한계는 다음과 같다. 사람들이 다른 정보 출처에 접근해도(또는 그것을 신뢰해도) 당신은 그들이 결국 자신의 신념이 엇나갔음을 깨닫고 바로잡을 것이라고 기대하지 않는다. 그들은 왜 자신과 의견이 다른 사람을 만나거나 다른 정보 출처에 접근할 수 있을 때도 신념을 갱신하지 않을까? 다른 의견이 존재한다는 사실 자체가 정보로서 의미를 지닌다. 그런데 왜 그들은 그 정보에 반응하지 않을까? 이 논증은 노벨상 수상자 로버트 아우만이 〈비동의에 관한 동의Agreeing to Disagree〉에서 소개했고, 존 지나크플로스와 헤라클리스 폴레마차키스가 〈영원히 동의하지 않을 수는 없다We Can't Disagree Forever〉에서 확장했다. 우리가 보기에 이 논증은 비동기적 설명의 아킬레스건이다. 결국에는 갱신이 이뤄지지 않는다는 사실을 설명할 수 있는 **어떤** 동기적 설명이 필요하다.

비동기적 설명이 지닌 또 다른 한계는 사람들이 신념을 갱신하는 비대칭적 방식을 설명하지 못한다는 점이다. 사람들은 지지적 증거를 얻으면 신념을 갱신하지만 비지지적 증거를 얻지 못하면 갱신하지 않는다. 또한 사람들은 지지적 증거를 찾으면 신념을 갱신하지만 증거 탐색 방식에 따라 갱신하지는 않는다. 왜 사람들은 지지적 증거를 신념에 반영하는 것은 잘해도 비지지적 증거 부재나 증거 탐색 방식을 반영하는 일은 잘하지 못할까? 게으른 사람은 증거 획득 방식을 무시하는 만큼 지지적 증거를 무시할 가능성이 크다. 베이즈 정리를 따르는 사람에게는 신념을 상향 갱신할 가능성만큼 하향 갱신할 가능성도 존재해야 한다. 그리고 증거를 더 열심히 탐색하거나 유리한 증거만 골라낼 경우 해당 증거의 가치를 낮춰야 한다.

이 비동기적 설명과 내면화한 설득을 구분하기 위한 실험을 설계하다 보면 금세 상황이 곤란해진다. 문제는 사전 신념에 어긋나는 모든 정보의 출처가 의심받는다는 데 있다. 역시 마이클 탈러가 실행한 한 실험은 이 문제를 우회하려 시도했다.[19] 그는 먼저 실험 참가자들에게 "오바마 집권기에 범죄율이 얼마나 올랐습니까?" "백인 지원자와 비교할 때 흑인 지원자가 면접 기회를 얻을 가능성은 얼마나 됩니까?" 같은 질문을 했다. 우리가 앞서 말한 통계(보수파는 오바마 집권기에 범죄율이 올라갔다고 믿을 가능성이 리버럴보다 크다는 통계)는 이 연구에서 나왔다. 탈러가 확인한 바에 따르면 마찬가지로 리버럴은 보수파보다 흑인 지원자가 백인 지원자에 비해 면접 기회를 얻을 가능성이 작다고 믿었다.

뒤이어 탈러는 참가자들이 신념을 갱신하는 방식이 비대칭적이며, 정보 출처를 얼마나 불신하는지로 설명할 수 없음을 증명했다. 그 방법은 다음과 같다. 탈러는 실험 참가자들이 질문에 답한 뒤, 그들에게 정답은 그들의 추측보다 높거나 낮다는 메시지를 보여주었다. 바로 이 부분에 함정이 있었다. 그 메시지는 50% 확률로 사실일 수도 있었고 거짓일 수도 있었다. 탈러는 참가자들에게 이 사실을 말한 후 다시 메시지가 사실일지 거짓일지 추측하도록 요청했다. 정확히 추측한 참가자에게는 보너스를 주었다.

베이즈 정리를 잘 따르는 사람은 그 확률이 50 대 50이라고 말할 것이다. 따라서 자신은 이미 최선의 추측을 제시했으며 실제 수치가 추측치보다 높거나 낮을 확률은 같다고 기대해야 한다. 하지만 실험 참가자는 메시지가 정치적 측면에서 불편한 방식으로 자기 신념을 정정하는 경우 거짓이라고 말할 가능성이 컸다. 즉, 보수파는 오바마 집권기의 범죄율에 관한 자신의 추측치가 너무 높다고 밝히는 메시지를 거짓이라고 말할 가능성이 컸다. 리버럴은 흑인 지원자가 면접 기회를 얻을 가능성에 관한 자신의 추측치가 너무 낮다고 밝히는 메시지를 거짓이라고 말할 가능성이 컸다. 탈러의 영리한 실험 설계 덕분에 우리는 이 편향이 정보 출처의 신뢰성에 관한 참가자의 사전 신념이 아니라 설득 동기 때문이라고 확신할 수 있다. 비동기적 설명으로는 이 결과를 설명하기 어렵다.

우리 주장을 정리하면 이렇다. 동기화한 신념은 적어도 상당 부분 내면화한 설득이다. 비동기적 설명이나 쾌락적 해킹 이론은 우리의 일부 편향적 신념을 설명할 수 있을지 모른다. 그래도 내면화한 설득이 여전히 핵심적인 설명을 제공한다.

10장

이타성은 어떻게 발생할까

(일회성) 죄수의 딜레마는 관련 분야에서 가장 유명한 게임이다. 이 게임에서 플레이어 두 명은 협력할지, 배반할지를 동시에 선택한다. 협력에는 비용이 따르지만 다른 플레이어에게 비용보다 큰 편익을 안긴다. 즉, c의 비용이 들지만 다른 플레이어에게 $b > c$의 편익을 안긴다. 두 플레이어가 모두 협력하면 서로에게 더 좋다. 그러나 이 게임에서는 배반이 우월 전략이다. 다시 말해 각 플레이어는 상대가 무엇을 하든 배반하는 쪽이 언제나 더 낫다. 결국 쌍방 배신이 유일한 균형 상태다.

죄수의 딜레마는 자기이익과 공공선의 차이를 조명하고, 이 둘이 반드시 호응하는 것은 아님을 보여주는 가장 단순한 방식이다. 이 게임에서 유일한 내시균형은 사회적으로 최적의 해결책이 아니다. 두 플레이어는 모두 b-c를 얻을 수 있지만 결국 아무것도 얻지 못한다.

그런데도 사람들은 자주 협력한다. 그들은 서로에게 선행을 하고 서로를 돕는다. 어찌 된 일일까?

이에 대한 흔한 대응은 게임이론이 틀렸다고 말하는 것이다. 가령, 사람들은 합리적이지 않고, 이기적 선호가 없으며, 서로를 아끼기에 협력한다고 말할 수 있다. 바라건대 이 책을 여기까지 읽은 사람이라면 이것이 가장 만족스러운 해답이 아니라는 데 동의할 거라고 본다. 사람들이 서로를 아낀다는 말은 어느 정도는 맞다. 그렇지만 궁극적으로 그런 태도에는 다른 원천이 있다. 게임이론을 활용해 그 원천과 작동 양상을 더 잘 이해할 수 있을까?

그 답은 반복적 상호작용을 모형화하는 데 있다. 일회성 죄수의 딜레마에서는 플레이어들이 한 번 상호작용한 후 게임이 끝난다. 그들의 협력이 어떤 방식으로든 혜택을 돌려줄 길은 없다. 현실은 그렇지 않다. 사람들은 대개 외부와 단절된 채 한 번만 상호작용하지 않는다. 대부분 우연히 서로를 다시 만나거나, 다른 사람이 서로의 상호작용을 관찰하거나, 그에 관한 소문이 날 가능성이 있다. 이 점은 협력적 행동(그리고 그에 호응하는 이타적 감성과 도덕적 직관)에 동기를 부여하는 데 도움을 줄까? 그건 어떤 양상일까? 어떤 조건이 필요할까?

이 질문에 답하려면 정확히 두 개의 모형이 필요하다. 먼저 양자 상호작용(같은 두 플레이어 사이의 상호작용)의 고전적 모형인 반복적 죄수의 딜레마부터 살펴보자. 다음 장에서는 우리의 분석을 확장한다. 즉, 반복해서 상호작용하는 두 명이 아니라 개개인으로 이뤄진 공동체를 살핀다.

반복적 죄수의 딜레마

반복적 죄수의 딜레마를 진행하는 양상은 다음과 같다. 1회차부터 시작하는 각 회차에서 플레이어들은 오래된 죄수의 딜레마 게임을 한다. 그들은 협력 여부를 선택하고 보수를 얻는다. 뒤이어 그들은 상대가 무엇을 했는지 파악하고 다시 플레이한다. 각각의 새로운 회차는 δ로 할인이 이뤄진다. δ는 전통적으로 내일 받는 (돈 같은) 보수의 가치가 오늘 받는 보수의 가치보다 적다는 사실을 반영하는 것으로 간주한다. 게임의 반복 여부에 관한 불확실성을 나타내는 것으로 생각할 수도 있다.

반복적 죄수의 딜레마에서 요점은 지속적인 양자 관계(한 쌍 혹은 두 결합 집단 사이의 관계)가 지니는 특성을 드러내는 데 있다. 이 관계에 속한 사람은 때로 상대가 제공하는 약간의 도움으로 이득을 본다. 만약 사냥꾼이 두 명이면 가끔 한 명은 아무것도 잡지 못하는 반면 다른 한 명은 연이은 행운을 누린다. 학생 두 명인 경우 한 명은 수학을 잘하는 반면 다른 한 명은 역사를 잘해서 서로의 공부를 돕는다. 신경증에 시달리는 공동 저자 두 명이라면 새로운 구상을 평가하거나, 논문을 편집하거나, 데이터를 분석하거나, 책의 초고를 쓸 때 가끔 서로의 도움을 활용한다. 상호작용이 오랫동안 이어질 거라고 기대하거나(δ가 1에 가까움), 협력으로 서로가 얻는 이득(c에 대한 b의 비율)이 충분히 높으면 협력을 지속하는 일이 가능하다. 그 점을 확인하기 위해서는 먼저 이 게임을 분석하는 방법부터 설명해야 한다.

반복적 죄수의 딜레마 같은 반복 게임에서 전략은 이전 회차에서 일어난 모든 일을 감안해 주어진 회차에서 플레이어가 하는 행동, 즉 협력cooperate(C) 혹은 배반defect(D)을 명시해야 한다. 이 게임에서 일어날 수 있는 몇 가지 경우는 이렇다. 플레이어들은 앞서 일어난 일과 무관하게 모든 회차에서 배반할 수 있다(이 전략은 'ALLD'로 불리기도 한다). 앞서 일어난 일과 무관하게 모든 회차에서 협력할 수도 있다(이 전략은 'ALLC'로 불리기도 한다). 미리 정해진 회차(가령 짝수 회차)에서만 협력할 수도 있다. 조건부 전략을 따를 수도 있다. 즉, 앞서 일어난 일에 맞춰 대응할 수 있다. 다음은 지금부터 자세히 살펴볼 유명한 두 가지 조건부 전략이다.

- 냉혹한 방아쇠grim trigger 전략: 첫 회차에서 협력하고 그 뒤로도 당신이나 상대가 배반하지 않는 한 계속 협력한다. 누군가가 배반하면 방아쇠를 당기고 이후로 D를 플레이한다.
- 대갚음tit-for-tat 전략: 첫 회차에서 협력하고 이후로는 상대가 이전 회차에서 한 일을 그대로 따라 한다.

반복적 죄수의 딜레마의 균형 상태

한 쌍의 전략이 내시균형인지 쉽게 확인하는 방법이 있다. 어느 플레이어든 한 번 이탈하고, 그 뒤로 미리 정한 전략을 계속 따름으로써 이득을 볼 수 있는지 확인하기만 하면 된다. 어떤 '일회성' 이탈도 이득을 안기지 않는다면 더 복잡한 이탈도 마찬가지일 것이다.

이 일회성 꼼수를 활용해 앞서 논의한 전략(ALLD, ALLC, 냉혹한 방아쇠, 대갚음 전략)이 내시균형인지 살펴보자. 먼저 살필 전략은 ALLD다.

다른 플레이어가 늘 배반한다면 협력한다고 해서 이득을 볼 수 있을까? 아니다. 당신은 그냥 c만 치를 뿐이다. 그래도 다른 플레이어는 개의치 않는다. 어차피 배반할 것이기 때문이다. 따라서 D를 플레이하는 것이 당신이 할 수 있는 최선이다. 이는 다른 플레이어에게도 마찬가지다. 즉, ALLD는 내시균형이다.

이제 당신과 플레이어 2가 모두 ALLC 전략을 따른다고 가정하자. 만약 일부 회차에서 당신이 C에서 D로 이탈하면 어떻게 될까? 당신은 해당 회차에서 c를 아낀다. 앞으로도 바뀌는 것은 없다. 상대는 ALLC 전략을 따르므로 당신이 무엇을 하든 계속 협력할 것이다. 우리는 이득을 얻는 일회성 이탈을 찾았다. 이 전략은 내시균형이 아니다.

그다음으로 냉혹한 방아쇠 전략을 검증해보자. 먼저 둘 다 이탈 없이 냉혹한 방아쇠 전략을 따르면 어떻게 될지 확인해보자. 첫 회차에서 둘 다 C를 플레이한다. 두 번째 회차에서도 배반하는 쪽은 없다. 둘 다 C를 플레이한다. 세 번째, 네 번째 회차 등에서도 마찬가지다. 당신이 임의로 회차를 골라 D로 이탈하면 어떤 변화가 생길까?

당신은 해당 회차에 c를 아낀다. 하지만 뒤이어 당신과 상대는 모두 방아쇠를 당기며 이후로 계속 D를 플레이한다. 즉, 당신은 협력에 따른 이득을 영원히 포기해야 한다. 그 누적치를 수식으로 표현하면 $(b-c)(\delta+\delta^2+\delta^3+\cdots)$이다. 당신은 그 이탈에서 이득을 볼까? $c \leq (b-c)$ $(\delta+\delta^2+\delta^3+\cdots)$라면 아니다. 약간의 계산을 하면 이 조건은 $\delta \geq \dfrac{c}{b}$로 단순화할 수 있다. 이것은 우리의 핵심 균형 조건이다. 반복적 상호작용이 이뤄질 확률 δ가 협력의 상대적(이득과 비교한) 비용에 비해 충분히 클 때 협력은 지속된다.

대갚음 전략은 어떨까? 둘 다 이 전략을 고수하는 경우 첫 회차에서 둘 다 협력한다. 두 번째 회차에서도 각 플레이어는 협력한다. 상대가 전 회차에서 그렇게 했기 때문이다. 세 번째 회차, 네 번째 회차 등에서도 마찬가지다. 이번에도 우리는 늘 협력이 이뤄지는 것을 본다. 당신이 임의로 회차를 선택해 D로 일회성 이탈을 한 다음, 이후로 계속 맞대응 전략을 따르면 어떻게 될까? 당신은 이탈한 회차에서 c를 얻는다. 그러나 다음 회차에서 당신은 협력하는데 상대는 배반한다. 당신의 배반에 맞대응하는 것이다. 그다음 회차에는 상대가 협력하는데 당신이 배반한다.

이런 방식으로 영원히 협력과 배반을 계속 오간다. 이번에도 우리는 냉혹한 방아쇠 전략과 같은 상쇄 구도를 본다. 즉, 지금 배반하면 당장은 이득을 얻지만 앞으로 계속 비용을 치러야 한다. 실제로 계산해보면 이 경우 역시 $\delta \geq \dfrac{c}{b}$인 한 이탈하면 더 손해를 본다.

부분게임 완전균형

게임이론가들은 죄수의 딜레마 같은 반복 게임을 다룰 때 자주 부분게임 완전성subgame perfection을 이야기한다. 그래서 잠시 이 개념을 소개하고자 한다.

부분게임 완전성은 내시균형과 비슷하지만 약간 더 엄격하다. 플레이어들이 미리 정해진 전략에서 이탈했을 때 이득을 볼 수 없을 뿐 아니라 일어날 것으로 기대하지 않는 일련의 사건 이후에도 이탈에 따른 이득을 볼 수 없어야 한다. 가령 두 플레이어가 대갚음 전략을 따르는 경우, 둘 다 상대가 배반하지 않을 것이라고 줄곧 기대한다. 앞서 본 대로 $\delta \geq \frac{c}{b}$ 이면 둘 다 이탈에 따른 이득을 볼 수 없다. 만약 누군가가 배반했을 때 대갚음 전략에서 이탈하는 게 더 나을까? 그렇다. (역시 $\delta \geq \frac{c}{b}$ 라면) 상대의 배반을 무시하는 게 더 낫다. 그러면 협력과 배반을 계속 오가는 게 아니라 매 회차에 둘 다 협력하는 구도로 돌아갈 수 있기 때문이다. 대갚음 전략은 내시균형이지만 부분게임 완전균형은 아니다.

반면 냉혹한 방아쇠 전략과 ALLD는 둘 다 부분게임 완전균형이다. 냉혹한 방아쇠 전략의 경우 당신이 (일어나서는 안 되는) 배반에 어떻게 대응할 것인지 살피면 이 점을 확인할 수 있다. 배반을 무시하는 게 더 나을까? 아니다. 일단 배반이 이뤄지면 상대는 당신이 무엇을 하든 영원히 D 전략을 따를 것이다. ALLD 전략의 경우 당신이 (역시 이뤄져서는 안 되는) 협력에 어떻게 대응할 것인지 확인하면 된다. 협력으로 전환해야 할까? 소용없다. 상대는 당신이 무엇을 하든 곧 배반으로 돌아설 것이기 때문이다.

우리는 진화 과정과 학습 과정이 내시균형으로 이어지는 경향이 있다는 주장을 근거로 내시균형을 활용하는 방식을 정당화했다. 그 논리는 당신이 내시균형 상태에 있지 않으면 누군가가 이탈로 이득을 본다는 것이었다(그래서 그와 그의 추종자 또는 후손은 그렇게 하도록 학습하거나 진화한다). 만약 전략 프로필이 내시균형이면 진화와 학습 측면에서 이탈 압력이 존재하지 않는다.

부분게임 완전성에서도 비슷한 주장을 할 수 있다. 우리는 단지 세상이 잡음으로 가득하며 가끔 역사적으로 발생할 거라고 기대하지 않던 일들이(가령 대갚음 전략을 따르도록 진화한 플레이어가 지난 회차에서 상대의 배반이 없었어도 우연히 D 전략을 따르는 일) 일어난다는 사실을 인식하면 그만이다. 이런 상황에서도 플레이어들이 최적의 행동을 하게 만드는 압력에 직면한다면 그들은 내시균형뿐 아니라 부분게임 완전균형에도 이른다.[1]

우리가 이 장에서 다룰 모든 통찰은 부분게임 완전성이 아니라 내시균형에 기반한다. 지금은 둘의 차이를 되풀이하지 않겠다. 아마 부분게임 완전성이 많은 통찰을 추가해준다는 사실을 곧 알게 될 것이다. 다음 장과 우리의 정의감에 담긴 일부 속성을 다룰 14장에서 부분게임 완전성을 많이 활용한다.

협력의 필요 속성

지금까지 우리는 반복적 죄수의 딜레마에서 극히 소수의 전략과 균형 상태만 분석했다(이외에도 셀 수 없이 많다). 하지만 협력을 지속할 수 있는 모든 전략 프로필에서 반복하여 나타나는 일부 속성을 파악할 정도는 이미 살폈다. 이러한 속성은 이타성이 실제로 작동하는 양상을 이해하기 위한 열쇠로 다음 장에서 논의할 모형에서도 뚜렷하게 나타난다. 또한 이 속성들은 근사적 접근법 혹은 에믹 접근법으로는 설명하기 어렵다.

δ가 높아야 한다. 우리는 협력을 지속하는 두 가지 균형 상태(냉혹한 방아쇠와 대갚음)를 분석하면서 이 점을 확인했다. 또한 $\delta=0$, 즉 일회성 죄수의 딜레마에서 쌍방 배반이 유일한 균형 상태인 극단적인 경우와 비교해도 확인할 수 있다. 끝으로 협력을 선택할 때마다 오늘, 비용 c를 치른다는 사실을 언급해서 확인할 수 있다. 이탈로 이득을 얻지 않으려면 앞으로 누릴 이득이 있어야 한다. 다만 이것은 δ가 충분히 높을 때만 의미가 있다.

호혜성. 균형 상태에 해당하지 않는 우리의 ALLC 분석을 떠올려보라. 두 플레이어가 아무 조건 없이 협력한다는 사실은 (근사적으로) 뭉클하지만 (궁극적으로) 그들이 계속 그렇게 할 유인이 없다. 이 유인은 다른 플레이어가 배반하면 협력을 철회한다거나 다른 플레이어가 함께해야만 협력이 이뤄질 것이라는 위협 형태를 띤다. 이는 우리가 대갚음 전략과 냉혹한 방아쇠 전략에서 확인한 속성이다. 이 속성은 흔히 호혜성 혹은 호혜적 이타성으로 불린다. 때로는 조건부 협력으로 불리기도 한다.

기대가 중요하다. 앞서 살핀 대로 반복적 죄수의 딜레마에는 많은 균형 상태가 있다. 그중에는 협력을 수반하는 것(냉혹한 방아쇠, 대갚음)도 있고 수반하지 않는 것(ALLD)도 있다. 또한 다른 전략보다 용서를 더 많이 수반하는 것도 있다(냉혹한 방아쇠 전략에는 아예 용서가 없고 대갚음 전략은 전 회차보다 앞서 당신이 무엇을 했든 무시한다). 플레이어들은 무엇을 해야 하는지 어떻게 알까? 그들에게는 다른 플레이어가 어떤 균형 상태를 따르고 있는지 평가할 방법이 필요하다. 이는 매-비둘기 게임에서 많이 확인한 대로 사람들의 행동은 공통 기대를 바꾸는 모든 것에 크게 영향받는다는 것을 뜻한다.

고차적 신념이 중요하다. 다음은 협력적 균형 상태의 마지막 속성이다. 당신과 상대가 반복적 죄수의 딜레마 게임을 한다고 상상해보라. 당신과 상대는 균형 상태에서 협력을 뒷받침하는 일부 전략, 가령 냉혹한 방아쇠 전략을 따른다. 당신은 몇 회차가 지난 뒤 상대가 협력할 의향이 있지만 뜻하지 않게 배반했음을 인지한다. 이 경우 냉혹한 방아쇠 전략에 미리 정해진 대로 방아쇠를 당겨 계속 배반해야 할까? 아니다. 아무 일도 없었던 것처럼 꾸미는 편이 낫다. 따라서 다른 플레이어의 배반 여부에 관한 1차 신념만 중요한 게 아니다. 상대가 스스로 배반했다고 생각하는지 그 2차 신념도 중요하다. 고차적 신념의 경우에도 같은 말을 할 수 있다. 당신은 상대가 스스로 배반 사실을 인지했다고 생각한다. 그와 동시에 당신이 상대가

인지하지 못했다고 생각하는 것으로 상대가 생각한다고 생각하면, 마찬가지로 배반을 못 본척할 유인이 생긴다.

전쟁터에서의 협력

이 장의 나머지 부분에서는 위에 제시한 속성 중 두 가지, 즉 높은 δ와 호혜성 증거를 약간 제시하는 데 집중할 것이다. 기대와 고차적 신념이 중요하다는 증거에 대한 논의는 나중으로 미룬다. 흥미로운 증거 중 다수는 양자 상호작용에 한정되지 않기 때문이다.

먼저 협력이 존재하려면 δ가 높아야 한다는 증거부터 논의해보자. 로버트 액설로드는 《협력의 진화》에서 심지어 1차 대전 기간의 참호처럼 대단히 가혹한 환경에서도 δ가 높으면 이타성이 나타나는 양상의 (지금은 유명해진) 사례를 제시했다. 당시 군사 기술상 참호는 진군을 막는 효과적인 수단이었다. 참호에 대응하는 최선은 우회하는 것이었다. 그래서 전쟁 초기 양측은 갈수록 길게 참호를 파는 데 정신없이 매달렸다. '바다를 향한 경주'로 불리는 이 속도전은 거미줄처럼 얽힌 참호가 벨기에에 접한 북대서양부터 남부 알프스산맥에 이르기까지 계속되었다. 이후 소강상태가 찾아왔다. 양측 군대는 길고 가혹한 대결에 대비해 자리를 잡았다.

역설적으로 이 대치 상태는 같은 부대가 몇 달 동안 서로를 마주 본다는 것을 뜻했다. 그에 따라 높아진 δ는 양측에게 협력의 문을 열어주었다. 아니나 다를까 많은 곳에서 양측은 실제 교전을 중단했다. 대신 그들은 의도적으로 계속 같은 곳을 쏘면서 저격과 폭격을 가장했다. 그래야 병사들은 상관에게 질책당하지 않을 수 있었다. 동시에 그것은 '적'들이 다치는 것을 피하고 같은 조치로 이득을 보는 일을 대단히 쉽게 만들었다. 심지어 병사들이 상대가 기대하지 않은 장소와 시간에 실수로 총을 발사한 후 큰 개인적 위험을 감수하고 사과한 기록도 있다.

이 끈끈한 협력은 양측 지휘관들이 마침내 실태를 파악한 뒤에야 끝났다. 그들은 어떤 부대도 같은 지역에 너무 오래 머물지 않도록 순환 배치했다. 그렇게 낮아진 δ는 협력을 와해했고 이는 실제 교전을 재개하는 상황으로 이어졌다.

그럼 현실적으로 이타성이 조건부인지, 즉 우리가 과거에 협력한 적 있는 사람과 협력할 가능성이 더 큰지 확인해보자.

조건부 이타성을 보여주는 가장 유명한 사례는 사람이 아니라 흡혈박쥐가 보여준다. 흡혈박쥐는 며칠 밤을 연속해서 사냥에 실패하면 굶기 십상이다. 하지만 그들은 서로를 돕는 경향을 보인다. 사냥에 성공한 박쥐는 돌아와서 때로 사냥에 실패한 박쥐의 입에 피를 토해준다.

제럴드 윌킨슨은 박쥐를 무작위로 선택해 굶기는 방식으로 일련의 실험을 했다. 그 결과 이전에 굶었던 박쥐는 자신을 도와준 박쥐가 굶고 있을 경우 기꺼이 호의를 되갚는다는 사실이 드러났다[2] (또한 윌킨슨은 흡혈박쥐들 사이에 협력을 뒷받침하는 δ가 상당히 높다는 증거를

살아 있는 것은 모두 게임을 한다

제시하기 위해 노력했다. 그는 박쥐 무리가 대단히 안정적이라는 점을 밝혔다. 일부 박쥐는 거의 10년 동안 같은 무리에 속해 있었다).

로버트 액설로드는 1차 대전에서 양측의 협력은 뭉클하긴 하지만 고도로 조건부이기도 했다고 매우 강하게 주장했다. 병사들은 상대편이 실제로 사격이나 폭격을 하면 3배 강하게 반격했다고 밝혔다. 또한 그들은 자신의 처벌이 강력할 것임을 분명히 알렸다. 저격수는 벽에 구멍이 뚫릴 정도로 같은 곳을 아주 정확히 쏘았다. 이는 벽이 아니라 사람을 겨냥했다면 어떤 일이 생길지 알리는 분명한 신호였다.

이 밖에 파고들 다른 속성들도 있다. 그 전에 우리의 분석을 양자 관계 너머로 확장해보자.

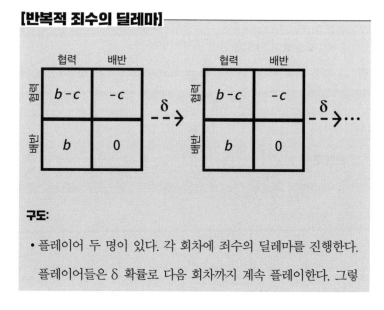

[반복적 죄수의 딜레마]

구도:

• 플레이어 두 명이 있다. 각 회차에 죄수의 딜레마를 진행한다. 플레이어들은 δ 확률로 다음 회차까지 계속 플레이한다. 그렇

지 않으면 게임이 끝난다.

- 죄수의 딜레마에서 플레이어들은 두 가지 선택지, 즉 협력(C)과 배반(D) 중 하나를 선택한다. 협력하는 경우 $c > 0$의 비용을 치르며 상대는 $b > c$의 편익을 얻는다. 배반하는 경우 아무 비용도 치르지 않으며 상대도 아무런 편익을 얻지 못한다.
- 이 모형에서 플레이어들은 과거에 일어난 모든 일을 관찰할 수 있다.

주요 전략 프로필:

- 대갚음 전략: 1회차에 C를 플레이한다. 뒤이은 모든 회차에서는 무엇이든 상대가 지난 회차에 한 대로 따라 한다.
- 냉혹한 방아쇠 전략: 1회차에 C를 플레이한다. 뒤이은 모든 회차에서는 어느 쪽이든 배반하는 경우를 제외하고 C를 플레이하며, 배반이 나오면 D를 플레이한다.
- 상시 배반 전략: 과거에 무슨 일이 있었든 모든 회차에 D를 플레이한다.

균형 조건:

- 대갚음과 냉혹한 방아쇠 같은 협력적 균형 상태는 $\delta \geq \dfrac{c}{b}$일 때만 지속된다.
- 상시 배반은 언제나 지속될 수 있다.

살아 있는 것은 모두 게임을 한다

해석:

• 협력 지속 조건:

- '반복적 상호작용'이 이뤄질 확률이 높아야 하며 과거 행동을 잘 "관찰할 수 있어야" 한다(두 조건은 모형에서 δ로 표시한다).

- 현재의 협력은 나중에 상대가 협력할 가능성이 커지는(호혜성) 것 같은 미래의 편익을 낳아야 한다. 따라서 협력적 행동은 조건부여야 한다. 즉, 사람들은 가족에게 하는 것처럼 혹은 상대의 복지를 개선하기 위한 직접적 동기가 있는 것처럼 무조건 협력할 수 없다.

• 복수의 균형 상태가 있고 특히 플레이어들이 상시 배반하는 균형 상태가 늘 존재하므로 사람들은 기대, 맥락, 틀짓기framing 등 협력에 따른 보상을 기대하는지에 영향을 미칠 모든 것에 민감할 수밖에 없다.

11장

규범 강제하기

　반복적 죄수의 딜레마는 중요한 질문에 답하지 않는다. 이 게임에는 플레이어가 두 명밖에 없어서 두 개인이나 집단(친구나 직장동료 혹은 1차 대전 때 대치하던 부대) 사이의 협력을 이해하기에 적합하다. 이것을 어떻게 활용하면 사람들이 기부나 자원봉사, 자원 보존 등으로 사회에 더 폭넓은 편익을 안기는 일을 하게 만드는 데 필요한 것이 무엇인지 이해할 수 있을까?

　이 질문에 답하기 위해 규범 강제라는 간단한 모형을 소개하겠다.[1] 이 모형에는 플레이어가 n명 있다. 이때 n은 최소 2이며 얼마든지 늘릴 수 있다. 게임 1회차에 무작위로 선정한 각 플레이어는 규범 준수와 회피 중 하나를 선택해야 한다. 규범 준수는 얼마간의 '개인 비용' C를 수반한다. 이는 흔히 해당 집단에 편익을 안기는 것으로 해석하지만 반드시 그래야 하는 것은 아니다.[2] 개인 비용은 교회에 헌금하거나, 박물관에 기부하거나, 교회가 운영하는 무료 급식소에서 자원봉사를 하거나, 수건을 재사용하거나, 할머니가 길을 건너도록 돕는 것을 비롯해 외집단 구성원 차별 혹은 안식일에 운전하지 않는 것 같은 일을 의미한다.

게임은 δ 확률로 2회차로 넘어간다. 2회차에서 모든 플레이어는 무작위로 짝을 짓는다. 각 플레이어는 짝이 된 다른 플레이어의 처벌 여부를 선택한다. '처벌 비용' c를 치러 해당 플레이어에게 h만큼의 피해를 주는 것이다. 이후 게임은 다시 δ 확률로 다음 회차로 넘어간다. 이 회차에서도 플레이어들은 무작위로 짝을 지으며 비용을 치러 서로를 처벌할 수 있다. 이런 식으로 계속 게임을 진행한다. 논의를 단순화하기 위해 모두가 모두의 지난 행동을 안다고 가정하자.

ALLD가 반복적 죄수의 딜레마에서 부분게임 완전균형 전략이었던 것처럼 이 게임에도 균형 전략이 있다. 바로 플레이어들이 1회차에 규범을 준수하지 않고 뒤이은 회차에서 절대 처벌하지 않는 것이다. 규범을 준수하지 않았다고 누구도 당신을 처벌하지 않는다면 굳이 준수할 필요가 있을까? 처벌에는 비용이 따른다. 그러니 당신이 처벌하지 않았다고 누구도 처벌하지 않는다면 굳이 처벌할 필요가 있을까? 이제 규범 준수를 수반하는 다른 전략 프로필을 살펴보자.

- 1회차에 규범을 준수한다.
- 2회차와 뒤이은 모든 회차에서 1회차에 규범을 준수하지 않았거나 이전 회차에서 처벌받아야 하는 사람을 처벌하지 않은 사람만 처벌한다.

이 전략은 δ가 충분히 높은 한(정확히는 c/h와 C/h보다 큰 한) 부분게임 완전균형 전략이다. 어떻게 이 사실을 알 수 있을까? 지금까지 그랬듯 다른 사람들이 이탈하지 않는다는 가정 아래 누군가가 이탈로 이득을 볼 수 있는지 확인하면 된다(이제는 누군가가 예기치 못한 상황에 놓인 경우도 반드시 확인한다). 당신은 1회차에 규범을 회피하고 싶은가? 그렇다면 당신은 C만큼 이득을 본다. 그러나 다음 회차에서 다른 사람들이 당신을 처벌해 h만큼의 피해를 줄 것이다. δ가 충분히 높은 한 이 피해는 할인해도 회피로 얻은 이득을 상쇄하고도 남는다.

그러면 당신이 규범을 회피했거나 처벌할 것으로 기대할 때 처벌하지 않은 사람과 (예기치 않게) 짝을 지었다면 어떨까? 원래는 처벌해야 한다. 꼭 그래야 할까? 당신은 처벌하지 않음으로써 c를 아낄 수 있다. 그럼 당신은 그 대가로 처벌받으며 h의 피해를 본다. 이번에도 δ가 충분히 높은 한 이 피해는 할인해도 회피로 얻은 이득을 상쇄하고도 남는다. 그래서 더 손해를 본다. 결국 이 전략은 부분게임 완전균형 전략이다.

■

규범 강제 게임의 균형 상태는 우리가 규범의 두 가지 속성을 찾을 수 있음을 시사한다.

제3자 처벌. 첫 번째 특성은 제3자 처벌이다. 규범 강제 게임 1회차에 이뤄지는 준수는 향후 회차에 처벌한다는 위협이 동기로 작용한다. 처벌하는 플레이어는 제3자다. 그렇게 불리는 이유는 처벌받는 플레이어가 규범을 지키지 않았다고 해서 자신들이 직접 피해를 보는 게 아닌데도 처벌하기 때문이다.

고차적 처벌. 두 번째 특성은 고차적 처벌이다. 규범 강제 게임에서 균형 전략이 동시에 부분게임 완전균형 전략이 되게 하려면 준수뿐 아니라 처벌에 유인이 필요하다. 이는 고차적 처벌, 즉 처벌해야 할 때 처벌하지 못한 플레이어를 처벌하는 것으로 이뤄진다.

이 두 가지 특성에 더해 지난 장에서 확인한 일부 특성도 여전히 중요한 역할을 한다.

관찰 가능성. 사람들이 당신의 비행非行을 관찰하지 못하면 당연히 당신을 처벌할 수 없다. 충분한 익명성이 존재하거나 사회관계망이 꾸준한 감시와 강제의 동기를 부여할 만큼 긴밀하지 않을 때 이런 일이 일어난다. 폭넓게 보면 이 모든 요소가 δ와 연관되어 있다고 할 수 있다. 즉, 높은 δ는 다시 상호작용이 이뤄질 가능성이 크다는 것을 뜻할 뿐 아니라 상호작용 대상이 과거에 일어난 일을 알고, 거기에 신경 쓸 충분한 유인이 있음을 뜻한다.

기대. 반복적 죄수의 딜레마와 마찬가지로 규범 강제 게임에도 복수의 균형 상태가 있다. 그중에는 준수를 수반하는 것도 있고 아닌 것도 있다. 또한 이런 규범을 강제하는 것도 있고, 저런 규범을 강제하는 것도 있다. 그래서 당신이 속한 공동체가 어떤 규범을 준수할 것으로 기대하고 강제하는지, 어떤 경우 강제하는지 알아야 한다.

고차적 신념. 반복적 죄수의 딜레마에서 어떤 플레이어는 뜻하지 않은 배반을 처벌하지 않는 쪽을 선호한다. 마찬가지로 규범 강제 게임에서도 어떤 플레이어는 자신만 목격한 규범 위반을 처벌하지 않는 쪽을 선호한다. 처벌하면 그에 따른 비용뿐 아니라 처벌 여부와 관련된 처벌 위험을 쓸데없이 감수해야 하기 때문이다.

■

몇 가지 증거를 살펴보자. 먼저 규범 강제 게임의 고유한 두 가지 특성인 제3자 처벌과 고차적 처벌의 증거를 논의한 후 다른 속성의 증거를 논의하자.

제3자 처벌. 사람들은 제3자로서 실제로 자신에게 직접 피해를 주지 않는 규범 위반자를 처벌할까? 다음은 그럴 가능성이 크다는 사실을 말해주는 몇 가지 사례다.

첫 번째 사례로 한 가지 실험을 해보자. 이는 과학을 위한 일이다. 나중에 공공장소에 가면 다른 사람이 보는 앞에서 사탕 봉지를 버려보라. 아니다, 그러지 마라. 이 책의 저자 중 한 명인 모시가 장난기 심한 10대 시절 이미 당신 대신 그런 짓을 했다. 그 결과는 어땠을까? 건장한 제3자가 횡단보도 중간에 픽업트럭을 세우고 밖으로 나와서는 당장 줍는 게 좋다는 사실을 알려주었다. 그 건장한 제3자는 모시가 쓰레기를 버려도 직접 영향을 받지 않는다는 점을 강조할 필요가 있다. 그곳은 거리였고 제3자는 우연히 차를 몰고 근처를 지나가고 있었을 뿐이다(그 일에서 교훈을 얻은 모시는 앞으로 쓰레기를 버리면 안 된다는 규범을 내면화했다).

두 번째 사례로 에른스트 페르와 우르스 피슈바허가 설계한 몇 가지 실제 실험을 살펴보자.[3] 이 실험에서 한 참가자는 두 번째 참가자와 함께 최후통첩 게임을 한다. 뒤이어 세 번째 참가자는 첫 번째 참가자가 받을 보상을 줄이기 위해 대가를 치르겠느냐는 질문을 받는다. 실험 결과 첫 번째 참가자가 최후통첩 게임에서 후하게 보상을 나누지 않은 경우 그러겠다는 답변이 돌아왔다. 세 번째 참가자는 첫 번째 참가자의 이기적 행동에 아무런 영향을 받지 않았다. 그런데도 첫 번째 참가자를 처벌하기 위해 기꺼이 대가를 치렀다. 비슷한 다른 실험에서도 참가자는 공공선에 기여하지 않는 다른 참가자를 기꺼이 처벌하려는 태도를 보였다. 여기서 공공선은 참가자들이 모은 금액만큼 연구팀이 돈을 추가하고 그 금액을 모두가 나누는 조건으로 공동 자금에 돈을 보태는 형태로 설정했다.[4]

조 헨리히가 이끈 대규모 연구팀은 페르와 피슈바허의 실험을 활용해 제3자 처벌이 얼마나 보편적인지 탐구했다.[5] 그들은 다양한 문화권에서 실험 참가자들을 확보했다. 거기에는 동아프리카와 아마존의 유목민·반유목민, 파푸아뉴기니·타히티·미주리의 농민, 에모리대학교 학생들도 있었다. 그들은 이 모든 곳에서 참가자들에게 하루치 임금을 주고 페르와 피슈바허의 제3자 처벌 게임을 하게 했다.

실험 결과 첫 번째 참가자가 두 번째 참가자에게 관대한 정도와 세 번째 참가자가 제3자 처벌을 기꺼이 실행하려는 정도에 큰 차이가 있다는 사실을 발견했다. 그 차이는 무작위로 나타나지 않았다. 첫 번째 참가자가 더 관대하게 돈을 나눈 지역은 세 번째 참가자가 제3자 처벌을 실행한 지역이기도 했다. 가장 덜 협조적인 지역에서도 의미 있는 비율의 참가자들이 제3자 처벌을 실행했다(그래서 의미 있는 비율의 참가자들이 기꺼이 돈을 나누려 했다).

제3자 처벌과 관련된 세 번째 사례는 동아프리카의 유목 부족 투르카나족Turkana에게서 볼 수 있다. 새라 매튜와 롭 보이드는 세심하게 민족지적 연구를 실행했다. 그들은 투르카나족이 제3자 처벌로 가축 약탈에 참여하게 만드는 양상을 기록했다. 습격이 이뤄지는 동안 탈주하는 것은 꽤 흔했다. 그러나 습격 중에 발생하는 사망자가 전체 남성 사망자의 5분의 1에 달한다는 점을 감안하면 생각만큼 흔한 것은 아니었다. 그 이유는 공개 질책, 벌금 그리고 극단적으로 탈주자를 나무에 묶고 또래들이 때리는 공개 채찍질로 처벌받기 때문이다. 루크 글로와키는 다른 동아프리카 부족인 냥가톰족Nyangatom 사이에서도 비슷한 관습을 발견했다.[6]

네 번째이자 마지막 사례는 인종분리법 시대의 미국 남부에서 찾아볼 수 있다. 역사학자 클라이브 웹이 기록한 바에 따르면 이 시기 남부의 이민자 상인들은 흑인에게 딱히 편향적 태도를 보이지 않는 경우가 많았다. 그런데 그들은 흑인을 상대로 장사해서 이득을 봤으면서도 인종차별 분위기를 따랐다. 웹은 1920년 어느 가게 주인이 "먹고살려고 여기 왔지, 사회운동을 하러 온 게 아니다"라고 한 말을 인용한다. 그의 말에 따르면 그 가게 주인만큼 신중하지 않은 사람은 "경제적 보복, 사회적 비난, 심지어 폭력에 직면했다. 1868년 8월 15일 S. A. 비어필드라는 젊은 러시아계 유대인이 KKK 단원들에게 붙잡혀 사살당했다. 비어필드는 자신의 가게에서 물건을 사는 흑인들과 친하게 지내다가 테네시주 프랭클린의 백인들을 불쾌하게 만들었다. 그로부터 14개월 후에는 플로리다주 마리아나의 유대인 철물상인 새무얼 플라이슈만이 거의 같은 상황에서 살해당했다."[7] 중요한 사실은 그런 폭력을 저지른 백인들이 가게 주인의 추가 매출이나 친목으로 직접 영향받은 게 없는 제3자였다는 것이다.

고차적 처벌. 고차적 처벌은 실제로 제3자 처벌의 동기를 부여할까? 흔히 그렇다. 다음은 약간의 관련 증거다.

로버트 커즈번, 피터 드치올리, 에린 오브라이언은 누군가가 지켜보고 있다는 사실을 알 때 사람들이 제3자를 처벌할 가능성이 더 크다는 사실을 보여주었다. 이는 고차적 처벌을 당할지 모른다는 감정을 촉발하는 간단한 방법이다.[8] 그들은 실험 참가자를 연구실에 모아 두 차례에 걸쳐 실험했다. 첫 번째 실험에서 참가자 두 명은 죄수의 딜레마를 변형한 게임을 했다. 달라진 점은 플레이어들이 차례로 협력 여부를 선택한다는 것이었다. 즉, 참가자 1이 협력할지 배반할지 결정한 뒤 참가자 2가 같은 결정을 했다. 일반적인 경우처럼 참가자들은 협력한 상대를 배반할 때 가장 높은 보상을 받았다. 무려 30달러를 벌 수 있었다! 두 번째 실험에서는 새로 세 번째 참가자가 들어왔다. 연구팀은 그들에게 플레이어들이 첫 번째 게임에서 어떤 행동을 했는지 알려주었다. 그런 다음 10달러를 주면서 참가자 2를 처벌하기 위해 얼마를 낼 것인지 물었다. 참가자 3이 처벌에 1달러를 쓸 때마다 참가자 2가 받는 보상은 3달러씩 줄었다. 연구팀은 협력을 선택한 참가자 1을 참가자 2가 배반했을 때, 참가자 3이 참가자 2를(참가자 2만) 처벌할 것이라고 기대했다.

연구팀은 두 번째 실험 참가자들을 처치집단 셋으로 나눴다. 첫 번째 집단은 완전히 익명으로 실험을 완료했다. 연구팀도 누가 어떤 결정을 했는지 알 수 없었다. 두 번째 집단의 결정은 연구팀에게만 알려졌으며 다른 참가자들에게는 비밀로 했다. 세 번째 집단 참가자들은 실험 마지막에 자리에서 일어나 다른 참가자들에게 자신이 어떤 결정을 했는지 발표해야 한다는 말을 들었다.

당연히 익명성이 덜할수록 제3자 처벌이 많이 나타났다. 전적으로 익명성을 보장하는 경우 처벌에 쓰인 평균 금액은 1.06달러였다. 연구팀만 결정 내역을 알 수 있는 경우 평균 금액은 2.54달러였다. 다른 참가자들도 자신이 어떤 결정을 했는지 알 수 있는 경우 평균 금액은 3.17달러였다. 참가자들은 자신이 처벌했는지 다른 참가자들이 알게 되고, 적어도 이론상 자신에게 고차적 처벌을 가할 수 있음을 알 때 제3자 처벌에서 훨씬 강한 동기를 부여받았다.

더 근래에 실행한 연구에서 질리언 조던과 누르 크테일리는 약간의 변화를 줘서 위 실험을 반복했다.[9] 그들이 준 변화는 첫 번째 실험 내용을 다음과 같은 상황 설정으로 바꾼 것이었다.

연구팀은 실험 참가자들에게 한 운동단체를 후원할 기회를 주었다. 이 단체는 성추행 혐의를 받는 대학 교수를 처벌하려 하고 있었다. 그들은 교수의 사무실과 집 밖에서 행진하고 확성기로 그가 한 짓을 친구, 가족, 이웃, 동료 들에게 폭로하며 조치하도록 대학 측을 압박할 예정이었다. 참가자들은 이 이야기를 듣고 해당 단체를 후원해 교수를 처벌할 것인지 결정했다. 또한 해당 단체를 후원하려는 의지와 처벌이 타당한지 개인 차원에서 도덕적 평가를 (연속 척도로) 밝혔다.

조던과 크테일리는 앞선 연구팀처럼 참가자의 처벌 결정을 다른 참가자들이 관찰하는 것에 변화를 주었다. 핵심 장치는 해당 교수가 실제로 잘못을 저질렀을 거라고 참가자가 확신하는 정도에도 변화를 준 것이다. 다음은 그 방법을 설명한 내용이다.

우리는 처벌의 도덕적 근거가 모호한 정도를 조작할 수 있었다. 우리는 참가자들에게 혐의 내용이 담긴 기사를 보여주면서 신뢰도와 심각성을 좌우하는 중요한 세부 내용에 변화를 주었다. 모호하지 않은 조건의 경우, 혐의가 매우 심각했으며 사실일 가능성이 컸다(가장 심각한 혐의는 강간미수였고 교수는 혐의를 부인하지 않았으며 고발자가 무려 여섯 명이었다). 모호한 조건의 경우, 혐의가 상대적으로 덜 심각했고 사실일 가능성이 꽤 낮았다(가장 심각한 혐의는 원치 않는 신체접촉이라는 비교적 사소한 것이었고 교수는 혐의를 부인했다. 또 고발자가 두 명에 불과한 데다 둘 다 다른 의도가 있었으며 취재원들은 교수의 인격을 믿는다고 말했다).
두 조건에 속한 참가자들은 이 중요한 차이에도 불구하고 해당 단체가 (꽤 심각한) 동일한 처벌을 요구할 것이라는 사실을 알게 되었다.

모호하지 않은 경우에는 앞선 실험과 비슷한 결과가 나왔다. 즉, 다른 참가자들이 관찰할 때 처벌 가능성이 의미 있는 수준으로 더 컸다.

두 연구자가 확인한 또 다른 사실은 예상대로 모호한 경우 처벌할 가능성이 훨씬 작았다는 점이다(약 4분의 1로 줄어듦). 그런데도 참가자들이 관찰당할 때 처벌 가능성이 더 컸다. 이는 "평판이 동기로 작용하는 힘을 보여주는 인상적인 사례였다. 모호한 조건에 속한 참가자들은 우리의 평판 조작에 덜한 반응을 보이지 않았다." 암묵적인 고차적 처벌 위협은 대단히 강력했다. 그래서 참가자들이 개인적으로는 꺼리면서도 처벌을 강행하도록 만들었다. 실로 인상적인 결과다.

이처럼 고차적 처벌 위협이 있을 때 제3자 처벌의 동기가 작용한다. 그러면 실제로 고차적 처벌이 이뤄질까? 정말로 마땅한 처벌을 하지 않았다는 이유로 처벌하는 일이 있을까? 이 질문의 답 역시 "그렇다"이다.

새라 매튜는 투르카나족을 대상으로 이 질문을 탐구했다.[10] 그 방법은 네 가지 다른 시나리오를 설문조사하는 것이었다. 첫 번째 시나리오는 탈주자를 처벌한 사람, 두 번째 시나리오는 탈주자를 처벌하지 않은 사람, 세 번째 시나리오는 과도한 처벌을 한 사람, 네 번째 시나리오는 부당한 처벌을 한 사람, 즉 탈주하지 않은 사람을 처벌한 사람에 관한 것이었다. 뒤이어 매튜는 이런 질문을 했다.

"이 사람이 잘못했나요? 이 사람이 못마땅한가요? 이 사람의 행동이 쓸데없었나요? 이 사람을 욕할 건가요? 처벌할 건가요? 이 사람을 도와주지 않을 건가요?"

탈주자를 처벌한 첫 번째 시나리오에서 그 사람이 잘못했고 못마땅하다는 식의 대답이 나온 경우는 드물었다. 반면 나머지 시나리오에서는 그런 경우가 비교적 많았다. 처벌할 것이라고 말하는 빈도도 어느 정도 빈번했다. 탈주자를 처벌하지 않은 사람을 처벌하고, 탈주자를 처벌한 사람을 처벌하지 않는 것은 정확히 규범 강제 모형이 요구하는 양상이다.

재키 로빈슨은 브루클린 다저스에 입단하면서 소위 메이저리그의 인종 장벽을 무너뜨렸다. 이 일은 인종차별 성향이 있는 야구팬들의 분노를 불러일으켰다. 특히 세인트루이스 카디널스 팬들이 그런 쪽으로 가장 유명했다. 로빈슨은 그들의 거듭된 (언어적, 물리적) 폭력을 견뎌냈다. 그의 비폭력 대응은 궁극적으로 인권운동에 영감을 불어넣었다. 로빈슨의 팀 동료들도 공격 대상이 되었다. 그들은 로빈슨 영입 결정과 아무 관련이 없었고 심지어 일부는 반대했는데도 말이다. 하지만 인종차별 성향이 있는 야구팬들은 그들이 다저스에 계속 머무는 바람에 구단을 마땅히 처벌하지 못했다고 추정했다. 따라서 고차적 처벌을 받는 게 당연했다.[11]

기독교도와 유대교도는 모두 파문을 한다. 유대교에서는 이를 '헤렘herem'이라 부른다. 공동체 일원이 잘못된 행동을 하면 지도부가 파문에 처한다. 그러면 당사자는 공동체에 참가하지 못할 뿐 아니라 그와 연루된 사람도 파문당할 수 있다. 가령 13세기 제4차 라

테란 공의회는 성직자에게 이단죄를 범하지 않았어도 그런 짓을 한 사람을 도운 사람을 파문할 권한을 부여했다.[12]

이 책 공저자 중 한 명인 에레즈는 중학교를 이스라엘에서 다녔다. 그때 그는 아이들이 비종교적 형태의 헤렘을 실행하는 것을 목격했다. 어떤 급우가 아주 심한 잘못을 저지르면 친구들은 헤렘을 선언했다. 파문당한 아이에게 말이라도 걸어서 헤렘을 어기는 아이 역시 헤렘 대상이 되었다. 놀랍게도 이 행위에 가담한 아이들은 대부분 종교와 관계가 없었고 자신들이 본뜬 어른의 종교적 헤렘을 들어본 적도 없을 가능성이 컸다.

심리학자 킬리 햄린, 캐런 윈, 폴 블룸, 네하 마하잔은 유아들도 고차적 처벌처럼 보이는 행동을 한다고 밝혔다.[13] 그들은 양말 인형(코끼리, 무스, 오리)을 이용해 두 가지 장면을 연출했다. 첫 번째 장면에서는 한 인형이 착하거나(다른 인형이 장난감 상자를 여는 것을 도와줌) 못된(장난감 상자의 뚜껑을 세게 닫음) 모습을 보여준다. 뒤이어 이 인형은 다른 인형의 도움을 받아야 하는 상황에 놓인다(공을 갖고 놀다가 떨어트림). 이때 다른 인형이 등장해 공을 돌려주거나 가져간다. 끝으로 아이들은 어떤 인형을 갖고 놀지 선택한다. 생후 5개월 된 유아들은 하나같이 공을 첫 번째 인형에게 돌려준 인형을 선택했다. 그들의 선택은 첫 번째 장면에서 그 인형이 착하게 굴었는지, 못되게 굴었는지와 무관했다. 반면 생후 8개월 된 유아들은 2차 처벌을 실행했다. 그들은 착한 인형을 착하게 대한 인형, 못된 인형을 못되게 대한 인형을 선택했다.

지금부터는 규범 강제 게임에서 이뤄지는 협력의 세 가지 특성에 관한 증거를 살펴보자. 이러한 특성은 반복적 죄수의 딜레마에서 이뤄지는 협력에서도 확인했다.

관찰자가 있으면 이타적이 된다

우리가 살필 첫 번째 특성은 관찰 가능성이다. 이 특성은 관찰자가 선행을 알게 될 가능성이 클 때, 관찰자를 보다 중시할 때, 사람들이 더 이타적인 모습을 보인다는 것이다.

우리가 검토할 첫 번째 증거는 간단한 실험실 실험에서 나온다. 이타성 연구에 자주 사용하는 이 실험 방식은 '독재자 게임'이라 불린다. 이 게임에서 연구팀은 참가자에게 몇 달러를 지급한 뒤 다른 참가자에게 얼마를 줄 것인지 묻는다. 그게 전부다. 다른 내용은 없다. 이 간단한 실험에서 많은 참가자가 절반을 준다. 물론 그보다 덜 주거나 아예 주지 않는 참가자도 있다.

우리의 예측에 부합하기라도 하듯 참가자가 다른 참가자와 나누는 금액은 실험의 익명성이 좌우한다. 참가자는 자기 신원이 다른 참가자에게 알려지는 경우 아주 높은 비율로 베푸는 경향이 있다. 반면 자기 신원이 다른 참가자에게 알려지지 않는 경우 덜 관대해진다. 이중맹검 방식(참가자의 신원이 다른 참가자뿐 아니라 연구팀에게도 알려지지 않는 것을 뜻함)을 따를 경우 그보다 덜 관대해진다. 연구팀이 추가로 참가자의 신원을 보호하는 특별 조치를 하고, 그 점을 강조하면(참가자에게 실험의 익명성을 확실하게 각인시키면) 마침내 그들은 다른 참가자에게 거의 아무것도 주지 않는다. 결론적으로 관찰 가능성이 클수록 참가자는 더 많이 준다.[14]

독재자 게임에 더해 이타성을 연구하는 또 다른 흔한 실험실 패러다임은 공공선 게임이다. 독재자 게임과 약간 비슷한 이 패러다임에서는 더 많은 참가자가 동시에 참여한다. 이 게임에서도 독재자 게임처럼 참가자들에게 돈을 제공한다. 다만 이번에는 공동 자금에 얼마를 기부할지 질문한다. 공동 자금은 몇 배로 불어나며 얼마를 기부했든 모든 참가자가 나눠 갖는다. 독재자 게임처럼 참가자들은 대체로 꽤 큰 비중의 금액을 공동 자금에 기부한다.

한 실험에서 존 리스트, 로버트 베렌스, 알록 보하라, 조 커크블리엣은 통제집단에 속한 참가자들에게 앞서 설명한 것과 비슷한 게임을 제시했다. 구체적으로 참가자들에게 참가비로 받은 20달러를 학내 연구소 건립에 기부할 것인지 물었다. 처치집단에 속한 참가자들도 같은 게임을 했다. 다만 기부 결정을 내린 뒤 무작위로 선택된 일부 참가자는 다른 모든 참가자 앞에서 자신이 어떤 결정을 내렸는지 밝혀야 했다. 이는 강력한 관찰 가능성 조작이었다! 당연히 처치집단은 통제집단보다 약 2배 높은 비중의 금액을 기부했다.[15]

추가 증거를 확인하기 위해 연구실을 떠나 말 그대로 필드로 가보자. 영국의 한 연구팀은 과일 따는 일을 하는 사람들을 대상으로 연구를 진행했다.[16] 그들은 다른 사람보다 과일을 얼마나 더 많이 따는가에 따라 보너스를 주는 상대적 보수제를 적용하는 경우, 사람들이 작업 속도를 늦춘다는 사실을 발견했다. 이는 동료들이 지나치게 열심히 일하도록 만들지 않으려는 것이었다. 하지만 이런 일은 과수원에서 일하며 서로를 볼 수 있는 경우에만 일어났다. 일부 과일은 그렇지 않았다.

유형 2 과일은 평균 높이가 180센티미터에서 210센티미터 정도인 빽빽한 관목에서 자란다. 유형 1 과일과 달리 유형 2 과일을 따는 작업자는 작업 중에 옆줄에서 일하는 작업자가 얼마나 많이 따는지 관찰할 수 없다. 즉, 유형 2 과일의 물리적 특성은 작업자들이 같은 작업에서 서로를 살필 수 없게 만든다.

유형 2 과일(아마 라즈베리인 것 같은데 저자들이 밝히지 않음)의 경우 작업자들은 협력하지 못했고 결국 훨씬 더 열심히 일했다.

관찰 가능성에 따른 우리의 예측은 결과적으로 아주 유용하다. 우리는 한 논문에서 이 예측을 활용해 정전 예방 프로그램에 참여를 촉진한 실험 내용을 제시했다.[17] 실험 결과 이웃에게 신원이 드러나는 가입 신청서를 쓰는 경우 익명으로 가입하는 경우보다 가입할 확률이 3배(!)나 높았다. 마찬가지로 다른 연구팀들도 헌혈, 세금 납부, 국립공원 유지를 위한 기부 등을 유도할 때 관찰 가능성이 인상적인 효과를 낸다는 사실을 확인했다.[18]

타인의 기대에 보답한다

우리가 점검할 다음 특성은 '기대'다. 구체적으로는 사람들이 자신의 협력 여부에 타인이 보이는 기대감 단서에 민감하다는 얘기다. 존 리스트는 독재자 게임을 변형해 우리가 말하고자 하는 바를 잘 드러냈다. 일반 버전에서 독재자에게는 상을 나눠 파트너를 도울 선택지만 있다. 반면 리스트의 버전에서는 파트너에게 도움을 줄 수도 있고 해를 끼칠 수도 있다. 즉, 자신이 받은 돈의 일부를 주거나 파트너가 받은 돈의 일부를 취할 수 있다. 결정 방식을 이렇게 구성하면 금액이 얼마든 파트너에게 돈을 주는 참가자가 비교적 적다. 그렇지만 일반 버전처럼 가장 이기적인 선택을 해서 파트너의 돈을 가져가는 참가자는 거의 없다.[19] 참가자들은 자신에게 주어진 선택지로 공정하거나 양심적인 파트너로 인식되고 싶을 때 어떤 행동을 기대받는지 추정하는 듯하다.

또 다른 사례가 있을까? 다양한 실험에서 실험을 설명하는 단어만 바꿔도 참가자의 행동에 영향을 미칠 수 있다는 사실이 밝혀졌다. 한 고전적 실험에서 바르다 리버만, 스티븐 새뮤얼스, 리 로스는 참가자들에게 최후통첩 게임을 제시했다. 그들은 게임 명칭을 당시 부르던 월가 게임이 아니라 협력 게임으로 바꾸면 참가자들이 더 많이 베풀고 부당한 제안을 거절할 가능성이 더 크다는 사실을 확인했다.[20]

더 최근 사례로는 발레리오 카프라로와 안드레아 반조가 진행한 실험 결과가 있다. 독재자 게임을 변형한 이 실험에서 선택지 명칭을 '갖지 않는다'와 '갖는다'에서 '훔치지 않는다'와 '훔친다'로 바꾸자 참가자들의 관대함이 2배로 늘어났다. 심지어 '준다'와 '주지 않는다'라는 명칭을 쓸 때는 덜 관대해졌다. 이처럼 명칭이 참가자의 행동을 바꾼 이유와 관련해 가능한 설명 한 가지는 자신이 얼마나 관대할 것으로 기대받는지가 참가자의 인식을 바꾸기 때문이라는 것이다.[21]

현실 세계에서 기대가 어떤 역할을 하는지 알고 싶을 때 관련 사례를 구할 좋은 원천이 있다. 바로 행동경제학자들의 '넛지nudge(은근한 방식으로 행동을 유도하는 것 - 옮긴이)' 연구 자료다. 가령 2000년대 초반 노아 골드스타인이 이끄는 연구팀은 한 호텔과 협력해 실험을 진행했다. 실험 내용은 투숙객들에게 수건을 재사용하라고 요청하는 문구를 바꿔보는 것이었다. 수건을 재사용하면 투숙객은 조금 불편해도 호텔의 비용을 줄일 뿐 아니라 에너지와 물을 절약할 수 있었다. 연구팀은 처음에 '환경 보호에 도움을 줄 수 있습니다' 같은 문구를 썼다. 그런데 '다른 투숙객들과 함께 환경 보호에 도움을 주세요. 우리의 새로운 자원 절약 프로그램에 참여해달라고 요청받은 투숙객 중 거의 75%는 수건을 2회 이상 사용해 도움을 주십니다'라는 문구를 추가하자 재사용률이 9%포인트나 급등했다. 같은 방에 숙박한 다른 투숙객이 수건을 재활용했다는 문구는 그보다 더 효과적이었다.[22]

'서술적 규범descriptive norms'으로 불리는 이런 문구는 대상자가 어떤 기대를 받는지 알리는 데 도움을 준다. 이것은 다른 사람들이 같은 맥락으로 협력한다는 점을 부각하는 방법이다. "다른 투숙객도 이럴 때 협력할까? 나 같은 투숙객도 이럴 때 협력할까?" 하고 자문하는 투숙객의 답은 긍정적일 테고 자신도 협력할 거라고 기대받고 있다는 타당한 결론을 내릴 것이다.

사회심리학자와 행동경제학자는 사람들의 기대에 이어 이타성에 영향을 미치는 영리한 방법을 상당히 많이 찾아냈다. 한 가지 흔한 수법은 사람들이 올바르다고 생각하는 것을 질문하고(개찰구를 뛰어넘어 대중교통 요금을 내지 않는 것이 정당하다고 생각합니까?) 뒤이어 그 결과를 알려주는 일이다(뉴욕 주민 85% 이상은 요금을 내지 않는 것은 부당하다는 데 동의합니다!). 이러한 메시지는 '명령적 규범injunctive norms'이라 불리며 역시 기대를 효과적으로 전달할 수 있다.

이 밖에도 많은 사례가 있다. 그 원천에서 이들 사례를 확인하고 싶다면 리처드 탈러와 캐스 선스타인이 쓴 《넛지》를 읽어보라. 다만 딱 하나의 사례를 더 제시하지 않을 수 없다. 과거에 뉴욕 메트로폴리탄 미술관은 무료였다. 대신 입장하기 전에 줄을 서서 작은 금속 배지를 셔츠에 달아야 했다. 배지를 나눠주는 배포 창구는 계산대처럼 보였다. 창구 위에는 기부를 요청하는 알림판이 붙어 있었다. 하나는 일반 성인 대상이었고 다른 하나는 아동, 노인, 학생이 그 대상이었다. 물론 언제든 기부하고 싶지 않다고 말할 수 있었다. 하지만 기부 내역을 제시하는 알림판은 기본적으로 상반된 기대를 만들었다. 이는 효과적인 전략이었다.

이제 규범 강제의 특성에 따른 흥미로운 영향을 살펴보자. 먼저 규범 강제로 달성할 수 있는 일의 몇 가지 한계부터 논의하겠다.

강제 가능한 것의 한계

코로나-19 팬데믹 기간에 대다수는 여행을 자제했고, 실내에서 친구나 가족과 모이는 일을 피했고, 서로 사회적 거리를 180센티미터 유지했고, 집 밖에 나갈 때는 마스크를 썼다. 또한 주 경계선을 넘어 여행할 때는 사람을 만나기 전에 코로나-19 음성 테스트 결과를 확보했다. 이러한 여러 제약은 각 시와 주의 공식 지침이었다. 일부에서는 지침을 어기면 벌금을 공식 부과했다. 대다수 지역은 이 처벌을 극구 피했다. 대신 그들은 주민에게 의존하는 오랜 규범 강제로 바람직한 행동을 촉진했다. 규범 준수 양상은 전혀 완벽하지 않았고 지역마다 달랐다. 그래도 대다수 미국인은 마스크를 썼고, 의미 있는 정도로 여행을 자제했으며, 심지어 가능하면 백신까지 접종했다. 이처럼 규범의 효과는 나쁘지 않았다.

백신을 접종하면 코로나-19에 걸리거나 코로나를 퍼트릴 확률이 낮아진다. 그래서 더 이상 마스크를 쓰거나 다른 제약을 따르지 않아도 될 것으로 생각하기 쉽다. 실제로는 방역 지침을 해제하기까지 여러 달이 걸렸다. 그 기간에 백신 접종자도 다른 사람들처럼 지침을 따라야 한다는(백신 접종자는 코로나-19를 퍼트리지 않는지 아직 모른다는) 기대를 받았다 보건당국의 공식 근거는 늘 모호했다. 백신 접종자는 코로나-19를 거의 퍼트리지 않는다는 데이터가 추가로 나오자 보건당국은 기존 근거를 폐기했다. 그러나 제약은 그대로 유지했다. 한동안 모두가 계속 마스크를 써야 한다는 기대를 받았다.

백신 접종자도 계속 마스크를 써야 했던 진짜 이유는 아마 따로 있을 것이다. 백신 미접종자는 여전히 마스크를 써야 했다. 모두가 마스크를 써야 한다는 기대를 받는 경우 규범을 강제하기가 훨씬 쉽다. 이 규범에서는 제3자 처벌이 비교적 쉽다. 마스크를 쓰지 않는다고? 제3자는 자유롭게 따질 수 있다. 다른 사람들(고차적 처벌자)이 자기편을 들 것임을 알기 때문이다. 이는 아주 좋은 일이다! 반면 다른 사람들은 쓰지 않아도 되는데 일부 사람만 써야 한다고 요구하는 경우 제3자 처벌을 하러 나서기가 어렵다. 그래서 백신 접종자에게 마스크를 쓰라고 요구하는 것은 약간 어리석은 일이지만, 누구라도 마스크를 쓰도록 동기를 부여할 수 없게 되는 것보다는 훨씬 덜 어리석다.

이 사례는 규범과 관련해 더 포괄적인 문제를 보여준다. 어떤 일은 제3자 처벌과 고차적 처벌로 강제하기가 더 어렵다. 이런 일은 유지하기도 어렵다. 결국 우리는 대신 다른 것을 강제한다. 마스크는 큰일이 아니다. 그러니 일부 사람이 필요 없음에도 불구하고 마스크를 쓴다고 해서 문제될 게 있을까?

다음 두 장에서는 본격적으로 고차적 신념을 파고든다. 우리는 강제할 수 있는 일의 제약이 상당히 의미 있을 수 있음을 확인할 것이다. 가령 규범은 범주적이어야 한다. 그래서 바람직한 특정 규범을 강제하기가 어렵다. 전시戰時에 부당한 피해를 주지 말라는 규범이 거기에 해당한다. 대신 우리는 불완전한 대체재로 고문이나 특정 유형의 무기를 범주적으로 금지하는 규범을 강제하는 수준에 머문다. 마찬가지로 우리는 사람들이 좋은 자선단체에 기부하도록 촉구하는 규범을 세우고 싶어 한다. 하지만 그렇게 할 수 없어서 대신 자선단체에 기부하는 사람들에게 보상한다. 그 돈이 의미 있는 변화를 만드는지 혹은 낭비되는지에 상관없이 말이다. 우리는 피해를 초래한 것이 행위action인지 또는 무행위inaction인지에 규범이 민감하다는 점도 확인한다(당신은 유대인을 죽였는가? 아니면 그냥 죽게 내버려두었는가?). 이 점 역시 그렇지 않은 것이 이상적이다. 일단 규범은 강력하지만 전적으로 강력하지는 않으며 때로 그 점이 상당히 중요하다고 말하는 것으로 충분하다.

규범 강제의 실용적 방법들

규범 강제 접근법의 이점 중 하나는 사람들이 규범을 준수하도록 동기를 부여하는 실행 가능한 방식을 제안한다는 것이다. 예를 들면 다음과 같은 방식이 있다.

• **관찰 가능성을 높인다.** 개인이 사적으로 규범을 위반하면 제3자가

처벌하기 어렵다. 그러니 가능할 때마다 다른 사람들이 문제 행동을 쉽게 관찰하도록 만들어라. 우리가 전용 전화번호를 가입 신청서로 바꾼 것처럼 말이다.

- **그럴듯한 핑계를 제거한다.** 런던 테이트 모던 미술관은 메트로폴리탄 미술관과 달리 기부함을 그냥 미술관 전역에 설치했다. 방문객은 입장하기 전에 줄을 설 필요가 없었다. 이는 "기부함을 못 봤다"거나 "깜박했다" 같은 그럴듯한 핑계를 댈 여지를 많이 남긴다. 그래서 제3자 처벌자들이 자기 일을 하기가 어렵다. 그들은 스스로 규범을 위반했다고 여기는지뿐 아니라 다른 사람들(다른 고차적 처벌자)도 그렇게 여기는지 신경 쓴다. 또한 그들 자신은 아무리 방문객이 의도적으로 기부하지 않았다고 확신해도 다른 고차적 처벌자도 그럴지 확신하지 못한다. 그러니 가능할 때마다 이런 핑계를 댈 여지를 제거하라. 메트로폴리탄 미술관은 그렇게 했다. 거기서는 기부하지 않고 슬쩍 넘어가려는 사람은 누구나 제3자 처벌을 받을 수 있다("이봐요, 줄을 서요!"). 제3자 처벌자는 고차적 처벌자로부터 선을 넘었다는 비판을 받을까 걱정할 필요가 없다.

- **기대를 알려라.** 사람들은 자신이 특정 상황에서 특정 규범을 준수할 것으로 기대받는지 말해주는 단서에 민감하다. 그들이 규범을 준수할 것으로 기대할 때 그 단서를 제공하라. 방금 확인한 대로 이 단서는 다른 수많은 사람이 규범을 준수하고 있다는 사실 혹은 다른 사람들이 규범을 준수하는 것이 좋다고 생각한다는 사실을 가리킨다. 특히 규범을 준수하는 사람이 해당 규범을 정하거나 강제

하는 사람인 경우는 더욱 그렇다.

이 체크리스트는 자선단체 후원, 기부, 자원 보존, 손 씻기, 항생제 처방 준수 등 친사회적 행동을 촉진하는 데 유용하다. 인종차별 같은 나쁜 규범을 무너뜨리는 데 활용할 수도 있다. 이 경우에는 조언을 반대로 하면 된다. 그러니까 규범 위반자를 관찰하기 어렵게 만들고, 더 많은 핑계를 제공하고, 기대하는 바와 상반된 메시지를 보내면 된다.

우리는 문헌 검토로 이런 처방에 기반한 현장 개입이 이타적 행동을 촉진하려는 다른 노력보다 훨씬 나은 성과를 올렸다는 사실을 확인했다. 관찰 가능성을 높이는 것이 특히 효과적이었다. 이 방식은 다른 개입 방식을 큰 폭으로 따돌리는 성과를 올렸다. 기대를 알리는 것도 상당히 잘 통했다. 이 결과는 다른 검토에서도 확증되었다 (우리가 검토할 당시 그럴듯한 핑계를 제거하는 개입은 평가할 수 있을 만큼 사례가 많지 않았다). 반면 이타적 행동을 더 쉽게 만들거나 (상금, 머그, 티셔츠를 주는) 물질 보상 방식으로 개입하는 것은 대개 미진한 결과로 이어졌다.[23]

앞서 우리가 정전 예방 활동을 촉진하기 위해 이 방식 중 일부를 실행했다고 말한 바 있다. 다른 사례로는 디지털 의료 스타트업과 협력해 결핵 치료 준수를 촉진한 것이 있다. 대다수 서구인은 잘 모르지만 결핵은 가장 치명적인 감염병으로 해마다 200만 명 이상이 이 질병으로 죽는다. 이는 HIV와 말라리아로 인한 사망자를 합친 것보다 많은 수치다. 충격적인 사실은 70년 전에 결핵 치료제를 개발했는데도 그렇다는 것이다.

현실을 보면 결핵 치료는 과장하지 않아도 엄청나게 어렵다. 치료 기간은 6개월 넘게 걸리며 정기적으로 병원에 가야 한다. 매일 먹어야 하는 항생제는 너무 독해서 구역질이 날 정도다. 그래서 다 나았기를 바라며 치료를 일찍 중단하는 환자가 많다. 우리 목표는 이런 일을 막는 것이었다. 그래야 결핵이 재발 내지 전염되거나 치료하기 몹시 어려운 약물저항성 결핵으로 악화하지 않기 때문이다.

우리가 이 문제에 접근한 방식은 이러하다. 우리는 약을 먹어야 한다는 것을 상기하도록 환자에게 매일 문자메시지를 보냈다. 그게 끝이 아니었다. 여전히 관찰 가능성이 없었다. 또한 "문자메시지를 못 봤어요" "휴대전화 배터리가 다 떨어졌어요" "엄마한테 휴대전화를 빌려줬어요" "문자메시지를 봤는데 까먹었어요" 등 핑곗거리가 너무 많았다. 대신 우리는 환자들에게 사이트에 로그인해 약을 먹었다는 표시를 하도록 요청했다.

응답이 없으면 계속 문자메시지를 보냈다. 3회 이후에도 여전히 응답이 없으면 지원팀이 연락해 다시 약을 먹도록 만들었다. 지원팀 덕분에 관찰 가능성이 생겼고 핑계는 줄어들었다. 응답하기 전까지 문자메시지가 계속 올 것임을 알면 못 봤다고 주장해봐야 소용이 없다. 또한 우리는 "우리 함께 케냐에서 결핵을 몰아냅시다!"나 "오늘 벌써 수백 명의 보건 영웅이 약을 먹었습니다. 당신도 함께해요!"처럼 동기를 부여하는 메시지를 보내 기대를 알릴 약간의 기회도 얻었다.

우리의 개입은 상당히 성공적이었다. 우리는 케냐 나이로비에서 환자 1,200명을 대상으로 해당 플랫폼 실험을 진행했다. 그 결과 약물 치료 과정을 끝내지 못하는 환자의 비율이 3분의 2나 줄었다(케냐 결핵 환자의 약 20%에 해당). 환자 1만 5,000명을 대상으로 한 두 번째 실험에서는 그 비중이 3분의 1이나 줄었다.[24]

해적, 마피아, 어부와 목축업자

지금까지 우리는 상당히 양식화한 우리의 모형과 비슷한 규범에 초점을 맞췄다. 물론 현실은 훨씬 풍부하다. 특히 규범 강제 방식이 그렇다. 그러면 몇 가지 현실 세계 규범을 살피고 그 규범의 강제 양상을 논의하자.[25] 그다음에는 다시 돌아와 이들 규범과 우리의 모형이 지닌 공통점을 논의한다.

17세기 말부터 18세기 초는 해적 활동의 황금기로 불린다. 당시 해적은 스페인과 미국 식민지 상선들을 공포에 떨게 했다. 문학과 영화를 좋아하는 사람들은 해적이 무시무시한 악명을 쌓았다는 사실을 안다. 그들은 습격한 배에서 저항하는 사람을 모두 죽였다. 대단히 잔혹한 방식으로 처벌한 사례도 많았다. 그들은 약탈 대상인 상선의 선원들을 더욱 겁주기 위해 연극적인 행동을 했다. 가장 유명한 해적인 블랙비어드Blackbeard는 모자에 숨겨둔 도화선에 불을 붙여 연기로 자신을 감싸기도 했다. 실로 웃기는 일이다.

온갖 과장을 한 해적은 동시에 기민한 사업가였다. 앞서 말한 전술은 대개 실제로 전투를 벌일 필요를 최소화하기 위한 것이었다. 그들은 자신이 얼마나 무시무시한지 보여주려고 한바탕 야단을 떨었다. 하지만 항복하는 배의 선원들에게는 관용을 베풀었으며 이때도 역시 야단스럽게 그 점을 알렸다. 그 목적은 상선들이 싸우지 않고 항복하게 만드는 데 있었다. 항복한 상선의 포로들은 해적선 선원들이 정연하게 움직이는 것을 보고 놀랐다. 한 포로는 이렇게 감탄했다.

바다에서 그들은 아주 정연하게 임무를 수행했다. 심지어 동인도회사 상선 선원들보다 나은 수준이었다. 해적들은 일을 제대로 해낸다는 자부심이 엄청났다.[26]

이는 당시 상선의 양상과는 상당히 대조적이었다. 상선의 선원들이 받는 보수는 부실했고, 행실이 나빴으며, 독재적인 선장에게 더러 폭행당했다. 반면 해적들은 보수를 넉넉히 받았고, 행실이 좋았으며, 좋은 대우를 받았다. 해적이 자기들끼리 도둑질하는 일은 아주, 아주 드물었다. 그들은 흔히 집단 투표로 중요한 결정을 내렸다. 심지어 그들은 일찍 잠자리에 들었다. 음주와 도박(도박은 금지하는 경우가 많았고 허용하는 배에서만 가능했다)을 계속하고 싶은 사람은 동료들의 수면을 방해하지 않도록 갑판으로 올라갔다.

어떻게 해적은 이런 기강을 유지할 수 있었을까? 그 모든 것은 육지에서 시작되었다. 각 선원은 해적단에 합류할 때 배의 규율을 따르는 데 합의했다. 서명은 조촐한 의식과 함께 이뤄졌다. 그들이 서명한 수칙은 눈에 잘 띄는 곳에 게시했다. 선장실 문에 게시하는 경우도 많았다(선장실이 따로 있는 배에만 해당한다. 해적선은 굉장히 평등해서 때로 선장도 선원들과 같이 잤다). 해적은 대개 체포될 때 범죄에 연루될 증거를 없애기 위해 수칙을 파괴하려 애썼다. 그래도 일부는 남아 있다. 다음은 바르톨로뮤 로버츠 선장의 배에 있던 수칙 내용이다.

1. 모든 인원은 당면 문제에 따른 투표권과 함께 언제든 확보한 신선한 양식이나 독주에 동등한 권리를 누리며 마음대로 사용할 수 있다. 다만 희소성으로 모두의 이익을 위해 절약해야 한다고(그들 사이에서는 드문 일이 아니었음) 투표한 경우는 예외다.

2. 전리품을 나눌 때 모든 인원을 명단에 따라 공정하게 순서대로 호명한다. 이 경우 (적절한 몫에 더해) 옷까지 챙길 수 있기 때문이다. 만약 접시나 보석, 화폐 가치를 1달러라도 속이면 섬에 유폐되는 처벌을 받는다. 동료를 상대로 약탈한 자는 귀와 코를 자른 다음 살아남기 힘든 무인도 해안에 버린다.

3. 돈을 걸고 카드나 주사위 도박을 하지 않는다.

4. 저녁 8시에 등불과 촛불을 끈다. 이 시간 이후 술을 마시고 싶은 사람은 갑판에서 마셔야 한다.

5. 소총, 권총, 칼을 깨끗하고 사용 가능하게 관리한다.

6. 소년과 여성은 승선을 허용하지 않는다. 누구든 여성을 유혹해 변장시켜 승선하면 사형에 처한다(온슬로Onslow호에서 그랬듯 여성이 배에 타면 나쁜 일이 생기지 않도록 즉시 보초를 붙였다. 여성은 분열과 다툼을 초래하는 너무 위험한 존재였기 때문이다. 그래도 문제는 있었다. 선원들은 누가 보초를 설 것인지를 놓고 싸웠다. 대개 가장 힘센 선원이 보초가 되었으며 여성의 안전을 위해 자신이 아닌 다른 누구도 동침하지 못하게 했다).

7. 전투 중 배나 자신의 위치에서 도망치면 사형이나 유폐형에 처한다.

8. 배에서는 서로를 폭행할 수 없다. 모든 다툼은 육지에서 칼과 권총으로 끝내야 한다(양쪽이 화해하지 않으면 조타수가 적절한 지원 인력과 함께 해안으로 간다. 그는 두 사람이 먼 거리에서 서로 등지고 서게 한 다음 명령과 함께 돌아서서 바로 권총을 쏘도록 한다. 이를 따르지 않으면 권총을 손에서 떨궈버린다). 둘 다 상대를 맞히지 못하면 칼로 싸워야 하며 먼저 피를 흘리게 만든 쪽이 승리한 것으로 선언한다.

9. 각자 1,000파운드를 벌기 전까지는 일을 그만두겠다고 말할 수 없다. 만약 복무 중에 사지를 잃거나 불구가 된 사람은 공용 자금에서 800달러를 받으며 그보다 덜한 부상자도 적절한 보상을 받는다.

10. 선장과 조타수는 전리품을 2배로 받는다. 항해사, 갑판장, 포수는 전리품을 1.5배로 받고 나머지 간부는 전리품을 1.25배로 받는다.

11. 악사는 안식일에 쉬어야 한다. 하지만 나머지 6일 동안 밤낮으로 쉬지 않으며 그때마다 특별 보상을 받는다.

로버츠 선장의 수칙 같은 것은 우리의 규범 강제 모형과 그리 비슷하지 않다. 이 수칙이 (심한!) 처벌로 준수를 유도하는 것은 맞다. 그러나 규범 강제 모형의 재귀적 논리가 빠져 있다. 즉, 제3자가 고차적 처벌 위협의 유도를 받아 처벌을 실행하지 않는다. 그보다는 배의 간부들이 처벌을 실행할 권위를 부여받는다. 가끔 논쟁적 사안은 전체 선원 앞에서 투표에 부친다.[27]

우리가 살필 다음 규율은 또 다른 범죄집단인 남부 이탈리아와 미국의 이탈리아 마피아가 적용한 것이다. '오메르타Omerta'는 조직원이 경찰이나 외부인에게 정보를 흘리지 않도록 금지하는 침묵의 규율이다. 경쟁 마피아와 관련된 정보를 흘리거나 자신의 혐의를 벗을 수 있는 정보를 흘려서도 안 된다. 경찰에 협조하느니 설령 무고할지라도 징역을 살아야 한다. 빈센트 지간테는 마피아 두목 프랭크 코스텔로를 살해하려다 실패한 뒤 재판을 받게 되었다. 그런데 코스텔로는 증언을 거부했다. 그는 경찰에게 지간테를 알지 못하며 "나는 세상에 적이 없다"라고 말했다.[28] 도심의 대다수 마약조직 역시 오메르타라고 부르지는 않아도 밀고를 금지하는 엄격한 규칙을 지킨다. 남부 이탈리아에서는 심지어 조직원이 아닌 사람도 오메르타를 따라야 한다.

오메르타는 어떻게 강제력을 행사할까? 2017년 이탈리아 당국은 마피아들이 오메르타를 어긴 조직원을 재판하는 데 활용한 지하 재판 네트워크를 적발했다. 처벌은 "일시적 감시나 고립부터 상체를 대소변으로 덮는 것, 사형까지" 다양했다.[29] TV 드라마 〈더 와이어〉

에서 마약조직 두목 마를로 스탠필드는 심복들에게 명령해 살인을 저지른다. 그는 그 정보를 귀여운 중학생 랜디 와그스태프가 경찰에 제공했다는 사실을 알게 된다. 그는 랜디를 죽이는 데 반대한다. 대신 부하들에게 랜디가 밀고했다는 소문을 퍼트리라고 지시한다.

사실 이것은 죽이는 것만큼이나 가혹한 형벌이었다. 동네 아이들은 툭하면 랜디에게 싸움을 걸었다. 어느 날 밤에는 랜디가 할머니와 함께 사는 아파트 창문으로 화염병이 날아든다. 집은 불타고 랜디의 할머니는 심한 화상을 입는다. 결국 랜디는 위탁 가정으로 가지만 거기서도 다른 아이들에게 심한 괴롭힘을 당한다.

범법자만 오메르타를 지킬 거라는 생각은 오산이다. 경찰도 '침묵의 푸른 벽blue wall of silence'으로 불리는 일종의 오메르타를 적용한다. 경찰관은 동료의 비행에 관한 질문을 받으면 (대개 모르는 척) 위증해야 한다. 그렇지 않으면 동료들에게 따돌림이나 괴롭힘 혹은 더 심한 일을 당한다. 그뿐 아니라 상관은 그들을 강등하거나 해고한다. 내부고발자도 비슷한 대우를 받으며 거의 언제나 일자리를 잃는다.[30]

푸른 벽은 경찰의 부패와 가혹행위를 막는 데 중요한 걸림돌이다. 그래서 활동가들의 비판 대상이 된다. 특히 '흑인의 생명도 소중하다Black Lives Matter' 운동 기간에 비판이 거셌다. 정통파 유대인에게도 '메시라mesirah'라는 일종의 오메르타가 있다. 메시라는 유대인이 저지른 많은 범법행위를 외부 당국에 고발하지 않게 금지한다. 심지어 유대인과 비유대인을 통틀어 초등학생도 고자질하지 못하게 한다.

현실 세계 규범의 다음 사례를 찾기 위해 우리는 메인주 연안에서 바닷가재를 잡는 어부들에게로 눈길을 돌렸다. 그들은 지속가능한 어업을 자율적으로 관리하려고 오랫동안 고유한 일련의 규범을 적용했다. 가령 최소한 20세기 중반 이후부터 판매할 수 있는 바닷가재를 엄격하게 제한했다. 특정 크기보다 작거나, 특정 크기보다 크거나, 알을 품은 암컷이라는 표시로 꼬리에 V자 홈이 파인 바닷가재는 모두 바다로 돌려보냈다. 이 규범은 바닷가재 포획을 제한하는 법규를 발효하기 전인 1930년대까지 거슬러 올라간다. 즉, 법이 규범을 토대로 삼은 것이지 그 반대가 아니다.

제임스 애치슨은 바닷가재를 잡는 어부들을 자세히 연구했다. 그는 그들이 일반적으로 해적과 크게 다르지 않은, 즉 비교적 정연한 집단임을 밝혔다.[31] 그들은 패거리별로 조직을 이루며 각 패거리에는 왕이나 우두머리로 알려진 리더가 있다. 대개 나이 많고 존중받는 어부가 리더를 맡는다. 왕은 구성원이 부두에서 덫과 다른 어구를 치우도록 하고, 구성원 사이의 다툼을 중재하며, 구성원이 잡은 바닷가재를 지역 중개상이나 협동조합에 판매하는 등의 일을 한다. 패거리마다 구역이 있는데 왕에게는 신참이나 이웃 패거리가 침입했을 때 구역을 지킬 책임도 있다.

규범을 강제하고 침입자와 싸우는 경우 이 패거리들이 사용하는 핵심 전술은 덫을 끊는 것이다. 즉, 해저에 놓인 덫과 수면의 부표를 연결하는 줄을 끊어버린다. 그러면 덫을 수거할 방법이 없다. 덫이 잘린 어부는 소중한 어구뿐 아니라 시간도 잃어버린다.

덫이 거듭해서 계속 끊기면 그 또는 그녀(여성 어부는 꽤 드물며 대부분 '로브스터맨'으로 불린다)는 곧 망하고 만다. 이는 외지에서 들어와 바닷가재 어부로 새 인생을 시작하려는 사람들이 대체로 힘들게 배우는 교훈이다. 덫 절단은 엄밀히 따지면 불법으로 무거운 벌금을 부과받으며 자칫 교도소에 갈 수도 있다. 하지만 적발하기가 매우 어렵다. 극단적인 경우 서로의 배를 가라앉히는 일도 있다.

이제 바다를 떠나 초원으로 가보자. 그러니까 동해안의 바닷가재 어부들을 뒤로하고 캘리포니아주 샤스타 카운티의 목축업자들을 만나보자. 그들은 이웃과 좋은 관계를 유지하기 위해 고유한 일련의 규범을 개발했다. 이 지역의 푸른 언덕에서는 오랫동안 목축업이 주된 경제활동이었다. 일부 목축업자는 울타리를 친 목초지에서 소들에게 풀을 먹이기 위해 비용을 치른다. 그런데 울타리는 놀라울 정도로 비용이 많이 든다(자재비만 해도 1마일당 1만 달러). 그런 이유로 많은 목초지에 울타리가 없다. 물론 이 지역에서도 소들을 먹일 수 있다. 다만 울타리를 친 지역보다 풀의 양이 약 3분의 1에 불과하다. 그래서 소들은 자꾸 해당 지역을 벗어나 이웃 농장이나 목장을 침범한다. 그들은 울타리를 넘어뜨리고, 거기에 쌓아둔 건초를 먹고, 가끔은 남의 암소를 임신시킨다. 이 모든 것은 해당 농부에게 비용을 초래한다.

목축업자에게 언제나 이 피해를 보상할 법적 책임이 있는 것은 아니다. 엄밀히 따지면 농장을 개방하고 있는지, 차단하고 있는지가 관건이다. 개방한 땅이면 목축업자에게 책임이 없다. 반면 차단한 땅은 목축업자에게 책임이 있다. 이 경우 이웃 농장을 침범한 소들이 일으킨 피해뿐 아니라 도로로 나간 소들과 차가 부딪치는 사고에 따른 피해까지 보상해야 한다.

목축업자들은 일단 소들이 목장 밖으로 나갔다는 소식을 들으면 거의 언제나 신속하게 데려온다. 또한 속담처럼 울타리를 고친다. 그 사이 심각한 피해가 발생했으면 대개 수리를 도와준다. 다음은 이 사례연구를 처음 시작한 로버트 엘릭슨이 기술한 내용이다.[32]

농촌 주민은 대부분 이웃과 협력하는 포괄적인 규범을 의식적으로 지킨다. 가축이 이웃의 땅을 침범했을 때 소수의 이탈자를 제외하고 거의 모두가 따르는 낮은 수준의 핵심 규범이 있다. 그것은 가축이 일으킨 문제를 주인이 책임진다는 것이다. 이 규범을 엄수하는 태도는 공식 법적 권리와는 전적으로 무관해 보인다. 대다수 목축업자는 이웃이 목장을 개방하든 차단하든 자신의 가축이 그곳의 풀을 먹게 해서는 안 된다고 생각한다.

이러한 규범을 지키는 이유를 물었을 때 목축업자들이 답변한 내용은 해당 규범을 내면화했음을 명확히 보여준다. 예를 들면 그들은 "당신 아내가 저녁밥을 준비했는데 내가 초대받지도 않고 가서 먹는다고 생각해봐요"라거나, 이웃에게 피해를 주면서 가축을 공짜로 먹이는 것은 "옳지 않아요"라거나, "(이웃의 땅은) 우리 소가 있을 곳이 아니에요"라거나, 목축업자에게는 이웃의 농장이 개방되어 있어도 그 작물을 보호하기 위해 "울타리를 칠 도덕적 의무가 있어요"라고 말한다.

목축업자가 이웃을 위한 규범을 어기고 소들을 신속하게 데려가지 않거나 피해를 복구하지 않으면 이웃들은 소문을 퍼트려 복수한다. 이는 대개 그 목축업자가 피해를 복구하게 만들기에 충분하다. 만약 그래도 복구하지 않으면 이웃들은 때로 문제를 직접 해결한다. 즉, 해당 목축업자의 가축을 다시 데려오기 어려운 곳으로 옮기거나 심지어 죽임으로써 피해를 준다. 해당 목축업자가 경찰에 심하게 민원을 넣는 아주 드문 경우도 있다. 그러면 이웃들은 대개 다른 목축업자들에게 연락해 압력을 넣어달라고 요청해서 분쟁을 해결한다.

관리자는 가축의 침범으로 피해를 봤다는 연락을 많이 받으면 우선 사태를 중재하려고 시도한다. 전 관리자 노먼 웨거너가 따른 표준 절차는 지역의 목축업자들을 모아놓고 문제를 일으킨 사람에게 압력을 넣지 않으면 방목장을 폐쇄하겠다고 말하는 것이었다.

목축업자들은 대체로 압력을 넣는 일에 능하다. 그럴만한 이유가 있다. 과거에는 문제를 일으킨 목축업자가 항의를 묵살하면 이웃들이 청원을 넣어 일부 방목장을 폐쇄했다. 그러면 목축업자들이 감당해야 할 책임이 훨씬 커졌다. 특히 가축이 차량과 부딪치는 사고가 발생할 때는 더욱 그랬다.

처벌을 유도하는 방식

이 모든 실제 사례에서 규범 준수를 유도하는 것은 처벌 위협이다. 수칙을 어긴 해적은 죽임을 당하거나 유폐된다. 오메르타를 어긴 마피아와 갱단 조직원 역시 죽임을 당하거나 랜디 와그스태프처럼 거의 비슷한 처벌을 받는다. 바닷가재 보존 규칙을 어기거나 구역 밖에서 바닷가재를 잡는 어부는 덫을 끊는 처벌을 당한다. 목장을 벗어난 소를 데려가지 않는 목축업자는 소들이 '길을 잃고' 먼 계곡까지 가거나 아예 사라지는 일을 겪는다.

이들 사례에서 차이점은 처벌을 유도하는 방식이다. 규범 강제 모형과 앞서 살핀 사례에서 처벌을 유도하는 것은 2차 처벌이다. 그리고 2차 처벌을 유도하는 것은 3차 처벌이다. 이 구도는 이들 사례에서도 어느 정도 유지할 수 있다. 가령 패거리를 대표해 위험을 무릅쓰고 덫을 끊는 어부는 다른 구성원에게 보상받는다. 그들은 해당 어부의 덫에 더 넓은 공간을 주거나, 해당 어부에게 좋은 자리를 양보하거나, 정보를 적극 알려주거나, 덫을 끊는 연장을 빌려주거나, 육지에서 하는 작업을 도와준다. 그렇게 하지 않는 어부는 나쁜 놈으로 찍혀 처벌받는다. 반면 고차적 처벌을 크게 중요시하지 않고 처벌을 다른 방식으로 유도하는 경우도 많다. 다음은 그중 네 가지 방식이다.

1. **규범으로 이득을 보는 사람이 처벌자를 보상한다.** 이탈리아 마피아와 마를로의 조직 같은 범죄집단은 프랭크 코스텔로가 범인

으로 지목하기를 거부한 빈센트 지간테 같은 집행자를 고용한다. 그들은 집행자에게 보수를 지급하며 특히 충성스러운 집행자는 높은 계급까지 올라간다. 지간테는 나중에 두목 비토 제노베세가 교도소에 간 후 그 자리를 차지한다. 집행자가 붙잡혀서 교도소에 가는 흔한 경우 조직이 그 가족을 보살핀다. 〈더 와이어〉의 마지막 회에 나오는 몽타주 장면을 보면 마를로 조직의 과묵하지만 무서운 집행자 크리스 파틀로가 교도소에 갇힌 모습이 나온다. 그는 마를로의 숙적 에이본 박스데일 밑에서 일하는 집행자 위베이 브라이스와 정답게 얘기를 나눈다. 그들은 둘 다 가족을 돌봐주는 조건으로 두목 대신 종신형을 받았다.

조직 내에서 공식 역할이 없는 사람도 조직을 대신해 처벌하면 보상받는다. 보상은 비공식적으로 혹은 현상금이나 사례금 형태로 제공한다. 〈더 와이어〉에서 로빈 후드 같은 인물, 즉 오마르 리틀에게 그런 일이 일어난다. 그는 마를로의 조직 같은 범죄집단으로부터 마약과 돈을 훔치다가 결국 죽임을 당한다. 그를 죽인 것은 마를로의 집행자가 아니라 현상금을 챙기고 마를로에게 잘 보이고 싶어 한 동네 아이였다.

물론 경찰도 현상금과 사례금을 활용한다. 이 제도는 국민이 수배범이나 국가의 적을 잡는 일을 돕도록 유도한다. 미국 전역에서 전문 현상금 사냥꾼들은 법정에 출석하지 않은 탈주범들을 잡아들이는 일을 하고 사례금을 받는다. 2019년 미국 정부는 오사마 빈라덴의 아들을 체포하는 데 도움을 주는 정보를 제공하는 대가로 현상금 100만 달러를 걸었다. 나치 점령 하의 폴란드에서 나치는 유대인을 넘기거나 죽이는 농민에게 보드카, 설탕, 감자, 기름을 상으로 주었다. 네덜란드에서는 현금을 지급했다. 그 금액은 약 4달러, 지금 가치로 약 70달러였다. 거의 유대인 1만 명이 나치에게 넘겨지거나 죽임을 당했다.[33]

2. **규범 위반을 처벌하는 제도를 만든다.** 해적은 투표할 일이 있으면 '전원 집합!'을 외친다. 투표에 부치는 문제는 주먹다짐한 두 선원이나 너무 취해 전투에 참여하지 못한 선원을 어떻게 처리할지 같은 것이다. 마피아는 오메르타를 어긴 조직원을 지하 법정에서 심판한다. 바닷가재를 잡는 어부들은 부두의 식당 혹은 술집에 모여 패거리 구성원 사이의 갈등을 해결하거나 구역 침범에 따른 방어 계획을 짠다. 목축업자들도 같은 일을 한다. 인간에게는 어차피 의사소통 능력이 있다. 한데 모여 처벌에 합의하고 구체적인 방식을 논의할 수 있다. 실제로 그런 일이 자주 일어난다.

3. **처벌자는 규범에 헌신한다는 신호로 처벌할 동기를 얻는다.** 동네 아이들이 랜디 와그스태프를 가차없이 괴롭힌 동기는, 적어도 일부분은 자신은 절대 밀고하지 않을 것임을 알리고 싶어서였을 것이다. 이러한 신호 보내기 동기는 전혀 모르는 사람이 소셜 미디어에서 부적절한 발언을 했을 때 다른 사용자가 열성적으로 몰려가 비난하는 이유일지도 모른다. IAC라는 기업의 홍보이사 저스틴 사코가 일으킨 유명한 사건을 기억하는 독자도 있을 것이다. 그녀는 남아프리카 케이프타운으로 가는 장거리 비행을 앞두고 탑승 전에 팔

로워 170명에게 아무 생각 없이 트윗으로 부적절한 농담을 올렸다. 그런데 팔로워 중 한 명이 그녀의 트윗에 불쾌함을 느끼고 온라인 미디어 '버즈피드BuzzFeed'의 기자에게 전달했다. 이 기자는 다시 그녀의 트윗을 리트윗했다. 몇 시간 만에 사코는 공공의 적이 되었고 '#사코언제도착함'이라는 해시태그 검색이 급상승했다. 비행기가 착륙한 직후 사코는 일자리를 잃었다.

사코를 비판한 트윗을 보면 트위터들이 대열에 동참함으로써 얻는 것이 무엇인지 단서가 나온다. 이 트윗을 보라. "@JustineSacco의 혐오스러운 인종차별 트윗을 보고 오늘 @care에 기부합니다."(케어는 사하라 남부 아프리카에서 인도주의 활동을 하는 비영리단체다.) 이 트윗도 보라. "나는 IAC 직원이며 @JustineSacco가 다시는 우리를 대신해 어떤 홍보도 하지 않기를 원합니다. 영원히." 이러한 트윗을 올린 사람이 인종차별주의자일까? 그렇지 않을 거라고 본다. 만약 그렇다면 대단히 위선적으로 보일 것이다.

질리언 조던은 처벌의 이면에 이런 신호 보내기 동기가 있음을 보여주는 다양한 연구를 이끌었다. 다음은 그중 하나다.[34] 이 특정 실험은 제3자 처벌 게임에 이어 신뢰 게임을 진행하는 두 단계로 이뤄져 있다. 상기하자면 제3자 처벌 게임은 한 참가자에게 규범을 어긴 다른 참가자가 받을 돈을 줄이기 위해 자신이 받을 돈의 일부를 낼지 묻는다. 그리고 신뢰 게임은 새로운 참가자를 제3자 처벌 게임의 처벌자와 짝지은 뒤 자신이 받을 돈 중 얼마를 해당 참가자에게 줄지 묻는다. 연구팀은 이 돈을 몇 배로 불린 다음 해당 참가자에게 얼마를 돌려줄지 물었다. 자신이 받을 돈 중 일부를 해당 참가자에게 주는 새로운 참가자는 그 사람이 불어난 돈의 일부를 돌려줄 것이라고 믿어야 한다.

실험 결과 새로운 참가자는 실제로 제3자 처벌 게임에서 처벌한 참가자를 더 신뢰하는 경향을 보였다. 그래서 처벌하지 않은 참가자에 비해 33%나 많은 돈을 주었다. 그들은 처벌자가 기회가 있으면 협력적 태도를 보일 것이라고 가정했다. 이 가정은 옳았다. 처벌자는 결국 자신이 받은 금액보다 훨씬 많은 돈을 돌려주었다. 인위적인 실험실 환경에서도 규범 위반을 처벌하는 것은 자신은 규범을 지킬 것으로 믿어도 괜찮다는 신호다.

4. 처벌에 항상 비용이 많이 드는 것은 아니다. 때로는 사람들이 처벌하지 않게 만들기가 어렵다. 우리가 살핀 많은 사례가 거기에 해당하는 것으로 보인다. 예를 들어 해적선 선장은 그러는 경우가 드물었지만, 상선 선장은 선원의 규정 위반 사실을 꾸며내 보수를 삭감하는(그걸 자신이 챙기는) 일이 흔했다. 또한 샤스타 카운티에서 남의 땅을 침범한 소를 죽인 이웃들이 냉동실에 소고기가 넘쳐나는 것을 싫어할 리 없었다. 캘리포니아주 오크 런에서 목축업을 하던 프랭크 엘리스는 소들이 다른 농부나 목축업자의 땅을 마구 짓밟아도 계속 방치했다. 이에 한 주민이 엘리스에게 '엘리스의 소를 먹어요. 오크 런의 모든 사람이 먹고 있어요!'라고 적힌 티셔츠를 만들라고 제안했다. 투르카나족을 대상으로 한 새라 매튜와 롭 보이드의 연구에서도 모든 처벌이 큰 비용을 수반한 것은 아니었다. 탈주자는

자신 때문에 위험에 빠진 다른 부족민에게 동물을 주는 방식으로 벌금을 치렀다.

이 설명에 맞는 다른 사례도 많다. 나치는 현지 주민 중에서 자발적인 협력자는 자신이 넘긴 유대인의 집을 약탈한다는 사실을 자주 확인했다. 스타니슬라프 제민스키라는 폴란드 출신의 유대인 교사는 연합군이 아우슈비츠의 쓰레기 더미에서 회수한 일기에 이렇게 썼다. "시체의 온기가 사라지기도 전에 사람들은 이미 유대인의 집이나 가게, 공방, 땅을 요구하는 편지를 쓰기 시작했다."

이는 새로운 것이 아니었다. 노엘 존슨과 마크 코야마는 《박해와 관용》에서 중세 시대 내내 유대인 같은 소수 민족이 지역 군주의 박해로부터 보호받은 이유는 세수를 의미 있게 올려주고, 중요한 경제 기능을 수행하고, 군주의 관료체제를 지원했기 때문이라고 주장한다. 그렇지만 가령 역병이나 기아가 발생해 어려운 시기가 오면 그 보호는 사라졌다. 군주는 자신에게 덤빌 수도 있는 농민들이 유대인을 약탈함으로써 분노를 누그러뜨리기를 바랐다.

실제로 강탈과 강간 제약을 해제하기만 해도 저절로 처벌을 가하는 경우가 상당히 흔했던 듯하다. 중세 영국에서 '무법자outlaw'는 더 이상 법의 보호를 받지 못하는 사람을 가리켰다. 다른 수단으로 처벌을 회피한 사람에게는 처벌이 예비되어 있었다. 무법자를 대상으로 한 강탈과 폭행은 아무런 대가도 치르지 않았다. 마이클 무투크리슈나와 조 헨리히는 소규모 피지인 사회에서 나온 또 다른 사례를 이렇게 설명한다.[35]

최저 수준으로 생활하는 피지 공동체에서는 부정적인 간접 호혜성indirect reciprocity, 즉 평판 나쁜 사람을 착취하는 것을 용인하는 체제가 폭넓게 사회 규범을 유지한다. 이는 공동체의 사업을 돕는 일과 관련된 규범, 마을 잔치(음식 공유)에 기여하는 규범, 미리 정해진 방향으로 집을 짓는 규범 등을 포함한다. 누군가가 이 사회 규범을 어기면 당사자와 그 가족의 입지가 나빠진다. 거듭된 위반으로 평판이 충분히 나빠지면 아예 보호막이 사라진다. 이때는 마을 사람이 그들을 착취해도 아무 문제가 없다. 예를 들면 일요일에 일함으로써 공동체 전반의 규범을 어긴 가족은 다른 마을에 가 있는 동안 냄비와 곡물을 도둑맞았다. 밭 중 하나가 밤에 불타버리기도 했다. 평판 좋은 사람에게 이런 행위를 하면 대개는 마을 사람들이 합심해 정보를 나누고 도둑질과 방화를 저지른 사람을 찾아낸다. 반면 피해자가 평판이 나쁜 경우에는 대수롭지 않게 넘겨버린다.

■

지금까지 우리가 살핀 모든 규범의 공통점은 무엇일까? 모든 규범은 그것을 준수하게 만드는 유인을 수반한다. 구체적인 양상은 다양하다. 바닷가재 어부와 목축업자는 서로 다른 방식을 쓴다. 물론 결국에는 어떤 식으로든 위반자를 처벌하고 처벌자를 보상한다.

(우리의 원래 모형에서 그런 것처럼) 처벌에 일종의 조정이 필요한 경우 고차적 신념이 작동하며 규범은 더욱 제약받는다. 다음 두 장은

이러한 제약에 할애한다.[36]

[규범 준수와 처벌]

구도:

- 플레이어 $n \geq 2$명이 있다.

- 1회차에 무작위로 선택받은 플레이어가 규범 준수 여부를 선택한다. 준수는 $C > 0$인 개인 비용을 수반한다.

- 2회차와 뒤이은 회차에서 모든 플레이어를 무작위로 짝짓는다. 각 플레이어는 상대를 처벌할지 선택한다. 상대에게 $h > 0$의 피해를 주려면 $c > 0$의 비용을 내야 한다.

- 게임은 δ 확률로 다음 회차로 넘어가며 $1 - \delta$ 확률로 끝난다.

- 플레이어는 이전 회차 전체에서 일어난 모든 일을 관찰할 수 있다.

주요 전략 프로필:

- 플레이어는 1회차에 규범을 준수한다.

- 2회차에서 1회차에 규범을 준수하지 않은 모든 플레이어를 처벌한다(제3자 처벌).

- 뒤이은 회차에서 전 회차에 다른 플레이어를 처벌해야 했으나 하지 않은 모든 플레이어를 처벌한다('고차적 처벌').

균형 조건:

- $\delta \geq C/h$ 와 $\delta \geq c/h$.

해석:

- 반복적 죄수의 딜레마 경우처럼 '관찰 가능성'이 커야 하고, 규범 회피는 처벌받아야 하며, 처벌은 그 자체로 유인을 수반해야 한다.
- 1회차에서 어떤 행동이든 할 수 있다. 따라서 규범은 문화와 맥락이 좌우하며 어떤 규범이 나타나기 쉬운지 파악하려면 추가 모형이 필요하다.
- '고차적 신념'(다른 사람들이 규범을 위반했다고 믿는다고 플레이어가 믿는 것)이 작용한다. 고차적 처벌 위협이 플레이어들에게 처벌 동기를 부여하기 때문이다.

12장

범주적 규범의 수수께끼

이 장에서는 '상태 신호 구조state-signal structure'라는 새로운 게임이론 도구를 제시한다. 우리는 이를 조정 게임coordination game과 결합해 범주적 규범이라는 새로운 수수께끼를 설명한다. 과연 범주적 규범이란 무슨 의미일까?

로버트 해리스와 제러미 팩스먼은 〈고차적 유형의 살인: 화학과 생물학 전쟁의 비밀 역사〉에서 "세계가 어떻게 화학전을 아슬아슬하게 피했는지" 경위를 설명한다.

미국 고위 사령부를 위해 작성한 소위 레스브리지 보고서는 1944년 이오지마섬에 독가스를 살포할 것을 권했다. … 이 보고서는 합동참모본부와 지역 사령관 니미츠 제독의 승인을 받았다. 그러나 해당 계획은 백악관까지 올라갔다가 다음 코멘트와 함께 반려되었다. '이전의 모든 승인을 취소함 – 프랭클린 루스벨트, 군통수권자.'

우리는 화학무기를 금지하는 규범을 지킨 루스벨트의 결정을 칭송한다. 하지만 이 결정은 엄청난 대가를 수반했다. 미국은 이오지마

섬에서 병력 2만 명을 잃었다. 이 결정은 심지어 일본에도 도움을 주지 않았다. 장성들이 레스브리지 보고서를 들고 루스벨트를 찾아갔을 무렵 이오지마섬에 살던 민간인은 대피한 상태였다. 섬을 지키던 병사들은 독가스에 질식하는 대신(끔찍한 일!) 수류탄과 화염방사기 공격을 받고 참호에서 튀어나왔다(역시 끔찍한 일!). 그런데도 루스벨트는 기꺼이 2만 명을 희생시킬 작정이었다(!!!). 화학무기 사용을 금지하는 규범을 지키기 위해 미국인의 생명을 대가로 치른 것이다.

외형상 루스벨트는 그렇게 하는 것이 합리적으로 보이지 않을 때도 규범을 지킨 것 같다. 화학무기 금지 규정을 좀 더 요령 있게 적용했다면 어떨까? 이를테면 전통 무기보다 고통을 덜 초래하는 상황에서만 사용하도록 허용했다면 어떨까? 아니, 왜 무기 유형을 기준으로 삼았을까? 왜 사상자 수나 고통의 양처럼 중요하게 따져야 하는 문제를 기준으로 삼지 않았을까?

화학무기 사용을 금지하는 규범은 범주적 관행 사례다. 이 규범은 연속적 변수(가령 민간인 사상자 수나 고통의 양)가 아니라 범주적 변수(무기 유형)가 좌우한다.

이러한 범주적 규범 사례는 많다. 예를 들어 인권은 '쾌고감수능력sentience'(쾌락과 고통을 느낄 수 있는 능력 – 옮긴이) 혹은 고통을 느끼는 능력과 무관하게 모든 인간에게 적용한다. 침팬지는 신생아보다 인식 능력이 뛰어나고 혼수상태에 빠진 사람보다 고통에 민감할 수 있다. 그렇지만 침팬지에게는 훨씬 적은 권리를 부여한다. 왜 그냥 쾌고감수능력이나 고통을 느끼는 능력에 비례해 권리를 부여하지 않는 걸까?

또 다른 사례가 있을까? 많은 사람이 권리는 침해할 수 없는 것으로 여긴다. 우리는 사회적 편익과 무관하게 고문 등으로 누군가의 권리를 침해하는 것을 끔찍하다고 여긴다. 설령 그 목적이 초등학생들을 죽일 시한폭탄 위치를 찾아내는 일이라고 해도 말이다. 왜 권리를 침해하는 데서 얻는 사회적 편익에 따라 침해할 수 있다고 여기지 않는 걸까? 왜 누군가의 권리를 침해할지 결정할 때 피해와 편익을 비교하지 않는 걸까?

바람직하지 않은 규범은 범주적이기도 한 경우가 많다. 흑인은 백인에게 자리를 양보해야 한다는 과거 남부 규범은 피부색이 더 어두운 사람이 피부색이 더 밝은 사람에게 자리를 양보해야 한다고 요구하지 않았다. 그보다 인종은 악명 높은 '한 방울 원칙one-drop rule'에 따라 범주적으로 정의했다. 이 원칙은 조상 중에 흑인이 한 명이라도 있으면 흑인으로 간주했다. 왜 남부 사람들은 피부색에 기초한 차별에 더 연속적인 기준을 적용하지 않았을까?

이 장에서는 이 문제에 답을 제시하려 한다. 다만 먼저 새로운 게임이론 도구부터 소개할 필요가 있다.[1]

상태 신호 구조

우리의 새로운 도구는 두 부분으로 이뤄져 있다. 첫 번째는 상태다. 우리는 이미 상태를 몇 번 살폈다. 예를 들어 매-비둘기 게임에는 플레이어 1이 먼저 도착하는 상태와 플레이어 2가 먼저 도착하는 상태 두 가지가 있다. 증거 게임을 다루는 장에서도 상태를 살폈다. 거기서도 높은 상태와 낮은 상태 두 가지가 있었다. 약간 현학적이긴 하지만 수컷 공작의 적합성 수준도 상태로 나타낼 수 있다. 즉, 여기에도 적합한 상태와 적합하지 않은 상태 두 가지가 있다.

상태가 있는 곳에는 사전 확률도 있다. 사전 확률은 플레이어가 상태 정보를 얻기 전에 해당 상태가 발생할 확률을 가리킨다.[2] 가령 각 플레이어에게는 먼저 도착할 동등한 확률이 있다. 또는 플레이어 1은 80%의 경우 먼저 도착할 수 있다. 수컷 공작은 절반의 경우 적합할 수도 있고, 10%의 경우에만 적합할 수도 있다.

신호는 플레이어들의 상태 정보를 담는다. 이 신호는 값비싼 신호 모형 신호와는 다르다. 플레이어가 생성하는 게 아니라 자연히 생성되기 때문이다. 이를테면 각 플레이어는 언제나 상태에 정확히 호응하는 신호를 얻을 수 있다. 우리는 매-비둘기 게임을 분석할 때 이 점을 전제로 삼았다. 즉, 플레이어는 늘 누가 먼저 도착했는지 착오 없이 안다고 가정했다. 완벽하게 정보적이며 잡음이 없는 신호는 이런 방식으로 표현한다. 물론 플레이어의 신호에는 흔히 잡음이 섞인다(이럴 때 대개 상황이 특히 흥미로워진다). 플레이어는 90%의 경우에는 상태에 호응하는 신호를 얻지만 10%의 경우에는 틀린 신호를 얻을 수 있다.

상태 신호 구조는 상태(사전 확률 포함)와 신호(각 상태에서 신호를 생성하는 방식을 적절히 서술한 것 포함)가 결합한 것이다.

다음으로 우리는 두 플레이어의 결정을 모형화한다. 그들은 불량 행위자를 처벌할지 결정하는 관찰자에 해당한다. 예를 들면 국민에게 폭력을 행사하는 살인 정권을 대상으로 경제제재를 가할지 결정하는 두 강대국이 그 대상일 수 있다. 우리는 조정 게임으로 알려진 아주 단순한 게임으로 이를 모형화한다.

조정 게임에서 각 플레이어는 대개 A와 B로 표시하는 두 행위 중 하나를 선택한다. 다만 우리는 제재와 비제재로 표시한다. 보수가 주어지는 방식에 따라 플레이어는 상대가 제재할 때, 오직 그때만 제재하는 쪽을 선호한다(곧 이 가정의 근거를 제시하겠다). 보수는 단일 매개변수 p로 요약한다. p는 플레이어 입장에서 상대를 제재하는 쪽을 선호하도록 상대가 자신을 제재할 것이라고 확신하는 정도를 나타낸다. $p = 0.78$이라면 플레이어는 상대가 자신을 제재할 것이라고 78% 확신해야 자신도 제재하는 쪽을 선호한다. 상대의 제재 가능성을 반반으로 보는 것은 충분치 않다. 그런 의미에서 제재하지 않는 쪽이 더 안전한 베팅이다. 경제학자에게는 조정 게임에서 더 안전한 베팅에 해당하는 행위를 가리키는 전문 용어가 있다. 바로 '위험 우월적risk dominant'이라는 용어다. $p > \frac{1}{2}$이면 비제재가 제재보다 위험 우월적이다. 반대로 $p < \frac{1}{2}$이면 제재가 위험 우월적이다.

사실 조정 게임은 조정 요소를 포함한 모든 게임, 둘 이상의 균형 상태를 지닌 모든 게임의 단순한 대리지표로 삼기 위해 만들어졌다. 우리는 이미 이런 게임을 몇 가지 접했다. 매-비둘기 게임에는 (매,

비둘기)와 (비둘기, 매)라는 두 가지 균형 상태가 있다. 플레이어는 어느 균형 상태를 따를지 조정해야 한다. 비둘기 전략을 따를 것으로 기대되는 플레이어는 매 전략을 따르고 싶어 하지 않을 테고 그 반대의 경우도 마찬가지다.

반복적 죄수의 딜레마에도 언제나 조정 요소가 있다. 플레이어는 ALLD나 냉혹한 방아쇠 혹은 일련의 다른 전략을 따를 수 있다. 한 플레이어가 다른 플레이어에게 냉혹한 방아쇠 전략을 따를 것으로 기대받는 상황에서 ALLD를 따르면 아쉽게도 기회를 놓친다. 규범 강제 게임도 마찬가지다. 나머지 모든 사람이 다른 것을 기대할 때 어떤 규범을 강제하려 하거나, 같은 맥락에서 혼자만 불량 정권을 강제로 제재해야 한다고 주장하는 것은 정말 좋지 않다. 이 모든 게임에서는 조정이 중요하다. 조정 게임은 이러한 게임 혹은 비슷한 다른 게임의 조정 요소에 초점을 맞추는 간단한 수단일 뿐이다.

우리는 이 간단한 조정 게임에 상태 신호 구조를 덧붙인다. 이 말은 먼저 상태가 사전 확률에 따라 정해지고, 뒤이어 플레이어들이 해당 상태 분포에 따라 신호를 얻는다는 의미다(게임이론가는 자연이 상태를 결정하고 신호를 보낸다고 말하기도 한다). 플레이어는 신호를 얻은 후 조정 게임에 들어간다.

조정 게임에서 플레이어들은 신호를 행동 조건으로 삼을 수 있지만 반드시 그럴 필요는 없다. 실제로 상태와 신호는 조정 게임에 직접 영향을 미치지 않는다. 플레이어가 신호를 행동 조건으로 삼는 유일한 이유는 다른 사람들이 그럴 것이라고 기대하고 그에 따라 계속 조정해야 하기 때문이다.

상태와 신호가 조정 게임의 보수를 직접 바꾸지 않도록 만든 이유는 무엇일까? 상태나 신호가 플레이어의 보수에 직접 영향을 미치면 플레이어가 그것을 행동 조건으로 삼는 게 그다지 놀랍지 않아서다. 우리는 이러한 요소가 직접적인 의미를 지니지 않아도 조정된 행동에 영향을 미치는 요소를 이해하는 데 특별히 관심이 있다.

이는 매-비둘기 게임에서 비상관적 비대칭성을 설명할 때 확인한 것과 비슷하다. 이 게임에는 경쟁 대상 자원의 가치나 싸움에서 이길 확률에는 영향을 미치지 않아도 행동에는 영향을 미치는 요소(가령 누가 먼저 도착했는가)가 있었다. 해당 장에서 우리는 비상관적 비대칭성이 행동에 영향을 미칠 수 있다고 주장했다. 이 장과 다음 장에서는 "무엇이 비상관적 비대칭성으로 작용할 수 있는가?"라는 질문을 제기한다.

또한 우리는 양자 관계와 규범에서도 이 질문을 제기한다. 어떤 위반이 협력 와해로 이어질까? 어떤 규범이 강제성을 띨까? 두 경우 보수와 무관한 정보에 초점을 맞추는 것도 타당하다. 반복적 죄수의 딜레마와 규범 강제 게임에서 과거의 배반, 규범 위반, 처벌 실패는 모두 지난 일이라 뒤이은 행동에 따른 보수에 직접 영향을 미치지 않는다. 그러나 그것이 미래 행동을 좌우하는 때가 있다. 언제 그런 일이 일어날까? 지금부터 두 장에 걸쳐 이 문제를 탐구한다.

이 장에서는 상태와 신호의 한 가지 특정 속성에 초점을 맞춘다. 그 속성은 어느 정도 상태와 신호를 조건으로 삼도록 만든다. 그것

살아 있는 것은 모두 게임을 한다

은 바로 신호가 연속적인지 아니면 이산적離散的인지다. 우리가 살필 내용은 이산적 신호보다 연속적 신호에 따른 조정이 훨씬 어렵다는 것이다. 그러면 그 모형을 만들어보자.

연속적 신호 대 이산적 신호

우리가 검토할 첫 번째 상태 신호 구조는 연속적 상태와 신호를 지닌다. 구체적으로 상태는 0과 1 사이의 어떤 숫자도 될 수 있다. 이를테면 이는 우리의 두 플레이어가 관찰하는 살인 정권이 죽인 인구 비율을 나타낼 수 있다. 사전 확률도 필요하다. 우선 간단하게 모든 상태가 동등한 가능성을 지닌다고 가정하겠다.

우리의 두 플레이어는 상태를 직접 관찰하지 않는다. 다시 말해 그들은 살인을 일삼는 폭군에게 죽임을 당한 시민의 실제 비율을 못 본다. 그들이 보는 것은 신호다. 우리는 각 플레이어가 신호를 독립적으로 얻으며 그 신호가 진실에 해당하는 작은 영역에 속할 가능성이 같다고 가정한다(가령 0.01).[3] 이 신호들은 살인을 일삼는 폭군이 죽인 시민의 비율을 관찰자가 추정한 수치를 나타낸다.

플레이어들은 신호를 본 후 조정 게임을 한다. 그들은 제재할지 독립적으로 결정하며 보수는 p로 요약한다.

우리가 특별히 관심을 보인 것은 플레이어들이 신호가 낮을 때는 제재하지 않다가 특정 임계치(가령 0.05)를 넘어서면 제재로 전환하는 전략이다. 우리의 질문은 이것이다. 이 임계치 전략은 균형 상태일까?

그 답은 "아니다"이다. 이를 확인하기 위해 플레이어 관점에서 임의의 신호를 얻는다고 상상해보자. 그 신호는 0.179일 수 있다. 이제 당신은 다른 플레이어도 0.05 이상의 신호를 얻어 제재할 확률을 가늠해야 한다. 이 확률은 100%다. 신호는 실제 수치로부터 0.01, 따라서 서로로부터 0.02만큼만 편차를 가질 수 있기 때문이다. 따라서 미리 정해진 대로 제재하는 것이 타당하다. 이는 아무 문제가 없다. 아직은.

문제는 신호가 0.050001처럼 임계치에 가까울 때 생긴다. 이제 당신은 기본적으로 상대가 임계치보다 낮은 신호를 얻어 제재하지 않을 가능성을 50%로 본다. 비제재가 위험 우월적이라면 당신도 안전하게 '비제재'를 고수하는 편이 낫다. 원래는 신호가 임계치를 넘어설 경우 제재해야 한다고 해도 말이다. 이것은 문제다. 우리는 당신이 앞서 제안한 균형 전략에서 이탈하고 싶어 하는 경우를 찾았다. 이는 해당 전략이 사실은 균형 상태가 아님을 증명한다.

제재가 위험 우월적 행위라면 임계치 바로 **아래**에 있는 신호에도 유사한 주장을 할 수 있다는 점에 주목하라. 또한 우리의 주장은 사실 임계치가 0.05인 것에 의존하지 않는다. 실제로 어떤 임계치 전략도 균형 상태일 수 없다(현실에서 절대 일어나지 않지만 p가 정확히 0.5인 경우는 제외).

이 결과를 상태와 신호가 이산적인 경우에 발생하는 일과 비교해보자. 상태가 0 또는 1 두 값 중 하나만 가질 수 있다고 상상해보라. 이는 보다 범주적인 질문을 나타낸다. 폭군은 화학무기를 사용했는가? 이때 '1=그렇다, 0=아니다'이다. 우리는 다시 각 상태의 확률이 같다고 가정할 수 있다. 플레이어들은 이번에도 상태를 직접 관찰하지 못하며 신호만 관찰한다. 우리는 각 플레이어가 상태에 호응하는 신호(상태 1에서는 1, 상태 0에서는 0)를 독립적으로 얻는다고 가정하겠다. 이때 그 확률은 $1-\varepsilon$이고, ε은 오차항error term이다(가령 0.1). 이것은 관찰자의 무기 사찰단이 대개 화학무기 사용 여부를 정확히 파악하지만 가끔(10%의 경우) 실수한다는 것을 뜻한다.

이제 우리는 플레이어들이 0을 보고 제재하지 않는 쪽에서 1을 보고 제재하는 쪽으로 전환하는 전략을 검토하겠다. 이는 균형 상태일까? ε이 너무 크지 않는 한 그렇다.[4] 그 이유는 플레이어들이 1을 보는 경우 상대도 그랬을 거라고 충분히(p 초과) 확신하고, 0을 보는 경우 역시 상대도 그랬을 거라고 충분히 확신할 것이기 때문이다. 따라서 범주적 신호를 조건으로 삼는 것이 가능하다.

그 결과는 다소 역설적이다. 연속적 상태 신호 구조에서 플레이어의 신호는 어떤 의미에서 더 정교하고 정보적이다. 플레이어는 불량 행위자가 악행을 많이 저질렀는지, 조금 저질렀는지 알 수 있다. 또한 우리는 플레이어의 신호를 (임의로) 굉장히 정확하게 만들 수 있다. 그런데도 약간의 잡음이 있는 한 임계치 전략은 균형 상태에서 활용할 수 없다. 한편 이산적 사례에서 플레이어의 신호는 뭉뚱그려진다(1비트의 정보밖에 갖고 있지 않다). 더구나 상당히 많은 잡음이 섞일 수 있다. 그래도 상관없다. 내시의 말에 따르면 연속적 신호는 활용할 수 없고 이산적 신호는 활용할 수 있다. 조정 게임에서는 적은 게 더 낫다.

와해

내시의 말에 정말 신경 써야 할까? 엄밀히 따지면 임계치 전략(가령 신호가 0.05 이상이면 제재)은 내시균형이 아니니 현실에서 활용할 수 없을까? 단지 임계치에 매우 가까운 대단히 구체적인 상황에서 이득을 주는 이탈이 이뤄질 수 있다는 이유로? 그렇다.

이 점을 확인하는 한 가지 방법은 플레이어들이 귀납법을 활용할 수 있다고 상상하는 것이다. 이는 머릿속에서 같은 논리를 거듭 적용하는 것을 말한다. 예를 들어 누군가가 제시한 임계치에서 0.01 안에 속하는 신호를 받으면 위험 우월적 행동으로 이탈한다고 가정하자. 플레이어들은 이것이 임계치에서 0.02 안에 속하는 신호를 얻을 때도 이탈이 이뤄질 것임을 의미한다는 사실을 깨닫는다. 그러면 임계치에서 0.03 안에 속하는 신호를 받는 플레이어도 이탈해야 한다. 이 양상은 누구도 제재를 원치 않을 때까지 이어진다. 이 귀납적 논증은 임계치에 가까운 지점에서의 이탈이 훨씬 먼 지점에서의 이탈을 초래하는 이유를 말해준다.

하지만 사람들이 귀납적 사고에 능숙하지 않거나, 다른 사람들이 능숙하지 않을 거라고 기대할 수도 있지 않을까? 이 가정도 사람들의 학습과 행동이 진화하는 한 임계치 전략을 구하지는 못한다. 플레이어들이 가끔 실험하는 경우 외에는 그냥 미리 정해진 방식대로 반응하며, 이탈하면 더 높은 보수를 받는다는 사실을 인지했다고 상상해보라. 이럴 때 이탈이 이득을 주는 작은 영역에서 충분한 수의 플레이어가 이탈하도록 학습한다. 그러면 그보다 약간 벗어난 영역에서 이탈하는 것이 이득이고 곧 플레이어들은 해당 영역에서도 이탈한다. 이 과정이 계속 이어지면서 아예 임계치가 없어질 때까지 점차 임계치 전략을 와해한다. 결국 시간이 걸릴 수는 있으나 장기적으로 어떤 임계치 전략도 지켜지지 않을 것이다.

핵심 가정

지금까지 연속적 신호를 조건으로 삼는 것이 불가능한 사례를 제시했다. 이때 게임이론가는 이 결과가 어떤 요소에 좌우되는지 질문할 수 있다. 다음은 세 가지 핵심 가정이다.

1. **신호에 잡음이 많다.** 잡음이 없으면 한 플레이어가 임계치를 넘어서는 신호를 얻을 때마다 다른 플레이어도 같은 신호를 얻을 것이므로 그 신호도 임계치 위일 것임을 알 수 있다. 이는 자신의 신호가 얼마나 임계치에 가까운지와 무관한 사실이다. 이 경우 연속적

규범을 유지하는 데 문제가 없다.

2. 신호가 사적이다. 플레이어들이 공개적인 신호를 관찰하거나 신호를 알리고 검증할 수 있다면, 연속적 규범을 갖는 데 문제가 없다. 임계치를 넘었음을 알리는 신호를 얻은 플레이어는 다른 플레이어도 그런 신호를 얻을 것임을 알거나 확신할 것이다.

3. 조정이 중요하다. 플레이어들이 다른 플레이어의 행동이나 생각에 크게 신경 쓰지 않고, 다른 상태에서 다른 행동을 취하도록 유도된다면(가령 더 적합한 수컷 공작을 받아들이는 것) 연속적 변수를 조건으로 삼는 데 문제가 없다. 실제로 신호가 미세할수록(더 연속적일수록) 더 좋다. 이는 값비싼 신호 게임에서 발신자가 연속적 형태를 지니고(수컷 공작의 적합성은 0에서 1 사이의 어떤 수치에도 해당할 수 있다) 연속적 신호를 보낼 수 있는(수컷 공작의 꼬리는 0미터에서 1미터 사이의 어떤 길이로도 자랄 수 있다) 경우가 그렇다. 이러한 게임에서 수신자는 해당 신호를 조건으로 삼는 데 문제가 없다.

다음은 결과를 좌우하지 않는 것으로 보이는 몇 가지 요소다. 먼저 잡음의 양이 정확히 얼마인지는 중요치 않다. 잡음을 임의로 적게 만들 수도 있지만 0이 아닌 한 같은 결과가 나온다. 그래서 플레이어는 연속적 신호를 조건으로 삼을 수 없다.

그다음으로 상태와 신호가 정확히 어떻게 분포하는지도 중요치 않다. 만약 균등분포가 아니라 정규분포를 선택한다면 계산이 달라지겠지만, 그래도 이산적인 경우보다 연속적인 경우 임계치 균형에 이르기가 더 어렵다.

끝으로 임계치 균형에 이르기 위해 상태와 신호가 두 가지 값만 가져야 하는 것은 아니다. 값을 더 많이 갖도록 허용할 수 있다. 다만 값을 더 많이 가질수록(또한 더 연속적으로 보일수록) 임계치 균형이 나오기 어렵다.

때로 실수를 초래하는 오류도 강조할 필요가 있다. 연속적 신호를 범주로 나누면 문제를 해결할 수 있을 것처럼 생각하기 쉽다. 그러니까 0.05를 초과하는 신호는 1로 범주화하고, 0.05를 밑도는 신호는 0으로 범주화하면 된다는 식이다. 안타깝지만 그래도 문제는 해결할 수 없다. 그 이유는 플레이어가 더 미세한 정보에 접근할 수 있기 때문이다. 즉, 여전히 0.050001이라는 신호에 접근할 수 있다. 이 경우 플레이어는 해당 신호를 뭉뚱그려 1로 해석할 수 있을지와 무관하게 여전히 이탈의 유혹을 느낀다. 사실 행동을 조정하려면 플레이어들은 덜 미세한 정보를 얻어야 한다.

다시 우리의 수수께끼로

화학무기를 금지하는 규범으로 돌아가 우리의 모형이 어떻게 그것을 이해하는 데 도움을 주는지 알아보자.

이상적인 세계라면 무기 유형에 의존하지 않고 시민의 5% 이상을 죽이는 국가를 강제로 제재할 것이다. 무기 유형은 얼마나 많은 피해 혹은 고통을 초래하는지 말해주는 불완전한 대리지표일 뿐이다. 그러나 현실적으로 세 가지 요소가 그렇게 하지 못하도록 만든다. 첫째, 우리는 대개 죽임을 당한 시민의 비율을 정확히 관찰하지 못한다. 그래서 그와 관련해 불완전한 신호를 얻는다. 상황을 관찰하는 각 국가는 자국 정보기관에 의존해 피해를 본 시민의 실제 숫자를 추정한다. 둘째, 각국이 얻는 신호는 적어도 어느 정도는 사적이다. 각 국가는 자국 정보기관에 의존하며 일급 기밀을 쉽게 공유할 수 없다. 또한 각 국가에는 독자적인 일련의 우선순위가 있다. 이 사실을 알기에 다른 국가의 말을 있는 그대로 받아들일 가능성이 작다. 셋째, 조정할 필요성이 있다. 어떤 국가도 단독으로 제재를 강제하고 싶어 하지 않는다. 실제로 그렇게 했다가는 무역전쟁에 휩쓸리거나 오히려 자신만 피해를 볼 수 있다.

이 세 가지 문제가 모두 존재하는 극단적 사례로 근래 시리아에서 일어난 사태를 보라. 바샤르 알-아사드 정권은 2011년 반체제 인사들을 잔혹하게 탄압했다. 그 결과 내전이 일어났고 사상자 수는 수만 명에서 수십만 명(!)으로 금세 불어났다. 그러나 이는 강대국들의 군사적 개입이라는 진지한 위협은 촉발하지 않았다. 아사드 정권이 자국민을 대상으로 화학무기를 사용하기 전까지는.

이 사례가 우리의 세 가지 핵심 가정을 충족한다는 점을 확인해보자. 첫째, 사태를 관찰하는 국가들이 얻는 신호에 잡음이 많은가? 분명 그렇다. 각 국가는 흐릿한 첩보에 의존하며 지금도 정확한 사상자 수가 전혀 알려지지 않았다. 둘째, 신호가 사적인가? 그렇다. 각 국가는 자체 첩보에 의존하며 다른 국가를 상대로 그 첩보를 쉽게 검증할 수 없다. 특히 미국과 러시아 같은 일부 국가는 명백히 이해관계가 상충하며 서로의 말을 믿지 않는다. 셋째, 제재에 조정이 필요한가? 분명 그렇다. 아사드 정권은 전 세계 거의 모든 주요 경제국의 제재를 받았으나 러시아가 참여를 거부한 덕에 아직도 버티고 있다.[5]

우리의 다른 수수께끼들에 대한 논리도 비슷하다. 왜 인권은 호모 사피엔스 종의 모든 구성원에게 범주적으로 적용할 뿐, 고통을 느끼는 능력이나 지각 수준에 따라 연속적으로 적용하지 않을까? 아마 그 이유는 어떤 유기체가 충분히 고통을 느끼는지, 충분한 지각 능력을 갖췄는지에 늘 합의가 이뤄지는 것은 아니기 때문일 것이다. 반면 우리는 누가 살아 숨 쉬는 호모 사피엔스 종 구성원인지는 합의할 수 있다(실제로 인류는 가장 가까운 친척들을 멸종시켜 이 일을 더 쉽게 만들었다). 또한 인권은 많은 사람의 주장과 달리 우리가 그 가치를 믿고 강제하려는 의지가 있는 한에서만 존재한다. 즉, 인권은 조정을 필요로 한다.

인권을 침해할 수 없는 것으로 대하는 이유도 비슷하다. 고문을 엄금하는 규범은 "충분한 수의 생명을 구할 가능성이 크지 않는 한 고문하지 말라"라는 규범보다 강제하기 쉽다. 언제 '충분한 수'라는 장벽이 무너지는지 합의하기는 어렵다.

인종분리 시대에 남부에서 적용한 악명 높은 한 방울 원칙은 어떨까? 이 원칙은 인종분리주의자들이 언제 인종차별 규범을 위반하는지에 합의하기 쉽게 만들었다. 조상 중에 흑인이 있는 것으로 보이는 사람은 흑인으로 간주했다. 그런 사람이 뚜렷하게 흑인 혈통이 아닌 사람에게 자리를 양보하지 않으면 규범을 위반하는 것으로 여겨 제재했다. 제재를 가하는 사람은 '할 일을 하는' 것이었다. 피부가 흑인으로 인식할 만큼 충분히 검은가처럼 인종에 연속적인 척도를 사용했다면 언제 규범을 강제할지를 놓고 의견 차이가 더 많이 생겼을지도 모른다.

피부색이 짙은 특정한 사람이 피부색이 옅은 사람에게 자리를 양보하지 않는 것은 규범 위반일까? 적어도 일부 상황에서는 그렇다고 말하지만 분명 다른 사람들도 여기에 동의할 것이라고 확신하기는 어렵다. 이는 결국 규범 와해를 끌어낼 수 있다(우리는 그렇게 되길 원하지만 해당 규범을 만들고 밀어붙인 사람들은 그렇지 않았다). 한 방울 원칙은 수많은 인위적 경계의 한 가지 사례일 뿐이다. 집단은 이러한 경계를 활용해 누가 나은 대우 혹은 나쁜 대우를 받아야 하는지 조정한다.[6]

증거

지금까지 그랬듯 우리는 여러 가정을 어느 정도 충족할 때 어떤 일이 생기는지 살피는 방식으로 위 모형의 증거를 제시할 것이다. 이를 '비교 정태 분석'이라 부른다.

우리는 비교 정태 분석에 따라 두 가지를 예측한다. 첫 번째 예측은 조정이 얼마나 중요한가에 초점을 맞춘다. 우리의 설명이 맞는다면 조정의 역할이 적거나, 신호가 완벽하거나, 정보를 공유할 때 (혹은 쉽게 공유할 때) 범주적 구분 의존성이 줄어들어야 한다. 실제로 그럴까?

제인 오스틴의 《오만과 편견》을 보면 엘리자베스가 구애자 다시와 결혼할지 고민할 때 어떤 생각이 그녀의 머릿속을 지나가는지 직접 목격할 수 있다. 그녀는 책의 앞부분에 나오는 메리튼 무도회에서 다시를 처음 만난다. 그녀와 다른 숙녀들은 다시가 대단히 키가 크고(연속적 변수), 잘생겼고(또 다른 연속적 변수), 돈이 많다는(역시 연속적 변수) 사실을 인지하지 않을 수 없었다. 그런데 곧 그가 동시에 자만심이 강하다는(연속적 변수) 사실도 분명해졌다. 이에 엘리자베스는 흥미를 잃는다. 마침내 다시가 엘리자베스의 마음을 얻기까지는 12만 2,000자에 가까운 단어가 필요했다. 그동안 다시는 덜 오만해지려고 열심히 노력했다. 갑자기 다시의 저택에 들른 엘리자베스는 그가 다정하고(연속적), 착하며(연속적), 사려 깊다는(연속적) 사실을 알게 된다.

누구와 사귀고 결혼할지 결정하는 것은 전적으로 그런 것은 아니지만 대개 사적으로 이뤄진다. 다른 사람과의 조정은 거의 필요 없다. 엘리자베스는 다시를 좋아하면(아니, 사랑하면) 그와 결혼할 수 있다. 결정은 그녀에게 달려 있다. 실제로 이 경우 우리는 엘리자베스의 결정이 연속적 변수에 기반한다는 사실을 알 수 있다. 그녀만 그런 게 아니다. 연애한 적이 있는 사람은 누구나 키, 매력, 지성, 나이 같은 연속적 변수를 토대로 사람을 차별한다.

엘리자베스의 결정에는 큰 영향을 미친 범주적 변수가 하나 있다. 바로 귀족 신분이다. 엘리자베스와 다시는 만약 둘 다 귀족이 아니었다면 서로에게 눈길조차 주지 않았을 것이다. 그들은 신분 덕분에 메리튼 무도회에도 참석하고 결혼도 할 수 있었다. 엘리자베스의 가족이 비교적 가난하다는 점은 문제가 되지 않았다. 귀족 혈통인 한 그녀에게는 짝이 될 자격이 있었다.

이는 실로 범주적 구분이다. 다만 비귀족 차별은 엘리자베스가 자발적으로 한 것이 아님을 명심하라. 그것은 상류층 귀족 가문들로 긴밀하게 구성된 집단이 조정으로 이룬 거대한 노력의 일환이었다. 이 귀족 집단에 속한 사람과 결혼하지 않는 것은 다른 귀족에게 제재나 배제당할 근거였다. 돈에 쪼들리는 영국 가문이 아들들을 부유한 미국 재벌 가문의 딸들과 결혼시켰다가 이 사실을 깨닫는 경우가 많았다.

문화가 배타적인 또 다른 집단, 즉 정통파 유대인에게도 비슷한 이야기가 있다. 특정 종파에 속하는 열렬한 정통파 유대인은 때로 경건하다는 말을 듣는다. 그들은 절대 허점을 이용하지 않고 법률 문구가 아니라 정신을 지킨다. 또한 필요한 정도보다 더 많이 미츠바mitzvah(연민에서 우러난 선행)를 행하려고 엄격하게 노력한다. 이 일을 많이 한 사람일수록 더욱 경건한 사람이 된다. 즉, 이는 연속적 변수다.

남편감을 고를 때 예비신부와 그 가족은 일련의 연속적 변수를 따진다. 구혼자와 그 가족이 얼마나 경건한지, 그들이 유대 교회에 얼마나 관대하게 기부했는지 같은 것도 여기에 속한다. 그뿐 아니라 남편감이 얼마나 다정하고 잘생겼는지처럼 엘리자베스가 따졌을 법한 것도 포함한다. 그러나 누가 계율을 잘 따르는지(누가 내집단in-group이고 누가 아웃사이더인지) 판단할 때는 이러한 연속적 변수는 뒤로 밀려난다. 대신 정통파 유대인 공동체는 범주적 구분에 의존한다. 이는 대상자가 코셔kosher(유대교 계율에 따른 식사법 - 옮긴이)와 안식일을 지키는지, 옷을 단정하게 입는지(쇄골, 팔꿈치, 무릎을 가리는지에 따라 범주적으로 정의함) 등을 포함한다. 이 모두는 '그렇다' 또는 '아니다'의 문제다. 정도의 차이는 없다.

조정의 필요성이 덜할 때 연속적 변수를 활용하는 두 가지 사례가 더 있다. 첫 번째 사례는 당신이 이미 접했을 가능성이 큰 채용 혹은 입학이다. 이 경우 지원자를 평가하는 사람은 지능, 시험점수, 사회성 같은 연속적 변수를 따진다. 이것은 엘리자베스와 친구들이 구애자를 평가한 방식과 비슷하다. 두 번째 사례로 개인이나 기관은 흔히 다른 개인이나 기관과 조정할 필요 없이 제재할 수 있는 일방적인 권한을 지닌다. 가령 미국 환경보호청에는 어떤 방식의 조정도 거치지 않고 환경사범을 규제하고 벌금을 부과할 권한이 있다. 이 규제는 산업 설비 바깥의 물이나 공기에서 감지하는 비소 같은 오염물질 양이 좌우하는 경우가 많다. 대개는 오염물질을 어느 정도 허용한다. 비소는 10ppb(십억분율)가 기준치다. 이보다 높은 비소가 검출되면 벌금을 부과한다. 이처럼 환경보호청은 연속적 변수(인근 수로에서 검출한 비소의 양)에 따른 임계치(10ppb)에 의존한다. 이 경우 관련 법규를 집행할 때 다른 기관과 조정할 필요가 없어서 그렇게 해도 문제가 생기지 않는다.

그럼 두 번째 비교 정태 분석으로 넘어가자. 이 분석은 불확실성과 사적 정보에 초점을 맞춘다. 우리의 모형은 조정에 의존하는 것 외에 사적 정보에도 의존한다. 즉, 연속적 규범이 문제가 되려면 모두가 최소한 다소 차별적 정보를 얻어야 한다. 공개적 단서가 주어져 모두가 같은 것을 본다면 더 많은 연속적 규범이 생길까? 그 답이 '그렇다'임을 시사하는 두 가지 사례가 있다.

우선 미국인이 자주 접하는 팁 주기다. 팁 주기는 연속적 변수의 임계치에 의존하는 규범이다. 즉, 당신은 22.9%나 17.2%, 15.4%, 13.7% 또는 어떤 수치든 팁으로 줄 수 있다. 그런데 팁을 15%(어떤 곳에서는 20%) 미만으로 주면 구두쇠로 여겨져 욕먹을 위험이 있다. 어떻게 우리는 다른 많은 경우와 달리 팁 주기에서 연속적 변수에 의존할 수 있을까? 어쩌면 팁 주기가 종업원이나 같이 온 사람들에게 잘 보이기 위한 수단일 뿐이라서 그런지도 모른다. 다시 말해 이것은 조정보다 신호 보내기에 더 가깝다. 또 다른 가능성도 있다. 사람들은 당신이 팁을 얼마나 주었는지에서 독립적인 신호를 얻지 않는다. 단서가 주어지는 경우 관찰자들은 정확히 같은 신호를 얻는다. 모두 당신이 건네는 같은 수표를 보기 때문이다. 누구라도 어느 시점에 이 유일한 신호를 보고 팁 규범을 어겼는지 검증할 수 있다.

연속적 규범을 활용한 또 다른 유명한 사례는 소작이다. 이는 소작농이 지주의 땅에서 기른 작물을 지주와 나누는 관행을 말한다. 지주가 갖는 비율은 연속적 변수로 22%나 38%, 64% 등이다. 사실 대다수 지역에서 50%였다. 지주가 더 많이 요구하면 소작농이 들고 일어날 수 있다(5장 참고). 팁 주기와 마찬가지로 소작에서도 임계치 규범을 활용한 것은 놀라운 일이다. 그러나 이 경우에도 소작농과 지주의 신호가 공유되는 것을 볼 수 있다. 밭에 있는 작물은 모두가 볼 수 있다. 소작농이 어디에 숨길 수 있는 게 아니다.

와해의 실제 사례

우리의 모형은 작은 위반도 범주적 규범을 와해할 수 있음을 시사한다. 2차 대전 초기에는 도시를 폭격하면 안 된다는 규범을 유지했다. 이 규범이 빠르게 무너진 것은 와해 양상을 잘 보여준다. 1939년 9월 1일까지도 미국은 여전히 중립 입장이었다. 루스벨트 대통령은 다음과 같은 호소문으로 양측에 도시를 폭격하지 말도록 촉구했다.

따라서 나는 전쟁에 참여한 모든 정부에 어떤 경우, 어떤 상황에서도 민간인 거주 구역이나 요새화하지 않은 도시를 폭격하지 않겠다고 공개 약속할 것을 시급히 호소합니다. 이는 모든 적국도 같은 전쟁 수칙을 양심적으로 준수할 거라는 이해를 바탕으로 합니다.

프랑스와 영국은 루스벨트의 요구를 공식적으로 받아들였다. 히틀러는 정식으로 응답하지는 않았으나 공군에 민간인을 겨냥하지 말라고 명령했다. 양측은 도시의 산업지역과 군사지역을 겨냥했다. 폭격 정밀도가 낮아서 특히 밤에는 시민 사상자가 흔히 발생하고 주택이나 가게, 교회가 파괴되는 일이 잦았다. 그래도 도로, 교량, 식량 창고 등을 의도적으로 겨냥하지는 않았다. 적어도 처음에는.

1940년 7월 독일 공군은 소위 '영국 전투'에서 영국 공군을 파괴하기 위해 총공세에 나섰다. 이후 몇 주에 걸쳐 그들은 영국의 목표물을 마구 폭격했다. 목표물은 언제나 비행장, 레이더 기지, 공장 같은 군사시설이었다. 8월 24일에는 런던 외곽의 부두와 공장을 겨냥한 대규모 폭격 작전을 진행했다. 그때 몇몇 폭탄이 런던 중심지에 떨어졌다. 그 폭탄들은 독일 폭격기가 목표물을 놓쳐 우연히 거기에 떨어졌을 가능성이 컸다.

처칠은 그 대응으로 독일 수도 베를린의 한복판에 있는 템펠호프 공항을 폭격하라고 명령했다. 이 폭격으로 발생한 사상자는 소수였다. 그런데도 히틀러는 즉각 대응했다. 그는 앞으로 비행장보다 도시를 폭격하는 데 집중하라고 공군에 명령했다. 이는 영국 경제와 식량 공급에 타격을 가하려는 시도였다. 맞대응에 나선 영국도 12월 15일과 16일 만하임에 융단폭격을 퍼부었다. 그 무렵 도시 폭격을 금지하는 규범은 잔해로 변해버렸다.[7]

이 와해는 변호사, 정치인, 교사 들이 흔히 걷잡을 수 없는 변화를 걱정하는 이유일지 모른다. 그 결과가 전쟁보다 훨씬 덜 치명적이라

해도 말이다.

또한 이것은 변호사들이 흔히 동정심을 유발하는 테스트 케이스test case(법률 쟁점과 관련해 판례가 없는 경우 그 판결이 향후 지침이 되는 소송 - 옮긴이)를 의도적으로 선택하는 이유일지 모른다. 이러한 소송은 범주의 장벽을 무너뜨리고 범주적 규범을 와해할 수 있다. 루스 베이더 긴즈버그는 이 전술을 대단히 효과적으로 활용했다. 그녀는 '프론티에로 대 리처드슨' 소송이나 '와인버거 대 와이젠펠드' 소송처럼 법원이 공감할 만한 남성 원고를 대리했다. 그런 소송에서 그녀는 일반적으로 여성에게 해를 끼치는 젠더차별 법에 도전했다. 법원이 공감하는 쪽에 유리하게 판결하면 그 판례는 더 폭넓게 적용이 이뤄졌다. 그와 함께 범주적 규범은 무너졌다.

보너스 용례: (비)효율적 베풀기

10장과 11장에서 우리는 반복 게임과 규범 강제가 어떻게 이타성의 일부 속성을 설명하는 데 도움을 주는지 배웠다. 그러나 이 책 머리글에서 말한 이타성의 특이한 속성은 아직 설명하지 않았다. 그중 하나는 우리가 베풀기에는 상당한 의지가 있지만 베푼 것을 효율적으로 사용하는지에는 그리 민감하지 않은 경우가 많다는 점이다. 머리글에서 잠깐 소개한 유명한 실험에서 참가자들은 새들이 풍력 발전 터빈에 부딪혀 죽지 않도록 막아주는 그물망을 설치하는 데 얼마나 기부할 것이냐는 질문을 받았다.

이 실험에서 연구팀은 한 가지 요소에만 변화를 주었다. 바로 그 물망이 살려줄 새의 수였다. 그 수는 2,000마리일 수도 있고, 2만 마리일 수도 있으며, 20만 마리일 수도 있었다. 이처럼 그물망의 혜택은 10배와 100배로 늘어났으나 참가자들의 반응은 세 가지 처치에 걸쳐 사실상 동일했다. 베풀기의 파급력에 보이는 이 둔감성은 현실에서 중요한 의미를 지닌다. 실증 연구에 따르면 같은 대의를 위해 일하는 여러 자선단체의 파급력이 100배나 차이 나는 경우가 드물지 않다. 사람들이 가장 효과적인 자선단체로 기부금을 돌리면 훨씬 많은 성과를 거둘 수 있다.

비효율적 베풀기라는 이 별난 속성은 이 장에 나오는 모형과 상당히 잘 들어맞는다(머리글에서 말한 다른 별난 속성도 있다. 가령 요청받았을 때 도움을 줄 사람이 요청받는 상황을 회피하거나, 도움이 필요하다는 사실을 알면 도움을 줄 사람이 그 필요에 무지한 상태를 유지하고자 전략적으로 최선을 다한다. 이 별난 속성은 다음 장에서 다룬다).

다음은 우리의 게임들이 비효율적 베풀기와 연관되는 양상이다. 우리의 이산적 사례 분석은 자선을 촉진하는 규범을 세우기가 비교적 쉽다는 것을 보여주었다. 누군가가 자선단체에 기부하는 것은 이산적 행위다. 앞서 확인한 대로 우리는 베푸는 사람에게 필요한 칭찬과 다른 사회적 보상을 제공해 베풀기를 유도하도록 조정할 수 있다.

그렇지만 이 규범은 해당 자선단체가 얼마나 효과적이어야 하는지에 침묵한다. 어떤 식으로든 유효성을 반영하는 게 가능할까? 충분히 효율적인 자선단체에만 기부하라고 말하는 규범을 세울 수 있을까? 이는 더 어려운 일이다.

우선 정확히 무엇을 효율적이라고 볼지 합의하기가 어렵다. 실제로 어떤 유효성 척도가 최고인지, 유효성을 어떻게 측정할지를 두고 자선단체 평가기관 사이에 논쟁이 벌어지고 있다. 일부 평가기관은 기부금 중에서 급여나 항공요금, 임대료, 기타 간접비가 아니라 실제로 사업에 쓴 돈의 비율을 말하는 사업 비율을 사용한다. 다른 평가기관은 사람들의 삶의 질을 개선한 정도를 파악하는 삶의 질 보정 생존연수quality-adjusted life years나 장애 보정 생존연수disability-adjusted life years를 사용한다.

각 척도에는 그 나름대로 장단점과 측정 문제가 있다. 정확히 무엇을 간접비로 잡아야 할까? 각 말라리아 예방 모기장과 관련된 삶의 질 보정 생존연수는 몇 년일까? 각 전문 평가기관은 같은 자선단체의 유효성과 관련해 조금씩 다르거나 때로 많이 다른 결론에 이른다.

더구나 각 척도는 연속적이다. 사업 비율은 0과 100 사이의 어떤 수라도 가능하며 달러당 삶의 질 보정 생존연수는 이론상 모든 양수가 될 수 있다. 이 상황은 우리가 모형화한 상황과 매우 밀접하게 관련이 있다. 우리는 효력이 특정 임계치를 넘어선 자선단체에 기부하는 사람만 보상하고 싶어 할 것이다. 하지만 효력 척도에 크게 합의할 수 없고 효력은 연속적이라 그러기가 쉽지 않다.

이 비효율적 베풀기 설명은 맞을까? 우리의 친구 베서니 부룸은 기부가 실은 효력에 둔감하며, 더 중요하게는 이 둔감성이 대개 사회적 보상이 작동하는 방식에 따른 것이라는 사실을 증명하는 실험을 설계하고 실행했다.[8]

첫 실험에서 일군의 참가자는 굶어 죽을 위기에 처한 한 사람을 구하기 위해 연수입 중 어느 정도를 내겠느냐는 질문을 받았다. 응답 평균치는 약 10분의 1이었다. 다른 집단은 다섯 명을 구하기 위해 연수입 중 어느 정도를 내겠느냐는 질문을 받았다. 그들은 얼마나 더 많은 비중을 내겠다고 답했을까? 맞다. 5배 많은 생명을 구하는데도 그들은 첫 번째 집단과 사실상 같은 응답을 했다. 사람들의 기부 의사는 그에 따른 파급력에 둔감했다.

두 번째 실험에서 부룸은 참가자들에게 소액의 보너스를 주고 그중 일부를 자선단체에 기부할 의사가 있는지 물었다. 이때 일부 참가자는 연구팀이 기부금에 돈을 보태지 않는다는 말을 들었고, 다른 참가자는 1 대 1로 보탠다는 말을 들었으며, 또 다른 참가자는 2 대 1로 보탠다는 말을 들었다. 그 비율은 최대 10 대 1까지 늘어났다. 이 경우 참가자가 1달러를 기부하면 첫 번째 처치를 적용받는 참가자보다 10배 많은 효력을 낼 수 있었다. 그러나 이번에도 실험 참가자는 파급력에 상당히 둔감했다. 그들은 돈이 불어나는 정도가 1배든, 2배든, 10배든 상관없이 평균 기부 비율(보너스의 3분의 1)이 같았다.

실험 방식을 조금 바꿔 베풀기와 관련된 규범의 역할을 줄이면 어떤 일이 일어날까? 그 방법 중 하나는 베푸는 대상을 모르는 사람이 아니라 가족으로 바꾸는 것이다. 당연히 우리는 이 경우 사람들이 더 이타심을 느낄 것이라고 기대한다. 하지만 우리의 이타성은 도움을 받을 사람의 수에 더 민감해야 하지 않을까? 그렇다. 가족을 향한 이타성은 규범보다 공통 유전자에 더 많이 이끌리는 까닭에 파급력에 민감할 수 있다고 생각한다면 말이다.

부룸이 확인한 결과도 그랬다. 구해주는 대상이 가족이라고 상상할 경우 참가자의 기부 의지는 그 수에 훨씬 많이 의존했다. 참가자는 가족 한 명을 구하는 데는 연소득의 약 3분의 1을, 가족 다섯 명을 구하는 데는 연소득의 약 절반을 내겠다고 했다. 5배는 아니어도 금액이 크게 늘었다.

부룸은 사회적 보상이 맡는 중요한 역할을 두 가지 추가 방식으로 증명했다. 한 가지 방식은 기부 결정을 저축 결정으로 대체하는 한편, 배수multiplier를 여전히 0에서 10까지 바꾸는 것이었다. 저축 결정은 기부 결정과 달리 사회적이지 않고 개인적이다. 이 결정에서 다른 사람들이 무엇을 생각하고 아는지는 덜 중요하다. 실제로 참가자는 배수가 높을수록 훨씬 많이 저축했다. 최고 배수의 경우 저축액이 최소 배수보다 약 2배 많았다.

부룸이 사회적 보상의 역할을 증명한 두 번째 방식은 다른 참가자에게 기부한 참가자와 기부하지 않은 참가자를 평가해달라고 요청하는 것이었다. 이때 기부자에게 적용할 것이라고 말한 배수는 각각 달랐다. 또한 평가자에게는 돈으로 평가할 수 있는 선택지가 주어졌다. 즉, 기부한 참가자와 기부하지 않은 참가자를 보상하기 위해 약간의 돈을 줄 수 있었다. 실험 결과 평가자는 평가 대상이 기부했는지에는 민감해도 그들이 해당 선택을 할 때 주어진 배수에는 민감하지 않았다. 그래서 기부액을 불려주는 배수와 무관하게 기부한 사람에게 훨씬 많이 보상했다.

이 장에서 우리는 상태 신호 구조를 활용해 놀라운 결과를 알아냈다. 조정 상황에서 플레이어는 약간의 잡음이라도 있으면 연속적, 사적 신호를 조건으로 삼을 수 없다. 이 사실은 규범, 이타성 그리고 조정이 중요한 역할을 하는 다른 맥락에서 사람들이 연속적 정보보다 범주적 구분에 더 많이 의지하는 이유를 이해하는 데 도움을 준다. 종 소속 여부나 코셔 준수 여부 등을 따지는 것이 그런 예다. 반면 사람들이 실제로 더 중시하리라고 생각하기 쉬운 연속적 정보로는 고통을 느끼는 능력이나 독실한 정도 등이 있다.

다음 장에서는 상태 신호 구조와 조정 게임을 활용해 고차적 신념이 우리의 이타심과 도덕성 의식에 미치는 영향을 탐구한다.

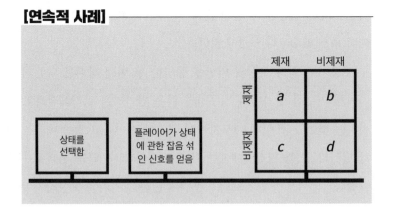

[연속적 사례]

살아 있는 것은 모두 게임을 한다

구도:

- 세계의 상태가 [0,1]에서 균일하게 선택된다.

- 플레이어가 얻는 신호는 참된 상태의 ε 내에서 독립적으로 균일하게 나오며 일부의 경우 $\varepsilon \geq 0$이다.

- 뒤이어 플레이어들은 조정 게임에서 어떤 행동을 할지 동시에 선택한다. 각 행위는 보수 행렬에 제시된다. 매개변수 $p=(d-b)/(a-c+d-b)$는 플레이어가 제재를 원하기 전에 다른 플레이어가 제재할 것이라고 확신하는 정도를 나타낸다. 보수는 상태나 신호에 직접 영향을 받지 않는다.

주요 전략 프로필:

- 임계치 전략: 플레이어는 임계치인 s^*을 넘는 신호를 받을 때, 오직 그때만 제재한다.

균형 조건:

- $1 > s^* > 0$인 모든 경우 임계치 전략은 균형 전략이 아니다. 단, p가 정확히 0.5 또는 $\varepsilon = 0$인 경우는 예외다.

해석:

- 오류가 없지 않는 한 연속적 정보를 조건으로 삼는 규범을 유지할 수 없다.

- 신호를 공유하거나 같은 신호를 받도록 허용하면 플레이어들

은 균형 상태에서 연속적 정보를 조건으로 삼을 수 있다.

이산적 사례

구도:

- 상태는 알려진 확률 μ로 1이며 다른 경우에는 0이다.
- 각 플레이어는 0 또는 1 신호를 독립적으로 얻으며 신호는 1-ε 확률로 상태와 호응한다.

주요 전략 프로필:

- 조건부 전략: 플레이어들은 신호 1을 받을 때, 오직 그때만 제재한다.

균형 조건:

- ε이 충분히 작은 한 조건부 전략은 균형 전략이다(정확한 조건은 $[(1-\varepsilon)^2\mu + \varepsilon^2(1-\mu)]/[(1-\varepsilon)\mu + \varepsilon(1-\mu)] \geq p \geq 1 - [(1-\varepsilon)^2(1-\mu) + \varepsilon^2\mu]/[(1-\varepsilon)(1-\mu) + \varepsilon\mu]$이다).

해석:

- 오류율이 너무 크지 않는 한 범주적 정보를 조건으로 삼을 수 있다.

13장

믿음에 관한 믿음

이 장에서는 지난 장처럼 조정된 행위에 영향을 미칠 수 있거나 미칠 수 없는 정보 유형을 모형화한다. 다만 이번에는 범주적 구분의 중요성이 아니라 고차적 신념, 즉 다른 사람들의 믿음에 관한 당신의 신념 혹은 당신의 신념에 관한 다른 사람들의 신념에 관한 당신의 신념 등에 초점을 맞춘다.[1]

먼저 몇 가지 수수께끼부터 제시하겠다.

의식과 상징적 제스처. 2000년 빌 클린턴은 야세르 아라파트와 에후드 바라크를 캠프 데이비드로 초대했다. 이는 팔레스타인과 이스라엘의 평화 협상을 위한 시도였다. 이 역사적 사건을 목격하기 위해 모인 취재진 카메라가 재미있는 장면을 포착했다. 아라파트와 바라크는 누가 먼저 입장해야 하는가를 놓고 다퉜다. 두 사람은 존중의 표시로 서로 상대에게 먼저 입장하라고 고집을 부렸다. 그들은 클린턴이 중재할 때까지 물러서지 않았다. 클린턴은 크게 웃으며 두 사람이 동시에 입장할 수 있도록 두 번째 문을 열었다.[2] 왜 두 사람은 이 사소한 제스처를 중시했을까?

사실 우리 삶은 우리가 과도할 정도로 주의를 기울이는 제스처로 가득하다. 왜 리더들(아라파트와 라빈, 트럼프와 김정은) 사이의 단순한 악수가 뉴스에 오를까? 왜 우리는 깃발을 게양할까? 왜 우리는 연인이 처음 '사랑해'라고 말하는 순간이나 첫 키스 순간을 숨죽여 기다릴까? 왜 우리는 '플리즈'와 '땡큐'를 반사적으로 내뱉는 걸까? 그런 말을 하지 않을 때 외에는 거의 인지하지도 못하는데 말이다. 왜 우리는 상대가 눈을 맞추는지 긴밀하게 살필까? 이 제스처는 어떤 정보를 전달할까? 우리는 악수나 '사랑해' '플리즈' '땡큐' 또는 눈맞춤에서 무엇을 알아낼까? 아무것도 없는 듯하다. 그러나 이러한 제스처는 새로운 정보를 전달하지 않아도 상당한 무게를 지닌다.

세례식, 성인식, 졸업식, 결혼식, 취임식, 대관식 등 우리 삶을 수놓는 여러 의식도 마찬가지다. 이 의식들은 어떤 기능을 하는 걸까? 가족이 우리의 성인식이나 졸업식, 결혼식에서 우리를 많이 알게 되는 것도 아니다. 그들은 우리가 몇 살인지 안다. 또한 고등학교 3학년이 되면 6월 전에 졸업한다는 것을 안다. 연인끼리 서로 사랑한다는 사실도 아주 잘 안다. 우리가 오랫동안 페이스북에서 몹시 사랑스러운 사진 퍼레이드를 보게 만들었기 때문이다(8장 참고). 왜 국가들은 새 국왕이나 대통령 혹은 총리에게 권력을 물려줄 때 모든 것을 멈추고 퍼레이드나 연설을 할까?(또는 후하게 돈을 뿌릴까?) 우리는 과하게 거창한 그 축하행사에서 어떤 정보를 얻을까? 이런 행사 역시 새로운 정보를 전달하는 경우가 드물지만(있다 해도) 상당한 무게를 지닌다.

작위-부작위 구분. 1942년 고급 요트였다가 가축 수송선으로 쓰이던 74년 된 배 'MV 스트루마호'가 마지막 항해에 나섰다. 이 배는 엔진 고장으로 3개월 동안 이스탄불 항구에 정박해 있었다. 마침내 당국은 염증을 느끼고 이 배를 예인선에 묶어 외해로 끌고 간 다음 거기에 방치했다. 하루 후 러시아 잠수함이 이 배를 격침했다. 그 배에는 유대인 난민 781명과 선원 10명이 타고 있었다. 생존자는 한 명뿐이었다.[3]

스트루마호를 바다로 끌고 간 튀르키예와 영국 당국은 발이 묶인 배에 무슨 일이 생길지 잘 알고 있었다. 소련 잠수함은 스트루마호 같은 중립 선박을 어뢰로 격침하라는 상시 명령을 받은 상태였다! 영국은 알면서도 유대인 난민이 해를 당하도록 놔둘 의향이 있었다. 반면 자신들이 직접 그 배에 어뢰를 발사할 의향은 없었다. 그들의 행동은 도덕성이 지닌 별난 속성을 드러낸다. 작위-부작위 구분으로 알려진 이 별난 속성은 행위로(어뢰를 직접 발사하는 작위로) 알면서 해를 끼치는 것보다 무행위로(러시아가 배를 격침하도록 놔두는 부작위로) 알면서 해를 끼치는 것을 더 편하게 여기는 경향을 가리킨다.

작위-부작위 구분처럼 도덕성이 지닌 별난 속성은 철학자들이 설계한 영리한 사고실험을 통해 자주 표현된다. 이 사고실험은 '트롤리trolly(전차-옮긴이) 문제'라 불린다. 그 내용은 고장 난 트롤리가 궤도를 빠르게 달리는 상황을 가정하고, 참가자들이 두 개의 끔찍한 결과 중 하나를 선택하도록 강요하는 것이다. 당신이라면 그 상황에서 궤도를 바꾸는 레버를 당겨 다섯 명이 아닌 한 명만 죽게 할 것인가?(작위) 또는 마침 근처에 있는 무거운 백팩을 멘 사람을 트롤리 앞으로 밀어 다섯 명이 죽는 사고를 방지할 것인가?(작위) 아니면 어떻게 될지 알면서도 백팩을 멘 사람이 자기 발로 궤도로 들어서도록 놔둘 것인가?(부작위)

심리학자들은 이 사고실험을 실제로 실험했다. 그 결과 사람들은 작위보다 부작위를 덜 나쁘게 받아들인다는 사실이 꾸준히 드러났다. 실험실 실험을 활용하는 핵심 이점은 (백팩을 멘 사람이 궤도로 들어서도록 놔두는 것 같은) 부작위가 100% 의도한 것인지에 의문의 여지를 없앨 수 있다는 것이다.

현실 세계 사례도 풍부하다. 우리는 쓰레기를 버리는 사람을 보면 바로 욕한다. 하지만 누군가가 쓰레기를 줍지 않고 그냥 지나가면 전혀 신경 쓰지 않는다. 우리는 스타벅스 밖에 있는 노숙자의 돈을 훔치는 짓은 전적으로 악하다고 생각한다. 그러나 스타벅스에서 라테를 살 돈을 노숙자에게 주지 않는 것은 악하다고 생각하지 않는다. 이들 사례에서 도움을 주지 않는 것은 괜찮다. 반면 적극적으로 해를 끼치는 행동은 절대로 괜찮지 않다. 효과와 의도가 동일해도 말이다.

왜 우리의 윤리의식은 피해가 행위에 따른 것인지, 아니면 무행위에 따른 것인지에 과도하게 영향을 받을까? 왜 우리는 누군가가 도움을 주는 일을 할 수 있다는 사실을 알면서도 하거나 하지 않았는지에 주의를 기울이지 않을까?[4]

간접 발화. 2019년 6월 프랑스 마크롱 대통령실은 이방카 트럼프가 G20 정상회의에서 전혀 어울리지 못하는 듯한 모습을 담은 동영상을 올렸다. 물론 프랑스 측은 부인했으나 이 동영상은 전문가 수준의 '트럼프 정권 희롱'으로 폭넓게 해석이 이뤄졌다. 또한 이는 아무 말 하지 않고 아주 많은 말을 하는 프랑스의 수완을 보여주는 사례이기도 했다.[5]

우리는 늘 마크롱만큼 능숙할 수는 없다. 하지만 우리도 간접 의사소통을 하는 경향이 있다. 예를 들면 우리는 눈썹을 치켜세워 의구심을 드러내고 기침으로 주의를 끈다. 식탁에서는 할머니에게 "거기 그레이비 좀 줘요"라고 말하지 않고, 에둘러서 "거기 그레이비 좀 주시면 고맙겠습니다"라고 말한다. 직원에게 실제로는 그냥 일을 맡기는 것이면서 "이 일 좀 맡아줄 수 있어?"라고 한다. 소개팅을 거절할 때는 "착해 보이네" 내지 "성격은 좋은 것 같아"라고 한다. "올라가서 한 잔 할래요?"라고 물을 때는 딱히 술을 마시고 싶은 생각이 없을 수도 있다.

우리는 나쁜 일이 생기면 몸짓을 사용하거나 "별로 좋지 않을 거야"라고 대수롭지 않게 말하면서 위협을 전달한다. "혹시 이 문제를 여기서 해결하기 위해 우리가 할 수 있는 일이 있나요?"라고 물으면서 뇌물을 건넨다. "됐어. 이제 신경 쓰고 싶지 않아"라고 투덜거리며 논쟁 결과에 불만을 표시한다. 요청을 거절하는 대신 들어주는 척하면서 행동으로 옮기지 않는다. 이스라엘과 이란 같은 철천지원수는 협상할 때 직접 만나지 않고 중재자에게 대신 소통해달라고 요청한다. 이 밖에도 많은 사례가 있다.

이러한 간접 의사소통은 명백한 비용을 수반한다. 바로 직접 의

사소통보다 오해를 부를 가능성이 크다는 것이다. "거기 그레이비 좀 주시면 고맙겠습니다"는 "거기 그레이비 좀 줘요"보다 단어는 더 많지만 더 많은 정보를 담고 있지는 않다. "착해 보이네"는 대체로 "별로 매력이 없어"라는 말로 이해하지만 가끔은 그 의미가 전달되지 않는다. 요청을 들어주는 척하면서 거절하는 것은 상대를 완전히 오도할 수 있다.

이런 관행이 흔한 지역(가령 동아프리카와 동아시아, 동남아시아의 많은 지역)의 여행 가이드는 여행자나 사업가가 그럴 때 화내지 않도록 미리 알려줘야 할 필요성을 자주 느낀다. 중재자는 메시지를 정확히 전하지 못하거나 셰익스피어의 줄리엣이 힘든 대가를 치르고 알게 된 것처럼 아예 전하지 못할 수도 있다. 실제로 자주 그런 일이 일어난다. 흔히 하는 말처럼 어떤 일을 제대로 하고 싶으면 직접 해야 한다.

그러면 왜 우리는 힌트나 암시에 기반해 간접 의사소통하는 쪽을 선택할까? 왜 우리는 은근히 공격적인 말을 할까? 왜 욕망과 의도를 그냥 직접 밝히지 않을까? 왜 중재자를 두고 '말 전하기 놀이'를 해서 메시지가 모호해지거나 누락될 위험을 감수할까? 잘못된 메시지가 자칫 전쟁으로 이어질 수도 있는데 말이다. 물론 대다수는 간접 의사소통이 더 정중하다거나 체면을 살릴 여지를 준다고 대답할 것이다. 그런데 근사적 설명 자체에도 설명이 필요하다. 왜 간접 의사소통이 더 정중할까? 언제 정중하게, 그러니까 간접 의사소통하는 것이 중요할까? 아니, 정중하다거나 체면을 살린다는 것은 대체 무슨 의미일까?

핵심 내용

이 모든 수수께끼의 답은 단 하나의 통찰로 귀결된다. 조정을 수반하는 행동의 경우 1차 신념(어떤 일이 생겼을 때 당신의 생각)만 중요한 게 아니다. 타인의 생각에 관한 당신의 생각(2차 신념)과 당신의 생각에 관한 타인의 생각에 관한 당신의 생각(3차 신념)도 그만큼 중요할 수 있다.

우리는 10장과 11장에서 이 고차적 신념이 조정에서 얼마나 중요할 수 있는지 힌트를 제시했다. 반복적 죄수의 딜레마 게임에서 당신은 상대가 배반하는 것을 봤지만 상대는 그 사실을 인식하지 못한 경우, 상대가 협조한 것처럼 간주하는 편이 낫다. 규범 강제 게임에서 당신은 어떤 사람이 규범을 어기는 것을 봤지만 그 사실을 당신만 아는 경우, 위반자를 처벌하는 것은 타당하지 않다. 다른 사람들은 당신이 경솔하게 처벌한다고 여겨 당신을 처벌할 것이기 때문이다. 이 논리는 매-비둘기 게임에도 적용할 수 있다. 당신은 당신이 먼저 도착했다고 여기지만 상대가 이 사실을 알지 못한다고 생각하는 경우, 비둘기 전략을 따르는 편이 낫다. 그렇지 않으면 비용이 많이 드는 분쟁에 휘말릴 수 있다.

이 장에서는 앞 장에서 소개한 상태 신호 조정 게임 모음을 기본 도구로 삼아 이 요점을 탐구한다. 이번에는 고차적 신념에 영향을 미치는 신호의 구체적 속성을 모형화한다. 또한 그 속성들이 조정을 수반하는 행위에 영향을 미치는 양상도 살핀다.

관찰 가능성

고차적 신념에 흥미로운 효과를 미치는 정보의 속성 중 하나는 관찰 가능성이다. 우리는 이미 7장에서 행위의 관찰 가능성을 살폈다. 이와 관련된 실험실 실험에서 참가자들은 연구팀이나 다른 참가자가 자신의 기부 내역을 볼 가능성이 클 때 더 많이 기부했다.

지금까지 우리는 관찰 가능성이 지닌 명백한 효과만 논의했다. 그 효과는 기여나 위반 사실을 알게 될 가능성이 커진다는 것이다. 이는 거기에 대응하기 위한 필수 정보다. 그런데 관찰 가능성은 기여나 위반 사실을 **알게 된 후** 당신이 해야 할 행위에도 영향을 미친다. 당신이 위반 사실을 알기가 그렇게 쉽지 않았다면, 설령 그 사실을 알았더라도 다른 사람들은 알지 못할 거라고 여길 것이다. 이 경우 당신은 위반이 일어났다는 1차 확신은 하지만 2차 확신, 즉 다른 사람들도 위반이 일어났다고 확신할 거라고 확신하지는 않는다. 제재를 가하기 위해 조정이 필요하다면 2차 확신도 중요하다.

다음은 그 사실을 말해주는 단순한 게임이다. 지난 장과 마찬가지로 이 게임에는 플레이어 두 명이 참가한다. 그들은 규범 위반을 제재할지 결정하는 관찰자에 해당한다. 이 결정은 단순한 조정 게임을 활용해 모형화한다. 상기하자면 조정 게임에서 플레이어들은 두 가지 행위(제재와 비제재) 중 하나를 선택한다. 보수가 주어지는 방식은 다른 플레이어가 최소한 p 확률로 제재할 때, 오직 그때만 나머지 플레이어도 제재하는 것을 선호하도록 만든다.

이번에도 이 게임에 들어가기 전에 상태 신호 구조를 덧붙일 것이다. 이 구조는 플레이어들이 처벌을 결정할 때 어떤 정보를 가질지 모형화한다. 따라서 우리는 관찰 가능성이 2차 신념에 미치는 영향을 탐구하게 해주는 상태 신호 구조를 정의하기만 하면 된다. 다음이 그 예다.

- 0과 1 두 상태가 있다. 1은 위반이 일어났음을 나타낸다. 상태가 1일 사전 확률(위반이 발생하는 빈도)은 µ이다.

- 각 플레이어는 0 또는 1 신호를 독립적으로 얻는다. 상태가 1일 때 플레이어들이 1을 얻을 확률은 $1-\varepsilon$이고 0을 얻을 확률은 ε이다. 이는 위반이 일어날 때 플레이어들이 대개 그 사실을 알게 되지만 가끔 알지 못하는(또한 부정 오류false negative[있는 것을 없다고 파악하는 오류-옮긴이]를 얻는) 경우도 있음을 뜻한다. 상태가 0일 때 플레이어들은 언제나 0을 얻는다(긍정 오류false positive[없는 것을 있다고 파악하는 오류-옮긴이]는 없다).[6]

이 상태 신호 구조에서 $1-\varepsilon$은 위반이 얼마나 관찰 가능한지 나타내는 것으로 해석할 수 있다. 관찰 가능성이 1이면 플레이어는 언제나 위반이 일어났는지 안다. 관찰 가능성이 0이면 플레이어는 언제나 0만 본다. 이 경우 위반에 대해 아무것도 알지 못한다. 플레이어가 1이라는 신호를 얻으면 ε이나 신호가 얼마나 관찰 가능한지와 무관하게 위반이 일어났음을 확실히 알게 된다는 점에 주목하라. 다만 다른 플레이어도 위반이 일어났다고 여길 것으로 생각하는지(2차 신념)는 ε이 좌우한다.

우리가 관심을 기울인 전략은 플레이어들이 1을 얻을 때만 제재하는 전략이다. 즉, 그들은 위반이 일어났다고 생각할 때마다 제재한다. 이를 조건부 제재 전략이라 부르자. 조건부 제재 전략을 활용하는 것은 두 플레이어 모두에게 내시균형일까? 1차 신념만 중요하다면 그 답은 분명 '그렇다'이다. ε과 무관하게 1이라는 신호를 얻으면 위반이 일어났다고 확신할 수 있기 때문이다. 그러나 이것은 이 게임에서 중요한 게 아니다. 실제로 중요한 것은 다른 플레이어가 제재할 것이라고 얼마나 확신하는가이며 이는 ε이 좌우한다.

이 점을 확인하기 위해 두 플레이어가 조건부 제재 전략을 따른다고 가정하자. 이때 이탈로 이득을 볼 수 있을까? 먼저 당신이 1이라는 신호를 얻는 경우를 살펴보자. 이 경우 당신은 상대가 최소한 p 확률로 제재하리라고 생각할 때, 오직 그때만 제재하고 싶을 것이다. 상대는 1을 얻을 때 제재한다. 이것은 당신이 1을 얻을 때 상대도 1을 얻을 확률, 즉 $1-\varepsilon$으로 귀결된다. 따라서 $1-\varepsilon \geq p$인 한 당신은 이탈하고 싶지 않을 것이다. 이 조건은 ε이 충분히 작은 한(관찰 가능성이 충분히 큰 한) 유효하다.

당신이 0이라는 신호를 얻을 때는 어떨까? 상대도 0을 얻어서 제재하지 않을 확률이 $1-(\mu\varepsilon(1-\varepsilon))/(\mu\varepsilon+(1-\mu))$이다. 당신은 이 값이 $1-p$보다 크면 이탈하고 싶지 않을 것이다. 이 조건은 ε이 작을 때도 유효하다. 이처럼 조건부 제재 전략이 내시균형이 되려면 위반을 쉽게 관찰할 수 있어야 한다.

결국 당신이 **위반 사실을 인지했을 때** 제재할 수 있는지는 운이 얼마나 좋아야 인지할 수 있는지(위반이 얼마나 관찰 가능한지, 즉 $1-\varepsilon$)가 좌우한다.

관찰 가능성은 1차 신념에 더해 고차적 신념에 영향을 미치는, 그러니까 신호를 조건으로 삼을 수 있는 능력에 영향을 미치는 신호의 첫 번째 속성이다. 지금부터 그 신호의 두 번째 속성인 공유성을 살펴보자.

공유 신호

이전 모형에서 각 플레이어가 얻는 신호는 독립적으로 결정되었다(상태가 1일 때 각 플레이어가 1을 볼 확률은 다른 플레이어가 무엇을 보는지와 무관하게 $1-\varepsilon$이다). 이와 달리 플레이어들이 얻는 신호가 독립적으로 결정되지 않는 경우를 상상할 수 있다. 가령 그들이 관찰하는 신호는 공개적으로 드러나거나 쉽게 전달할 수 있는 공유 경험의 일부일 수 있다. 이럴 때는 해당 신호를 조건으로 삼기가 아주 쉽다. 이 점은 낮은 관찰 가능성 때문에 애초에 신호 생성 가능성이 작을 때도 유효하다. 어쩌면 해당 신호는 누군가가 적절한 순간에 우연히 찍어야 위반 사실이 드러나는 사진일 수 있다. 또는 은밀히 보관하다가 누군가가 엉뚱한 물건을 엉뚱한 사람에게 우연히 보낼 때만 알려지는 녹음일 수도 있다. 이러한 신호는 보내질 가능성이 작다. 하지만 일단 보내면 폭넓게 공유된다.

이번에도 아주 단순한 모형으로 이 점을 확인할 수 있다. 실제로 이전 모형을 조금 비틀어 신호들이 상관성을 얻도록 허용하기만 하면 된다. 그 내용은 다음과 같다.

- 상태는 이전처럼 결정하고 해석한다(0과 1이라는 두 상태가 있으며 상태가 1일 사전 확률은 μ이다).
- 각 플레이어는 0 또는 1 신호를 얻는다. 상태가 1일 때 플레이어들이 1을 얻을 확률은 $1-\varepsilon$이고, 0을 얻을 확률은 ε이다. 이 오차가 반드시 독립적인 것은 아니다. 이 상관성은 0에서 1까지 다른 값을 지니는 ρ(로, rho)라는 매개변수로 요약된다. 0은 상관성이 없음을 뜻한다. 이는 앞서 살핀 것으로 신호가 독립적이다. 상태 1은 신호들이 완벽한 상관성이 있다는, 즉 플레이어들이 언제나 같은 신호를 본다는 의미다.

이제 조건부 제재 전략(1을 얻을 때 제재)은 $(1-\varepsilon)$ 또는 ρ가 높을 때마다, 엄밀하게는 $1-\varepsilon(1-\rho) \geq p$일 때마다 균형 전략이다. 즉, 신호들을 공유할 가능성이 충분히 크면 조건으로 삼을 수 있다. 이 점은 낮은 관찰 가능성 때문에 1이라는 신호가 애초에 보내질 가능성이 작을 때도 유효하다.

이번 역시 ρ는 1차 신념에 더해 고차적 신념에 영향을 미친다. 즉, 당신은 1이라는 신호를 관찰할 때마다 위반이 일어났음을 확신한다. 상대도 그렇게 확신할 것이라고 당신이 생각하는지는 신호가 얼마나 상관적인지(또한 얼마나 관찰 가능한지)가 좌우한다.

지금까지 우리는 신호가 고차적 신념과 관련해 두 가지 뚜렷한 양상으로 달라질 수 있음을 확인했다. 이 점이 신호를 조정적 행위에 활용할 수 있는지에 영향을 미친다는 사실도 확인했다. 이제 세 번째 속성을 살펴보자.

그럴듯한 부인 가능성

먼저 1970년대 고전적인 사회심리학 실험으로 그럴듯한 부인 가능성이 무엇을 의미하는지 살펴보자. 이 실험에서 참가자들은 아주 오래된 무성영화에 대해 의견을 제시해달라는 말을 듣고 실험실로 모였다. 실험실에 도착했을 때 그들은 TV 두 대 중 어느 TV 앞에 앉을지 선택하라는 요청을 받았다. 각 TV 앞에는 의자 두 개가 있었다. 의자 네 개 중 하나에는 다른 참가자(실은 참가자인 척하는 역할을 맡은 공모자)가 앉아 있었다. 그는 금속 부목을 하고 있어서 장애인처럼 보였다.

두 TV에서 같은 영화가 나오는 경우 참가자 중 4분의 3은 편견이 있는 것처럼 보이지 않으려고 장애인 공모자 옆에 앉았다. 반면 두 TV에서 다른 영화가 나오는 경우 결과가 정반대로 바뀌었다. 이때 참가자 중 4분의 3이 장애인 공모자 옆에 앉지 않는 쪽을 선택했다.[7]

이 현상에 따른 흔한 해석은 두 TV에서 같은 영화가 나오는 경우 그럴듯한 부인 가능성이 없다는 점이다. 즉, 장애인 공모자 옆에 앉지 않는 선택의 유일한 설명은 편견뿐이다. 반면 두 TV에서 다른 영화가 나오면 장애인을 피하는 선택을 무난히 설명할 수 있다. 그냥 다른 영화가 더 좋아서 그랬을 수 있어서다(참고로 이 설명은 그다지 혐의를 벗겨주지 못했다. 연구팀은 굉장히 비슷한 영화를 골랐고 둘 다 광대가 나오는 무성영화였다. 물론 연구팀은 장애인 공모자가 어떤 영화가 나오는 TV 앞에 앉는지와 무관하게 같은 결과가 나오는지 신중하게 확인했다).

이 실험은 흔한 현상을 드러낸다. "다른 TV에 나오는 영화가 더 좋아요" 같은 해명성 설명은 실제로 그럴 가능성과 무관하게 다른 경우 처벌받을 수도 있는 결정을 포장하는 기능을 한다. 왜 그럴까?

직관적으로 보면 이렇다. 어떤 사람에게 편견이 있다는 충분한 확신이 들면 해명성 설명을 해도 우리가 그 사람을 제재한다고 가정하자. 어느 정도나 확신해야 할까? 95%라고 해두자. 이제 해명성 설명이 타당하지 않고 그 사람에게 실제로 편견이 있다고 거의 95% 확신하면 어떻게 될지 살펴보자. 무엇이 95%나 확신하도록 만들었을까? 어쩌면 두 영화를 아는 당신은 한 영화를 다른 영화보다 더 확고하게 좋아할 가능성이 작다는 사실을 알지도 모른다. 아니면 당신은 그 사람에게 편견이 있다고 기본적으로 의심하고 있을지도 모른다. 좋다. 이 가정에는 영화와 그 사람에 관한 약간의 정보가 필요하다. 다른 사람들에게도 같은 정보가 있는가? 그럴 수도 있고 아닐 수도 있다. 하지만(이 대목이 반전이다) 우리는 당신이 95% 확신하는 경우를 검토하고 있다. 이는 꽤 확실한 것이다. 이 정도 확신은 상당한 사적 지식을 요구한다. 그 모든 사적 정보를 획득하려면 운이 따라야 한다. 이 경우 다른 사람들은 당신보다 아는 게 적을 가능성이 크다. 그래서 당신은 그들이 당신보다 확신이 덜할 것이라고 의심한다. 이는 당신이 이탈하고 싶게 만들기에 충분하다. 또한 이것은 균형 상태가 아님을 증명하기에 충분하다.

반면 해명성 설명이 주어지지 않으면, 가령 두 공간에서 같은 영화를 보여주면 그 사람에게 편견이 있다고 확신하기 위한 사적 정보는 필요 없다. 당신은 다른 사람들도 그 사람에게 편견이 있다고 확신할 것임을 충분히 확신한다. 이 경우 제재하는 데 문제는 없다.

이를 형식화하자. 이번에도 조정 게임을 활용해 두 관찰자가 제재를 결정하는 양상을 모형으로 만들 것이다. 제재 여부를 결정할 때 그들에게 주어지는 정보는 상태 신호 구조로 나타낸다. 이 상태 신호 구조는 앞선 두 개와 조금 다르게 작동한다. 먼저 그 내용을 제시한 다음 왜 다른 구조를 활용했는지 설명하겠다.

- 상태는 이전처럼 결정하고 해석한다(0과 1이라는 두 상태가 있으며 상태가 1일 사전 확률은 μ이다).

- 각 플레이어는 0 또는 1 신호를 얻는다. 첫 번째 신호는 완전히 공유하며 0 또는 1의 값을 지닌다. 상태가 0일 때 플레이어들은 $1-\varepsilon$ 확률로 0을 보며 ε 확률로 1을 본다(이는 플레이어들이 때로 긍정 오류를 본다는 것을 뜻한다). 반면 상태가 1일 때 플레이어들은 언제나 1을 본다(부정 오류는 없다).

- 플레이어들은 ε을 모른다. 다만 ε의 분포인 f는 안다. 또한 그들은 각각 ε에 관한 독립적 신호 ε_i를 얻는다. 우리는 해당 신호 분포를 g_ε이라 부를 것이다. 가령 f는 0과 1 사이의 균등분포일 수 있다. g_ε은 꼭지점이 ε이고 종단점이 0과 1인 삼각 분포일 수 있다. 이는 플레이어들이 얻는 신호가 0과 1 사이의 어떤 값도 가능하지만 참된 ε으로부터 멀어질수록 가능성이 (꾸준히) 낮아진다는 것을 뜻한다.

보다시피 위 모형은 초점을 긍정 오류로 바꿨다. 그 이유는 긍정 오류가 자연히 해명성 설명과 연관되기 때문이다. 즉, 플레이어들은 1을 볼 때마다 해명성 설명이 참이고, 상태가 0일 가능성이 있음을 안다.

이때 플레이어들은 해명성 설명이 참일 가능성이 정확히 얼마인지 알지 못한다. 그래서 추측한다(꽤 좋은 추측일 수 있지만 아무튼 추측이다). ε_i는 그 추측을 나타낸다.

플레이어들은 추측으로 해명성 설명이 참일 가능성이 충분히 작다고 믿을 때만 제재할 수 있을까? 그러니까 ε_i가 일정한 임계치 가령 $\bar{\varepsilon}$보다 낮을 때, 오직 그때만 제재할 수 있을까? 이는 상태가 1이라고 충분히 확신할 때마다 제재한다는 것과 같다.

이미 암시한 대로 그 답은 대체로 '아니다'이다. $p=0.5$인 경우에 초점을 두면 이 사실을 확인할 수 있다. 플레이어는 $\bar{\varepsilon}$보다 약간 아래인 신호 ε_i를 얻을 때마다 다른 플레이어도 그랬을 거라고 50% 확신해야 한다. 그러나 이는 $\bar{\varepsilon}$이 정확히 0.5일 때만 참이다. 이보다 낮은 임계치를 선택하면(제재하기 위해 50%보다 높게 확신하도록 요구하면) 플레이어들은 다른 플레이어가 해당 임계치보다 낮은 신호를 얻었다고 생각해 50%보다 낮게 확신한다. 이때 이탈 유인이 생긴다. 0.5보다 낮은 p를 선택할 경우 균형 상태에 해당하는 $\bar{\varepsilon}$은 0.5보다 낮지만 여전히 너무 극단적일 수는 없다. 즉, 한 플레이어가 **매우** 확신할 때만 제재하는 것은 여전히 불가능하다. 이 결과는 f와 g_ε이 주어졌을 때 플레이어들이 얻는 신호는 평균으로 회귀한다는 사실에 의존한다. 그래서 극단적 신호를 얻는 플레이어는 다른 플레이어 역시 극단적 신호를 얻었을 가능성이 작다고 가정한다.

결국 고도로 확신하지만 절대적으로 확신하지는 않는 것, 다시 말해 1차 신념은 강한 반면 고차적 신념은 그만큼 강하지 않을 수 있는 세 번째 양상임을 알게 된다. 이 양상은 조정 행위를 가로막는다.

고차적 불확실성

지금껏 당신은 사실을 알지만 다른 사람들도 안다고 충분히 확신할(2차 신념) 수 없는 양상을 파악하는 데 초점을 맞췄다. 그런데 가끔은 다른 사람들이 아는 것의 단서를 얻는다. 이 경우에 문제를 해결할까? 반드시 그렇지는 않다. 해당 단서 역시 관찰 가능성이나 공유성 혹은 부인 가능성이 몹시 크지 않다면 말이다.

그 이유를 알기 위해 이러한 단서의 관찰 가능성이 낮은 사례에 초점을 맞춰보자. 직관적으로 보자면 이렇다. 당신이 다른 사람이 안다는 사실을 알아도 그 사람은 자신이 안다는 사실을 당신이 안다고 확신하지 못한다. 그래서 당신이 모르는 것처럼 행동할 것이다. 이 양상을 보다 형식적으로 탐구해보자. 이번에도 두 플레이어의 제재 여부 결정을 조정 게임으로 나타낸다.

- 이번 역시 위반이 일어났는지 나타내는 0과 1 두 상태가 있다.
- 플레이어 2의 신호는 이전과 같이 작동한다. 즉, 상태가 1이면 플레이어 2는 $1-\varepsilon$ 확률로 1을 보고, 다른 경우에는 0을 본다. 반면 상태가 0이면 언제나 0이라는 신호를 얻는다.
- 플레이어 1의 경우 (논의를 단순화하기 위해) 언제나 참된 상태를 알게 되지만 동시에 플레이어 2의 신호에 따라 신호를 얻는다. 즉, 플레이어 2가 1이라는 신호를 얻으면 플레이어 1도 $1-\delta$ 확률로 1이라는 신호를 관찰하며 다른 경우에는 0을 관찰한다. 플레이어 2가

0을 얻으면 플레이어 1도 0을 얻는다.

두 플레이어가 각각 1이라는 신호를 얻을 때 제재하는 균형 상태가 있을까? 이 경우 그들은 상태를 알(1차 정보) 뿐 아니라 다른 플레이어 역시 상태를 안다는 사실도 안다(2차 정보). 이것으로 충분할까?

그 답은 δ가 좌우한다(더 이상 ε만 좌우하지 않는다). 플레이어 2는 $1-\delta$가 충분히 큰(p보다 큰) 경우에만 자신이 그 신호를 얻었음을 플레이어 1도 안다고 충분히 확신하며 처벌을 가한다.

앞서 우리는 3차 신념(플레이어 2의 생각에 관한 플레이어 1의 생각에 관한 플레이어 2의 생각)도 2차 신념과 1차 신념에 더해 조정 행위에 영향을 미친다는 사실을 확인했다. 같은 논리가 모든 차수의 불확실성으로 확장된다. 다른 플레이어가 자신이 얻은 신호의 단서를 당신이 얻었다는 단서를 얻는 것은 그 단서가 관찰 가능할 때만 도움을 준다. 요컨대 고차적 불확실성도 중요하다.

우리의 수수께끼에 관한 연관성

지금까지 우리는 고차적 신념이 작용해 플레이어들의 조정 능력에 영향을 미치는 네 가지 양상을 살폈다.

• **관찰 가능성**. 위반 사실을 알기가 얼마나 쉬운가?

- **상관성**. 다른 사람들도 같은 원천에 접근할 수 있는가?
- **그럴듯한 부인 가능성**. 해명성 설명이 타당하지 않다고 상당하지만 절대적이지는 않게 확신하는가?
- **고차적 불확실성**. 당신이 알고 다른 사람들도 안다는 걸 당신이 안다고 해도, 그들도 당신이 안다는 걸 알까?

당신은 관찰하기 쉽지 않은 정보를 알게 되면 그걸 우연이라 여기고 다른 사람들은 그만큼 운이 좋지 않을 거라고 가정한다. 만약 사적 경로로 정보를 알게 되면 당신은 다른 사람들도 같은 정보에 접근할 수 있을 거라는 사실에 의존할 수 없다. 당신이 상당히 확신하지만 절대적으로 확신하지는 않을 때, 다른 사람들은 당신보다 덜 확신할 가능성이 크다. 당신이 다른 사람들이 안다는 것을 알아도, 그들은 자신이 안다는 사실을 당신이 알 가능성이 작다고 생각하면 여전히 당신이 그 사실을 모르는 것처럼 행동할 것이다.

우리의 다음 과제는 동기 부여와 관련된 수수께끼에서 고차적 신념과 협력적 행동이 어떤 역할을 하는지 확인하는 일이다. 가령 상징적 제스처가 사람들이 새로운 균형 상태로 전환할 수 있도록 고도로 관찰 가능하고 상관적이며 부인 가능한 신호를 활용한다는 사실을 확인한다. 의도는 행위와 달리 알기가 훨씬 어렵고 사적 경로로 알려질 가능성이 더 크며 더 부인 가능하다. 이는 부작위에 따른 위반을 작위에 따른 위반보다 훨씬 더 제재하기 어렵게 만든다. 암시는 그럴듯한 부인 가능성뿐 아니라 고차적 불확실성을 활용해 일이 계획대로 풀리지 않을 경우 덜 바람직한 균형 상태로 전환할 가능성을 차단한다.

상징적 제스처

상징적 제스처는 혼란스럽다. 중요치 않은 요소가 **중요하기** 때문이다. 우리는 '미안해요'나 '사랑해요' 같은 단순한 말에 엄청난 무게를 둔다. 또한 새로운 정보를 전달하지 않는 의식이나 예식 혹은 정교한 전시 행위에 비용을 아끼지 않는다.

이 수수께끼에 관한 우리의 설명은 이렇다. 다른 경우에는 중요치 않은 요소도 조정이 중요할 때나 관찰 가능성, 공개성, 부인 불가능성이 존재할 때는 중요할 수 있다. 상징적 제스처는 이 요건을 충족한다.

앞서 5장에서 사과를 논의할 때 우리는 이미 상징적 제스처가 작동하는 사례를 살폈다. 사과는 우리의 설명에 비교적 깔끔하게 들어맞는다. 매-비둘기 게임과 이 게임이 묘사하려는 현실 세계 상황에서 조정은 중요하다. 당신이 비둘기 전략을 따를 것으로 기대하는 상황에서 매 전략을 따르지 않는 것은 중요하다. 그 반대의 경우도 마찬가지다. 다른 경우에는 중요치 않은 단순한 말이 플레이어들이 (매, 비둘기)에서 (비둘기, 매)로의 전환을 조정하는 것을 도울 수 있다. 이 설명은 5장에서 제시한 설명과 다르지 않다. 거기서 우리는 비상관적 비대칭성이 기대를 형성하는 양상을 이야기했다. 말만 약간 다르게 했을 뿐이다.

다만 여기서 우리는 사과가 원하는 효과를 내려면 특정 속성을 지녀야 한다는 점을 덧붙이고자 한다. 다시 말해 사과는 관찰 가능해야 하고, 공개적으로 하는 것이 최선이며, 부인할 수 없어야 한다. 이에 해당하는 사례로 우리는 사람들이 자주 명시적 사과("미안하다고 말해!")를 고집하는 것을 본다. 때로 사람들은 다른 사람들 앞에서 사과해야 한다고 고집한다("나한테만 말하지 말고 반 전체한테 말해!"). 그들은 사과에 사용하는 말도 꼼꼼하게 따진다. 그래서 사과하는 사람이 후회를 표현하거나 실수를 인정하는 데서 그치지 않고 책임까지 져야 하며("네 잘못이라고 말해!"), 행동을 바꾸겠다고 약속해야 한다고 고집한다("다시는 그러지 않겠다고 말해!"). 그렇게 할 때 '죄송합니다'나 '사과합니다'라는 말을 써야 한다고 주장하는 경우도 많다.

사과가 앞서 제시한 세 가지 속성을 지니는 한 더 이상 필요한 것은 없다. 사과가 강요에 따른 것인지 아니면 자의로 하는 것인지는 중요치 않다. 진심이 담겼는지, 이를 악물고 하는지도 중요치 않다. '죄송합니다' 외에 다른 추가 정보가 담겨 있는지 역시 중요치 않다. 사람들이 조정 행위를 촉진하는 데 중요한 점은 사과가 명시적이며 모두가 들을 수 있도록 크고 분명하게 이뤄지는 것이다.

사과가 우리의 세 가지 속성을 지니지 못하면 회의적인 반응을 얻는다. 아마 그 이유는 잘못한 쪽이 실제로 행실을 고칠 것인지, 그에 따라 그들이 그럴 거라고 가정하고 행동하는 것이 최적인지가 불확실하기 때문일 것이다. 파키스탄에 한 힐러리 클린턴의 사과는 이런 '진정성 없는 사과nonapology'와 관련해 매우 흥미로운 사례를 제공한다. 사태 초기에 파키스탄은 진정한 사과를 고집했다. 어쩌면 파키스탄 영공에서 매 역할을 할 쪽을 바꾸려는 의도였을지도 모른다. 그렇지만 파키스탄은 그 요구에서 한발 물러섰다. 그들은 '유감'이라는 표현이 들어간 일종의 성명만 요구했다. 우리가 보기에 이는 체면을 살리려는 노력인 듯하다. 파키스탄 측 대응팀은 클린턴 측 대응팀과 협력해 성명문을 만들었다. 그 내용은 이렇다.

파키스탄군의 인명 손실을 안타깝게 생각합니다. 앞으로 파키스탄, 아프가니스탄과 협력해 다시는 이런 일이 일어나지 않도록 노력하겠습니다.[8]

신중하게 작성한 이 진정성 없는 사과는 파키스탄인의 죽음을 책임지거나 미국이 행동을 바꿀 것임을 약속하지 않는다. '인명 손실을 안타깝게 생각한다'는 구절은 인명 손실에 따른 비난을 피하기 위한 것일 뿐이다. '파키스탄, 아프가니스탄과 협력해 … 노력하겠습니다'는 다시는 그런 일이 일어나지 않도록 노력하겠다는 말과 같지 않다. 이 성명은 파키스탄 내 비판론자들의 주목을 피하지 못했다. 그러나 그들의 목소리는 힐러리의 성명과 함께 제공한 수십억 달러 원조에 파묻혔다.

이제 수행 발화performative speech(행위를 나타내는 단어들)[9]가 관계의 성격을 바꾸는 데 쓰이는 양상으로 넘어가자.

앨런 피스크는 사람들은 대체로 관계를 네 가지 범주 중 하나에 속하는 것으로 본다는 주장으로 유명하다. 다음은 그의 네 가지 범주 설명이다.[10]

- **집단적 공유**communal sharing 관계는 경계가 있는 집단에 속한 사람들이 동등하며 차별하지 않는다는 인식에 기반한다. 이 관계에서 구성원 혹은 양자는 서로를 같은 존재로 대하면서 공통점에 초점을 맞추고 상이한 개인의 정체성은 무시한다. 또한 자주 자신들의 공통 물질(가령 '피')을 공유하며 동류에 속한 사람을 비교적 친절하고 이타적으로 대하는 것은 당연하다고 여긴다. 가까운 혈연관계는 대개 중대한 집단적 공유 요소를 수반한다. 열렬한 애정 관계도 마찬가지다. 인종과 국가 정체성, 심지어 최소 집단도 집단적 공유의 더 약화한 형태다.
- **위계적 순위**authority ranking 관계는 위계를 이루는 사회 차원에 따라 줄지어 선 사람들 사이의 비대칭 모형에 기반한다. 이 관계에서 두드러지는 사회적 사실은 어떤 사람의 지위가 각각의 다른 사람들보다 높은지 혹은 낮은지다. 지위가 높은 사람은 아랫사람들이 누리지 못하는 위신, 특권, 특혜를 누린다. 대신 아랫사람들은 흔히 보호와 돌봄을 받을 권리를 지닌다.
- **동등한 균형**equality matching 관계는 동일한 비중과 일대일 대응 모형에 기반한다. 번갈아 하기, 평등한 분배 정의, 동일한 호혜, 대갚

음, '눈에는 눈' 방식의 복수 그리고 동일물로 대체하는 보상이 그 예다. 사람들은 주로 평등한 매칭 관계가 균형을 이루는지를 중시하며 균형이 얼마나 어긋나는지 계속 확인한다.

• **시장식 평가**market pricing 관계는 사회관계의 비례 모형에 기반한다. 이 관계에서 사람들은 상대적 비율과 변화율에 주의를 기울인다. 또한 대개는 고려 대상인 모든 연관 속성과 요소를 단일 수치나 유용성 척도로 환원한다. 이는 정성적, 정량적 측면에서 다양한 요소를 비교할 수 있게 해준다.

이러한 관계 범주는 조정을 필요로 한다. 한쪽은 관계를 권한 순위로 대하는데 다른 쪽은 평등한 매칭인 것처럼 행동하기 시작하면 그다지 잘 풀리지 않을 것이다. 어떻게 하면 값비싼 오조정miscoordination이라는 위험을 감수하지 않고 관계의 조건을 바꿀 수 있을까?

이는 단순한 말이 도움을 줄 수 있는 유형의 문제다. '사랑해'(혼인 서약에서의) 네' '넌 해고야' '우린 더 이상 친구가 아냐' '너랑 헤어질 거야' 같은 명시적 진술은 관계의 조건을 극적으로 바꿀 수 있다. 중요한 사실은 잘못된 조정을 피하는 방식으로 그렇게 한다는 점이다. 양쪽은 이런 말이 무슨 의미인지, 이제 관계가 어디에 해당하고 해당하지 않는지 안다. 이러한 말을 하는 것은 한쪽이 계속 아무 일도 없었던 것처럼 관계를 대할 위험을 최소화한다.

한 가지 핵심 사실은 그 공표를 부인할 수 없어야 한다는 것이다. 즉, 모호성이 없어야 한다. 그 공표의 한 가지 공통점이 있다면 그것은 모호성 결여다. 상사가 "넌 해고야"라고 말했다면 그냥 잠깐 쉬라는 말인 줄 알았다고 주장할 수 없다. "너랑 헤어질 거야"라는 말이 너무 고통스럽고, "내가 널 어떻게 생각하는지 알잖아"가 "날 사랑해?"라는 질문의 바람직한 대답이 아닌 이유가 거기에 있다.

단순한 말과 마찬가지로 신체 제스처(악수, 고개를 숙이는 인사, 무릎을 굽히는 인사, 첫 키스, 손잡기, 후파chuppah[유대교 결혼식에 쓰이는 차양-옮긴이] 아래에서 유리를 밟아 깨트리는 것)도 관계의 조건을 바꿀 수 있다. 이 제스처는 본질적으로 서로가 공유하는 명백한 경험이다. 키스는 한쪽이 쉽게 무시하면서 없었던 일로 치부할 수 있는 게 아니다. 또한 우연히 일어나는 일도 아니다. 손을 잡는 것도 마찬가지다. 한 사람의 손이 그냥 다른 사람의 손안으로 미끄러져 들어가 거기 머물 수 있는 게 아니다. 사실상 해명성 설명의 여지는 없다. 더구나 그 낭만적인 제스처는 흔히 눈에 띄게 드러난다. 공공장소에서 애정 행각을 목격한 사람들은 바로 그렇다고 주장할 것이다. 이러한 애정 행각은 구경꾼들에게 관계를 분명하게 드러내는 좋은 방법이다.

마찬가지로 고개를 숙이거나 무릎을 굽히는 인사는 하고 나서 부인하기 어렵고, 그 자리에 있는 사람은 누구나 쉽게 인지할 수 있다. 이는 누가 누구에게 순종하는지 널리 알리는 좋은 방법이다. 어르신, 사모님, 교수님, 의사 선생님, 대통령님 혹은 이름에 붙는 ~상(일본어)이나 ~지 ji(힌두어) 같은 경어와 경칭도 도움을 준다. 우리가 거기에 많은 주의를 기울이는 이유가 바로 그것인지도 모른다. 일부 언어에서는 '부vous'와 '투tu'처럼 격의 있거나 없는 대명사를 세심하게 적용함으로써 즉시 그리고 지속적으로 관계의 유형을 가리킨다. 일부 문화권에서는 어른들을 이모나 삼촌으로, 동갑을 형제·자매·사촌 혹은 그냥 약칭으로 부르는 방식이 같은 역할을 한다.

공들인 공개 의식은 흔히 비슷한 기능을 한다. 다만 그런 의식은 더 많은 플레이어 사이의 조정과 관련되는 경향이 있다. 지금까지 우리는 다수의 플레이어가 참가하는 게임을 명확히 모형화하지 않았다. 그러나 이 게임에도 같은 통찰을 적용할 수 있다. 즉, 신호가 고도로 관찰 가능하고, 공개적이며, 부인할 수 없어야 대규모 조정이 가능하다.

의식화한 공개 행사가 그러한 일을 한다. 예를 들면 대관식은 모두가 같은 사람을 군주로 대우하고, 군주의 명령을 따르며, 복종하지 않는 사람을 처벌할 것임을 분명히 한다. 대관식 같은 행사는 대개 대중에게 공개한다. 실제로 최대한 많은 관중이 참가하게 하려는 노력을 기울인다. 또한 이러한 행사는 쉽게 인지할 수 있는 제스처(가령 기름 붓기)나 오랜 세월 신성시한 물건(가령 운명의 돌Stone of Scone[스코틀랜드 국왕의 대관식에 쓰던 석판-옮긴이])을 많이 쓴다. 행사를 부인할 수 없는 것으로 만들고 왕좌에 오른 사람이 이론의 여지 없는 군주임을 확인하게 하는 데 도움을 주기 때문이다.

대부분 규모가 더 작기는 하지만 결혼식도(발리우드 영화의 결혼식은 빼고) 크게 다르지 않다. 결혼식은 대관식처럼 과장되고 부인할 수 없는 의식적 요소를 지닌다. 모두가 그 요소를 쉽게 보고(행진, 후파 아래 서기) 들을(혼인 서약, 성혼 선언) 수 있다. 공동체 구성원이 많이 참석하는 것도 비슷하다. 물론 결혼식은 모두가 같은 리더에게 복종할 것임을 확인하기 위한 행사가 아니다. 그보다는 더 이상 잠재적 연인일 수 없는 대상이 되었다는 사실 그리고 일부 사회에서는 서로 부양과 복종의 의무, 집안 사이의 결합을 확인하기 위한 행사다. 사과의 경우처럼 결혼도 공표한 말에서 진정성을 느낄 수 없어도 이런 일을 할 수 있다(죽는 날까지 같이 산다고? 요즘처럼 이혼율이 높은 시대에? 더구나 이번이 세 번째 결혼 아닌가?).

대관식과 결혼식, 그 밖에 다른 많은 의식화한 행사에서는 값비싼 신호 보내기 요소가 작용한다. 공동체에 속한 모든 사람을 초청했다면 그 자리를 이용해 얼마나 많은 지지자가 있는지, 얼마나 많은 돈을 낭비할 수 있는지 과시하는 편이 낫다. 다만 이는 별개의 현상이다. 이 현상은 꽃과 새우를 산더미처럼 쌓아두는 이유를 설명한다. 그러나 혼인 서약이나 다른 고도로 의식화한 요소를 설명하지는 못한다. 애초에 모든 사람을 같은 장소에 모은 것은 조정 행위에 영향을 미쳐야 할 필요성이다. 새우는 그냥 덤일 뿐이다.

작위-부작위 구분

이제 우리의 모형이 어떻게 도덕성과 이타성이 지닌 몇 가지 별난 속성을 이해하는 데 도움을 주는지 살펴보자. 먼저 작위-부작위 구분부터 시작하자. 스트루마호 이야기를 다시 떠올려보라. 이 대목의 수수께끼는 우리가 의도적으로 잘못을 저질렀는지(유대인 수백 명이 죽게 함)뿐 아니라 그것이 행위(독가스로 질식시킴)로 한 것인지 아니면 무행위(바다로 끌려가기 전에 배에서 내리는 것을 허용하지 않음)로 한 것인지도 신경 쓴다는 것이다. 왜 그럴까?[11]

작위-부작위 구분을 제거한다고 상상해보라. 그러려면 의도적 부작위에는 대응하되(러시아가 격침할 걸 알면서도 유대인이 배에서 내리는 것을 허용하지 않은 영국인과 튀르키예인을 처벌함) 비의도적 무행위에는 대응하지 말아야 한다(배가 격침되었지만 누구도 사태를 방지할 능력이 없을 때 처벌하지 않음). 따라서 의도적 부작위를 처벌하기 위해서는 의도를 조건으로 삼을 수 있어야 한다.

여기에 문제점이 있다. 의도는 대개 관찰하기 어렵고 절대 제대로 공개되지 않으며 거의 언제나 부인할 수 있다.

의도를 관찰하려면 올바른 정보가 있어야 한다. 누가 배를 바다로 끌고 나간다는 결정을 내렸는가? 그들은 미식별 선박이 러시아 잠수함의 표적이 될 가능성이 크다는 사실을 알았는가? 이러한 정보는 흔히 1급 기밀 회의, KGB 기록, 남편의 말을 엿들은 군인 아내들 사이의 속삭임 등 은밀한 경로로만 드러난다. 또한 우리는 공유하기 어렵고, 관찰하기 어려우며, 다소 부인 가능한 사적 정보의 도움을 받아 영국과 튀르키예의 의도를 짐작해야 한다. 즉, 우리는 경험을 통해 정보 제공자를 얼마나 신뢰할 수 있는지 알지도 모른다. 정보 제공자가 배가 위험할 수 있음을 인정하는 영국 장교들 사이의 논의를 언급할 가능성도 있다. 말하자면 이런 식이다.

마구 질주하는 트롤리 문제도 마찬가지다. 우리는 누군가가 부작위로 레버를 당기지 않는 모습을 보았을 때, 그가 그러지 않는 쪽을 적극 선택했음을 우연히 알 수 있다. 어쩌면 우리는 그가 망설이고, 이리저리 눈길을 돌리고, 고민하다 다시 의자에 앉았다는 사실을 알지도 모른다. 그럼 다른 사람들도 그가 적극적으로 트롤리를 그냥 놔두는 선택을 했다고 확신할까? 혹시 그냥 한눈을 판 게 아닐까? 레버를 당기려고 했는데 제시간에 하지 못한 게 아닐까?

반면 행위는 적어도 의도에 비해 관찰 가능하고, 쉽게 공개되며, 사실상 부인할 수 없다. 영국과 튀르키예는 나치가 그랬던 것처럼 유대인을 처형할 수도 있었다. 비밀리에 그런 일을 벌일 수 있었다. 만약 그랬다면 결국 그 사실이 드러났을 것이다. 아우슈비츠 수용소 사진이 외부로 유출되고 우크라이나의 집단 매장지를 발견했을 때처럼 말이다.

이들 정보는 폭넓게 접근 가능해질 수 있으며 이윽고 공개적 신호로 바뀐다. 더구나 해석과 관련된 까다로운 문제도 없다. 단지 누가 방아쇠를 당겼는지, 누가 명령을 내렸는지 파악하는 문제만 남는다. 누가 무엇을 알았는지, 무엇이 동기를 부여했는지에 대한 진정한 의문은 없다. 트롤리 실험의 레버도 마찬가지다. 레버를 당겼다면 당긴 것뿐이다. 그 장면이 카메라에 찍혔다면 공개될 수 있다. 누군가가 운행 기록을 보고 근무 시작 때 궤도를 어떻게 설정했는지 확인할 수도 있다. 마침 트롤리가 궤도를 질주하는 순간에 우연히 레버를 당길 일은 없다. 그런 이유로 우리는 의도와 달리 행위를 조건으로 삼을 수 있다. 즉, 작위를 처벌할 수 있다.

이 분석은 현실에서 이뤄지는 것으로 보이는 두어 가지 예측으로 이어진다. 첫 번째 예측은 이것이다. 의도를 조건으로 삼을 수 없다면 이는 의도한 부작위를 처벌할 수 없을 뿐 아니라 의도하지 않은 작위를 처벌해야 함을 뜻한다. 도니 브래스코와 소니 나폴리타노의 실제 이야기는 이 예측을 암울하게 확증한다. 브래스코는 FBI 비밀요원으로 소니 나폴리타노나 그의 부하들과 친분을 쌓아 뉴욕 범죄집단에 잠입한다. 브래스코의 정체가 탄로 난 뒤 범죄집단 두목은 나폴리타노의 손을 자르고 죽이도록 명령한다. 나폴리타노가 충성스러운 조직원이었고 명백히 FBI 요원과 친구가 되려는 의도가 없었는데도 말이다![12] 나폴리타노에게는 안타까운 일이었다. 그의 의도는 명확했으나 여전히 사적이었고 부인할 수 없었다.

두 번째 예측은 조정의 역할이 덜할 때 의도를 고려한다는 것이다. 이 예측의 증거를 살피기 전에 조정이 우리의 일부 사례에서 맡는 역할을 간략히 이야기하고 넘어가자. 조정은 인권을 보호하는 일(또는 스트루마호의 경우처럼 보호하지 못하는 일)과 관련해 일정한 역할을 한다. 인권을 일방적으로 강제할 수 있는 단일 기구가 없기 때문이다. 대신 인권은 국제적 제재나 전쟁, 공적 분노로 강제해야 한다. 이를 위해서는 강대국들이나 거리로 나선 사람들 사이의 조정이 필요하다. 헤이그에 있는 유엔 국제사법재판소는 이러한 문제를 해결하기 위해 창설되었다. 그러나 당사국이 자발적으로 따르지 않는 한 그 판결을 강제할 방법이 없다. 소니 나폴리타노의 경우 그의 두목은 자신의 수칙을 강제하기 위해 미국 정부에 의지할 수 없었다. 그들은 조직 내부의 사람들을 통해 비공식적이고 조정된 강제에 의존했다. 그리고 트롤리 문제에서 활용하는 심리는 우리의 규범 강제 모형처럼 사회가 강제하는 도덕적 직관에서 나온다.

이제 조정이 역할을 덜 하는 경우를 검토해보자. 가령 어떤 여성이 친구를 돕지 않는 모습을 목격한다고 상상해보라. 친구는 그녀에게 새 아파트로 이사하는 것을 도와달라는 문자메시지를 보냈다. 그녀는 너무 늦어서 의미가 없을 때까지 답신을 보내지 않았다. 그러고도 제때 문자를 못 봤지만 기꺼이 돕고 싶은척한다("정말 미안해. 아직 도와줄 일 있어?"). 이럴 때 당신은 공개적으로 나서서 그 일을 말할 것인가? 그럴 수도 있겠지만 아마 그러지 않을 것이다. 그녀에게 그럴듯한 부인 가능성이 있고 공개적으로 나서는 것은 일종의 처벌이니 말이다.

아무튼 어느 쪽이든 당신은 그녀가 그리 좋은 친구는 아니라고 생각할 확률이 높다. 나아가 나중에 당신에게 도움이 필요할 때 그녀가 와줄 거라는 신뢰감이 약간 떨어진다. 그 이유는 누구를 신뢰할지 결정하는 것은 사실 조정과 관련이 없기 때문이다. 신뢰는 혼자서도 할 수 있는 개인적 평가에 따른다. 이런 개인적 평가(그리고 나중에 그 친구에게 의지할지처럼 신뢰에 기반한 결정)에서는 의도가 관찰 가능하지 않거나, 공개하지 않거나, 부인할 수 있어도 문제가 되지 않는다. 중요한 것은 당신이 아는 정보다. 당신에게 의도에 대한 양호한 정보가 있다면 그것을 활용할 수 있다.

우리가 혈연을 대하는 방식은 조율이 역할을 덜 하는 또 다른 사례다. 지난 장에서 논의한 대로 혈연에 대한 우리의 애정은 혈연 선택에 이끌린다. 우리가 혈연을 아끼도록 진화한 이유는 그들과 아주 많은 유전자를 공유하기 때문이다. 이 경우 고차적 신념과 조율은 중요치 않다. 중요한 것은 타인이 어떻게 생각하는지, 우리가 그들과 같은 방식으로 행동하는지가 아니라 우리 아이나 사촌이 배가 고픈지 혹은 도움이 필요한지다. 혈연이 작위나 부작위로 우리의 도움을 얻지 못하는지는 무의미하다. 지난 장에서 확인한 대로 모르는 사람을 향한 이타심과 혈연을 향한 이타심 비교는 특히 시사적이다.

로버트 커즈번, 피터 드치올리, 대니얼 파인은 실제로 트롤리 문제를 활용해 이를 실험했다. 그들은 사람들이 대개 모르는 사람 다섯 명을 구하기 위해 무거운 백팩을 멘 사람을 트롤리 앞으로 밀지 않을 거라고 말하지만, 형제 다섯 명을 구하기 위해서는 무거운 백팩을 멘 형제 한 명을 밀 것이라고 말한다는 것을 보여주었다. 형제가 관련된 경우 해를 가하는 작위가 요구된다는 점은 문제가 되지 않는다. 재난에서 살아남을 형제의 수가 중요할 뿐이다.[13]

마찬가지로 우리는 단일 당국이 일방적으로 법을 강제할 수 있는 상황에서도 작위-부작위 구분이 사라질 것이라고 예상한다. 스트루마호 사건 같은 참사를 막는 일을 하는 국제기구와 달리 한 국가의 관계 당국은 피해의 양에 초점을 두고, (살인과 과실치사를 구분할 때처럼) 의도를 고려하며, 피해가 작위에 따른 것인지 아니면 부작위에 따른 것인지 무시할 수 있다.

—

우리는 간접 의사소통으로 넘어가기 전에 우리의 분석 방식을 활용해 보너스 퍼즐 몇 개를 풀 것이다. 이 퍼즐은 작위-부작위 구분과 성격이 비슷하다.

요청 회피. 매년 겨울 연말연시가 다가오면 인파가 몰리는 상점 밖에서 구세군 자원봉사자들을 볼 수 있다. 그들은 빨간 산타 모자를 쓰고 빨간 냄비에 모금하면서 종을 울려 행인들의 주의를 끈다. 한 영리한 실험에서 행동경제학자 세 명은 구세군 자원봉사자들과 함께 모금액을 늘리기 위한 전략을 시험했다.[14] 연구팀은 "구세군에 잔돈을 좀 기부해주시겠습니까?"라고 명시적으로 요청하면 모금액이 늘어날지 궁금했다. 그들은 때론 요청하고 또 때론 요청하지 않도록 자원봉사자들을 교육한 다음 무작위로 설정한 일정을 따르게 했다. 이 방식은 명시적 요청의 효과를 파악하게 해주었다.

당신은 "구세군에 잔돈을 좀 기부해주시겠습니까?"라고 요청하는 건 무의미하다고 생각할지 모른다. 이 요청은 유명한 단체인 구세군에 대한 새로운 정보를 담고 있지 않다. 그런데 자원봉사자들이 명시적 요청을 했을 때 더 많은 행인이 기부했고 그만큼 냄비는 빨리 찼다. 이는 유망한 전략처럼 보였다. 그러나 연구팀은 성공을 자축하기 전에 한 가지 문제를 발견했다. 바로 사람들이 매장 옆문으로 드나들면서 정문에 서 있는 자원봉사자들을 피한다는 것이었다. 옆문은 원래 재활용 쓰레기를 버리러 갈 때 쓰는 작은 보조문이었다. 그렇다고 사람들을 재단하지 마시라! 거리를 걷다가 걸인에게 돈을 주지 않으려고 휴대전화를 꺼내 바쁜척한 적 있다면 당신도 요청을 회피한 죄를 저지른 셈이다.

제이슨 데이나, 데일리안 케인, 로빈 도스는 영리한 실험 패러다임을 개발했다. 이 패러다임을 활용하면 다른 경우에는 베풀었을 사람들이 요청을 얼른 회피한다는 사실을 분명히 증명할 수 있다.[15] 그들의 실험에서 참가자들은 단순한 독재자 게임을 한다. 기억하겠지만 이 게임은 한 참가자에게 몇 달러를 주고 다른 참가자에게 얼마를 줄지 묻는 것이다.

데이나와 케인은 실험에서 반전이 있는 독재자 게임을 진행했다. 그들은 참가자들에게 1달러를 내면 그런 게임을 진행했다는 사실을 상대가 모르게 하는 선택지를 제공했다. 그 결과 상당수 참가자(약 3분의 1)가 이 제안을 받아들였다. 그중 다수는 상대에게 의미 있는 비중의 돈을 나눠주는 데 이미 동의한 사람들이었다. 왜 우리는 요청받으면 베풀지만 요청 자체를 회피하려 애쓰는 걸까?

전략적 무지. 전 세계 의료계 종사자가 HIV와 싸우면서 직면하는 한 가지 문제점은 사람들이 HIV 같은 성병을 충분히 자주 검사하지 않는다는 것이다. 이 문제는 잦은 검사가 많은 도움을 줄 고위험군에 속하는 사람들 사이에서 특히 심하다. 때로 그들은 전략적 무지 상태를 유지하고 싶어 하는 것으로 보인다. 결국 HIV에 감염되면 삶의 방식을 바꿀 수밖에 없음을 알기 때문이다. 왜 그들은 HIV에 감염되었는지 확인하려는 욕구를 느끼지 않을까?

앞서 말한 연구자 중 하나인 제이슨 데이나는 또 다른 훌륭한 실험을 진행했다. 로베르토 웨버와 제이슨 쾅이 함께한 이 실험은 실험실에서 드러나는 전략적 무지 양상을 보여주었다.[16] 그들은 참가자들에게 돈을 보여주고 두 가지 선택지 중 하나를 선택하도록 요청했다. 선택지 A는 다른 참가자와 균등하게 5달러씩 나눠 갖는 것이었다. 선택지 B는 자신은 좀 더 많이 갖고(5달러가 아닌 6달러) 다른 참가자의 몫은 1달러 줄이는 것이었다.

그 결과 참가자 중 4분의 3은 이기적이지 않은 선택지를 골라 돈을 균등하게 나눴다. 다른 처치를 적용한 참가자의 경우 자기이익을 추구하는 선택지가 반사회적이기도 하다는 것을 알 수 없게 만든 점을 제외하고 모든 것이 동일했다. 그 방법은 다른 참가자가 받을 금액을 알려주지 않는 것이었다. 이때 참가자들은 선택하기 전에 (아무 비용 없이!) 다른 참가자가 얼마를 받는지 알 수 있었다. 절반의 참가자는 굳이 알려고 하지 않았다. 그들은 그냥 자신이 돈을 더 많이 받는 선택지를 골랐다.

이 참가자들은 HIV 고위험군이지만 검사를 받지 않는 사람들과 같은 방식으로 행동했다. 그들은 알면서도 반사회적 행위를 하면 안 된다고 생각하는 동시에 실상을 알지 않는 쪽을 선택했다.

수단-부산물 구분. 이스라엘이 가자지구를 장악한 이슬람 단체인 하마스를 상대로 제기하는 주요 불만이 있다. 바로 군사 자산을 보호하려고 인간 방패를 이용한다는 것이다. 이스라엘 주장에 따르면 하마스는 군용 보급창고를 인구가 밀집된 주거지역에 숨기고 해당 지역에서 공격을 가한다. 그리고 이스라엘이 주민에게 보복 공격이 있을 것이라고 경고하면 무시하라고 부추긴다. 실제로 하마스는 이스라엘이 고발한 내용 중 다수를 인정한다. 이는 대다수 관점에서 하마스를 상당히 악랄하게 보도록 만든다. 실제로 인간 방패를 활용하는 것은 1864년 체결된 제네바 협약을 위반하는 행위이며 유엔에서 전쟁 범죄로 간주한다. 굉장히 나쁜 짓이다.

동시에 이스라엘은(전쟁을 벌이는 모든 나라도) 때로 민간인 사상자가 상당수 발생할 것임을 알면서 표적 공격을 감행한다. 이는 나쁜 짓이다. 하지만 대다수는 인간 방패를 활용하는 것보다 덜 나쁘다고 생각한다. 이것은 제네바 협약 위반도 아니며 전쟁 범죄도 아니다.

이상한 것은 두 경우 모두 알면서 민간인에게 피해를 준다는 점이다. 유일한 차이점은 하나는 목적(공격 방지)을 달성하기 위한 수단으로 피해가 발생하고, 다른 하나는 부산물로(민간인은 명시적 표적이 아니지만 그들의 존재는 공격을 방지할 만큼 중요치 않다) 피해가 발생한다는 것이다.

왜 우리는 알면서 피해를 주는 일이 수단인지 부산물인지 구분할까? 왜 알면서 피해를 본 양에만 주의를 기울이지 않을까?

수단과 부산물 구분은 철학과 경전 해석에도 나타난다. 토마스 아퀴나스는 13세기 기독교도 철학자로 모든 인문대학에서 그의 철학을 가르친다. 예를 들어 그는 자신을 방어하다 (부산물로) 사람을 죽이는 것은 용납할 수 있지만, 자기 생명을 구하는 수단으로 사람을 죽이는 것은 용납할 수 없다고 주장했다. 마찬가지로 아퀴나스보다 800여 년 전에 나온 《탈무드》는 "두 유대인이 사막에 고립되었을 때 한 명을 살릴 수 있는 물밖에 없고 현재 한 명이 물병을 들고 있는 경우, 랍비 아키바Akiva의 의견은 '물병을 든 사람'이 물을 마시고 친구에게 물을 주지 말아야 한다는 것이다. '자기 생명이 우선이기' 때문이다."[17] 반면 물병을 가지려고 다른 사람을 죽이는 건 허용하지 않는다. 물을 마심으로써 그 부산물로 사람을 죽이는 것? 괜찮다. 물을 마시기 위한 수단으로 사람을 죽이는 것? 안 된다.

이 별난 도덕적 속성을 명확히 보여주는 트롤리 실험도 있다. 마크 하우저, 파이어리 쿠시먼, 리안 영, R. 캉-싱 진, 존 미하일은 트롤리 실험을 약간 변형한 실험을 진행했다. 이 실험은 통제할 수 없는 트롤리가 다섯 명을 치는 걸 행인이 막을 수 있게 설정되었다. 그 방법은 트롤리를 측면 궤도로 보내는 것이다. 그러면 트롤리는 다섯 명이 누워 있는 주 궤도로 돌아오기 전에 방벽에 부딪혀 멈춘다. 첫 번째 처치의 경우 방벽 앞에 한 사람이 서 있다. 그는 부산물로 비극적인 죽음을 맞을 운명이다. 두 번째 처치의 경우 사람이 방벽 역할을 한다. 즉, 이제는 수단으로 죽음을 맞는다. 실험 결과 두 번째 처치보다 첫 번째 처치에서 궤도를 바꾸는 걸 용인할 수 있다고 생각한 사람이 30% 더 많았다.[18]

두 경우 모두 같은 결과를 동일하게 예측할 수 있지만 사람들은 여전히 도덕적으로 다르다고 느낀다. 왜 그럴까?

■

이 별난 도덕적 속성에 대한 우리의 설명은 장애인 공모자를 동원한 고전적인 1970년대 실험이 제시한 설명과 비슷하다. 상기하자면 이 실험에서 "다른 TV에 나오는 영화가 더 좋아요"라는 악의 없는 설명은 실제로 그럴 가능성이 얼마나 낮은지와 무관하게, 다른 경우에는 처벌받을 결정의 방어막 역할을 한다. 우리가 파악한 그 이유는 다른 영화를 보여주는 처치에서는 편견에 따른 행위를 부인할 수 있다는 것이었다. 즉, 당신은 다른 영화를 선택한 사람들에게 편견이 있다고 꽤 확신할 수 있다. 그러나 얼마나 확신하는지는 온갖 세부 요소와 사전 확률이 좌우한다. 가령 당신이 두 영화가 얼마나 다르다고 인식하는지, 당신이 한 영화를 다른 영화보다 얼마나 더 좋아하는지 등을 따져야 한다. 당신의 신념은 매우 극단적이다. 그래서 당신은 다른 사람은 당신만큼 확신하지 않는다고 예상한다 (부인 가능성이 있다). 이 세부 요소와 사전 확률은 확보하기 어렵고(낮은 관찰 가능성) 공유할 수 없거나 그러기가 어렵다.

다른 별난 도덕적 속성에 대한 우리의 설명도 크게 다르지 않다. 구세군 자원봉사자들과 멀리 떨어진 문으로 드나드는 것이나 성병 검사를 하지 않는 것, 하필 민간인도 안에 있는 건물을 폭격하는 것에서 악의 없는 설명을 배제하려면 어떤 유형의 정보가 필요할지 생각해보라. 그다음 구세군 자원봉사자들의 명시적 요청을 거절하는 것이나 HIV 양성 판정을 받은 뒤 안전하지 않은 성행위를 하는 것,

건물이 폭격당할 것임을 알면서 민간인들을 강제로 들어가게 하는 것에서 악의 없는 설명을 배제하는 데 필요한 정보를 생각해보라. 어느 경우에 악의 없는 설명을 배제하는 데 필요한 정보가 관찰 가능하고, 쉽게 공유 가능하며, 부인할 수 없는가?

간접 의사소통

공유 정보의 속성을 적용할 마지막 대상은 간접 의사소통이다. 왜 우리는 암시와 중개자를 활용하고 굉장히 자주 정중하게 말하거나 돌려까기를 할까? 이를 설명하기 위해 우리는 조정 행위에서는 고차적 신념이 중요한 반면, 다른 상황에서는 사람들이 아는 것(단순한 1차 신념)이 중요하다는 사실을 활용한다. 후자의 경우 행동에 영향을 미치고 싶지만 전자의 경우에는 행동을 바꿀 위험을 감수하고 싶지 않다면 어떻게 해야 할까? 그럴듯한 부인 가능성이나 고차적 불확실성처럼 우리가 모형화한 핵심 속성 중 하나를 활용하는 신호를 보내야 한다. 그러면 고차적 신념에 영향을 미치지 않고 1차 신념을 바꿀 수 있다. 즉, 두 마리 토끼를 다 잡을 수 있다.

누군가에게 "거기 그레이비 좀 주시면 고맙겠습니다"나 "올라가서 한 잔 할래요?" 또는 "혹시 이 문제를 여기서 해결하기 위해 우리가 할 수 있는 일이 있나요?"라고 물을 때 우리에게는 대개 '뭔가'를 알리려는 동기가 있다. 우리가 그레이비나 연인관계를 원하고 뇌물을 주려 한다는 사실을 상대가 알면 그레이비를 건네주거나, 집으로 올라가거나, 뇌물을 받을 가능성이 훨씬 커진다. 우리는 중개자를 두고 인질 협상을 하는 경우와 비슷하게 돈과 인질을 교환할 용의가 있음을 인질범이 알기를 원한다. 이들 사례에는 우리가 조정 요소가 없는 행동에 영향을 미치려는 목적으로 전달하려 하는 정보가 있다.

동시에 위험도 있다. 우리는 할머니가 그레이비를 건네주기를 바란다. 그러나 우리가 할머니를 마음대로 할 수 있다고 생각하는 줄로 오해하기를 원치 않는다. 우리는 알렉스가 연애에 관심이 있다면 집으로 올라오기를 바란다. 그와 동시에 알렉스가 거절하면 체면을 지키고 싶어 한다. 그래야 친구나 동료로서 알렉스와 계속 어울릴 수 있기 때문이다. 마치 다른 관계를 제의한 적 없는 것처럼 말이다. 올라오라는 요청이 부적절한 경우 사회적 제재를 피할 수도 있다. 우리는 경찰이 그럴 용의가 있다면 뇌물을 받기를 바란다. 그렇지만 혹시라도 누가 대화를 엿듣거나 경찰이 강직한 경우 제재당할 가능성을 최소화하고 싶어 한다. 우리는 인질을 데려오고 싶어 한다. 하지만 향후 불량국가나 테러범을 상대로 더 이상 '협상은 없다'는 강경한 태도를 취할 수 없어서 새로운 균형 상태를 설정해야 하는 일은 피하고 싶어 한다.

간접 발화는 발화자의 이중 필요를 충족한다. 정보는 전달하고 고차적 신념은 차단하기 때문이다. 존은 경찰에게 뇌물을 주려 한 것일까? 경찰은 그 답을 알지 모른다. 존의 지갑에서 삐져나온 지폐를 보았으니 말이다. 하지만 현장에 있는 다른 경찰도 그 지폐를 볼 수 있었는가?(관찰 가능한가) 그 경찰이 해당 장면을 카메라로 찍을 수 있었는가?(공유하거나 공유 가능한가) 존이 의도적으로 꺼냈다고 경찰이 **확신**할 수 있을 만큼 지폐가 많이 삐져나왔는가?(부인 불가능한가) 집으로 올라가 한 잔 하자는 초대는 어떨까? 알렉스는 친구가 연애를 요청한 것으로 확신할까? 자신에게도 그럴 생각이 있다면 그에 따라 반응할까? 상대가 바라는 게 연인인 줄 어떻게 알 수 있을까? 몸짓이나 앞서 나눈 대화에 담긴 힌트 혹은 말투로 알 수 있을까? 이 모든 단서는 관찰하기 어렵고, 잘 보이는 곳에서 모두가 같이 볼 수 없고, 제3자에게 전달하기 어려우며, 부인 가능성이 크다. 알렉스가 친구의 제의를 받아들일지 결정하기에 충분한 동시에 받아들이지 않아도 관계의 성격을 바꾸거나 자신을 곤란하게 만들 정도는 아니다.

이것이 요점이다. 우리는 간접 발화로 고차적 신념을 결부하는 일 없이 1차 신념에 영향을 미칠 수 있다. 따라서 조정을 수반하지 않을 때 조정 행위에 영향을 미칠 위험 없이 상대의 행동에 영향을 미칠 수 있다. 즉, 간접 발화는 우리가 두 마리 토끼를 잡을 수 있게 해준다.

지금까지 조정 행위를 촉진하거나 방지하는 일에서 고차적 신념의 역할을 설명할 수 있는 몇 가지 응용 사례를 살폈다. 또한 고차적 신념에 영향을 미치고 조정 시 신호를 활용할 수 있는 능력에 영향을 미치는 신호의 몇 가지 측면도 살펴보았다. 이제 우리의 메시지가 명확해졌기를 바란다. 조정이 일정 역할을 할 때는 고차적 신념이 중요하다.

다음으로 살필 문제는 우리의 정의감이 어디서 기인하며 왜 매우 이상한지와 관련된 것이다. 그 답은 부분게임 완전성에 있다.

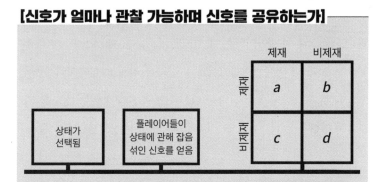

[신호가 얼마나 관찰 가능하며 신호를 공유하는가]

구도:

- 먼저 세계의 상태가 선택된다. 상태는 μ 확률로 1이며 다른 경우에는 0이다. 상태는 위반했는지를 드러낼 수 있으며 1이 그런 경우를 나타낸다.

- 그다음으로 각 플레이어는 상태에 관한 잡음 섞인 신호를 얻는다. 그 특성은 다음과 같다.

  긍정 오류는 없다: 상태가 0이면 플레이어는 확실하게 0이라는 신호를 받는다.

  부정 오류: 상태가 1일 때 신호는 1-ε 확률로 1과 동일하다. ε은 부정 오류의 확률을 나타낸다.

  플레이어들이 얻는 신호는 상관성을 지닐 수 있다. 이 상관성은 ρ로 표시한다. ρ=0은 신호를 독립적으로 생성한다는 뜻이다. ρ=1은 신호가 항상 동일하다는 뜻이다(ρ를 엄밀히 정의하자면 $\rho=(r(1-\varepsilon)-(1-\varepsilon)^2)/(1-\varepsilon-(1-\varepsilon)^2)$이다. 여기서 r은 다른 플레이어가 1이라는 신호를 얻은 상황에서 플레이어 1이 1이라는 신호를 획득할 확률이다. 이는 조건적 상관성의 표준 정의를 따른 것이다).

- 끝으로 플레이어들은 조정 게임을 한다. 매개변수 $p=(d-b)/(a-c+d-b)$는 플레이어가 A 전략을 따르고 싶어지기 전에 다른 플레이어가 A 전략을 따른다고 확신해야 하는 정도를 가리킨다.

주요 전략 프로필:

- '조건부 제재': 플레이어는 1을 볼 때, 오직 그때만 A 전략을 따른다.

균형 조건:

- $1-\varepsilon(1-\rho)\geq p$.
- $(\mu\varepsilon(1-\varepsilon))/(\mu\varepsilon+(1-\mu))\leq p$. 이 조건은 위반이 이뤄질 확률 μ가 비교적 작은 한 구속력을 지니지 않을 것이다.

해석:

- 신호가 관찰 가능하거나(낮은 ε) 신호를 공유한다면(더 높은 ρ) 신호를 토대로 조정이 가능하다.

[그럴듯한 부인 가능성]

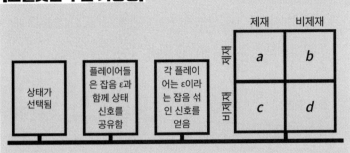

구도:

• 먼저 상태가 선택된다. 상태는 μ 확률로 1이며 다른 경우 0이다.

• 플레이어들은 상태 신호를 얻는다. 이번에도 역시 신호는 0 또 는 1이다. 플레이어들은 긍정 오류 확률의 신호도 얻는다.

상태 신호는 완전히 공유한다.

상태 신호에는 부정 오류가 없다: 상태가 1이면 플레이어들은 확실하게 신호 1을 받는다.

상태 신호는 ε 확률로 긍정 오류를 지닌다. 상태가 0이면 신호 는 ε 확률로 1과 동일하다.

플레이어들은 ε을 직접 관찰하지 않는다. 대신 ε이 알려진 분포 f에 따라 분포한다는 사실을 안다. 또 그들은 각자 ε에 대한 신 호인 $ε_i$를 관찰한다. $ε_i$는 ε에 좌우될 수 있는 분포 $g_ε$에 따라 분 포한다.

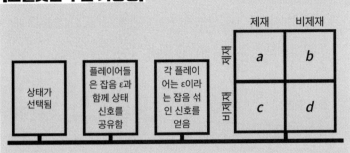

주요 전략 프로필:

- 플레이어들은 1을 받고 일부 $\hat{\varepsilon}$에 관해 $\varepsilon_i > \hat{\varepsilon}$를 관찰할 때, 오직 그때만 A 전략을 따른다.

균형 조건:

- 분포 f와 g가 '평균 회귀'를 보여주는 경우, $\hat{\varepsilon}$은 ε의 평균에 가까워야 한다. 그 정확한 지점은 p와 평균 회귀의 강도가 결정한다.

해석:

- 규범 위반이 있었다는 플레이어들의 '강한 확신'이 있어야 제재하는 것은 일반적으로 가능하지 않다.
- 그러나 플레이어들은 규범이 위반되었다고 절대적으로 확신하거나 긍정 오류 확률에 관한 사적 정보가 없을 때, 즉 $\varepsilon = 0$이거나 ε_i를 공유할 때는 제재할 수 있다. ε과 ε_i가 이산적이면 플레이어들이 신호를 조건으로 삼기가 더 수월하다.

[고차적 불확실성]

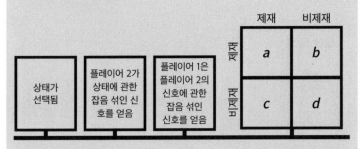

첫 번째 사례: 고차적 신호 없음

구도:

- 먼저 상태가 선택된다. 상태는 μ 확률로 1이며 다른 경우 0이다.

- 플레이어 1은 상태를 안다.

- 플레이어 2는 앞선 모형에서와 마찬가지로 상태 신호를 얻는다. 즉,

  긍정 오류는 없다: 상태가 0이면 플레이어 2는 확실하게 신호 0을 받는다.

  부정 오류는 있다: 상태가 1일 때 신호는 $1-\varepsilon$ 확률로 1과 동일하며, ε은 부정 오류의 확률이다.

주요 전략 프로필:

- 플레이어 1은 상태가 1일 때, 오직 그때만 A 전략을 따른다. 즉, 위반을 알게 될 때마다 제재한다.

- 플레이어 2는 1이라는 신호를 받을 때, 오직 그때만 A 전략을

따른다.

균형 조건:

- $1-\varepsilon \geq p$.
- $1-(1-\mu)/[(1-\mu)+\mu\varepsilon] \leq p$. 이 조건은 위반이 이뤄질 확률 μ가 비교적 작은 한 구속력이 없을 것이다.

두 번째 사례: 고차적 신호 더함

구도:

- 모든 것은 이전과 같다. 다음만 제외하고.
- 플레이어 1은 유사한 속성을 지닌 플레이어 2 신호에 대한 신호도 얻는다. 즉,
  긍정 오류는 없다: 플레이어 2가 0을 얻을 때마다 플레이어 1도 그렇다.
  부정 오류는 있다: 플레이어 2가 1이라는 신호를 얻을 때마다 플레이어 1은 $1-\delta$ 확률로 1이라는 신호를, 다른 경우에는 0이라는 신호를 관찰한다.

주요 전략 프로필:

- 플레이어 1은 플레이어 2 신호의 신호가 1일 때, 오직 그때만 A 전략을 따른다. 즉, 다른 플레이어가 위반 사실을 알게 되었음을 알 때마다 제재한다.

- 플레이어 2는 1이라는 신호를 얻을 때, 오직 그때만 A 전략을 따른다.

균형 조건:

- $1-\delta \geq p$.
- $(1-\varepsilon)/(\varepsilon+(1-\varepsilon)\delta) \leq p$.

해석:

- 다른 플레이어의 신호에 대한 신호를 얻는 것은 해당 신호도 관찰 가능할 때만 도움을 준다.
- 이 신호는 플레이어들의 신호에 다소 잡음이 있을 때 가장 유용하다. 이 신호가 아주 정확하다면, 당신이 위반 사실을 알게 되었을 때 다른 플레이어도 알 것임을 확신할 수 있다. 따라서 당신이 위반을 관찰했는지를 직접적인 조건으로 삼을 수 있다.

14장

부분게임 완전성과 정의

　　6장에서 햇필드 가문과 맥코이 가문이 악명 높은 분쟁을 벌이기 직전의 시기를 간략하게 다뤘다. 때는 1878년이었다. 두 가문은 막 암퇘지와 그 새끼들을 둘러싼 언쟁을 끝냈다. 그로부터 10년 후 언쟁은 전면전이라 말할 수밖에 없는 분쟁으로 격화했다. 이 분쟁은 '학살'과 '전투'로 점철되었다. 분쟁이 끝났을 때 두 가문은 떼죽음을 당했다.[1]

　　분쟁 초기에 일어난 몇 가지 사건은 널리 알려져 있다. 그것은 학살과 전투로 이어질 것이라고 예상할 만한 수준이 전혀 아니었다. 암퇘지를 둘러싼 다툼이 벌어진 지 꼬박 2년이 지난 1880년, 맥코이 가문의 두 형제는 돼지를 둘러싼 소송에서 자신들에게 불리한 증언을 한 빌 스탠튼과 총싸움을 벌였다. 스탠튼은 사망했고 맥코이 형제는 잠깐 교도소에 갇혔다가 정당방위였다는 판결을 받고 석방되었다.

　　두어 달 뒤 두 가문 사이의 긴장이 이미 높은 상황에서 두 연인의 밀회가 또 다른 문제를 일으켰다. 존스 앤스 햇필드는 선거 행사에서 로잔나 맥코이를 만나 (도시의 거의 모든 소녀를 상대로 그랬던 것처럼)

구애에 성공했다. 로잔나는 맥코이 가문의 수장인 랜들 맥코이의 딸이었다. 그와 그의 형제들은 존스의 행동을 맥코이 가문을 향한 모욕으로 받아들였다. 햇필드 가문 사람을 포함해 지역의 모든 사람이 이 문제에 그들과 같은 입장인 듯했다. 맥코이 형제들은 줄곧 존스를 괴롭혔다. 심지어 죽일 생각으로 그를 납치하기도 했다. 존스의 아버지이자 햇필드 가문의 수장인 데빌 앤스 햇필드는 사람을 보내 그들을 저지했다. 데빌 앤스는 두 연인이 다시는 만나지 못하도록 했다. 다만 맥코이 형제들의 행동은 정당하다고 여겼고, 존스가 실제로 죽임을 당한 것은 아니라서 그들을 그냥 보내주었다.

그 단발적인 사건들은 어떻게 학살과 전투로 이어진 것일까? 상황이 격화하는 동안 양쪽이 뒤로 물러나 더 이상 유혈극이 벌어지지 않게 할 수 있었던 결정적인 순간이 여러 번 있었다. 하지만 그들은 전혀 물러서지 않았다.

1882년 결정적인 첫 번째 사건이 일어났다. 또 다른 선거 행사에서 데빌 앤스의 동생 엘리슨 햇필드가 맥코이 형제 중 한 명과 술에 취해 주먹다짐을 벌였다. 근처에는 맥코이 형제가 두 명 더 있었다. 그들도 싸움에 가담했고 주먹다짐은 칼싸움으로 번졌다. 결국 엘리슨은 죽임을 당했다. 맥코이 가문 형제들은 즉시 체포되었다. 데빌 앤스는 거기에 만족하지 않고 자기 손으로 그들을 처리하기 위해 나섰다. 그는 20명 정도를 모아 교도소로 가던 보안관들을 가로막고 맥코이 형제를 넘기라고 강요했다. 햇필드 패거리는 맥코이 형제를 며칠 동안 폐교에 가둬두었다. 그동안 데빌 앤스는 동생이 살아나는지 지켜보았다. 그러나 엘리슨 햇필드는 심한 자상 탓에 죽고 말았다. 데빌 앤스는 맥코이 형제를 포포나무pawpaw에 묶어놓고 가문 사람들에게 라이플을 난사하도록 지시했다.

데빌 앤스가 직접 정의를 구현한 것은 대체로 정당하다고 받아들여졌다. 특히 맥코이 형제들이 이전에 빌 스탠튼을 죽이고도 무사했기에 더욱 그랬다. 데빌 앤스와 그의 패거리는 그 일로 기소되었다. 그러나 경찰은 그들을 체포하려는 의지가 거의 없었다. 체포 임무를 맡은 켄터키주 보안관들이 그 일을 위해 웨스트버지니아주로 들어가는 것을 꺼린 점도 도움을 주었다. 데빌 앤스는 웨스트버지니아 주지사와 정치적 인맥을 쌓은 상태였다. 더욱이 상원의원 존 플로이드가 당선되도록 돕기도 했다. 전해오는 이야기에 따르면 지역 투표장에 무장 운동원들을 이끌고 나타나 유권자가 플로이드에게 투표하도록 설득한(?) 적도 있었다.

랜들 맥코이는 당연히 그 결과에 불만을 품었다. 처음에는 그냥 수긍하려 애쓰는 것처럼 보였다. 한동안 그는 아무런 움직임도 보이지 않았고 불안한 휴전이 이뤄졌다. 그러다가 1887년 상황이 암울하게 바뀌기 시작했다. 얘기가 조금씩 다르긴 하지만 대체로 햇필드 가문이 맥코이 가문을 습격하려다 실패한 이후 상황이 악화했다고 전해진다. 맥코이 가문 여성 두 명이 다른 사람들에게 미리 습격을 알린 것으로 의심받았다. 데빌 앤스의 아들 중 한 명인 캡 햇필드는 패거리를 이끌고 그들의 집으로 쳐들어갔다. 그는 소꼬리로 그들을 채찍질하면서 심하게 폭행해 죽여버렸다.

이 사건으로 랜들은 태도를 바꿔 판돈을 크게 올렸다. 그는 먼 친척이자 친구인 페리 클라인과 힘을 합쳤다. 켄터키주에서 강력한 정치적 인맥을 구축한 클라인은 데빌 앤스의 벌목장을 노린다는 소문이 있었다. 그는 켄터키 주지사를 설득해 햇필드를 재기소하게 만들었다. 이번에는 햇필드 가문 사람들을 체포해 켄터키주에서 재판받도록 만드는 대가로 거액의 현상금까지 걸었다. 짐작했겠지만 햇필드 가문 사람들은 자수할 생각이 없었다. 소식을 들은 데빌 앤스는 클라인에게 보내는 편지에 이렇게 썼다. "우리 주로 와서 햇필드 가문 사람들을 데려가거나 귀찮게 한다면 지옥까지 쫓아가 가죽을 벗겨버릴 것임을 알리는 바이오."

햇필드 가문은 거기서 멈추지 않았다. 이제는 그들이 판돈을 올릴 차례였다. 1888년 1월 1일 밤 그들은 맥코이의 통나무집을 포위하고 불을 지른 다음 총을 난사했다(확실히 해두자면 이는 '학살'에 해당한다). 랜들 맥코이는 살아남았으나 총격전 과정에서 아들과 딸을 한 명씩 잃었다. 심한 폭행을 당한 그의 아내는 평생 장애인으로 살았다. 맥코이의 다른 자녀들은 탈출했지만 추위에 미처 대비하지 못해 여러 명이 동상에 걸렸다.

그 지경에 이르러서야 랜들 맥코이는 마침내 발을 뺐다. 그는 살아남은 가족과 가까운 도시로 떠나 영원히 돌아오지 않았다. 그로부터 26년 후인 88세 때 그는 조리용 불에 데인 화상 때문에 죽었다(정말 운이 나쁜 사람이었다).

한편 햇필드 가문은 현상금 사냥꾼 그리고 사법당국과 전면전을 벌였다. 1888년에 벌어진 이 전쟁은 꽤 오랫동안 이어졌다. 켄터키 주지사와 웨스트버지니아 주지사까지 휘말릴 정도였다. 결국 8월에 여러 명의 햇필드 가문 사람이 지금은 그레이프바인 힐 전투로 알려진 총격전에서 패배한 후 체포되었다. 흥미롭게도 그들이 적절히 인도되지 않아 이 사건은 대법원까지 올라갔다. 결국 햇필드 가문의 여러 핵심 인물이 교도소에 갇히고, 또 다른 핵심 인물인 맥코이가 빠지면서 역사는 대부분 여기서 끝을 맺는다. 분쟁과 현상금 사냥은 10년이나 더 이어졌지만 말이다. 데빌 앤스는 한 번도 기소되지 않았다. 그는 81세까지 살았다.

그들은 왜 그랬을까? 데빌 앤스는 왜 굳이 맥코이 가문 아들들을 직접 처형했을까? 사법당국이 할 일을 하도록 그냥 놔둘 수도 있었다. 실제로 그의 동생 엘리슨은 자상으로 죽어가는 동안에도 그렇게 하자고 형에게 간청했다. 햇필드 가문은 왜 맥코이 가문 여성들을 폭행했을까? 물론 그들은 맥코이 가문이 어떤 형태로든 대응할 것이라고 예상했다. 랜들은 왜 그토록 가혹하게 대응했을까? 그는 햇필드 가문을 현상금 사냥꾼들의 표적으로 만들었다. 햇필드 가문이 자신이 무사하도록 그냥 놔두지 않을 것임은 쉽게 짐작할 수 있었다.

다른 한편으로 햇필드 가문은 왜 최소한 대응 수위를 낮추지 않았을까? 그들은 1월의 추운 밤에 맥코이 가문을 학살하러 갈 때, 그토록 잔혹한 짓을 저지르면 무사할 수 없을 것임을 분명히 알았다. 요컨대 왜 양측은 지나간 일을 덮지 않고 계속 사태를 격화시켰을까? 수많은 목숨을 살릴 수 있었을 텐데 말이다!

■

2021년 4월 13일 이스라엘 경찰이 예루살렘에 있는 알아크사 모스크에 강제로 진입했다. 그들은 기도 시간을 알리는 방송이 근처에서 진행하던 레우벤 리블린 대통령의 연설을 방해하지 않도록 첨탑 스피커의 전선을 끊어버렸다. 이 사건은 라마단 시작 하루 뒤 그리고 팔레스타인 가족 여섯 명을 동예루살렘의 셰이크 자라에서 퇴거시키기 위한 논쟁적 소송을 진행하던 시기에 일어났다. 이슬람교도는 이를 모욕으로 받아들여 알아크사와 셰이크 자라에서 일련의 소규모 시위를 벌였다.

대개 이런 시위는 시간이 지나면 잦아들고 상황은 정상으로 돌아간다. 그런데 이번에는 그러지 않았다. 대신 햇필드 가문과 맥코이 가문이 그랬던 것처럼 일련의 일로 사태가 격화했다. 결국 거의 10년 만에 최악의 충돌이 빚어졌다. 누가 언제, 먼저 사태 격화를 초래했는지 말하기는 어렵다. 다만 5월 7일 이스라엘이 일을 키우는 핵심 사태가 벌어졌다.

이스라엘은 알아크사 모스크 부지를 급습해 시위자들이 모아놓은 돌무더기를 압수했다. 3주 전 스피커 선을 끊은 게 모욕이었다면 섬광탄과 고무 탄환이 난무하는 급습은 무도한 행위였다. 사태를 격화한 두 번째 핵심 사건은 멀리 떨어진 가자에서 일어났다. 5월 10일 하마스는 힘에 밀린 시위자들의 편을 들어 최후통첩을 했다. 오후 6시까지 알아크사와 셰이크 자라에서 군경 철수가 이뤄지지

않으면 좌시하지 않겠다는 내용이었다.[2]

이스라엘은 무시했다. 기한이 지난 지 몇 분 만에 하마스는 약속을 이행했다. 그들은 이스라엘에 미사일을 퍼부었다. 이스라엘은 포격과 공습으로 맞섰다. 뒤이어 며칠 동안 가자에 있는 여러 아파트 단지는 초토화되었다. 거기에는 AP 통신과 또 다른 국제 통신사인 알자지라가 입주한 건물도 있었다. 하마스는 공격 강도를 높여 복수에 나섰다. 로켓 수백 개가 이스라엘 깊숙이 날아들었다. 마침내 양측은 5월 21일 새벽 2시부터 휴전하기로 합의했다. 그때까지 11일 동안 가자와 이스라엘을 향한 양측의 공격이 거의 끊임없이 이어졌다.[3]

우리는 햇필드 가문과 맥코이 가문의 분쟁에 그랬듯 이 경우에도 왜 양측이 지나간 일을 덮지 않고 사태 격화를 초래했는지 물을 수 있다. 이스라엘이 스피커 선을 끊지만 않았어도, 시위를 격화시키지만 않았어도, 이스라엘이 알아크사를 급습하지만 않았어도, 하마스가 최후통첩을 하고 로켓을 발사하지만 않았어도…, 200여 명이 죽는 사태를 피할 수 있었다. 왜 각 단계에서 양측은 지나간 일을 덮지 않았을까?

이 질문을 제기하는 또 다른 방식이 있다. 이들 분쟁에서 양측은 물을 엎질렀다. 맥코이 가문이 잃어버린 돼지는 가족이 겨울 내내 먹을 가치 있는 자산이었다. 알아크사에서 스피커 선을 자른 일은 기도 시간을 알리지 못하게 만들었다. 그러나 엎질러진 물은 경제학자들이 말하는 매몰 비용이다. 그렇게 불리는 이유는 회수할 길이 없기 때문이다. 맥코이 가문이나 팔레스타인 사람들이 잘못된 처사에 복수하는 것과 무관하게 돼지를 되찾거나 기도 시간을 알리지 못한 일을 되돌릴 수는 없다. 그런데 왜 지나간 일에 연연할까?

실제로 모든 경제학자는 지나간 일에 연연하지 않는 게, 그러니까 매몰 비용에 매달리지 않는 게 최선이라고 냉정하게 말한다. 어떤 프로젝트나 사업에 얼마를 투입했는지는 중요치 않다. 중요한 것은 미래에 얼마나 많은 수익을 올릴 수 있느냐다. 또한 (칼로 하든 로켓으로 하든) 싸움을 거는 것은 절대 순현재가치net present value를 플러스로 만드는 행위가 아니다. 싸움 자체가 비용을 초래한다. 더구나 싸움이 심해질 위험도 있다. 왜 맥코이 가문과 팔레스타인 사람들 그리고 그들을 상대한 사람들은 매몰 비용(과거의 피해)을 무시하고 그냥 넘어가지 않았을까?

실제로 이는 오프라나 닥터 필 같은 유명인 혹은 메이요 클리닉Mayo Clinic의 의료 전문가가 쓴 자기계발서에서 흔히 찾을 수 있는 조언이다. 다음은 메이요 클리닉의 훌륭한 의료진이 해당 주제에 관해 한 말이다.[4]

다른 사람의 행동이나 말에 상처받지 않은 사람이 있을까? 성장기에 부모에게 끊임없이 비판받았거나, 동료가 프로젝트를 고의로 망쳤거나, 연인이 바람을 피웠을 수도 있다. 가까운 사람에게 신체적, 정서적 괴롭힘을 당하는 것처럼 트라우마를 안기는 경험을 했을 수도 있다.

이러한 상처는 끊임없는 분노와 회한, 심지어 복수심을 남길 수 있다. 그러나 용서하지 않으면 당신이 가장 큰 대가를 치를 수도 있다. 포용하고 용서하면 평화, 희망, 감사, 기쁨까지 품을 수 있다. 용서가 어떻게 당신을 신체적, 정서적, 영적 안녕의 길로 이끌지 생각해보라.

그들은 뒤이어 이렇게까지 말한다.

앙심과 회한을 버리는 일은 건강 개선과 마음의 평화에 이르는 길을 열어준다. 용서는 다음과 같은 혜택으로 이어진다.
- 더 건강한 관계
- 정신 건강 향상
- 줄어든 불안, 스트레스, 공격성
- 낮아진 혈압
- 우울증 증상 감소
- 면역계 강화
- 심장 건강 개선
- 자존감 향상

이는 아주 좋은 조건처럼 보인다. 그런데 왜 우리는 용서를 그토록 반직관적이라고 여길까? 왜 우리는 과거의 피해를 매몰된 것으로 간주하지 않을까? 왜 우리는 지나간 일을 덮고 그냥 잊지 않을까?

■

이러한 질문에 답하기 위해 반복 처벌 게임을 소개하겠다. 이 게임은 반복적 죄수의 딜레마에 기반하지만 몇 가지 유용한 변경 사항이 있다.[5] 이 새 게임에는 플레이어가 두 명 있다. 각 회차에서 플레이어 1이 먼저 위반할지 위반하지 않을지 결정한다(때론 위반하지 않는 것을 협력한다고 표현한다). 위반은 플레이어 1에게는 이득을 안기고, 플레이어 2에게는 피해를 끼친다. 그다음 플레이어 2가 플레이어 1을 처벌할지 처벌하지 않을지 결정한다. 여느 때와 마찬가지로 각 회차가 끝난 뒤 게임이 또 다른 동일한 회차로 계속될 가능성도 있고 끝날 가능성도 있다.[6]

앞선 이야기에서 데빌 앤스는 패거리를 늘려 맥코이 형제를 납치하기로 했다. 이때 그와 그의 패거리는 자신들을 위험에 노출했다. 보안관들이 그들에게 총을 쏘거나 맥코이 가문 사람들이 패거리를 모아 기습할 수도 있었다. 납치 시도가 체포로 이어질 가능성도 있었다. 실제로 분쟁 중에 처벌에 나섰다가 체포되거나 부상당하거나 죽는 일이 여러 번 있었다. 우리는 이를 포착하는 모형을 만들고자 한다. 그래서 처벌이 받는 쪽뿐 아니라 하는 쪽에도 비용이 수반된다고 가정한다.[7]

이 게임에서 간단한 전략을 검토해보면 많은 것을 배울 수 있다. 첫 번째 전략은 이렇다.

- 플레이어 1은 절대 위반하지 않는다.
- 플레이어 2는 절대 처벌하지 않는다.

이 전략은 내시균형일까? 아니다. 플레이어 1은 위반으로 이탈함으로써 이득을 본다. 위반에 따른 이익을 얻으면서 아무런 여파에도 직면하지 않기 때문이다. 균형 상태가 되려면 전략 프로필이 협력에 따른 유인을 제공해야 한다(8장을 주의 깊게 읽었다면 이 사실을 알 것이다. 우리는 거기서도 처벌 위협이 없으면 균형 상태에서 위반을 억제할 수 없다는 사실을 확인했다). 그러므로 협력에 따른 유인을 추가하자. 다음은 그에 해당하는 전략이다.

- 플레이어 1은 절대 위반하지 않는다.
- 플레이어 2는 오직 플레이어 1이 현재 회차에서 위반할 때만 처벌한다.

이제 플레이어 2의 처벌 위협이 위반을 억제할 수 있다. 처벌에 따른 피해가 위반에 따른 이익보다 큰 한 그렇다. 이 전략 프로필은 내시균형이다. 됐다!

하지만 아직 만족하기에는 이르다. 플레이어 1은 위반하지 않겠지만 위반하는 가상 상황을 생각해보자. 이 균형이 8장에서 간략하게 살핀 내시균형의 세밀한 유형, 즉 부분게임 완전균형인지 확인하려면 이런 작업을 해야 한다. 부분게임 완전균형이 되려면 플레이어들이 "위반하면 처벌할 거야" 같은 위협을 따를 유인이 있어야 한다는 점을 기억하라.

실제로 플레이어 2는 이 (가상의) 위반을 처벌할까? 흠. 처벌에는 비용이 든다. 더구나 처벌하지 않아도 아무런 여파가 없다. 플레이어 1은 다음 회차에서 그냥 협력으로 돌아설 것이다. 그래서 그 답은 '아니다'이다. 플레이어 2는 처벌하지 않는다. 이는 문제다. 플레이어 1은 플레이어 2가 실제로 처벌하지 않을 것이라고 기대하면 그냥 위반한다. 다음은 이 문제를 바로잡는 전략 프로필이다.

- 각 회차에서 플레이어 1은 이전의 위반이 처벌받지 않고 넘어간 적 없는 한 위반하지 않는다. 다른 경우에는 위반한다.
- 플레이어 2는 이 회차에서 플레이어 1이 위반하면 처벌하며, 이전의 어떤 위반도 처벌하지 않고 넘어가지 않는다. 다른 경우에는 처벌하지 않는다.

이 전략 프로필의 핵심 기능은 처벌하지 않았을 때의 여파를 도입한 것이다. 즉, 플레이어 2가 위반을 처벌하지 않으면 플레이어 1은 플레이어 2와의 협력을 중단한다.

이 전략은 특정 방식으로 여파를 제공한다. 그렇지만 그 교훈은 보편적이다. 전략 프로필은 플레이어들이 처벌하지 않는 모든 상대를 이용하도록 요구해야 한다. 이 추가 요건은 부분게임 완전성에서 나온다. 구체적으로 말하면 플레이어들이 위협을 실행에 옮길 유인이 있어야 한다. 우리의 세 번째 전략에는 이 유인이 충분히 존재한다. 플레이어 2는 처벌 위협을 실행에 옮기지 않을 경우 협력을 전혀 얻지 못하기 때문이다.

■

우리는 플레이어들이 상대의 협력을 끌어내는 유인을 제공해야 한다는 사실을 알았다. 이제는 처벌하지 않는 상대를 이용함으로써 상대의 처벌을 끌어내는 유인도 제공해야 한다는 사실을 안다.

이 추가 요건의 핵심 의미는 부분게임 완전균형에서 플레이어 2가 지나간 일을 덮으려 하면, 플레이어 1은 앞으로 덜 협력함으로써 플레이어 2를 이용하려 든다는 점이다. 즉, 부분게임 완전균형에서 지나간 일은 전혀 지나간 일이 아니며 매몰 비용도 아니다. 어제 이뤄진 위반이 오늘의 처벌에 관한 기대에 많은 영향을 미치고, 오늘의 처벌 실패가 내일의 위반을 어떻게 처리할지 말해주기 때문이다. 반복 게임에서 지나간 일은 중요하다. 실제로 그보다 더 강력한 영향력을 지닌다. 반복 게임에서 지나간 일은 중요하게 다뤄야 한다. 그것이 협력을 유지하는 유일한 방법이니 말이다.

이스라엘과 팔레스타인이 과거의 위반에 대응하지 않고 그냥 넘어갈 수 없는 이유가 거기에 있다. 팔레스타인이 알아크사에서 스피커 선을 자른 이스라엘의 행위를 처벌하지 않으면 이스라엘은 같은 행위나 그와 비슷한 행위를 또 저지를 것이다. 균형 상태에서는 반드시 그래야 한다. 이스라엘이 하마스의 로켓 발사를 처벌하지 않으면 하마스는 그런 행위를 또 저지를 것이다. 균형 상태에서는 반드시 그래야 한다. 이러한 폭력 악순환은 끔찍하고 그 상황에 놓이는 것은 사실 비생산적으로 보인다. 그렇지만 이는 애당초 평화 유지에 필요한 부분이다!

마찬가지로 햇필드 가문과 맥코이 가문도 모욕당하고 처벌하지 않았다면 곧 다른 모욕을 겪었을 것이다. 확신할 수는 없지만 햇필드 가문이 1887년 실패로 돌아간 습격을 계획한 원인이 거기에 있을 수도 있다. 랜들은 자기 형제를 죽인 일로 햇필드 가문 사람들이 기소되었을 때 사건이 그냥 묻히도록 놔두었다(위반을 처벌하지 않고 놔둠). 이후 햇필드 가문은 맥코이 가문의 유약함을 이용해야겠다고 생각했을지도 모른다.

위반을 처벌하지 않아서 다시 이용당하는 매우 명확하고 잘 알려진 사례가 있다. 바로 연합국이 2차 대전을 앞두고 히틀러에게 적용한 유화정책이다. 연합국 리더들은 1차 대전의 공포 때문에 유화정책을 채택했다. 이는 폭력 사태 격화로 또 다른 세계대전이 일어나는 것을 피하려는 노력이었다. 먼저 그들은 독일이 오스트리아를 병합한 것에 아무런 제재도 가하지 않았다. 이에 더 공격적으로 나가도 되겠다고 판단한 히틀러는 체코의 일부도 병합하게 해달라고 요구했다. 영국과 프랑스는 이 요구에도 굴복했다. 그러자 히틀러는 장군들에게 이렇게 말했다. "우리 적들의 리더는 평균보다 못하오. 그들은 혈기가 없고 군주감이 아니며 실행력도 없소. … 우리의 적은 하찮은 것들이오. 나는 뮌헨에서 그들을 봤소(1938년 뮌헨에서 영국, 프랑스, 나치 독일, 이탈리아가 뮌헨 협정을 체결한 것을 말함 - 옮긴이)."[8]

뒤이어 그는 폴란드를 침공했다.

■

단순한 사과로 될까? 5장에서 우리는 사과(단순한 말)가 플레이어들이 속한 균형 상태의 기대를 바꿀 수 있어서 흔히 상당한 파급력을 미치는 양상을 논의했다(13장에서 확인한 대로 사과가 명시적인 한 그렇다는 말이다).

그러면 이 모형에서 사과가 어떻게 작용할지 살펴보자. 플레이어 1은 위반 여부를 선택한 뒤 사과할 기회를 얻는다고 가정하자. 또 일단은 사과에 비용이 들지 않는다고 하자. 즉, 단순한 말에 불과하다. 그다음 플레이어 2는 이전처럼 처벌 여부를 선택한다. 플레이어 2는 플레이어 1의 사과를 받아들일까? 그러니까 플레이어 1이 위반하고 사과하지 않을 때만 처벌할까?

아니다. 이는 플레이어 2에게 유혹적일 수 있다. 처벌에 따른 비용을 내지 않아도 되기 때문이다. 한 가지 문제가 있다. 플레이어 1은 위반으로 이득을 본다. 그래서 사과가 위반을 충분히 억제하지 못한다. 플레이어 1은 매번 그냥 위반한 뒤 "이런, 정말 미안해요"라고 말하는 쪽을 선택할 것이다. 더구나 부분게임 완전성은 플레이어 2가 비용도 들지 않는 사과를 받아들이면 균형 상태에서 이용당하게 마련임을 가르친다.

만약 사과에 비용(금전적 보상이나 일정 형태의 배상)이 든다면 어떨까? 그 비용이 위반에 따른 이득보다 큰 한 위반을 억제하기에 충분하다(플레이어 1이 위반할 때마다 처벌을 피하려고 비용을 내야 한다면 말이다). 그래서 플레이어 2는 추가로 이용당할 두려움 없이 사과를 받아들일 수 있다.

드라마 〈소프라노스〉의 팬들은 토니 소프라노와 카멜라 소프라노가 시즌 5에서 잠시 별거한 사실을 기억할 것이다. 그 이유는 토니가 거듭해서 노골적으로 바람을 피웠기 때문이다. 두 사람은 만나서 화해를 시도하기로 한다. 둘이 만난 지 몇 분 지났을 때 카멜라는 이런 말로 무심코 힌트를 준다.

"크레스트뷰에 땅이 매물로 나온 모양이야. 1에이커가 조금 넘는 땅이야. 거기에 투자용 주택을 지을까 생각 중이야. … 아버지와 동업할 거야. 자금이 좀 빠듯하긴 하지만…."

토니는 그녀의 의도를 파악하고 조건에 합의한다.

그는 불쑥 "땅값이 얼만데?"라고 묻는다.

"60만 달러…."

토니는 "긴스버그한테 연락해서…, 계약금 낼 돈을 쓸 수 있게 해줄게"라며 제안에 동의한다.

"그다음엔?"

토니는 "다시 집으로 들어갈 거야"라고 주장한다. 그리고 더 이상 자신의 바람기 때문에 속을 썩는 일은 없을 거라는 이전의 약속을 되풀이한다. 그의 선물은 화해를 끌어낸다.

그렇다면 사과는 언제 비용을 수반해야 할까? 위반자가 위반으로 이득을 볼 때다. 토니가 바람을 피울 때처럼 말이다. 이를 9장에서 소개한 샤스타 카운티 목축업자들의 사례와 비교해보라. 그들은 대개 울타리를 고치는 작업을 돕는 대신 자기 소가 울타리를 넘어가 초래한 피해를 이웃에게 보상하지 않는다. 그것이 가능한 이유는 위반으로 이득을 보지 않기 때문이다. 그들 입장에서는 소들이 한데 몰려 있는 게 낫다. 이리저리 헤매다가 이웃의 땅으로 넘어가기를 원치 않는다.

또 다른 사례는 미군이 뜻하지 않게 파키스탄 군인들을 죽이는 바람에 결국 힐러리 클린턴이 사과하게 만든 일이다(6장). 미국은 우방국 군인들을 죽여서 이득을 보지 않는다. 이 경우 사과가 배상을 수반할 필요는 없다. 단지 과거의 위반이 미래의 위반을 초래하는 선례가 되지 않을 것임을 보장하는 충분히 분명한 사과만 있으면 된다.[9]

왜 결투를 할까

오토 폰 비스마르크는 독일을 통일하기 6년 전인 1865년 국회의사당에서 예산안 통과를 시도했다. 진보 진영의 비판론자로 과학자이자 현대 병리학의 아버지이기도 한 루돌프 피르호는 국방비가 과도하다며 거세게 비판했다. 비스마르크는 너무 불쾌한 나머지 피르호에게 결투를 신청했다.

전해오는 얘기에 따르면 비스마르크의 전령이 집에 도착했을 때 피르호는 연구실 의자에 앉아 있었다. 결투 신청 편지를 읽은 그는 관습대로 자신이 무기를 선택하겠다고 답변했다. 그리고는 근처에 있던 소시지 두 개를 가리켰다. 그중 하나는 선모충Trichinella 애벌레로 가득했고 다른 하나는 안전했다. 비스마르크는 어떤 소시지를 먹을지 선택해야 했다. 피르호는 남은 소시지를 먹을 예정이었다. 비스마르크는 현명하게도 이 제안을 거절했다. 선모충증으로 죽는 것은 끔찍했다.[10]

이 이야기는 사실이 아닐 가능성이 크다. 재미있게도 사실관계가 불명확한 것은 비스마르크가 라이벌에게 결투를 신청했다는 것이 아니라 소시지와 관련된 부분이다(서신에 따르면 피르호가 결투를 거절하고 공개 사과한 것으로 보인다). 실제로 비스마르크는 1852년 결투를 벌였다가 살아남았다. 학생 시절인 1830년대에도 그는 여러 번 결투에 응하거나 결투를 신청했다.

결투는 19세기 후반부에 대부분 사라진다. 이전 세기에는 결투가 분쟁을 해결하는 흔한 수단이었다. 서구에서 결투 관행은 로마 멸망 후 서유럽을 지배한 게르만족이 그 시작점이다. 중세 유럽 초기 일부 왕국에서 결투는 특정 분쟁을 해결하는 합법적인 수단이었다. 바이킹 사이에서도 결투는 흔히 벌어졌다. 11~13세기 중세 번성기와 르네상스 시대에 평민의 결투는 점차 금지되었다. 그러나 귀족과 지배층 사이에는 여전히 결투 관행이 남아 있었다. 실제로 많은 유명인이 결투를 벌였다. 미국 대통령 앤드루 잭슨(거의 죽을 뻔함)과 알렉산더 해밀턴(잘 알려진 대로 살아남지 못함)도 그랬다. 1842년 에이브러햄 링컨은 제임스 실드와 결투를 벌이기로 합의했다. 하지만 두 사람은 대화로 갈등을 풀었다. 이후 두 사람은 친구가 되었다. 20년 후 실드는 장성으로서 링컨을 위해 남북전쟁에서 싸웠다.[11]

결투는 대부분 사망으로 이어지지 않았으나 사망률이 낮지는 않았다. 한 추정치에 따르면 프랑스의 경우 1685년에서 1716년 사이 결투에 따른 사망률이 약 4%였다.[12] 부상은 흔했다. 앤드루 잭슨은 결투 이후 평생 가슴에 총알이 박힌 채 살았으며 엄청난 고통에 시달렸다. 그런 이유로 사람들이 결투를 꺼렸을 것이라고 예상하기 쉽다. 그런데 결투를 거절하면 대부분 전체 공동체에서 바로 따돌림을 당했다. 한 미시시피주 하원의원이 설명한 대로 결투를 거절했다가는 "자기 삶이 자신뿐 아니라 지역 사람들이 보기에도 무가치해질 것이었다."[13]

결투는 확실히 이상한 제도다. 왜 위반을 당한 사람이 위반한 사람과 같은 비용을(그것도 상당한 비용을!) 치르는 것일까? 왜 누구든 그 비용을 기꺼이 치르려 할까? 왜 그런 기이한 제도가 생겨나 오랫동안 유지되었을까?

첫 번째 질문에 답하기 위해 우리가 비용을 낼 필요 없이 위반자를 처벌할 수 있다면 어떻게 될지 생각해보자. 이 경우 문제가 생긴다. 사람들은 경쟁자를 해함으로써 이득을 본다. 이는 그가 위반을 저질렀는지와 무관하다. 어쩌면 그들은 땅이나 일자리, 연인을 두고 경쟁하고 있을지도 모른다.

이 상황에서는 전도된 유인이 생긴다. 즉, 경쟁자가 위반을 저지른 것처럼 꾸미면 상황이 아주 편해진다. 처벌이라는 명목으로 경쟁자를 바로 처리할 수 있기 때문이다. 대개는 법정으로 끌려갈 수 있다는 위협이 이 행동을 억제한다. 그럼 중세 초기나 미국의 남부 혹은 서부처럼 공권력이 약하고 멀리 있는 사회에서는 어떨까? 이럴 때는 명분 없는 처벌을 억제할 수단이 필요하다.

결투가 그런 기능을 한다. 경쟁자에게 가하는 비용과 같은 비용을 내야 한다면 단지 경쟁자의 콧대를 꺾기 위해 결투를 이용하지는 않을 것이다.

그렇지만 타당한 명분이 있다 해도 그 비용을 감안하면 의문이 든다. 왜 누구나 다른 사람에게 결투를 신청하는 걸까? 앞서 우리가 제시한 그 모든 이유 때문이다. 설령 비용이 들어도(4% 사망률은 값비싸다) 여전히 처벌할 가치가 있다. 처벌하지 않으면 위반자(또는 당신이 위반에 진지하게 대응하지 않았음을 알게 된 다른 사람들)가 미래에도 계속 당신을 상대로 위반을 저지를 테니 말이다.

이것이 우리가 설명하는 결투가 생기고 유지된 이유다. 결투는 부당한 폭력을 방지하는 한편 정당한 억제력을 제공한다.

도덕적 운

햇필드 가문과 맥코이 가문의 분쟁에서 발생한 흥미로운 사건은 우리의 정의감이 지닌 또 다른 혼란스러운 속성을 보여준다. 데빌 앤스 햇필드가 맥코이 형제를 처형하고 얼마 지나지 않아 그의 아들 캡이 크리스마스 무도회에서 리스라는 의사에게 싸움을 걸었다가 총에 맞았다. 한동안 캡이 살아날지 불투명했다. 앤스는 아들의 회복을 위해 온종일 간호했다. 이후 그는 어떻게 된 일인지 묻고 나서 자기 아들이 "잘못했다"라고 인정했다. 다만 "아들이 죽었다면 공정하게 그 사람도 죽였을 것"이라고 덧붙였다. 그럴 필요가 없다는 사실을 확인하자 그는 고소조차 하지 않았다.

앤스는 어떻게 두 사건을 두고 이토록 다른 감정을 보였을까? 유일한 차이는 운이었다. 단지 젊은 캡은 운이 좋았고 엘리슨은 운이 나빴을 뿐이었다. 생각해보라. 행운의 여신이 캡에게 그랬던 것처럼 엘리슨 햇필드에게도 행운을 베풀었다면 수십 년에 걸친 분쟁과 수십 명의 죽음을 피할 수 있었을 것이다!

버나드 윌리엄스는 운이 도덕 제도에서 맡은 과도한 역할을 조명했다는 평가를 받는다. 그는 이 현상을 도덕적 운이라 불렀다. 다음은 토머스 나이절이 해당 주제에 관해 쓴 글이다.[14]

과음한 어떤 사람이 차를 몰다가 인도로 넘어갔을 때 행인이 없었다면 도덕적 운이 좋았다고 여길 수 있다. 만약 행인이 있었다면 그 죽음에 비난받을 테고 아마 과실치사로 기소당할 것이다. 반면 누구도 다치지 않으면 무모한 짓을 저지른 건 같아도 법적으로 훨씬 덜 심각한 잘못을 저지른 셈이 된다. 이럴 때는 분명 자기 자신과 다른 사람들에게 훨씬 덜 심한 질책을 받는다.

파이어리 쿠시먼, 애너 드레버, 잉 왕, 제이 코스타는 나이절의 사고실험에서 영감을 얻어 간단한 실험실 실험을 개발했다.[15] 실험 목적은 도덕적 운이 우리의 도덕 제도에 만연한 양상을 드러내는 것이었다. 그들은 참가자들을 한 쌍씩 짝지은 다음 한 명에게 10달러를 주었다. 이 돈은 주사위 세 개 중 하나를 굴려서 나온 결과대로 배분되었다.

플레이어 1은 주사위 세 개 중 하나를 선택하라는 요청을 받았다. 각 주사위는 플레이어 2에게 관대한 정도에 따라 달랐다. 플레이어 2가 돈을 전부 가질 확률이 첫 번째 주사위는 3분의 1, 두 번째 주사위는 2분의 1, 세 번째 주사위는 3분의 2였다. 연구팀은 플레이어 1이 주사위를 선택한 뒤 주사위를 굴렸다. 이어 플레이어 2에게 플레이어 1을 보상하고 싶은지, 처벌하고 싶은지 물었다. 금액은 어느 쪽이든 9달러까지 가능했다.

플레이어 1이 통제할 수 있는 것은 주사위 선택뿐이었다. 일단 주사위를 선택하고 나면 실제 결과는 행운의 여신에게 맡겨져 있었다. 실험 결과 참가자들은 어떤 주사위를 선택했는지뿐 아니라 주사위를 굴렸을 때 얼마나 운이 좋았는지를 토대로 상대를 보상하거나 처벌했다. 실제로 그들은 상대의 주사위 선택에 거의 반응하지 않았으며 대부분 주사위를 굴린 결과를 처벌이나 보상의 토대로 삼았다. 놀라운 일이다!

이 현상을 설명하려면 우리가 지난 장에서 배운 고차적 신념을 받아들인다는 사실이 필요하다. 이런 상황에서 왜 고차적 신념이 중요한지 차근차근 살펴보자. 당신이 플레이어 2의 입장이라고 가정하자. 다음과 같은 경우 어떤 일이 생길지 자문해보라. 당신은 위반이 일어났다고 생각하는데 플레이어 1은 그렇게 여기지 않는다는 사실을 안다. 이 경우 처벌할 것인가? 아니다. 처벌하면 당신은 지금 처벌 비용을 낼 뿐 아니라 미래에 협력 관계를 얻을 수 없다. 플레이어 1은 당신이 자신을 부당하게 처벌했다고 여길 것이기 때문이다. 그렇다고 처벌하지 않으면 플레이어 1이 당신을 이용하지 않을까? 아니다! 플레이어 1은 위반이 일어났다고 여기지 않으니 말이다. 중요한 것은 반대의 경우도 성립한다는 점이다. 즉, (아들이 싸움을 걸었다는 사실을 알았을 때 앤스가 그랬던 것처럼) 당신은 위반이 일어나지 않았다고 생각해도 플레이어 1이 위반이 일어났다고 생각하면 억제에 실패하길 원치 않을 것이다. 그랬다가는 이용당할 위험이 있기 때문이다!

이제 왜 데빌 앤스를 비롯해 우리가 처벌 여부를 결정할 때 의도에 더해 결과를 고려하는지 설명해보자. 이를 위해서는 지난 장에 담긴 주된 메시지 중 하나로 돌아가야 한다. 바로 결과가 의도보다 일반적으로 더 알려지기 쉽다는 것이다. 리스는 악의로 캡을 해쳤는가 아니면 자신을 방어했을 뿐인가? 이는 검증하기 어렵다. 하지만 캡이 죽었는지 살았는지는 그렇지 않다.

사소한 위반에 전면 대응하기

포클랜드제도는 태평양에 있는 작은 영국령으로 파타고니아 해안에서 480킬로미터 정도 떨어져 있다. 인구는 3,398명으로 대부분 영국 혈통이다. 그들은 주로 관광업이나 양모업, 어업에 종사하며 생계를 유지한다. 20세기 초반 포클랜드제도는 영국 해군이 남태평양의 통제력을 유지하는 기지 역할을 하는 동시에 영국 산업에 귀중한 양모를 제공했다. 그러니까 어느 정도는 전략적, 경제적 가치가 있었다. 그러나 2차 대전이 끝나고 양모 가격이 폭락하자 포클랜드제도를 관리하는 일은 이익보다 비용이 더 컸다.

다른 한편 아르헨티나는 포클랜드제도를 자기네 땅이라고 주장했다. 기억하겠지만 5장에서 말한 대로 이 주장의 근거는 1816년으로 거슬러 올라간다. 당시 스페인은 포클랜드제도를 포기하면서 아르헨티나에 식민화 권리를 부여했다. 포클랜드제도를 넘겨줘야겠다는 영국의 생각은 갈수록 강해졌다. 1960년대 중반 그들은 아르헨티나와 할양 협상에 들어갔다. 그런데 그 소문이 퍼지자 영국의 일부로 남고 싶었던 주민들이 로비에 나섰고 협상을 중단시키는 데 성공했다. 1980년대 초 쓸데없는 지출을 어느 때보다 꺼리던 마거릿 대처 총리는 협상을 재개했다. 그렇지만 협상은 다시 결렬되었다.

뒤이어 1982년 4월 2일 아르헨티나가 포클랜드제도에서 가장 큰 도시인 포트 스탠리를 침공했다. 대처는 해군을 파견해 대응했다. 공식적으로는 임무단에 불과했으나 항공모함, 핵잠수함, 호위함으로 구성한 대규모 전단이었다. 이는 그들의 임무가 이동하는 바닷새를 조사하는 수준이 아님을 바로 알게 해주었다. 이후 두 달 반 동안 영국은 포클랜드제도를 되찾기 위해 11억 9,000달러를 들이고 255명을 희생했다. 아이러니하게도 그들은 포클랜드제도를 정말로 원한 것도 아니었다. 아무튼 그들은 여전히 포클랜드제도를 떠안고 있다.

왜 영국은 그다지 가치 있게 여기지도 않는 포클랜드제도의 영유권을 지키기 위해 값비싼 전쟁을 치렀을까? 왜 군이 비용을 들여 아주 사소한 위반을 그토록 심하게 처벌했을까?

마찬가지로 1968년 북한은 알 수 없는 행동을 했다. 그 발단은 미군이 감히 비무장지대에서 시야를 가리는 나무를 자른 것이었다. 이에 북한군은 공격을 감행해 도끼로 미군 두 명을 죽였다.[16] 셰익스피어 팬들은 《로미오와 줄리엣》 초반에 "지금 우릴 보고 욕한 거요?"라는 대사에 이어 단 열세 줄 만에 처음 칼이 뽑힌다는 사실을 기억할 것이다. 겨우 몇 줄이 더 지난 다음에는 상황이 캐플릿 가문과 몬테규 가문 사이의 전면전으로 완전히 옮겨간다. 지금까지 이 책에 주의를 기울였다면 현실의 앙숙인 햇필드 가문과 맥코이 가문 역시 자신의 명예에 가한 사소한 공격에 가차없이 대응했음을 알 것이다. 그들은 단검이나 권총을 꺼내 들고 목숨이 걸린 칼싸움과 총싸움을 벌였다.

이 모든 장면을 하나로 묶는 핵심 공통점은 해당 국가와 인물이 사소한 위반까지 처벌하려고 상당한 비용을 기꺼이 감수한다는 사실이다. 왜 원치 않는 섬이나 자기 땅에 있지도 않은 하찮은 나무 때문에 전쟁을 벌이는 걸까? 왜 '욕설' 같은 모욕에 죽음을 감수하는 걸까? 그야말로 정신 나간 짓이다!

당신은 그 답이 전례에 있음을 직관적으로 감지했을지도 모른다. 다시 말해 작은 위반을 처벌하지 않으면 이는 더 크고 의미 있는 위반을 위한 전례를 만든다. 이 말은 사실이다. 그러나 왜 작은 위반이 그런 전례를 만드는지 의문을 제기해볼 필요가 있다. 왜 우리는 사람들이 작은 일은 놔두고 심각한 위반만 심하게 처벌하기를 기대하지 않을까?

이번에도 우리는 그 답을 찾는 열쇠가 기존 분석틀에 앞선 장에서 얻은 교훈을 결합하는 것이라고 본다. 이번에는 13장에서 핵심 통찰이 나온다. 우리는 거기서 고차적 신념이 중요한 상황에서는 연속적 변수를 조건으로 삼기가 어렵다고 주장했다. 위반 정도도 연속적 변수에 해당한다. 이는 분쟁 당사자들이 정성적 측면에서 비슷한 위반을 동일하게 간주해야 함을 뜻한다. 설사 위반 정도가 많이 달라도 말이다. 즉, 작은 위반도 큰 위반처럼 심하게 처벌할 수밖에 없다.

우리의 정의감이 연속적 변수에 둔감한 경향이 있음을 보여주는 또 다른 사례가 있다. 〈스타트렉: 넥스트 제너레이션〉에는 '정의'라는 제목의 에피소드가 나온다. 이 에피소드에서 '엔터프라이즈호'는 유토피아 같은 행성을 발견한다. 그곳의 주민인 이도The Edo는 "대단히 깔끔하고, 법을 철저하게 지키며, 주저 없이 사랑을 나눈다. 어느 때든." 피카드 함장은 그 매혹적인 신세계에 파견단을 보낸다. 그들은 곧 약간의 문제에 맞닥뜨린다. 파견단 중 한 명이 현지인들과 놀다가 발을 헛디디는 바람에 막 꽃이 피어난 화단에 쓰러진 것이다. 이 행성에서는 꽃을 손상하는 행위를 금지한다. 곧 중재자로 불리는 집행관 두 명이 등장한다. 놀랍게도 해당 단원은 사형선고를 받는다.

알고 보니 이도가 법을 집행하는 방식은 상당히 특이하다. 그들은 매일 집행관들을 한 구역에만 보낸다. 어느 구역인지는 중재자들만 알며 주민에게는 비밀에 부친다. 해당 구역에서 아무리 사소한 것이라도 법을 어기는 사람은 사형에 처한다. 누구도 죽을 위험을 감수하지 않으려고 법을 어기지 않는다. 이도는 이런 체제를 상당히 자랑스럽게 여긴다. 최소한의 사법력만으로 범죄를 잘 억제하기 때문이다. 파견단은(아마 시청자도) 두려움에 빠진다. 어떻게 이도는 사소한 범죄를 이유로 태연하게 사람을 죽일 수 있을까?

사실 이도의 사법 체계는 매우 합리적이다. 그 이유는 이러하다. 위반을 억제하려면 위반에 따른 이득과 잡힐 가능성을 모두 고려해야 한다. 다이아몬드 절도범에게 훔친 다이아몬드만 반환하게 하면 절도를 억제할 수 없다. 잡혀도 처음으로 되돌아갈 뿐이고 잡히지 않으면 부자가 되기 때문이다. 그러니 위험을 감수하지 않을 이유가 있을까? 절도를 제대로 억제하려면 범죄로 얻는 이득보다 크게 처벌해야 한다. 즉, 범죄를 저지르고 무사할 가능성이 있어도 위험을 감수하지 않을 만큼 처벌이 충분히 커야 한다. 얼마나 더 커야 할까? 그것은 잡힐 가능성에 달려 있다. 가능성이 작을수록 처벌이 더 커야 한다. 이는 게리 베커가 1968년 발표한 〈범죄와 처벌: 경제적 접근법〉에서 주장한 내용 중 하나다.

베커는 거기서 더 나아갔다. 도둑을 잡는 일에는 적지 않은 자원이 필요하다. 거대한 경찰 조직과 똑똑한 형사들이 있어야 한다. 또한 빠른 차, 큰 총, 감시 수단, DNA 검사, 그 밖에 무엇이든 법 집행에 필요한 것을 그들에게 제공해야 한다. 베커는 이 모든 일을 하는 대신 단순히 처벌을 늘리자고 제안했다. 그러면 법 집행의 유효성을 낮추지 않고도 비용을 줄일 수 있어서다. 이는 바로 이도가 유토피아 같은 자신의 행성에서 활용한 창의적인 체제다.

베커의 구상은 이도뿐 아니라 지구에도 큰 영향을 미쳤다. 1976년부터 1999년까지 '연방 판사를 위한 만 경제학 연구소'에서 교육받은 모든 판사 중 거의 절반이 이 구상을 배웠다. 엘리엇 애시, 대니얼 첸, 수레시 나이두는 이 교육 프로그램의 파급력을 살피는 논문을 썼다. 그들은 이 논문에서 해당 프로그램 참가자들이 형사 소송 판결의 엄중성을 10%에서 20%로 높였다는 사실을 밝혔다. 심지어 만 워크숍에 참가하지 않은 판사도 참가한 판사와 같이 배석했을 때 영향을 받았다.[17]

그런데 베커의 해법은 창의적이긴 해도 대다수에게 잘못된 느낌을 준다. 특히 앞서 말한 〈스타트렉〉 에피소드 사례처럼 잡힐 가능성은 작지만 범죄가 사소한 경우에는 더욱 그렇다. 이럴 때 대다수는 처벌이 범죄에 비해 과도하다고 느낀다. 이 직관은 정의에 관한 우리의 직관이 잡힐 확률 같은 연속적 변수에 민감할 수 없다는 사실을 깨닫기 전에는 혼란스럽게 보인다.

이 별난 속성(도덕적 운이나 위반 정도와 잡힐 확률 같은 연속적 변수에 관한 둔감성)은 때로 우리의 정의감은 위반을 억제하기 위한 것이 아니라는 해석을 낳는다. 위반을 억제하고 싶다면 사람들이 실제로 통제할 수 있는 것을 조건으로 삼아 처벌해야 하지 않겠는가. 그들이 어떤 주사위를 골랐는지, 음주운전을 했는지, 당신의 아들을 쐈는지 같은 것 말이다. 마찬가지로 그들의 처벌을 결정할 때 잡힐 가능성이 어느 정도인지도 고려해야 한다. 그리고 영국이 포클랜드제도 침략에 그랬던 것처럼 침소봉대할 필요가 없다.

우리의 해석은 다르다. 우리의 정의감이 운을 무시하고 잡힐 가능성과 위반 정도를 고려한다면 이상적일 것이다. 그러나 그렇게 하지 못하게 만드는 요소가 있다. 바로 고차적 신념이다. 그렇다고 우리의 정의감이 지닌 목적이 위반을 억제하는 게 아니라는 말은 아니다. 단지 고차적 신념의 유별난 영향도 고려해야 한다는 의미다.

지금까지 우리의 정의감이 지닌 몇 가지 별난 속성을 살폈다. 우리가 생각하기에 이 속성들은 부분게임 완전성이 잘 설명한다. 부분게임 완전성은 양자 교류, 즉 반복적 처벌 게임에서 처벌이 작동하는 양상에 관한 단순한 모형으로 나타낼 수 있다.

그리고 이 장은 우리가 준비한 게임이론의 마지막 장이다.

[반복적 처벌 게임]

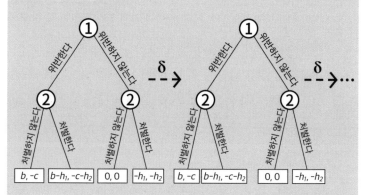

구도:

- 플레이어 두 명이 있다. 각 회차에 처벌 게임을 진행한다. 그들은 δ 확률로 다음 회차로 넘어간다. 다른 경우에는 게임을 종료한다.

- 처벌 게임에서 먼저 플레이어 1이 위반할지 위반하지 않을지 선택한다. 그다음 플레이어 2가 처벌할지 처벌하지 않을지 선택한다. 위반은 $b > 0$만큼 플레이어 1에게 이득을 안기고, $c > 0$만큼 플레이어 2에게 비용을 안긴다. 처벌은 플레이어 2에게 $h_2 > 0$만큼 비용을 안기고, 플레이어 1에게 $h_1 > 0$만큼 피해를 안긴다.

- 이 모형에서 플레이어들은 과거에 일어난 모든 일을 관찰할 수 있다.

주요 전략 프로필:

• 비非내시균형 전략: 각 회차에 플레이어 1은 위반하지 않고 플레이어 2는 처벌하지 않는다.

• 내시균형 전략: 각 회차에 플레이어 1은 위반하지 않고 플레이어 2는 플레이어 1이 현재 회차에 위반할 때, 오직 그때만 처벌한다.

• 부분게임 완전 전략:

플레이어 1은 배반을 처벌하지 않는 일이 없는 한 위반하지 않으며, 그렇지 않은 경우에는 위반한다.

플레이어 2는 플레이어 1이 이번 회차에 위반하면 처벌한다. 어떤 위반도 처벌하지 않고 넘어가지 않는다. 위반이 없는 경우에는 처벌도 없다.

균형 조건:

• '내시' 전략 프로필은 처벌로 플레이어 1에게 가해지는 피해가 위반으로 얻는 이득보다 큰 한, 즉 $h_1 \geq b$인 한 내시균형이다. 그러나 절대 부분게임 완전성을 갖춘 내시균형은 아니다.

• '부분게임 완전' 전략 프로필은 $h_1 \geq b$인 한 부분게임 완전균형이며, 처벌 비용은 미래의 위반에 따른 피해에 비해 지나치게 크지 않다. 즉, $h_2 \leq \delta c / (1-\delta)$이다.

해석:

- 8장에서 다룬 반복적 죄수의 딜레마처럼 균형 상태에서 위반은 처벌 위협으로 억제한다.

- 그렇지만 전략이 부분게임 완전균형을 이루려면 처벌에 유인이 있어야 한다. 가령 '부분게임 완전' 전략에서 플레이어 2가 위반을 처벌하지 않고 넘어가면('지나간 일을 덮으면'), 플레이어 1은 플레이어 2가 미래에도 처벌하지 않을 것이라고 가정한다. 그래서 미래에 더 자주 위반함으로써 '플레이어 2를 이용'한다.

15장

1차 보상의 숨겨진 역할

　여기까지 읽었다면 이 책이 무엇을 다루고 있는지 이해했을 것이다. 지금까지 우리는 하나나 두세 개 수수께끼를 제시하고 숨겨진 보상의 작용을 드러내는 양식화한 게임이론 모형을 구축했다. 이 과정을 충분히 반복하면 게임이론으로 권리, 미학, 윤리학, 이타성, 왜곡 등 인상적인 영역에 걸쳐 혼란스러운 수수께끼를 설명할 수 있다.

　이 과정을 거치는 동안 우리는 게임이론이 필수불가결한 도구임을 증명했다. 예를 들면 값비싼 신호 보내기 사례를 보라. 리처드 도킨스가《이기적 유전자》초판에서 과시적인 긴 꼬리의 용도는 값비싼 신호 보내기라는 설명에 반박했다는 사실을 아는가? 그래도 그는 용서받을 수 있다. 비생산적인 일(여우가 잡아먹기 쉽게 만드는 일)을 하는 게 대체 어떻게 더 바람직한 짝을 만들어준단 말인가? 말도 안 된다! 내시는 그렇지 않다고 말한다. 그 낭비적 요소가 덜 적합하거나, 부유하거나, 영리하거나, 인맥이 넓은 유형에게 더 낭비스럽**다면** 말이다. 내시는 사실 그런 낭비가 귀중한 정보를 제공한다고 가르친다! 또한 낭비해도 결국 그 보상을 받는다고 가르친다.

반복적 죄수의 딜레마는 어떨까? 찰스 다윈이 이 문제를 놓고 고민했으나 답을 찾지 못했다는 사실을 아는가? 어떻게 값비싼 협력이 실제로 협력자에게 이익일 수 있을까? 내시는 협력하지 않는 쪽을 처벌하는 것이 한 가지 방법이라고 말한다. 뒤이어 부분게임 완전성은 처벌해야 할 때 처벌하지 않는 쪽도 처벌해야 한다고 가르친다. 이 모든 것에서 우리는 관찰 가능성, 기대, 고차적 신념, 범주적 규범 등에 관한 일련의 흥미로운 시사점을 모았다.

내시만 그런 상황에 작용하는 유인을 파헤치는 데 도움을 준 것은 아니다. 우리는 **올바른** 유인(우리가 말하는 1차 보상)에도 초점을 맞춰야 했다. 값비싼 신호 보내기를 다룬 장에서 우리는 사람들이 모자이크를 보거나, 화려한 옷을 입거나, 고급 와인인 그랑 뱅 드 보르도를 마시는 데서 쾌락을 얻는다는 사실에 초점을 맞출 수 없었다. 대신 짝이나 연인, 친구, 동료 등으로 받아들여지는 1차 보상에 초점을 맞춰야 했다. 이타성을 다룬 장에서는 사람들이 스스로 중시한다고 밝힌 것("그냥 좋은 일을 하고 싶어요")이나 선행에서 얻는 따스하고 포근한 기분에 초점을 맞출 수 없었다. 우리는 선행으로 얻는 사회적 소득에 초점을 맞춰야 게임이론을 활용할 수 있었다. 물론 게임이론은 유용했다. 그러나 단독으로 기능한 것은 아니었다. 게임이론은 1차 보상에 관한 초점과 함께 작동했다.

우리가 남기고 싶은 메시지는 1차 보상에 관한 초점에 가치가 있다는 점이다. 그것도 아주 큰 가치다. 이 점을 명확히 밝히기 위해 우리는 마침내 열정과 관련해 맨 처음 제기한 수수께끼로 돌아가겠다.

다만 이번에는 게임이론을 활용하지 않고 1차 보상이 작용하는 양상만 분명하게 살필 것이다.

■

이 책 서두에서 열정을 이야기할 때 우리는 이렇게 물었다. 왜 어떤 사람들은 체스나 바이올린 같은 특정 대상에 극도로 열정적일까? 왜 그들은 특정 대상에 열정을 갖게 되었을까?

이 질문에 답할 때는 열정이 어떤 기능을 하도록 설계된 것인지 묻는 게 도움을 준다. 우리가 생각하는 답은 이것이다. 열정은 나중에 물질적, 사회적 편익을 얻을 가능성이 큰 기술과 전문성 개발에 투자할 동기를 부여하도록 설계되었다. 피셔, 라마누잔, 펄먼은 엄청난 존경과 명성과 유산을 얻었다. 펄먼과 피셔는 상당한 재산도 모았다. 심지어 펄먼은 음악으로 아내까지 만났다. 러데키는 아직 젊다. 그렇지만 대학을 졸업할 무렵 이미 유명인이었고 400만 달러로 추정하는 재산까지 모았다.[1]

왜 모두가 모든 것에 최대한 열정적이지 않은지 설명하려면 열정에 따르는 비용을 고려해야 한다. 어떤 비용이 들까?

우리가 보기에 그 비용은 열정이 시간을 잡아먹는다는 것이다. 피셔, 라마누잔, 펄먼은 깨어 있는 시간 동안 대부분 체스와 수학과 바이올린에 집중했다. 러데키는 학교에 다니면서도 일주일에 15~20시간을 수영장에서 보냈고 추가로 헬스장에서 운동했다. 이 모든 시간은 비용을 수반한다. 다른 일에 쓸 수도 있기 때문이다. 피셔는 그 시간에 숙제하거나 사람들과 어울리는 법을 배울 수 있었다. 라마누잔은 그 시간에 아내나 자녀와 함께하거나 좋지 않은 건강을 돌볼 수 있었다. 펄먼은 그 시간에 동네 아이들과 밖에서 놀 수도 있었다. 그는 연습실 창문으로 아이들이 노는 소리를 들으면서 같은 음계와 음절을 몇 번이고 연주했다. 러데키는 그 시간에 수업을 더 듣거나, 더 많은 파티에 가거나, 한두 개 동아리에 가입하는 등 기본적으로 어떤 일이든 할 수 있었다.

여기서 상쇄 관계가 생긴다. 열정은 시간이라는 비용을 수반하는 대신 존경, 명성, 유산, 연애 기회, 때로는 돈이라는 상당한 보상으로 이어질 수 있다.

이 상쇄 관계는 열정의 **심리적** 비용과 편익을 고려하지 않는다는 점에 주목하라. 가령 열정이 얼마나 좋은 기분을 안기는지 고려하지 않는다. 이 책을 여기까지 읽었다면 그런 것이 우리가 설명하려는 근사적 경험에 해당한다는 사실을 알 것이다. 우리의 설명은 학습을 통해 흥미롭거나, 즐겁거나, 의미 있게 받아들일 대상을 유도하는 비용과 편익만 다룬다. 잃어버린 시간과 획득한 명성 혹은 자원이 거기에 해당한다. 우리의 학습 과정은 이러한 것에 반응한다. 그것이 1차 보상이다.

기억할지 모르겠지만 우리가 1차 보상 개념을 도입한 이유는 심리적 비용과 편익(우리가 의식적으로 경험하는 것)을 우리가 학습을 통해 좋아하고 느끼는 것을 좌우하는 비용이나 편익과 구분하기 위해서다. 우리는 후자가 열정이 작동하는 양상을 이해하는 데 도움을 준다고 생각한다.

1차 보상에 기반한 사고의 이점을 조명하기 위해 열정 이야기를 조금 더 해보자. 열정에 대한 우리의 설명은 적어도 사후적ex post으로는 단순하고 다소 명백하다. 물론 그다지 명백하지 않은 예측도 많이 제공한다. 다음은 그중 네 개다.

첫 번째, 당신은 사회적 가치가 없는 대상에는 열정을 품지 않는다. 결국 누구도 신경 쓰지 않는 일에 흔히 말하는 1만 시간을 투자할 필요는 없다. 피셔가 체스만큼 바둑도 잘 둘 수 있었을까? 펄먼은 바이올린만큼 리코더도 잘 연주할 수 있었을까? 아마 그럴 것이다. 그러나 1950년대 뉴욕에서 바둑은 체스만큼 존중받지 않았다. 리코더는 바이올린만큼 위상이 높지 않다. 피셔와 펄먼이 바둑과 리코더에 아무리 많은 시간을 투자했어도 체스와 바이올린에 보인 열정을 가치 있게 만든 존경, 명성, 유산을 낳지는 못했을 것이다.

두 번째, 어떤 일에 열정이 생기는 것은 당신이 그 일을 얼마나 잘하는지뿐 아니라 다른 일을 얼마나 못하는지도 영향을 준다. 가령 펄먼은 장애가 바이올린에 열정이 생기는 데 중요한 역할을 했다고 강조한다. 그는 어린 시절에 부모가 연습을 권장한 이유는 "테니스 선수가 될 수는 없으니 가진 재주를 활용해야 한다"라고 생각했기 때문일 거라고 농담한다.[2] 테니스를 칠 수 없다는 사실은 당연히 펄먼이 테니스에 열정을 품을 가능성을 낮췄다. 또한 이 점은 모든 시간을 바이올린에 쓰는 비용을 줄임으로써 바이올린을 향한 열정을 더욱 키웠을지도 모른다.

세 번째, '슈퍼스타의 경제학'[3]이 작용하는 상황에는 열정도 작용한다. 슈퍼스타에게는 다른 모든 사람보다 훨씬 많이 존중받고 돈을 버는 활동과 직업이 있다. 법률계에서는 소수의 변호사가 파트너 자리까지 오른다. 그들은 다른 변호사보다 훨씬 많이 번다. 스포츠계에서는 수백 명의 선수가 NBA나 프리미어 리그 같은 엘리트 리그까지 올라가 부와 명성을 모두 얻는다. 나머지 선수는 비교적 적은 돈을 벌다가 잊힌다. 예술계도 사정은 마찬가지다. 펄먼 같은 소수의 사람은 풍족하게 살고 나머지는 밥을 굶는다. 보상이 소수에게만 가면 성공하기 위해 엄청난 시간 투자가 필요하다. 또한 애초에 뛰어들 생각이라면 모든 것을 거는 게 최선이다. 열정은 이러한 환경에 잘 맞는다. 열정이 생기면 필요한 시간을 들이게 마련이다. 열정이 없으면 그럴 일도 없다.

네 번째, 최고가 될 가능성이 클 때만 열정이 잘 생긴다. 어린 마이클 조던이나 르브론 제임스가 농구에 보인 열정은 나중에 보상을 안길 수도 있었다. 반면 주방 카운터에 올라가지 않으면 제일 위쪽 찬장에 닿을 수 없는 우리 같은 사람은 어떨까? 그럴 가능성이 없다. 설령 어릴 때 농구를 즐겼어도 우리의 농구 열정은 독서나 기하학 증명에 대한 애호로 대체될 가능성이 컸다. 조던, 제임스, 피셔, 라마누잔, 펄먼, 러데키, 바일스는 모두 재능이 탁월한 사람들이다. 우리는 그 재능이 어디서 왔는지 설명할 수 없다. 다만 더 재능 있는 사람(슈퍼스타가 될 가능성이 있는 사람)은 열정을 품을 가능성이 더 크다.

어떤 현상의 이면에 있는 1차 보상을 분석하다 보면 흔히 이전에 설명하기 어려웠던 온갖 세부 사항도 맞아 들어가는 것을 확인한다. 이 간결성 parsimony(여러 현상을 간명하게 설명함 - 옮긴이)은 우리의 설명이 올바른 경로에 있음을 더욱 확신하게 해준다. 열정에도 우리가 방금 제시한 설명에 들어맞는 것처럼 보이는 수많은 사회심리학적 현상이 있다. 이 현상들도 1차 보상의 기능을 파악하는 것이 이해에 도움을 준다.

아우슈비츠 생존자 빅터 프랭클이 쓴《죽음의 수용소에서》가 그 사례를 제공한다. 그는 죽은 수용자와 살아남은 수용자를 가른 핵심 요소는 의미감이었다고 주장한다. 의미감을 끝까지 유지한 사람은 굴복하지 않았다. 뒤이어 프랭클은 사람들에게 삶의 의미감을 찾으라고 조언한다. 그는 의미치료logotherapy로 알려진 이 원칙을 중심으로 전체 치료법을 구축했다. 무엇이 우리에게 의미감을 줄까? 왜 우리는 무엇이든 이미 하고 있는 일에서 그냥 의미를 얻지 못할까?

우리의 폭넓은 답변은 사람들이 사회적 보상이 주어지는 일에서 의미감을 얻는다는 것이다. 프랭클은 아우슈비츠에서 벗어나면 자신의 연구 결과를 출판하고, 가족과 함께하고, 의미를 찾는 사람들에게 심리학 조언을 제공하겠다는 생각에서 의미를 얻었다. 이 모든 일은 실로 사회적 보상을 얻을 가능성이 컸다. 프랭클은 힘들게 얻은 보잘것없는 음식에서 의미를 얻지 않았다. 음식은 그 자체로 보상일 뿐 추가로 사회적 보상을 수반하지 않았다. 우리 역시 초콜릿 바를 탐닉하거나 허드렛일을 끝내는 데서 의미를 찾지 않는다. 이 일에 따르는 그 나름대로의 보상은 사회적이지 않다. 또한 이런 일을 할 동기를 얻는 데는 의미감이 필요하지 않다.

우리가 주의를 돌릴 다음 현상은 '그릿grit'이다. 연구자들이 말하는 그릿은 장기 목표를 추구하는 과정에서 끝까지 버티려는 의지를 뜻한다. 앤절라 더크워스는 그릿이 다양한 시나리오에서 성공 여부를 말해주는 최고의 예측 요소 중 하나임을 보여주었다. 대학원, 아이비리그 대학, 미 육군사관학교, 심지어 전미 스펠링 대회도 여기에 속한다.[4] 우리는 열정과 의미에 그랬던 것처럼 다음과 같은 의문을 제기한다. 왜 어떤 사람은 다른 사람보다 더 많은 그릿을 지닐까? 왜 그릿을 얻는 게 더 쉽지 않을까?

우리의 폭넓은 답변은 그릿이 열정처럼 다른 일에 할애할 수 있는 시간과 자원 투자를 요구한다는 점이다. 특히 그릿은 습득하는 데 오랜 시간이 걸리는 기술에 유용하다. 대학원이나 아이비리그, 육군사관학교에서 두각을 나타내는 데 필요한 기술이 그렇다. 또한 그릿은 스펠링 대회나 올림픽 수영처럼 대부분 슈퍼스타가 영광을 차지하는 영역에서도 도움을 줄 가능성이 크다. 특정 아동이나 10대가 그릿을 습득할까? 상황에 따라 다르다. 그들이 두각을 나타낼 가능성은 얼마나 될까? 이는 앞서 말한 대로 재능이 좌우한다. 계속 투자할 수 있는 능력도 좌우한다. 고등학교 때 아르바이트를 해야 한다면 이 능력을 저해할 수 있다. 그들이 두각을 나타내면 보상을 받을까? 이는 앞서 확인한 대로 어떤 일에 사회적 가치가 있는지가 좌우한다. 그들에게 관련 기회가 주어지는 것도 좌우한다. 이를테면 그들이 획득한 기술을 선보일 면접 자리로 이어지는 인맥이나 면접 준비에 필요한 지원, 면접 자리까지 갈 능력 등이 있어야 한다.

그다음에는 그들이 다른 일도 얼마나 잘하는가 하는 문제가 있다. 그들이 정말로 그릿을 지니고 숙제를 한다면 이는 좋은 일이다. 반면 숙제를 하느라 체육장학생 자리가 걸린 경쟁에서 밀려나거나, 활기차고 건강한 사교생활을 중단해야 한다면 이는 그리 좋은 일이 아니다. 이 모든 요소는 왜 그릿이 보다 쉽게 생기지 않는지, 왜 그릿을 지니라고 말하기 전에 아이가 처한 특정 상황에 더 민감해야 하는지 이해하는 데 도움을 준다.

다음으로 우리는 에드워드 데시가 실행한 일련의 고전적 실험을 살필 것이다. 이 실험은 대가를 치를 때 사람들이 흔히 일의 동기를 잃는다는 사실을 보여준다. 이를 내재적 동기부여의 구축驅逐이라 부른다. 데시의 가장 유명한 실험에서 참가자들은 비교적 흥미로운 퍼즐을 풀라는 요청을 받았다. 뒤이어 연구팀은 핑계를 대고 참가자들을 몇 분 동안 퍼즐과 함께 남겨둔 채 자리를 떠났다. 그들은 더는 그럴 필요가 없는데도 참가자들이 계속 퍼즐을 푸는지 관찰했다. 이때 두 가지 처치를 적용했다. 통제집단에게는 그냥 참가하기만 해도 참가비를 지급했다. 반면 처치집단에게는 퍼즐을 제대로 푸는 대가로 1달러를 지급했다. 실험 결과 퍼즐을 푸는 대가를 받는 참가자는 실험이 끝난 듯할 때 퍼즐을 계속 풀 가능성이 더 작았다.

데시는 학생신문에 기반한 현장 실험에서도 같은 결과를 재현했다. 이 실험에서 헤드라인을 작성하고 대가를 받는 학생은 대가를 받지 않는 학생보다 동기가 약했다. 심지어 대가를 지급하고 두 달이 지난 뒤에도 그랬다.[5] 이후 다른 연구진은 유치원생과 고등학생뿐 아니라 성인을 대상으로도 다이어트나 금연 혹은 안전벨트 착용과 관련해 같은 결과를 재현했다.

왜 금전 유인은 내재적 동기부여에 이처럼 반직관적 효과를 미칠까? 롤랑 베나부와 장 티롤은 이 현상과 관련해 열정에 대한 우리의 폭넓은 설명에 부합하는 설명을 제시했다.[6] 누군가가 당신에게 어떤 일에 대한 보수를 지불하면 이는 그 일이 보수가 주어질 때만 할 가치가 있으며 사회적 보상으로 이어지지 않는다는 좋은 신호다. 사회적 보상을 위해 할 가치가 있는 일이라면 굳이 그 일을 하도록 보수를 지불할 이유가 없을 테니까! 그러니 그런 일에는 내재적 동기를 부여하지(혹은 유지하지) 않는 게 낫다. 그렇지 않으면 금전 보상이 끝난 후에도 계속 하게 된다.

내재적 동기부여와 피드백 연구 결과에 부합하는 비슷한 설명도 있다. 2000년대 초반 일군의 명석한 연구자가 잘 알려진 사실을 증명하는 일에 나섰다. 그것은 자기 일이 제대로 인정받지 못한다고 느낄 때 사람들이 동기를 잃는다는 점이다. 연구팀은 실험에서 참가자들에게 다소 지루한 과제를 수행하도록 요청했다. 무작위로 나열한 문자열 중에서 s가 두 번 나온 횟수를 센다거나, 레고 바이오니클 액션 피규어를 만드는 일이 그것이다. 연구팀은 모든 참가자에게 그들이 확인한 쪽수나 완성한 피규어 수에 따라 같은 금액을 치렀다.

반면 작업 내용을 인정하는 양상에는 변화를 주었다. 이를테면 일부 참가자는 작업한 용지를 검토한 다음 세심하게 정리하거나, 완성한 모든 바이오니클을 눈에 띄게 나란히 전시했다. 다른 참가자는 작업물을 무시하거나 더 나쁘게는 파쇄했다. 바이오니클도 제출하자마자 바로 해체했다. 그 결과 일관성 있는 양상이 드러났다. 참가자들은 똑같은 보수를 받았으나 작업물을 인정받은 경우 더 오래(약 50%) 작업했다. 반대로 작업물을 파괴한 경우 끈기를 훨씬 덜 발휘했다.

왜 동기부여를 결정할 때 인정이 그토록 중요한 걸까? 그 피드백이 내재적 동기부여가 결실을 거두기에 충분한 사회적 보상을 얻을지 알려주는 유용한 신호이기 때문이다.

다음으로 살필 심리 현상은 '몰입flow'이다. 심리학자들은 어떤 일에 푹 빠져 시간의 흐름을 잊고, 주변 상황을 인지하지 못하는 정신 상태를 설명할 때 몰입 개념을 쓴다. 이 개념은 1970년대 중반 심리학자 미하이 칙센트미하이가 고안했다. 그의 연구 목표는 직장에서 몰입을 유도하는 방법을 찾는 데 있었다. 그러면 노동자가 일을 더 즐기게 만들고 생산성을 높일 수 있기 때문이다. 연구 결과 그는 몰입을 유도하려면 세 가지 핵심 조건이 필요하다는 사실을 발견했다. 분명한 목표, 즉각적인 피드백, 기회와 역량 균형이 그것이다. 기회와 역량 균형은 어떤 과제를 시도하는 사람의 기술을 감안할 때 해당 과제가 도전적일 만큼 어렵되, 불가능할 만큼 어려워서는 안 된다는 뜻이다. 왜 우리는 이 특정 조건을 충족할 때, 오직 그때만 몰입을 경험할까?

몰입한다는 것은 우리가 따분할 때 흔히 그러듯 시간을 쓸 다른 선택지를 고려하지 않는 것을 의미한다. 몰입은 상당히 즐겁다. 그래서 우리가 그 상태에 이르고 그다음에는 그 상태를 유지하도록 동기를 부여한다. 도전 과제를 받아 거기에 성공하는 것은 인적자본을 획득하는 최적의 조건이다. 그러니 그런 조건을 충족할 때만 몰입을 느끼는 것은 충분히 타당한 일이다.

끝으로 피드백이 그릿, 몰입, 내재적 동기부여에서 맡는 역할에 관한 이러한 주장은 학습된 무기력learned helplessness과 관련이 있는 일련의 고전적 연구 결과와 연결된다. 1960년대 말 심리학자 마틴 셀리그먼은 개들에게 무작위로 전기충격을 가하는 잔인한 실험을 했다.[7] 그는 괴로워하는 개들 앞에 레버를 놓았다. 개들은 전기충격을 멈춰보려고 레버를 눌렀다. 그러나 레버를 눌러도 아무 일도 일어나지 않았다. 결국 개들은 누운 채 전기충격이 가해질 때마다 무기력하게 낑낑대기만 했다.

어느 정도 시간이 지난 뒤 셀리그먼은 새로운 실험을 시작했다. 이번에도 그는 불쌍한 개들에게 전기충격을 가했다. 다만 이번에는 개들이 레버를 누르면 전기충격을 멈출 수 있었다. 그는 이전 실험에 참가한 개들을 새로운 실험에 다시 동원했다. 이때 이전 실험에 참가하지 않은 새로운 개도 몇 마리 합류했다. 2장을 주의 깊게 읽은 독자라면 개들이 레버를 눌러 전기충격을 멈추는 법을 빠르게 학습했을 거라고 추측할 것이다. 실제로 그런 일이 일어났다. 오직 새로 참가한 개들에게만 말이다. 이전 실험에 참가한 개들은 이번에도 누워서 무기력하게 낑낑거릴 뿐이었다. 그들은 레버를 써서 전기충격을 멈추려는 시도조차 하지 않았다.

이 학습된 무기력은 처음에는 비생산적으로 보일 수 있다. 사실은 상당히 합리적이다. 셀리그먼이 실험에 동원한 개들은 노력해도 소용없다는 충분한 피드백을 받았다. 그래서 자신이 만든 바이오니클이 눈앞에서 해체되는 광경을 본 참가자들과 마찬가지로 동기를 잃어버린 것이다.

셀리그먼의 개 실험은 이후 쥐 같은 다른 동물들로 재현했다. 그 결과 역시 불우한 환경에서 자란 사람들이 드문 기회를 얻어도 예상과 달리 그 기회를 활용하려는 의욕을 보이지 않는 이유를 설명하는 데 쓰였다. 이 양상도 특정 사례에서는 비생산적으로 보일지 모른다. 그러나 전체적으로 보면 사람들이 성공 가능성이 있을 때 내재적 동기부여, 그릿, 열정 같은 것을 지닐 가능성이 크다는 생각에 부합한다. 성공 확률이 낮으면 이러한 자질이 생기지 않을 가능성이 크다.

■

이런 열정 분석에서 우리가 좋아하는 점은 아주 작은 것으로 상당히 많은 걸 설명할 수 있다는 것이다. 실로 우리가 할 일은 1차 보상 측면에서 비용과 편익을 따지기만 하면 된다. 이는 간단한 일이다. 기술을 연마하면 다양한 보상이 쌓인다. 이 보상은 기술 연마에 필요한 시간, 주의, 금전 측면의 비용과 비교해야 한다. 그 과정에서 우리는 비교우위, 슈퍼스타의 경제학, 인적자본투자 이론 같은 기본 경제 원칙을 접했다. 하지만 이러한 원칙은 어렵지 않고 심지어 중요하지도 않다.

중요한 것은 무엇을 비용과 편익으로 잡을지 제대로 파악하는 일이다. 즉, 올바른 회계 시스템을 만들어야 한다. 이를 위해서는 다른 것이 아니라 1차 보상을 따져봐야 한다. 주어진 과제를 수행하기가 얼마나 좋게, 의미 있게, 지겹게 느껴지는지 같은 것 말이다.

우리의 열정 분석은 더 일반적인 요점을 드러내기 위한 하나의 사례연구에 불과하다. 이 책은 1차 보상을 분석하는 강력한 도구인 게임이론에 초점을 맞췄다. 이 도구는 자기 몫의 수수께끼를 풀었고 더 많은 수수께끼를 풀 것이다. 우리가 다루지 않았거나 아직 고안하지 않은 게임이 많다. 실로 강력한 것은 바로 **숨겨진** 부분, 즉 1차 보상에 관한 숨겨진 회계 시스템이다. 거기에 주의를 기울이기만 하면 우리는 훨씬 많은 수수께끼를 풀 수 있다.

감사의 말

각 장을 꼼꼼하게 검토해준 베서니 부룸, 우리의 주장과 관련된 사실을 확인해준 일라이 크레이머, 도표와 설명을 검토해준 앤드루 퍼도시언에게 감사한다. 남아 있는 모든 오류는 그들이 아니라 우리의 잘못이다. 초고를 읽고 사려 깊은 의견을 들려준 애덤 베어, 댄 베커, 롭 보이드, 브래드 레벡, 앤디 맥아피, 패트릭 맥얼바나, 헬레나 미튼, 크리스티나 모야, 마이클 무투크리슈나, 라이오넬 페이지, 카일 토머스, 조너선 슐츠, 헨리 토우즈너, 댄 윌리엄스에게도 감사한다. 또한 우리가 이 프로젝트에 매달리는 동안 가르침과 금전 지원을 베푼 크리스티안 힐베, 마틴 노왁, 샌디 펜틀런드, 데이브 랜드에게 감사한다. 끝으로 우리가 오랫동안 이런 생각을 전개하고 논거를 다듬는 데 도움을 준 많은 학생과 동료, 가족, 친구에게 감사한다.

1장 ── 왜 그렇게 행동할까

1   Rhein, John von. "'Itzhak' an Intimate Film Portrait of Violinist Perlman." Chicago Tribune, 2018. 4. 3, www.chicagotribune.com/entertainment/ct-ent-classical-itzhak-0404-story.html.

2   "Pablo Picasso." Encyclopedia Britannica, www.britannica.com/biography/Pablo-Picasso. 2021년 8월 9일 접속; "15 Pablo Picasso Fun Facts." Pablo Picasso: Paintings, Quotes, & Biography, www.pablopicasso.org/picassos-facts.jsp. 2021년 8월 9일 접속.

3   "GiveWell's Cost-Effectiveness Analyses." GiveWell, www.givewell.org/how-we-work/our-criteria/cost-effectiveness/cost-effectiveness-models. 2021년 8월 9일 접속.

4   Boyle, Kevin J., et al. "An Investigation of Part-Whole Biases in Contingent-Valuation Studies." Journal of Environmental Economics and Management, vol.27, no.1, 1994, pp.64~83, doi:10.1006/jeem.1994.1026.

5   이 내용에 익숙지 않다면 카너먼과 탈러, 댄 애리얼리 저서를 읽어볼 것을 권한다.

6   이 주장에 익숙지 않다면 다음 자료가 좋은 출발점이 되어줄 것이다. 리처드 도킨스, 《이기적 유전자》(1976) 또는 스티븐 핑커, 《마음은 어떻게 작동하는가》(1997). 진화가 우리의 선호를 좌우하는 더 많은(흥미로운) 사례와 그것이 정책과 관련해 어떤 의미를 지니는지는 로버트 프랭크의 책들을 참고하라.

2장 ── 무엇이 우리를 움직이나

1   www.youtube.com/watch?v=TtfQlkGwE2U.

2   강화 학습은 우리가 이 장에서 설명한 것보다 훨씬 더 정교하다. 특히 진화로 우리

에게 미리 입력된 많은 정보를 활용한다. 우리는 데이터를 구조화해 효율적으로 활용한다. 또한 데이터를 수집해 가치 있는 것만 적절한 시기에 활용한다. 우리는 합리적인 최초 추정(사전 신념)을 한다. 우리는 영유아기 때 이미 이 모든 것을 한다. 이 모든 것은 우리가 강화 학습뿐 아니라 전반적인 학습을 꽤 효율적으로 하도록 만든다. 다음은 이러한 주장을 담은 논문과 도서다. Tenenbaum, J. B., C. Kemp, T. L. Griffiths, and N. D. Goodman. "How to Grow a Mind: Statistics, Structure, and Abstraction." Science, vol.331, no.6022, 2011, pp.1279~1285; Gopnik, Alison, Andrew N. Meltzoff, and Patricia K. Kuhl. The Scientist in the Crib: Minds, Brains, and How Children Learn. New York: William Morrow, 1999; Schulz, Laura. "The Origins of Inquiry: Inductive Inference and Exploration in Early Childhood." Trends in Cognitive Sciences, vol.16, no.7, 2012, pp.382~389; Gallistel, C. R. The Organization of Learning. Cambridge, MA: MIT Press, 1990; Barret, H. Clark. The Shape of Thought: How Mental Adaptations Evolve. Oxford UK: Oxford University Press, 2014. 이 책은 아주 멋지다. 무엇보다 중요한 점은 이 장의 핵심 교훈, 즉 학습이 우리를 최적화로 이끄는 일을 정말 잘한다는 교훈을 약화하지 않는다는 것이다. 이 책은 오히려 학습을 훨씬 효율적인 최적화 기제로 만들어 이 논점을 강화한다.

3   이 장에서 소개하는 많은 사회적 학습 사례는 다음 자료에서 가져왔다. Joe Henrich, The Secret to Our Success(Princeton, NJ: Princeton University Press, 2015). 한 번 읽어볼 것을 강력히 추천한다.

4   Zmyj, Norbert, David Buttelmann, Malinda Carpenter, and Moritz M. Daum. "The Reliability of a Model Influences 14-Month Olds' Imitation." Journal of Experimental Child Psychology, vol.106, no.4, 2010, pp.208~220.

5   Jaswal, Vikram K., and Leslie A. Neely. "Adults Don't Always Know Best: Preschoolers Use Past Reliability over Age when Learning New Words." Psychological Science, vol.17, no.9, 2006, pp.757~758.

6   VanderBorght, Mieke, and Vikram K. Jaswal. "Who Knows Best? Preschoolers Sometimes Prefer Child Informants over Adult Informants." Infant and Child Development: An International Journal of Research and Practice, vol.18, no.1, 2009, pp.61~71.

7   참고자료: Gergely, György, Harold Bekkering, and Ildikó Király. "Rational Imitation in Preverbal Infants." Nature, vol.415, no.6873, 2002, p.755; Gellén, Kata, and David Buttelmann, "Fourteen-Month-Olds Adapt Their Imitative Behavior in Light of a Model's Constraints." Child Development Research, vol.2017, 2017,

pp.1~11, doi:10.1155/2017/8080649. 관련 내용을 유용하게 정리한 자료는 다음을 참고할 것. Harris, Paul L. Trusting What You're Told. Cambridge, MA: Harvard University Press, 2012.

8   물론 학습은 체계적 오류로 이어질 수도 있다. 이는 그 나름대로 흥미로운 주제다. 그와 관련된 좋은 사례를 확인하고 싶다면 다시 한번 다음 자료를 추천한다. Joe Henrich, The Secret to Our Success: How Culture Is Driving Human Evolution, Domesticating Our Species, and Making Us Smarter(Princeton, NJ: Princeton University Press, 2015). 하지만 이 책에서는 학습이 원래의 의도대로 우리의 적응을 도울 때 일어나는 일에 초점을 맞출 것이다.

9   그렇다고 인과적 이해에 기반한 의식적 통찰이 이런 혁신과 더 일반적으로 최적화에 아무런 역할도 하지 않는다고 말하려는 것은 아니다. 우리의 관점에서 이는 게임이론 활용을 저해하지 않는다. 오히려 통찰은 최적화를 가속하고 개선하는 데 도움을 주며 우리가 게임이론을 활용하는 일에 보다 자신감을 갖도록 만들 수 있다. 게임이론을 활용해 의식적 최적화를 분석하는 것은 그다지 반직관적인 일이 아니다.

10   Billing, Jennifer, and Paul W. Sherman. "Antimicrobial Functions of Spices: Why Some Like It Hot." Quarterly Review of Biology, vol.73, no.1, 1998, pp.3~49.

11   네이선 넌을 위시해 점점 늘어나는 경제학자는 훌륭한 실증 방법론을 활용해 문화가 지체되는 양상을 기록했다. 이러한 지체의 결과로 한때 기능적이던 선호가 이후로 오랫동안 내재된 상태로 남는다. 이 내용이 흥미롭다면 우리가 강력히 추천하는 넌의 논문에 더해 다음 자료를 살펴보라. Madestam, A., D. Shoag, S. Veuger, and D. Yanagizawa-Drott. "Do Political Protests Matter? Evidence from the Tea Party Movement." Quarterly Journal of Economics, vol.128, no.4, 2013, pp.1633~1685, doi:10.1093/qje/qjt021; Giuliano, P., and A. Spilimbergo. "Growing Up in a Recession." Review of Economic Studies, vol.81, no.2, 2013, pp.787~817, doi:10.1093/restud/rdt040;Malmendier, Ulrike, and Stefan Nagel. "Depression Babies; Do Macroeconomic Experiences Affect Risk-Taking?", SSRN Electronic Journal, 2007, doi:10.2139/ssrn.972751; Alesina, Alberto, and Nicola Fuchs-Schünderln. "Good-Bye Lenin(or Not?): The Effect of Communism on People's Preferences." American Economic Review, vol.97, no.4, 2007, pp.1507~28, doi:10.1257/aer.97.4.1507.

3장 —— 행동을 설명하는 세 가지 구분

1   Rozin, P., and D. Schiller. "The Nature and Acquisition of a Preference for Chili Pepper by Humans." Motivation and Emotion vol.4, no.1, 1980, pp.77~101.

2   유리 그니지는 금전 유인이 때로 역효과를 일으킨다는 사실을 보여주는 연구를 꽤 많이 했다. 다음 책에서 추가 사례를 확인할 수 있다. Uri Gneezy, and John List, The Why Axis: Hidden Motives and the Undiscovered Economics of Everyday Life. New York: PublicAffairs, 2013.

3   해당 영상 링크는 다음과 같다. www.youtube.com/watch?v=MO0r930Sn_8.

4   우리가 스택익스체인지StackExchange에서 발견한 이 진지한 논의의 링크는 다음과 같다. https://scifi.stackexchange.com/questions/172890/in-universe-explana-tion-for-why-is-the-tos-era-enterprise-is-more-austere-that-t.

5   Davidson, Baruch S. "Why Do We Wear a Kippah?" Chabad.org. www.chabad.org/library/article_cdo/aid/483387/jewish/Why-Do-We-Wear-a-Kip-pah.htm. 2020년 8월 9일 접속.

6   쿼라에서 찾은 말들로 링크는 다음과 같다. www.quora.com/What-do-Protes-tants-think-of-the-Pope.

4장 —— 성비는 왜 균형을 이룰까

1   다음 링크에서 책 전체 내용을 볼 수 있다. http://darwin-online.org.uk/content/frameset?itemID=F937.1&viewtype=text&pageseq=1.

2   Fabiani, Anna, Filippo Galimberti, Simona Sanvito, and A. Rus Hoelzel. "Extreme Polygyny Among Southern Elephant Seals on Sea Lion Island, Falkland Islands." Behavioral Ecology, vol.15, no.6, 2004, pp.961~969, doi:10.1093/behe-co/arh112.

3   Berger, Michele. "Till Death Do Them Part: Eight Birds That Mate for Life." Audubon, 2017. 10. 2, www.adubon.org/news/till-death-do-them-part-8-birds-mate-life.

4   Edwards, A. W. F. "Natural Selection and the Sex Ratio: Fisher's Sources." American Naturalist, vol.151, no.6, 1998, pp.564~569, doi:10.1086/286141. 과학 덕후들을 위해 재미있는 역사 잡학을 하나 덧붙인다. 사실 다윈은 이 답을《인간의 유래와 성선택》초판에 포함했다. 그런데 갑자기 생각을 바꿔 2판부터는 해당 부분과 함

께 성비를 다룬 전체 내용을 빼버렸다. 사람들은 오랫동안 피셔가 스스로 답을 찾아냈다고 생각했다. 이제 우리는 피셔가《인간의 유래와 성선택》초판을 갖고 있었다는 사실을 안다. 그는 다윈의 논리가 다른 생물학자들 사이에 꽤 일반적으로 받아들여졌다고 생각한 모양이다. 그래서 다윈의 논증을 반복하면서도 굳이 인용 표시를 하지 않았다. 아무튼 관습에 따라 앞으로도 이를 피셔의 답으로 부를 것이다.

5 Trivers, Robert L., and Hope Hare. "Haploidploidy and the Evolution of the Social Insect." Science, vol.191, no.4224, 1976, pp.249~263.

6 Herre, Edward Allen. "Sex Ratio Adjustment in Fig Wasps." Science, vol.228, no.4701, 1985, pp.896~8988.

7 Trivers, R. L., and D. E. Willard. "Natural Selection of Parental Ability to Vary the Sex Ratio of Offspring." Science, vol.179, 1973, pp.90~92.

8 포유류의 경우 성공의 여부는 성비에 작은 효과를 미치는 경향이 있다. 조류와 곤충은 그 효과가 더 크다. 아마 그 이유는 암컷이 건강이나 위상, 환경 여건에 따라 자손의 성을 더 쉽게 조절할 수 있기 때문일 것이다. 조류의 암컷은 X염색체와 Y염색체를 함께 지닌다(반면 포유류 암컷은 X염색체만 지닌다). 곤충의 경우 무수정란은 암컷으로 성장하고 수정란은 수컷으로 성장한다. 어미는 짝의 정자를 보관했다가 일부 알만 수정한다. 인간은 어떨까? 놀랍게도 CEO와 회장은 아들을 낳을 확률이 훨씬 높다. 또한 우리의 성비는 S&P500을 추종한다. 주식시장이 활황이면 남자아이가 많이 태어난다. 사실 CEO와 회장, 주식시장의 활황과 불황은 그리 많지 않아서 이는 통계적 잡음에 불과할 수 있다. 그런데도 작지만 확고한 효과를 보여주는 일련의 덜 흥미로운 연구도 있다. 관련 문헌을 정리해준 칼 벨러에게 감사하며 그의 논문(데이비드 헤이그, 마틴 노왁 공저)을 추천한다. "The Trivers-Willard Hypothesis: Sex Ratio or Investment?" Proceedings of the Royal Society B: Biological Sciences, vol.283, 2016. 3. 11, https://royalsocietypublishing.org/doi/10.1098/rspb.2016.0126.

5장 —— 매와 비둘기 그리고 인간의 권리

1 우리는 노벨상을 받은 게임이론가 로저 마이어슨 덕분에 이 주장을 알게 되었다. 다음 링크에서 그의 논문 "Justice, Institutions, and Multiple Equilibria"를 볼 수 있다. http://home.uchicago.edu/~rmyerson/research/justice.pdf.

2 Smith, J. Maynard, and G. R. Price. "The Logic of Animal Conflict." Nature, vol.246, no.5427, 1973, pp.15~18, doi:10.1038/246015a0.

3 Davis, Nicholas B. "Territorial defence in the speckled wood butterfly (Pararge

aegeria): the resident always wins." Animal Behavior, vol.26, 1978, pp.138~147.

4   Shaw, Alex, Vivian Li, and Kristina R. Olson. "Children Apply Principles of Physical Ownership to Ideas." Cognitive Science, vol.36, no.8, 2012, pp.1383~1403, doi:10.1111/j.1551-6709.2012.01265, x.

5   이런 질문에 답하려면 매-비둘기 게임으로 표현하는 요소를 넘어 다른 수많은 요소를 고려해야 한다. 가령 효율성이 큰 역할을 할 가능성이 크다. 즉, 다양한 압력이 비효율적 권리 체계를 보다 효율적 권리 체계로 대체할 가능성이 크다. 권리는 문화권 내에서 유지하고 공표하는 가치관에 부합하도록 억제되기도 한다. 어느 정도 무작위성이 슬그머니 들어왔다가 다른 압력이 작용하지 않는 경우 계속 남을 수도 있다.

6   Rogin, Josh. "Inside the U.S. 'Apology' to Pakistan." Foreign Policy, 2012. 7. 3, foreignpolicy.com/2012/07/03/inside-the-u-s--apology-to-pakistan.

7   당신은 이 테드 강연을 둘러싼 논쟁을 알고 있을지도 모른다. 커디 박사가 강연에서 언급한 일부 결과(파워 포즈가 호르몬에 미치는 효과)는 재현되지 않았다. 우리는 파워 포즈가 힘에 관한 주관적 느낌에 미치는 효과는 재현된다고 생각한다. 또한 그녀가 내세운 기법은 운동선수나 배우가 경기와 촬영 전에 흔히 사용하는 것이다. 우리에게 더 중요한 점은 이 강연이 대단히 높은 조회수를 올렸다는 사실이다(전체 테드 강연 중 역대 3위이며 유튜브에서 싱글 1위 곡과 거의 같은 수치를 기록했다). 이는 이러한 조언의 수요가 얼마나 많은지 말해준다.

8   Moskowitz, Clara. "Bonding with a Captor: Why Jayce Dugard Didn't Flee." Livescience.Com, 2009. 8. 31, www.livescience.com/7862-bonding-captor-jaycee-dugard-flee.html.

9   "A Revealing Experiment: Brown v. Board and 'The Doll Test.'" NAACP Legal Defense and Educational Fund, 2019. 3. 4, www.naacpldf.org/ldf-celebrates-60th-anniversary-brown-v-board-education/significance-doll-test. 인형 실험의 원래 논문은 이것이다. Almosaed, Nora. "Violence Against Women: A Cross-cultural Perspective." Journal of Muslim Minority Affairs, vol.24, no.1, 2004, pp.67~88, doi:10.1080/1360200042000212124. 관련된 추가 연구 결과는 세계보건기구의 2009년 보고서 〈폭력을 뒷받침하는 문화적, 사회적 규범 바꾸기Changing Cultural and Social Norms That Support Violence〉에서 언급한다.

10   참고자료: Amoakohene, M. "Violence Against Women in Ghana: A Look at Women's Perceptions and Review of Policy and Social Responses." Social Science & Medicine, vol.59, no.11, 2004, doi:10.1016/s0277-9536(04)00163-7.

11   Westcott, Kathryn. "What Is Stockholm Syndrome?" BBC News, 2013. 8. 22,

www.bbc.com/news/magazine-22447726.

6장 —— 아름다움을 둘러싼 게임

1 가령 다윈의《인간의 유래와 성선택》13장을 참고하라.

2 우리는 길고 과시적인 꼬리를 값비싼 신호로 보는 자하비의 설명에 초점을 맞춘다. 다른 설명도 있다. 그중 가장 두드러진 것은 다윈이 먼저 주장하고 피셔가 확장한 '고삐 풀린 선택'이다. 근래의 관련 자료는 다음과 같다. Richard Prum, The Evolution of Beauty(New York: Anchor, 2017). '고삐 풀린 선택'의 경우 암컷 공작이 (아마도 처음에는 긴 꼬리에 약간 기능이 있거나, 그냥 우연히) 긴 꼬리를 선호하면 그 선호에서 멀어지는 방향으로 변이한 암컷은 불리해진다. 덜 건강한 수컷과 짝짓기하게 되어서가 아니라 짝들의 꼬리가 짧을 가능성이 크고, 그에 따라 수컷 자손이 보편적 선호와 거리가 멀어 짝짓기 기회가 적을 것이기 때문이다.

3 Evans, Matthew R., and B. J. Hatchwell. "An Experimental Study of Male Adornment in the Scarlet-Tufted Malachite Sunbird: The Role of Pectoral Tufts in Territorial Defence." Behavioral Ecology and Sociobiology, vol.29, no.6, 1992, doi: 10.1007/bf001700171.

4 우리가 아는 바에 따르면 이렇게 꼬리 길이를 바꾸는 방식을 처음 쓴 연구 결과는 이것이다. Andersson, Malte. "Female Choice Selects for Extreme Tail Length in a Widowbrid." Nature, vol.299, no.5886, 1982, pp.818~820, doi:10.1038/299818a0.

5 과시적 소비에 관심 있는 독자는 다음 저서를 참고하라. Robert H. Frank, Luxury Fever(Princeton, NJ: Princeton University Press, 1999). 이 책에는 훨씬 많은 사례와 함께 정책 관련 내용이 나온다.

6 우리는 다음 자료에서 이 사실을 알게 되었다. Ken Albala, "Food: A Cultural Culinary History" (The Great Courses, www.thegreatcourses.com/courses/food-a-cultural-culinary-history). 추가 자료: Maanvi Singh, "How Snobbery Helped Take the Spice Out of European Cooking" NPR, 2015. 3. 26.

7 Shephard, Wade. "Why Chinese Men Grow Long Fingernails." Vagabond Journey(블로그), 2013. 5. 14. www.vagabondjourney.com/why-chinese-men-grow-long-fingernails.

8 값비싼 신호 모형을 이 사례에 적용하는 내용은 유리 그니지와의 대화에서 진전이 있었다.

9 Skin Lightening Products Market Size, Share & Trends Analysis Report by

Product, by Nature, by Region, and Segment Forecasts, 2019-2025. Grand View Research, 2019. 8, www.grandviewresearch.com/industry-analysis/skin-lightening-products-market.

10 Schube, Sam, and Yang-Yi Goh. "The Best White Dress Shirts Are the Foundation to Any Stylish Guy's Wardrobe." GQ, 2019. 9. 19, www.gq.com/story/the-best-white-dress-shirts.

11 Wagner, John A., and Susan Walters Schmid. Encyclopedia of Tudor England. vol.1, A-D, p.277. Santa Barbara, CA: ABC-CLIO, 2011.

12 실제로 폴 블룸의《우리는 왜 빠져드는가》(2010)는 우리의 미의식이 지닌 온갖 별난 속성으로 가득하다. 강력히 추천한다. 제프리 밀러의《연애》(2000)는 값비싼 신호로 형성될 수 있는 미의식의 다른 많은 측면을 다룬다. 다만 이 책의 초점은 주로 잠재적 짝에 대한 신호 보내기에 맞춰져 있다. 스티븐 핑커는 미의식에 또 다른 고전적 관점을 제시한다. 널리 알려진 '청각적 치즈케이크auditory cheesecake'라는 표현은 원래《마음은 어떻게 작동하는가》에서 논의했다. 이 논의는 V. S. 라마찬드란의 연구로 매우 훌륭하게 확장되었다. 참고자료는 다음과 같다. Ramachandran, V. S., and William Hirstein. "The Science of Art: A Neurological Theory of Aesthetic Experience." Journal of Consciousness Studies, vol.6, no.6-7, 1999, pp.15~51.

13 시즌1 7회에 해당 장면이 나온다.

14 이 사례는 많은 정보를 제공하는 와인폴리에서 빌려왔다. 이 사이트를 만든 사람들은 유명한 와인 관련 저서 두 권을 집필했으며, 세계에서 가장 방대한 와인 데이터베이스를 관리한다. 이 사례의 출처는 다음과 같다. Keeling Phil. "50 of the Most Eye-Rolling Wine Snob Moments." Wine Folly, 2020. 6. 9, winefolly.com/lifestyle/50-of-the-most-eye-rolling-wine-snob-moments.

15 다음 복스Vox 영상은 복잡한 라임이 진화한 과정을 보여주며 뛰어난 사례와 설명도 포함하고 있다. https://youtu.be/QWveXdj6oZU.

16 Mindel, Nissan. "Laws of the Morning Routine." Chabad.org, www.charbad.org/library/article_cdo/aid/111217/jewish/Laws-of-the-Morning-Routine.htm.

17 이 내용과 관련해 다음 자료를 적극 추천한다. Ara Norenzayan, Big Gods (Princeton, NJ: Princeton University Press, 2013); Edward Slingerland and Azim Shariff, "The Science of Religion", www.edx.org/course/the-science-of-religion). 이 책에는 여기서 언급한 증거들의 논평과 함께 훨씬 흥미로운 자료가 담겨 있다.

18 소시스의 설명과 다른 설명도 있다. 가령 조 헨리히에 따르면 사람들은 극단적인 종교의식에 참여할 의지가 있는 사람에게는 그럴만한 충분한 이유가 있을 거라고 추정

한다. 그래서 그런 의식과 그에 따르는 신념은 신호를 보내는 기능 혹은 같은 맥락에서 다른 기능을 하지 않아도 전파될 수 있다. 참고자료: Henrich, Joseph. "The Evolution of Costly Displays, Cooperation and Religion: Credibility Enhancing Displays and Their Implications for Cultural Evolution." Evolution and Human Behavior vol.30, no.4, 2009, pp.244~260.

19 이 주장과 앞으로 나올 일부 증거는 다음 자료에 정리되어 있다. Sosis, Richard. "Why Aren't We All Hutterites?" Human Nature, vol.14, no.2, 2003, pp.91~127. doi:10.1007/s12110-003-1000-6.

20 참고자료: Sosis, Richard, and Eric R. Bressler. "Cooperation and Commune Longevity: A Test of the Costly Signaling Theory of Religion." Cross-Cultural Research, vol.37, no.2, 2003, pp.211~39, doi:10.1177/1069397103037002003; Sosis, Richard. "The Adaptive Value of Religious Ritual." American Scientist, vol.92, no.2, 2004. p.166, doi:10.1511/2004.46.928.

21 참고자료: Stark, Rodney, The Triumph of Christianity, New York: Harper-One, 2011, Chapter 20.

22 Sosis, R., Howard C. Kress, and James S. Boster. "Scars for War: Evaluating Alternative Signaling Explanation for Cross-Cultural Variance in Ritual Costs." Evolution and Human Behavior, vol.28, no.4, 2007, pp.234~247, doi:10.1016/j.evolhumbehav.2007.02.007.

23 Soler, Montserrat. "Costly Signaling, Ritual and Cooperation: Evidence from Candomblé, an Afro-Brazilian Religion." Evolution and Human Behavior, vol.33, no.4, 2012, pp.346~356, doi:10.1016/j.evolhumbehav.2011.11.004.

7장 —— 신호를 감추는 겸손 전략

1 그리스 철학자 디오게네스가 쓴 표현이다.

2 Lau, Melody. "Justin Bieber Gives Singer Carly Rae Jepsen a Boost." Rolling Stone, 2012. 3. 12.

3 "Grigory Sokolov: Biography." Deutsche Grammophon, 2020. 3, www.deutschegrammophon.com/en/artists/grigory-sokolov/biography.

4 Cooper, Michael. "Lang Lang Is Back: A Piano Superstar Grows Up." New York Times, 2019. 7. 26, www.nytimes.com/2019/07/24/arts/music/lang-lang-piano.html.

5   Qiu, Jane. "Rothko's Methods Revealed." Nature, vol.456, no.7221, 2008, p.447, doi:10.1038/456447a.

6   이 장은 크리스티안 힐베와 마틴 노왁이 개발한 모형에 기반한다. 참고자료: Hoffman, Moshe, Christian Hilbe, and Martin A. Nowak. "The Signal-Burying Game Can Explain Why We Obscure Positive Traits and Good Deeds." Nature Human Behaviour, vol.2, no.6, 2018, pp.397~404. 이 모형은 반대 신호 보내기countersignalling 모형 같은 다른 모형과 밀접한 관련이 있다. 참고자료: Feltovich, Nick, Richmond Harbaugh, and Ted To. "Too Cool for School? Signalling and Countersignalling." RAND Journal of Economics, 2002, pp.630~649.

7   겸손은 때로 사회적 제재를 피하려는 욕구에서 기인한다. 이는 평등한 수렵채집인 사이에서 흔한 현상이다. 참고자료: R. B. Lee and I. DeVore 편집, Kalahari Hunter-Gatherers: Studies of the Kung San and Their Neighbors. Cambridge, MA: Harvard University Press, 1976. 그러나 겸손을 이렇게 설명하는 것은 우리가 누군가의 겸손한 면모를 알게 되었을 때 그 사람의 성향을 긍정적으로 추론하는 이유를 설명하지 못한다.

8   Flegenheimer, Matt. "Thomas Kinkade, Painter for the Masses, Dies at 54." New York Times, 2012. 4. 8, www.nytimes.com/2012/04/08/arts/design/thomas-kinkade-artist-to-mass-market-dies-at-54.html.

8장 ── 증거는 어떻게 왜곡될까

1   LaFata, Alexia, and Corinne Sullivan. "What Are the Best Tinder Bios to Get Laid? Here Are 4 Tips." Elite Daily, 2021. 6. 8, www.elitedaily.com/dating/best-tinder-bios-to-get-laid.

2   "How to Write an Effective Resume." The Balance Careers, www.thebalancecareers.com/job-resumes-4161923. 2021년 8월 27일 접속.

3   Athey, Amber. "MSNBC reporter Gadi Schwartz busts his own network's narrative about the caravan: 'From what we've seen, the majority are actually men and some of these men have not articulated that need for asylum.'" Twitter, 2018. 11. 26, twitter.com/amber_athey/status/1067163239853760512. 미국에는 거의 전적으로 뉴스만 내보내는 케이블 TV 채널이 세 개 있다. CNN, MSNBC, 폭스가 그것이다. 이들 채널의 프로그램은 정치를 많이 다룬다. 이들이 정치적 편향을 보인다는 것은 비밀이 아니다. CNN과 MSNBC는 진보 성향이며 폭스 뉴스는 잘 알려진 대로 보

수 성향이다.

4   Peters, Justin. "Fox News Is the Tarp on the MAGA Van." Slate, 2018. 10. 27, slate.com/news-and-politics/2018/10/cesar-sayoc-fox-news-trump-fanaticism.html.

5   Smart, Charlie. "The Differences in How CNN, MSNBC, and FOX Cover the News." The Pudding, pudding.cool/2018/01/chyrons. 2021년 8월 27일 접속.

6   Nicas, Jack. "Apple Reports Declining Profits and Stagnant Growth, Again." New York Times, 2019. 7. 31, www.nytimes.com/2019/07/30/technology/apple-earnings-iphone.html.

7   Baker, Peter. "Christine Blasey Ford's Credibility Under New Attack by Senate Republicans." New York Times, 2018. 10. 3, www.nytimes.com/2018/10/03/us/politics/blasey-ford-republicans-kavanaugh.html.

8   Bertrand, Natasha. "FBI Probe of Brett Kavanaugh Limited by Trump White House." Atlantic, 2018. 10. 24, www.theatlantic.com/politics/archive/2018/10/fbi-probe-brett-kavanaugh-limited-trump-white-house/572236.

9   "Five-Paragraph Essay." Wikipedia, 2021. 4. 21, en.wikipedia.org/wiki/Five-paragraph_essay.

10   The Climate Reality Project. The 12 Questions Every Climate Activist Hears and What to Say(팸플릿). 2019, p.4.

11   Watson, Kathryn. "Trump Approval Poll Offers No Negative Options, Asks about Media Coverage of Trump's Approval Rating." CBS News, 2017. 12. 30, www.cbsnews.com/news/trump-approval-poll-offers-no-negative-options.

12   잘못된 연구 관행의 원인과 추가 사례는 다음 자료에서 확인할 수 있다. Ritchie, Stuart. Science Fictions: How Fraud, Bias, Negligence, and Hype Undermine the Search for Truth. New York: Metropolitan Books, 2020.

13   그건 그렇고 발신자가 상태를 아는지는 아직 중요치 않다. 나중에 우리는 발신자가 모른다고 가정할 것이다.

14   어떻게 이런 계산이 나왔는지에 몇 가지 세부 내용이 더 있다. 베이즈 정리에 따르면 확률(상태가 높고 증거를 관찰함)=확률(상태가 높고 증거를 관찰함)/확률(증거를 관찰함)이다. 확률(상태가 높고 증거를 관찰함)은 그냥 pq^h이다. 확률(증거를 관찰함)은 두 상태에서 증거를 획득할 확률, 즉 $(pq^h+(1-p)q^l)$이다. 확률(상태가 높고 증거를 관찰함)은 따라서 $pq^h/(pq^h+(1-p)q^l)$이다. 여기에 매개변수 $p=0.3$, $q^h=6\%$, $q^l=0.1\%$를 대입하면 $0.3×6\%/(0.3×6\%+0.7×0.1\%)=96.25\%$가 나온다.

15 가령 $q^h - q^l$이 0.75보다 클 때.

16 가령 $p < 0.1$일 때, 오직 그때만.

17 또한 우리는 $0 < p < 1$이고 $q^h \neq q^l$라고 가정해야 한다. 다만 이 경우 어차피 문제가 비교적 덜 흥미로워질 것이다.

18 엄밀히 말하면 우리는 발신자가 보여줄 것이라고 기대하지 않던 증거를 볼 경우 수신자가 여전히 해당 증거를 토대로 신념을 갱신할 것이라고 가정해야 한다.

19 이 사후 신념은 증거가 존재하며 높은 상태에서 발견할 확률 $pq^h f_{max}$를 증거가 존재하며 어떤 상태에서든 발견할 확률 $(pq^h + (1-p)q^l) f_{max}$로 나눈 것과 같다. 두 상태에서 증거를 발견할 확률은 같으므로 이 항은 약분된다.

20 이 사후 신념을 구하는 분모는 증거가 존재하지 않는 확률 $(p(1-q^h) + (1-p)(1-q^l))$에 증거가 존재하지만 발신자가 최대한 탐색해도 찾지 못할 확률 $(1-f_{max})(pq^h + (1-p)q^l)$을 더한 것이다. 분자는 $p(1-q^h) + pq^h(1-f_{max})$다.

21 수신자의 사후 신념이 높은 상태에 부여하는 가치가 1%포인트 높아질 때마다 발신자가 $k > 0$의 보수를 받는다고 가정하자. 이때 조건은 $c < k(\phi_{max} - \phi_{min})(\mu^1 - \mu^0)$이다. 여기서 $\phi_{max} = pq^h f_{max} + (1-p)q^l f_{max}$는 최대한 탐색할 때 증거를 획득할 확률, $\phi_{min} = pq^h f_{min} + (1-p)q^l f_{min}$은 최소한으로 탐색할 때 증거를 획득할 확률, $\mu^1 = pq^h f_{max} / (pq^h f_{max} + (1-p)q^l f_{max})$는 수신자가 증거를 보고 발신자가 최대한 탐색했다고 기대하는 경우의 사후 신념, $\mu^0 = [p(q^h(1-f_{max}) + (1-q^h))] / [p(q^h(1-f_{max}) + (1-q^h)) + (1-p)(q^l(1-f_{max}) + 1-q^l)]$는 수신자가 증거를 못 보고 발신자가 최대한 탐색했다고 기대하는 경우의 사후 신념이다.

22 발신자가 실제 상태를 모르는 가운데 이 선택을 한다고 가정한다.

23 Milgrom, Paul. "What the Seller Won't Tell You: Persuasion and Disclosure in Markets." Journal of Economic Perspectives, vol.22, no.2, 2008, pp.115~131, doi:10.1257/jep.22.2.115.

24 OkCupid. "The Big Lies People Tell In Online Dating"(블로그). 2021. 8. 10. theblog.okcupid.com/the-big-lies-people-tell-in-online-dating-a9e-3990d6ae2.

9장 —— 믿고 싶은 것만 믿는다면

1 참고자료: Hippel, William von, and Robert Trivers. "The Evolution and Psychology of Self-Deception." Behavioral and Brain Sciences, vol.34, no.1, 2011, pp.1~16, doi:10.1017/s0140525x10001354;Trivers, Robert. The Folly of Fools:

The Logic of Deceit and Self-Deception in Human Life. New York: Basic Books, 2014; Kurzban, Robert, Why Everyone(Else) Is a Hypocrite: Evolution and the Modular Mind. New York: Basic Books, 2012. 더 근래의 개관은 다음 자료를 참고할 것. William, Daniel. "Socially Adaptive Belief." Mind&Language, vol.36, no.3, 2020, pp.333~354. doi:10.1111/mila.12294.

2 다른 고전적 사례는 다음 자료에서 확인할 수 있다. Weinstein, Neil D. "Unrealistic Optimism About Future Life Events." Journal of Personality and Social Psychology, vol.39, no.5, 1980, p.806. 와인스타인Weinstein이 밝힌 바에 따르면 학생들은 자신에게 평균적인 경우보다 좋은 일은 더 많이 생기고 나쁜 일은 더 적게 생길 거라고 예상한다.

3 Eil, David, and Justin M. Rao. "The Good News-Bad News Effect: Asymmetric Processing of Objective Information About Yourself." American Economic Journal: Microeconomics, vol.3, no.2, 2011, pp.114~138. doi:10.1257/mic.3.2.114.

4 Gilbert, Daniel. "I'm O.K., You're Biased." New York Times, 2006. 4. 16. www.nytimes.com/2006/04/16/opinion/im-ok-youre-biased.html.

5 Ditto, Peter H., and David F. Lopez. "Motivated Skepticism: Use of Differential Decison Criteria for Preferred and Nonpreferred Conclusions." Journal of Personality and Social Psychology, vol.63, no.4, 1992, pp.568~584, doi:10.1037/0022-3514.63.4.568.

6 Lord, Charles G., Lee Ross, and Mark Lepper. "Biased Assimilation and Attitude Polarization: The Effects of Prior Theories on Subsequently Considered Evidence." Journal of Personality and Social Psychology, vol.37, no.11, 1979, pp.2098~2109, doi:10.1037/0022-3514.37.11.2098.

7 Brooks, David. "How We Destroy Lives Today." New York Times, 2019. 1. 22, www.nytimes.com/2019/01/21/opinion/covington-march-for-life.html.

8 Bloomberg Wire. "Rex Tillerson to Oil Industry: Not Sure Humans Can Do Anything to Battle Climate Change." Dallas News, 2020. 2. 4, www.dallasnews.com/business/energy/2020/02/04/rex-tillerson-to-oil-industry-not-sure-humans-can-do-anything-to-battle-climate-change.

9 Weber, Harrison. "The Curious Case of Steve Jobs' Reality Distortion Field." VentureBeat, 2015. 3. 24, venturebeat.com/2015/03/24/the-curious-case-of-steve-jobs-reality-distortion-field.

10 Babcock, Linda, George Loewenstein, Samuel Issacharoff, and Colin Camer-

er. "Biased Judgments of Fairness in Bargaining." American Economic Review, vol.85, no.5, 1995, pp.1337~1343.

11   Schwardmann, Peter, Egon Tripodi, and Joël J. Van der Weele. "Self-Persuasion: Evidence from Field Experiments at Two International Debating Competitions." SSRN, CESifo Working Paper no.7946, 2019. 11. 27.

12   실제로 트럼프는 다른 민주당원보다 앞서 있었다. 2009년 지구온난화가 인간 때문이라고 생각한 민주당원 비중은 50%에 불과했다. 참고자료: Kohut, Andrew, Carroll Doherty, Michael Dimock, and Scott Keeter. "Fewer Americans See Solid Evidence of Global Warming"(보도자료). Pew Research Center for the People & the Press, Washington, DC, 2009. 10. 22.

13   Anthes, Emily. "C.D.C Studies Says Young Adults Are Less Likely to Get Vaccinated." New York Times, 2021. 6. 21, www.nytimes.com/2021/06/21/health/vaccination-young-adults.html.

14   Zimmerman, Florian. "The Dynamics of Motivated Beliefs." American Economic Review, vol.110, no.2, 2020, pp.337~361.

15   Schwardmann, Peter, and Joel Van der Weele. "Deception and Self-Deception." Nature Human Behavior, vol.3, no.10, 2019, pp.1055~1061.

16   Kunda, Ziva. "The Case for Motivated Reasoning." Psychological Bulletin, vol.108, no.3, 1990, pp.480~498, doi:10.1037/0033-2909.108.3.480.

17   Thaler, Michael. "Do People Engage in Motivated Reasoning to Think the World Is a Good Place for Others?" Cornell University, 2020. 12. 2, arXiv:2021.01548.

18   가령 우리의 동료 데이브 랜드와 고드 페니쿡의 연구를 참고하라. 이 연구는 사람들이 가짜뉴스를 공유하는 경향이 주로 부주의에서 기인한다는 사실을 보여준다. Pennycook, Gordon, and David G. Rand. "Lazy, Not Biased: Susceptibility to Partisan Fake News Is Better Explained by Lack of Reasoning Than by Motivated Reasoning." Cognition, vol.188, 2019, pp.39~50.

19   Thaler, Michael. "The 'Fake News' Effect: Experimentally Identifying Motivated Reasoning Using Trust in News." 2021. 7. 22, 최종 갱신일: 2021. 8. 18, SSRN, https://ssrn.com/abstract=3717381.

10장 ── 이타성은 어떻게 발생할까

1   다음은 이 내용을 보다 깊이 파고들려는 사람들에게 유용할 만한 자료다. Weibull, Jörgen. Evolutionary Game Theory. Cambridge, MA: MIT Press, 1995; Hofbauer, Josef, and Karl Sigmund. Evolutionary Games and Population Dynamics. 1판. Cambridge, UK: Cambridge University Press, 1998; Nowak, Martin. Evolutionary Dynamics: Exploring the Equations of Life. 1판. Cambridge, MA: Belknap Press, 2006; Fudenberg, Drew, and David Levine. The Theory of Learning in Games(Economic Learning and Social Evolution). Cambridge, MA: MIT Press, 1998.

2   Wilkinson, Gerald S. "Reciprocal Altruism in Bats and Other Mammals." Ethology and Sociobiology, vol.9, no.2-4, 1988, pp.85~100, doi:10.1016/0162-3095(88)90015-5; Cater, Gerald G., and Gerald S. Wilkinson. "Food Sharing in Vampire Bats: Reciprocal Help Predicts Donations More than Relatedness or Harassment." Proceedings of the Royal Society B: Biological Sciences, vol.280, no.1753, 2013, p.20122573, doi:10.1098/rspb.2012.2573.

11장 ── 규범 강제하기

1   이 모형은 다음 자료에서 차용했다. Panchanathan, Karthik, and Robert Boyd. "Indirect Reciprocity Can Stabilize Cooperation without the Second-Order Free Rider Problem." Nature, vol.432, no.7016, 2004, pp.499~502, doi:10.1038/nature02978. 간접 호혜성과 관련된 모형들의 개관은 다음 자료를 참고하라. Okada, Isamu. "A Review of Theoretical Studies on Indirect Reciprocity." Games, vol.11, no.3, 2020, p.27, doi:10.3390/g11030027. 이 장에 담긴 많은 통찰은 다음 자료에 정리되어 있다. Boyd, Robert. A Different Kind of Animal: How Culture Transformed Our Species. Princeton, NJ: Princeton University Press, 2017. 밀접하게 연관된 관점과 더 많은 사례는 다음 자료를 참고하라. Bicchieri, Cristina. Norms in the Wild: How to Diagnose, Measure, and Change Social Norms. Oxford, UK: Oxford University Press, 2016.

우리는 규범 강제 게임과 더 일반적으로는 반복 게임이 이타적 직관을 형성할 때 맡는 역할에 초점을 두었다. 물론 궁극적 기제도 역할을 하며 통찰을 제공한다. 이를테면 개개인이 서로를 앞지르려 할 때 일종의 군비 경쟁이 벌어질 수 있다. 그래서 때로 경쟁적 이타성으로 불리는 신호를 보내는 것이 또 다른 중요한 기제로 보인다. 요점은 베푸는 것은 값비싼 신호라는 것이다. 다른 사람을 도우려면 쓸 수 있는 자원뿐 아니라 그렇게 하려는 의지가 더 필요하다(이는 신뢰받아야 할 필요성에서 나올 수도 있다). 이 내용은 니컬라 라이하니가 쓴 《협력의 유전자》(New York: St. Martin's Press, 2021) 12장에 잘 요약되어 있다. 이 책을 읽어볼 것을 권한다. 이 기제가 설명하는 통찰 사례에는 '톱니 효과ratcheting effect'도 있다. 이 내용 설명은 다음 자료에 있다. N. J. Raihani, and Smith, S. "Competitive Helping in Online Giving." Current Biology, vol.25, 2015, pp.1183~1186. 이 연구에 참가한 남성들은 크라우드펀딩 플랫폼에서 다른 남성이 거액을 기부했다는 사실을 확인한 경우 훨씬 많이 기부했다(평균보다 표준편차 2 이상). 이 효과는 모금자가 매력적인 여성일 때 특히 두드러졌다(일반 기부액의 4배). 톱니 효과는 고대 로마에서도 자주 드러난 것으로 보인다. 로마 지배층은 군사적 개가와 극장, 수로 같은 공익사업으로 위엄을 높이려고 서로 경쟁했다.

자주 논의되는 또 다른 기제는 '분류'다. 이는 협력적 태도를 지닌 사람은 같은 성향의 사람들과 어울릴 가능성이 크다는 것을 말한다. 그 이유는 문화적, 생리적 속성이 지역적으로 퍼지는 경향이 있고 또 협력적 태도를 지닌 사람이 스스로 자신을 분리하기 때문이다. 참고자료: Ingela Alger and Jörgen W. Weilbull, "Homo Moralis-Preference Evolution Under Incomplete Information and Assortative Matching." Econometrica, vol.81, no.6, 2013, pp.2269~2302; Matthijs Van Veelen, Julián García, David Rand, and Martin A. Nowak, "Direct Reciprocity in Structured Populations." Proceedings of the National Academy of Sciences, vol.109, no.25, 2012, pp.9929~9934. 이 장과 다음 장에 정리한 이타성과 규범의 많은 특징은 이러한 대안 기제와 잘 어울리지 않는다. 그렇다고 이타성과 규범이 이런 기제에 흔히 이끌리지 않는다는 말은 아니다.

2   정확하게는 집단 편익은 C보다 크고 n×C보다 작아야 한다.

3   Fehr, Ernst, and Urs Fischbacher. "Third-Party Punishment and Social Norms." Evolution and Human Behavior, vol.25, no.2, 2004, pp.63~87, doi:10.1016/s1090-5138(04)00005-4; Fehr, Ernst, Urs Fischbacher, and Simon Gächter. "Strong Reciprocity, Human Cooperation, and the Enforcement of Social Norms." Human Nature, vol.13, no.1, 2002, pp.1~25, doi:10.1007/s12110-002-1012-7.

4   Fehr, Ernst, and Simon Gächter. "Altruistic Punishment in Humans." Nature, vol.415, no.6868, 2002, pp.137~140, doi:10.1038/415137a.

5   Henrich, Joseph, et al. "Costly Punishment Across Human Societies." Science, vol.312, no.5781, 2006, pp.1767~1770.

6 이 내용의 자료는 인용하지 않았다. 우리는 그냥 그와 나눈 대화로 이 사실을 알게 되었다.

7 Webb, Clive. "Jewish Merchants and Black Customers in the Age of Jim Crow." Southern Jewish History, vol.2, 1999, pp.55~80.

8 Kurzban, Robert, Peter DeScioli, and Erin O'Brien. "Audience Effects on Moralistic Punishment." Evolution and Human Behavior, vol.28, no.2, 2007, pp.75~84, doi:10.1016/j.evolhumbehav.2006.06.001.

9 Jordan, Jillian J., and Nour Kteily. "Reputation Drives Morally Questionable Punishment." Harvard Business School, Working Paper, 2020. 12.

10 Mathew, Sarah. "How the Second-Order Free Rider Problem Is Solved in a Small-Scale Society." American Economic Review, vol.107, no.5, 2017, pp.578~581, doi:10.1257/aer.p20171090.

11 상당히 인종차별적이었던 일부 팀원이 왜 자신의 성향을 드러내지 않고 자신에게 가해지는 폭력을 견뎠을지 궁금할 것이다. 그 이유는 단장이 "나는 우리 선수의 피부가 노란색이든 검은색이든, 빌어먹을 얼룩말처럼 얼룩이 있든 신경 쓰지 않아. 나는 이 구단의 단장이고 그를 영입할 거야. 그는 우리 모두를 부자로 만들 수 있어. 그런 돈은 쓰지 않겠다는 사람이 있으면 전부 트레이드할 거야"라고 위협했기 때문이다. 전미야구연맹도 파업하겠다고 위협하는 선수나 팀을 강하게 압박했다. 연맹 회장은 선수들에게 이렇게 말했다고 전해진다. "친구라고 생각했던 기자도 도와주지 않을 테고 따돌림을 당할 겁니다. 리그 절반이 파업해도 상관없어요. 파업에 참가하면 바로 징계할 겁니다. 전부 출전 정지할 거예요. 리그가 5년 동안 망가져도 상관없어요. 여기는 미국이고 누구에게나 경기에서 뛸 권리가 있어요."

12 "List of Excommunicable Offences in the Catholic Church." Wikipedia, 2021. 2. 9, en.wikipedia.org/wike/List_of_excommunicable_offences_in_the_Catholic_Church.

13 Hamlin, J. K. Karen Wynn, Paul Bloom, and Neha Mahajan. "How Infants and Toddlers React to Antisocial Others." Proceedings of the National Academy of Sciences, vol.108, no.50, 2011, pp.19931~19936, doi:10.1073/pnas.1110306108.

14 Franzen, Axel, and Sonja Pointner. "Anonymity in the Dictator Game Revisited." Journal of Economic Behavior & Organization, vol.81, no.1, 2012, pp.74~81, doi:10.1016/j.jebo.2011.09.005.

15 List, John A., Robert P. Berrens, Alok K. Bohara, and Joe Kerkvliet. "Examining

the Role of Social Isolation on Stated Preferences." American Economic Review, vol.94, no.3, 2004, pp.741~752, doi:10.1257/0002828041464614.

16　Bandiera, Oriana, Iwan Barankay, and Imran Rasul. "Social Preferences and the Response to Incentives: Evidence from Personnel Data." Quarterly Journal of Economics, vol.120, no.3, 2005, pp.917~962, doi:10.1162/003355305774268192.

17　Yoeli, E., M. Hoffman, D. G. Rand and Martin A. Nowak. "Powering Up with Indirect Reciprocity in a Large-Scale Field Experiment." Proceedings of the National Academy of Sciences, vol.110, supplement 2, 2013, pp.10424~10429, doi:10.1073/pnas.1301210110.

18　개관 자료: Kraft-Todd, Gordon, Erez Yoeli, Syon Bhanot, and David Rand. "Promoting Cooperation in the Field." Current Opinion in Behavioral Sciences, vol.3, 2015. 6, pp.96~101, doi:10.1016/j.cobeha.2015.02.006.

19　List, John A. "On the Interpretation of Giving in Dictator Games." Journal of Political Economy, vol.115, no.3, 2007, pp.482~493, doi:10.1086/519249.

20　Liberman, Varda, Steven M. Samuels, and Lee Ross. "The Name of the Game: Predictive Power of Reputations versus Situational Labels in Determining Prisoner's Dilemma Game Moves." Personality and Social Psychology Bulletin, vol.30, no.9, 2004, pp.1175~1185.

21　Capraro, Valerio, and Andrea Vanzo. "The Power of Moral Words: Loaded Language Generates Framing Effects in the Extreme Dictator Game." Judgment and Decision Making, vol.14, no.3, 2019, pp.309~317.

22　Goldstein, Noah H., Robert B. Cialdini, and Vladas Griskevicius. "A Room with a Viewpoint: Using Social Norms to Motivate Environmental Conservation in Hotels." Journal of Consumer Research, vol.35, no.3, 2008, pp.472~482, doi:10.1086/586919.

23　참고자료: Kraft-Todd, Gordon, Erez Yoeli, Syon Bhanot, and David Rand. "Promoting Cooperation in the Field." Current Opinion in Behavioral Sciences, vol.3, 2015, pp.96~1010.

24　실용적인 영향의 추가 내용은 에레즈가 발표했으나 우리가 공동 준비한 테드엑스 강연을 확인하라. 해당 링크는 go.ted.com/erezyoeli다. 우리는 앞선 조언의 이면에 있는 과학을 설명하는 관련 논문도 발표했다. Yoeli, Erez. "Is the Key to Successful Prosocial Nudges Reputation?" Behavioral Scientist, 2018. 7. 31, http://behavioralscientist.org/is-reputation-the-key-to-prosocial-nudges/. 이 논의의 바탕인 논문은 다음과 같다. Yoeli, Erez, Moshe Hoffman, David G. Rand, and Martin A. Nowak. "Powering Up with Indirect Reciprocity in a Large-Scale Field Experiment." Proceedings of the National Academy of Sciences, vol.110, supplement 2, 2013, pp.10424~10429; Rand, David G., Erez Yoeli, and Moshe Hoffman. "Harnessing Reciprocity to Promote Cooperation and the Provisioning of Public Goods." Policy Insights from the Behavioral and Brain Sciences, vol.1, no.1, 2014, pp.263~269; Yoeli, Erez, et al. "Digital Health Support in Treatment for Tuberculosis." New England Journal of Medicine, vol.381, no.10, 2019, pp.986~987. 우리가 소개한 디지털 보건 개입 방식은 존 래사우저Jon Rathauser와 케힐라Keheala의 전체 팀과 협력해 개발했다.

25   규범 다양성의 추가 사례는 다음 자료를 참고할 것. Michele Gelfand, Rule Makers, Rule Breakers: Tight and Loose Cultures and the Secret Signals That Direct Our Lives. New York: Scribner, 2019.

26   인용구는 뷔쿠아(1744)의 말이며 출처는 다음과 같다. Leeson, Peter T. "Anarrgh-chy: The Law and Economics of Pirate Organization." Journal of Political Economy, vol.115, no.6, 2007, pp.1049~1094, doi:10.1086/526403.

27   해적과 관련된 추가 정보는 다음 자료를 참고할 것. Peter Leeson, The Invisible Hook: The Hidden Economics of Pirates. Princeton, NJ: Princeton University Press, 2011.

28   Hengel, Brenda. "The Hit That Could Have Sunk Las Vegas." The Mob Museum, 2017. 6. 25, themobmuseum.org/blog/costello-hit-sunk-las-vegas.

29   Persio, Sofia Lotto. "Secret Courts Uncovered Where Mobsters Face Death for Breaking Mafia Code." Newsweek, 2017. 7. 4, www.newsweek.com/underground-mafia-courts-revealed-massive-bust-against-italian-ndrangheta-631650.

30   Al-Gharbi, Musa. "What Police Departments Do to Whistleblowers." Atlantic, 2020. 7. 1, www.theatlantic.com/ideas/archive/2020/07/what-police-departments-do-whistle-blowers/613687.

31   Acheson, James. The Lobster Gangs of Maine. Amsterdam: Amsterdam University Press, 2012.

32   Ellickson, Robert C. "Of Coase and Cattle: Dispute Resolution Among Neighbors in Shasta County." Stanford Law Review, vol.38, no.3, 1986, p.623.

doi:10.2307/1228561.

33 이 단락의 자료는 다음과 같다. Ad van Liempt's Kopgeld(Amsterdam: Balans, 2002). 이 책은 출간 이후 많은 기사에서 다뤘다. 다음은 그중 하나다. Deutsch, Anthony. "Nazis Paid Bounty Hunters to Turn in Jews, Book Says." Los Angeles Times, 2002. 12. 1, www.latimes.com/archives/la-xpm-2002-dec-01-adfg-bounty-hunt1-story.html.

34 Jordan, Jillian J., Moshe Hoffman, Paul Bloom, and David G. Rand. "Third-Party Punishment as a Costly Signal of Trustworthiness." Nature, vol.530, no.7591, 2016, pp.473~476, doi:10.1038/nature16981.

35 Henrich, Joseph, and Michael Muthukrishna. "The Origins and Psychology of Human Cooperation." Annual Review of Psychology, vol.72, no.1, 2021, pp.207~240, doi:10.1146/annurev-psycho-081920-042106.

36 이 모든 규범과 규범의 강제를 돕는 제도는 어디서 기인할까? 적어도 우리가 살핀 강제 제약을 감안할 때, 왜 그들은 모두 가능한 범위에서 흔히 최종적으로 집단 이해관계에 봉사하는 걸까? 이들 질문에 답하려면 우리가 제시한 양식화한 모형을 넘어 추가 기제를 검토해야 한다. 한 가지 가능성은 집단 편익을 도모하는 규범을 더 많이 개발하는 문화 집단이 더 번성한다는 점이다. 그래서 그들은 자신의 규범을 다른 집단에 전파하거나 더 많은 사람이 자기 집단으로 들어오게 만들 수 있다. 이외에 다른 가능성도 많다. 가령 누구든 규범과 제도를 형성할 수 있는 사람이 때로 집단 편익을 도모하는 데 관심을 기울였을 수 있다. 역사상 아우구스투스와 칭기즈 칸 같은 폭군은 흔히 강력한 재산권과 교역 혹은 시장 활동을 뒷받침하는 규범을 촉진했다. 이러한 규범은 백성에게 혜택을 제공하는 한편 농업 소출과 교역에 따른 세금으로 국고를 채웠다. 다음은 그런 가능성을 다룬 자료다. Henrich, Joseph. "Cultural Group Selection, Coevolutionary Processes and Large-Scale Cooperation." Journal of Economic Behavior & Organization, vol.53, no.1, 2004, pp.3~35; Richerson, Peter, et al. "Cultural Group Selection Plays an Essential Role in Explaining Human Cooperation: A Sketch of the Evidence." Behavioral and Brain Sciences, vol.39, 2016; Singh, Manvir, Richard Wrangham, and Luke Glowacki. "Self-Interest and the Design of Rules." Human Nature, vol.28, no.4, 2017, pp.457~480.

12장 —— 범주적 규범의 수수께끼

1 이 장은 우리가 아이쿤 달키란, 마틴 노왁과 함께 쓴 다음 논문에 기초한다. "Cate-

gorical Distinctions Facilitate Coordination" (SSRN, 2020. 12. 18, https://ssrn.com/abstract=3751837). 이 모형은 글로벌 게임으로 알려진 게임이론 모형을 토대로 삼는다. 이 모형은 다음 자료에서 처음 소개했다. Hans Carlson and Erik van Damme, "Global Games and Equilibrium Selection." Econometrica, vol.61, no.5, 1993. 9, pp.989 ~1018. 이 모형은 다음 자료에서 더욱 진전을 이뤘다. Stephen Morris and Hyun Song Shin, "Global Games: Theory and Applications." Chapter 3, Advances in Econometrics: Theory and Applications, Eighth World Congress, 56-114. 편집: M. Dewatripont, L. Hansen, and S. Turnovsky. Cambridge: Cambridge University Press, 2003.

2 앞선 장들에서 그랬던 것처럼 우리가 말하는 플레이어의 신념은 의식적 신념(이는 이 모형들이 설명하려 하는 근사적 대상이다)이 아니라, 베이즈 정리를 따르는 객관적 관찰자의 생각을 가리킨다.

3 신호가 0과 1이라는 작은 영역에 속하는 경우는 무시한다. 이처럼 가장자리에 속하는 사례는 우리의 결과에 실질적 영향을 미치지 않으며 분석을 더 성가시게 만들 뿐이다.

4 엄밀하게는 $(\mu(1-\varepsilon)^2+(1-\mu)\varepsilon^2)/(\mu(1-\varepsilon)+(1-\mu)\varepsilon)\geq p$ 그리고 $(\mu\varepsilon^2+(1-\mu)(1-\varepsilon)^2)/(\mu\varepsilon+(1-\mu)(1-\varepsilon))\geq 1-p$인 한 그렇다.

5 BBC News, "Why Has the Syrian War Lasted 10 Years?" BBC News, 2021. 3. 12, www.bbc.com/news/world-middle-east-35806229.

6 참고자료: McElreath, Richard, Robert Boyd, and Peter J. Richerson. "Shared Norms and the Evolution of Ethnic Markers." Current Anthropology, vol.44, no.1, 2003, pp.122~130; Smedley, Audrey, and Brian Smedley. Race in North America: Origin and Evolution of a Worldview. Abingdon-on-Thames, UK: Routledge, 2018; Moya, Cristina. What Does It Mean for Humans to Be Groupish?, 2021.

7 흥미롭게도 이 기간 내내 양측은 민간인 자체를 겨냥하지는 않았다. 이 규범은 1년여에 걸쳐 오래 지켜졌다. 하지만 1942년 중순 연합군은 뤼벡크와 드레스덴 같은 독일 서부 도시에 소이탄을 퍼부었다. 이는 민간인에게 공포감을 심어주려는 노골적인 의도를 지닌 행위였다.

8 Burum, Bethany, Martin A. Nowak, and Moshe Hoffman. "An Evolutionary Explanation for Ineffective Altruism." Nature Human Behavior, vol.4, no.12, 2020, pp.1245~1257, doi:10.1038/s41562-020-00950-4.

13장 —— 믿음에 관한 믿음

1 이 장은 수많은 연구자의 연구를 토대로 삼는다. 아리엘 루빈스타인은 지금은 고전이 된 전자 메일 게임에서 고차적 신념이 조정에 중요한 역할을 할 수 있음을 밝혔다. 노벨상 수상자 로버트 아우만은 공유 정보라는 밀접히 연관된 개념을 처음 형식화했다. 도브 몬다레르와 도브 사메트는 다음 자료에서 공유한 p-신념 개념을 형식화했다. "Approximating Common Knowledge with Common Beliefs", Games and Economical Bahavior, vol.1, no.2, 1989. 6, pp.170~190. 이는 우리가 이면에서 활용하는 최초의 형식화다. 다음 자료는 고차적 신념의 사회적 적용을 탐구한다. Michael Suk-Young Chwe, Rational Ritual: Culture, Coordination, and Common Knowledge(Princeton, NJ: Princeton University Press, 2003). 다음 자료도 여러 흥미로운 적용 사례와 증거를 담고 있다. Steven Pinker, The Stuff of Thought(New York: Viking, 2008). 스티븐 핑커가 제자인 카일 토머스, 제임스 리, 줄리아 데 프레이타스와 함께한 후속 연구도 마찬가지다. 피터 드치올리와 로버트 커즈번은 이 장에서 다루는 많은 통찰을 제시했다. 주요 참고자료는 다음과 같다. "A Solution to the Mysteries of Morality". Psychological Bulletin, vol.139, no.2, 2012. 7. 끝으로 이 장에서 제시한 구체적인 모형은 아이군 달키란과 함께 개발했다.

2 다음 동영상의 마지막 부분에 해당 장면이 나온다. www.youtube.com/watch?v=OxnWGaxtqwA.

3 '스트루마호' 참사와 관련된 내용은 위키피디아에 자세히 나온다. "Struma disaster." Wikipedia, 2021. 6. 29, en.wikipedia.org/wiki/Struma_disaster.

4 이 퍼즐은 도덕심리학자들이 오랫동안 연구했다. 마크 스프랑카, 파이어리 쿠시먼, 조시 그린, 조너선 배런 등은 이 문제에 흥미로운 관점을 부여했다. 우리가 궁극적으로 토대로 삼은 설명은 다음 자료에서 나왔다. Peter DeScioli and Robert Kurzban, "Mysteries of Morality." Cognition, vol.112, no.2, 2009. 8, pp.281~299.

5 Rupar, Aaron. "Ivanka Trump's Viral G20 Video, Explained." Vox, 2019. 7. 1, www.vox.com/2019/7/1/20677253/ivanka-trump-g20-nepotism.

6 긍정 오류가 없다고 가정하는 것은 필수적이지 않지만 2차 신념 역할을 확인하기 쉽게 해준다.

7 Snyder, Melvin L., Robert E. Kleck, Angelo Strenta, and Steven J. Mentzer. "Avoidance of the Handicapped: An Attributional Ambiguity Analysis." Journal of Personality and Social Psychology vol.37, no.12, 1979, p.2297.

8 Schmitt, Eric. "Clinton's 'Sorry' to Pakistan Ends Barrier to NATO." New York

Times, 2012. 7. 5. www.nytimes.com/2012/07/04/world/asia/pakistan-opens-afghan-routes-to-nato-after-us-apology.html.

9   이 구절은 다음 자료에서 가져왔다. John L. Austin, How to Do Things with Words. 2판, Oxford, UK: Oxford University Press, 1975.

10   Fiske, Alan P. "The Four Elementary Forms of Sociality: Framework for a Unified Theory of Social Relations." Psychological Review, vol.99, no.4, 1992, pp.689~723, doi:10.1037/0033-295x.99.4.689.

11   우리가 제시한 설명의 흥미로운 대안적 설명으로 조시 그린과 파이어리 쿠시먼의 연구를 보라. 가령 다음과 같은 자료가 있다. Greene, Joshua. Moral Tribes: Emotion, Reason, and the Gap Between Us and Them. London: Atlantic Books, 2021; Cushman, Fiery. "Is Non-consequentialism a Feature or a Bug?" 출처: The Routledge Handbook of Philosophy of the Social Mind, pp.278~295. Abingdon-on-Thames, UK: Routledge, 2016.

12   Pistone, Joseph D, Richard Woodley. Donnie Brasco: My Undercover Life in the Mafia. New York: Signet, 1989.

13   Kurzban, Robert, Peter DeScioli, and Daniel Fein. "Hamilton vs. Kant: Pitting Adaptations for Altruism against Adaptations for Moral Judgment." Evolution and Human Behavior, vol.33, no.4, 2012, pp.323~333, doi:10.1016/j.evolhumbehav.2011.11.002.

14   Andreoni, James, Justin M. Rao, and Hannah Trachtman. "Avoiding the Ask: A Field Experiment on Altruism, Empathy, and Charitable Giving." Journal of Political Economy, vol.125, no.3, 2017, pp.625~653, doi:10.1086/691703.

15   Dana, Jason, Daylian M. Cain, and Robyn M. Dawes. "What You Don't Know Won't Hurt Me: Costly (but Quiet) Exit in Dictator Games." Organizational Behavior and Human Decision Processes, vol.100, no.2, 2006, pp.193~201, doi:10.1016/j.obhdp.2005.10.001.

16   Dana, Jason, Robert A. Weber, and Jason Xi Kuang. "Exploiting Moral Wiggle Room: Experiments Demonstrating an Illusory Preference for Fairness." Economic Theory, vol.33, no.1, 2006, pp.67~80, doi:10.1007/s00199-006-0153-z.

17   Bava Metzia, 62a. 원문과 해석은 다음 링크에서 볼 수 있다. www.sefaria.org/Bava_Metzia.61a.4?lang=bi.

18   Hauser, Marc, et al. "A Dissociation Between Moral Judgments and Justifications." Mind & Language, vol.22, no.1, 2007, pp.1~21, doi:10.1111/j.1468-

0017.2006.00297.x.

14장 —— 부분게임 완전성과 정의

1 두 가문의 싸움을 정리한 자료는 다음과 같다. Dean King, The Feud: The Hatfields and McCoys: The True Story. New York: Little, Brown, 2014.

2 Kingsley, Patrick, and Isabel Kershner. "After Raid on Aqsa Mosque, Rockets From Gaza and Israeli Airstrikes." New York Times, 2021. 5. 19, www.nytimes.com/2021/05/10/world/middleeast/jerusalem-protests-aqsa-palestinians.html.

3 Al Jazeera. "Israel-Hamas Ceasefire Holds as UN Launches Gaza Aid Appeal." Gaza News, Al Jazeera, 2021. 5. 24, www.aljazeera.com/news/2021/5/23/israel-gaza-ceasefire-holds-as-un-launches-appeal-for-aid.

4 "Forgiveness: Letting Go of Grudges and Bitterness." Mayo Clinic, 2020. 11. 13, www.mayoclinic.org/healthy-lifestyle/adult-health/in-depth/forgiveness/art-20047692.

5 Robert H. Frank, Passions Within Reason: The Strategic Role of the Emotions(New York: W. W. Norton, 1988). 이 책 역시 우리가 반직관적으로 보이는 상황에서도 처벌하는 이유를 설명한다. 저자의 주장은 관찰 가능한 방식으로 의지를 보이는 능력을 근거로 삼는다. 이는 우리가 여기서 제시하는 것과 약간 다른 얘기다. 그러나 저자는 일부에서 비용과 편익을 간과하게 만드는 도덕 원칙뿐 아니라 분노와 사랑 같은 감정도 반복 교류와 명성 때문에 비슷한 유인으로 작용한다는 해석을 제시한다. 이 해석은 우리가 이 장에서 제시하는 해석과 일치한다.

6 플레이어 1과 플레이어 2의 역할을 비대칭으로 만든 것은 단지 편의를 위한 것이다. 현실에서는 대개 각자에게 위반할 기회와 상대를 처벌할 기회가 모두 있다. 이 경우 계산이 조금 달라지지만 그래도 이 장의 주된 교훈은 바뀌지 않는다.

7 기억력 좋은 사람은 우리가 9장에서 규범 강제 게임을 다룰 때 같은 가정을 했음을 기억할 것이다. 또 8장 반복적 죄수의 딜레마와 대조된다는 점도 인식하리라고 본다. 반복적 죄수의 딜레마에서 상대를 처벌하는 유일한 방법은 협력 보류이며 이는 처벌하는 사람에게 이득이다. 처벌 기간에 협력 비용을 치르지 않아도 되기 때문이다.

8 참고자료: "Neville Chamberlian: Heroic Peacemaker or Pathetic Pushover?" Sky History TV Channel, www.history.co.uk/article/neville-chamberlain-heroic-peacemaker-or-pathetic-pushover. 2021년 8월 27일 접속.

9 복수와 용서의 또 다른 흥미로운 관점은 다음 자료를 참고할 것. Michael Mc-cullough, Beyond Revenge(San Francisco: Jossey-Bass, 2008).

10 Shelton, Jacob. "The Sausage Duel: When Two Politicians Almost Faced Off Using Poisoned Meat." History Daily, 2021. 3. 11, historydaily.org/sausage-du-el-facts-stories-trivia.

11 "Abraham Lincoln's Duel." American Battlefield Trust, 2021. 3. 25, www.bat-tlefield.org/learn/article/abraham-lincolns-duel.

12 "Duel." Wikipedia, 2021. 8. 19, en.wikipedia.org/wiki/Duel.

13 Wells, C. A. "The End of the Affair: Anti-dueling Laws and Social Norms in Antebellum America." Vanderbilt Law Review, vol.54, 2001, p.1805.

14 Nagel, Thomas. "Moral Luck." Chap. 3, 출처: Moral Questions, pp.24~38. New York: Cambridge University Press, 1979.

15 Cushman, Fiery, Anna Dreber, Ying Wang, and Jay Costa. "Accidental Out-comes Guide Punishment in a 'Trembling Hand' Game." PLoS ONE, vol.4, no.8, 2009, p.e6699, doi:10.1371/journal.pone.0006699.

16 Luckhurst, Toby. "The DMZ 'Gardening Job' That Almost Sparked a War." BBC News, 2019. 8. 21, www.bbc.com/news/world-asia-49394758.

17 Ash, Elliott, Daniel L. Chen, and Suresh Naidu. "Ideas Have Consequences: The Impact of Law and Economics on American Justice." Center for Law & Eco-nomics Working Paper Series, vol.4, 2019; Drum, Kevin. "Here's How a Quiet Seminar Program Changed American Law." Mother Jones, 2018. 10. 18, www.motherjones.com/kevin-drum/2018/10/heres-how-a-quiet-seminar-program-changed-american-law.

15장 ── 1차 보상의 숨겨진 역할

1 Kozlowski, Joe. "Olympic Swimmer Katie Ledecky Is Worth $4 Million, but That's Nothing Compared to Her Uncle's $340 Million Fortune." Sportscasting, 2021. 7. 23, www.sportscasting.com/olympic-swimmer-katie-ledecky-is-worth-4-million-thats-nothing-uncle-340-million-fortune.

2 이 말은 머리글에서 다룬 다큐멘터리 〈이츠하크〉에서 인용했다.

3 이는 고전적 논문인 다음 자료를 참고했다. Sherwin Rosen, "The Economics of Superstars." American Economic Review, vol.71, no.5, 1981, pp.845~858. 더 많은

사례와 원인, 결과 논의를 보고 싶다면 다음 자료를 참고할 것. Robert H. Frank and Philip J. Cook, The Winner-Take-All Society: Why the Few at the Top Get So Much More Than the Rest of Us(New York: Penguin, 1995).

4   Angela Duckworth, Grit: The Power of Passion and Perseverance, New York: Scribner, 2018.

5   Deci, Edward L. "The Effects of Contingent and Noncontingent Rewards and Controls on Intrinsic Motivation." Organizational Behavior and Human Performance, vol.8, no.2, 1972, pp.217~229.

6   Benabou, Roland, and Jean Tirole. "Intrinsic and Extrinsic Motivation." Review of Economic Studies, vol.70, no.3, 2003, pp.489~520, doi:10.1111/1467-937x.00253.

7   개관 자료: Maier, Steven F., and Martin E. Seligman. "Learned Helplessness: Theory and Evidence." Journal of Experimental Psychology: General, vol.105, no.1, 1976, p.3.

찾아보기

살아 있는 것은 모두 게임을 한다

살아 있는 것은 모두 게임을 한다

HIDDEN
GAMES